山阴年鉴

2024

中共山阴县委党史研究室
山阴县地方志研究室 编

方志出版社
Publishing House of Local Records

图书在版编目（CIP）数据

山阴年鉴. 2024 / 中共山阴县委党史研究室，山阴县地方志研究室编. -- 北京 : 方志出版社，2024. 10.
ISBN 978-7-5144-6408-5
Ⅰ. Z522.54
中国国家版本馆CIP数据核字第20244XG186号

责任编辑：范静
责任校对：张玉霞
责任印制：梅中英
出 版 者：方志出版社
地　　址：北京市朝阳区潘家园东里9号（国家方志馆4层）
邮　　编：100021
网　　址：http://www.zgfzcb.cn
发　　行：方志出版社图书营销中心（010-67110500）
印　　刷：山西基因包装印刷科技股份有限公司
开　　本：889毫米×1194毫米　1/16
印　　张：22.75
字　　数：622千字
版　　次：2024年10月第1版
印　　次：2024年10月第1次印刷
定　　价：320.00元

《山阴年鉴（2024）》编纂领导小组

组　长： 王世杰　高瑞龙

副组长： 张文平

成　员： 郭东申　樊晋阳　杨江芬　梁　健　李德华　白永平　叶　青
朱志勇　麻鹏斗　郭正大　张建斌　孙培峰　牛　跃

《山阴年鉴（2024）》编辑部

主　　编： 牛　跃

编辑人员： 郗晓宇　李　霞　石海雁　赵美珍　李淑琴　杨彩虹
闫晓莉　贾常春　赵丽娟　何晓娟　安永玲

图片提供： 中共山阴县委宣传部

序

《山阴年鉴(2024)》撮要选萃，行文简洁，颇具“内容门类之区分，由繁而日趋于简，其所叙述范围，则由俭而日扩于丰”的年鉴特点，是一卷不可多得的山阴县年度综合性资料文献。值此付梓之际，我们代表县委、县政府对《山阴年鉴(2024)》的顺利出版表示祝贺！向付出辛勤劳动的全体编纂人员及社会各界人士致以诚挚的谢意！

古人云：“治天下者以史为鉴，治郡国者以志为鉴。”年鉴工作已经成为地方志工作的重要组成部分，成为中华民族优秀传统文化的有机组成部分，其存史、育人、资政作用日益彰显。年鉴编纂工作既可以更好地利用年鉴这种年度资料性文献，及时记录本地区在全面建设社会主义现代化国家伟大征程中取得的新成绩和新经验、出现的新情况和新问题；又可以更好地积累地情、国情资料，为推动经济社会高质量发展和深化改革提供智力支持，为推进国家治理体系和治理能力现代化提供历史借鉴。

《山阴年鉴(2024)》作为镌刻山阴县历史年轮的综合性年刊，坚持存史为先、资政为要、教化为本，集中、全面、客观地反映了2023年度山阴县经济社会发展的成果，为各级领导决策提供了价值较高的历史资料和科学依据。希望年鉴工作者继续秉承责任意识、前瞻意识、服务意识，与时俱进，潜心钻研，用辛勤的汗水，编纂出更具权威性、更具全面性、更具史料性的高品质年鉴！

是为序。

中共山阴县委书记　王世杰

山阴县人民政府县长　高瑞龙

编辑说明

一、《山阴年鉴》以马克思列宁主义、毛泽东思想、邓小平理论、“三个代表”重要思想、科学发展观、习近平新时代中国特色社会主义思想为指导，坚持辩证唯物主义和历史唯物主义的立场、观点和方法，存真求实，全面、客观、系统记载山阴县自然、政治、经济、文化、社会等各个领域的年度基本情况，反映其发展变化。

二、《山阴年鉴》是由中共山阴县委、山阴县人民政府组织，中共山阴县委党史研究室、山阴县地方志研究室主持编纂的地方综合年鉴。

三、《山阴年鉴（2024）》记述时限为2023年1月1日至12月31日，特载内容除外。

四、《山阴年鉴（2024）》遵循年鉴分类编排法，以类目、分目、条目组成框架结构的主体部分。全书设特载、大事记、中国共产党山阴县委员会、山阴县人民代表大会、山阴县人民政府、中国人民政治协商会议山阴县委员会、中国共产党山阴县纪律检查委员会　山阴县监察委员会、人民团体、军事、法治、经济管理与监督、农林水牧、工业、住房和城乡建设　环境保护、交通运输　通信、财税 金融、商务　商贸、文化　旅游　广电、教育　科技、卫生　体育、社会生活、乡镇　开发区、组织机构及负责人名单、2023年受奖情况。限于框架与实际之差异，个别条目略有交叉，但角度不同，互为参见，保证内容的相对完整。

五、《山阴年鉴（2024）》涉及数据由于行业和地区统计口径等方面的原因，个别条目互有不一致之处，当以山阴县统计局发布的统计数字为准。

六、《山阴年鉴（2024）》稿件由山阴县各级党、政、军机关和企业事业单位提供。统计资料由山阴县统计局提供。

七、《山阴年鉴（2024）》设有比较完整的检索系统，书前是详细的目录，然后正文。条目按照字体区分，不设章节。数字用法、标点符号用法分别采用国家标准《出版物上数字用法》（GB/T 15835—2011）、《标点符号用法》（GB/T 15834—2011）。计量单位采用国家技术监督局1993年12月发布的《量和单位》系列国家标准，考虑到社会使用习惯，亩不作统一换算。

八、《山阴年鉴（2024）》书内所有彩页图片均由中共山阴县委宣传部提供，所有图片拍摄于2023年。

① 广武国际滑雪场赛道
② 广武国际滑雪场夜场
③ 广武国际滑雪场造雪作业

① 广武明长城

② 广武汉墓群

③ 广武长城国家文化公园

④ 明代旧广武城

①桑干河河阳广场
②桑干河湿地公园——九龙湾
③桑干河湿地公园——多宝岛
④桑干河湿地公园——河阳湖

① 桑干河湿地公园——百鸟湖
② 桑干河湿地公园——观景台
③ 西山森林公园

〉〉〉地标建筑

①场馆建设

②建设中的博物馆

③新韵体育公园

① 山阴县县委大楼
② 山阴站
③ 山阴县医疗集团人民医院
④ 山阴一中

①

②

③

④

〉〉〉项目工程

①3月6日，县老干部局组织老干部到山阴经济技术开发区观摩调研。山阴经济技术开发区党工委书记、管委会主任郭瑞一同调研

②11月17日，山阴县与华新燃气集团就生物质能源项目召开座谈会并举行签约仪式

③6月27日，朔州市技工学校建设项目奠基仪式在山阴县举行

④9月，广武国际滑雪场与万科冰雪签订战略合作协议

⑤10月19日，荣乌高速山阴连接线竣工通车仪式举行

① 山阴经济技术开发区
② 山阴 100MW 农光互补光伏储能发电项目
③ 中煤华昱工业园区
④ 中煤华昱改造外运专线提升发运能力

〉〉〉美丽乡村

① 岱岳镇万寿菊试验田项目
② 南辛庄果园
③ 合盛堡乡富硒小米
④ 罗庄村南美白对虾养殖基地

① 2023 年 9 月 22 日，山阴县农民丰收节在合盛堡乡万亩富硒有机旱作基地举行
② 广武镇玉米机械化收割
③ 广武镇玉米青储收割
④ 广武镇大棚辣椒种植

①薛圐圙乡水稻种植
②薛圐圙乡水稻收割
③圐圙乡冬小麦播种
④薛圐圙乡辛兴铺瓜子厂

① 马营乡农村集体经济发展项目——箱包代加工

② 马营乡养殖场

③ 马营乡土豆储藏窖

④ 马营庄乡育苗大棚

① 河阳新村
② 河阳新村广场

〉〉〉文体教育

① 山阴县二小人工智能教育科创大讲堂

② 山阴县第六小学人工智能教育科创大讲堂

③ 7月19日，山阴县人武部会同共青团山阴县委、教育局、宣传部举行暑期少年队社会化实践活动暨少年军校启动仪式

④ 山西省检察机关“法治进校园”巡讲团队到山阴县第一小学为同学们带去了一堂关于“防范校园欺凌 远离违法犯罪”的主题课程

①11 月 30 日，山阴县民主党派成员举办书画作品观摩研讨暨创作笔会，县委常委、统战部部长夏寒冰（左三）出席活动

②4 月 18 日，学生代表参加山阴县首届法治文化主题书画展

③7 月 14 日，山阴县举行首届“感动山阴”十大人物评选活动启动仪式

④7 月 1 日，山阴县庆祝中国共产党成立 102 周年群众文艺会演

①11月15日，山西省科协党组成员、副主席谭丽红为山阴县颁发“全国科普示范县”牌匾

②5月20日，山阴县举行2023年科技活动周启动仪式

③12月30日，山阴县文旅局举办2024年迎新年群众文化艺术展演

④8月24日，2023年朔州市山阴县全民国防教育暨庆祝中国人民解放军建军96周年国防教育专题文艺晚会在山阴县影剧院举办

①9月15日，山阴县召开庆祝第三十九个教师节大会

②6月19日，山阴县召开2023年初中学业水平考试培训动员大会

③8月25日，2023年山阴县初中学校七年级新生均衡编班现场会

①7月28日，山阴县第二届"华夏煤业杯"环（桑干河国家湿地公园）河阳湖、长城一号旅游公路自行车公开赛暨环三晋自行车联赛（山阴站）在山阴县桑干河国家湿地公园开赛

②8月11日，山西省第十六届运动会羽毛球比赛（竞技体育）在山阴县开幕

③9月25日，以"奋进正当时 聚力谱新篇"为主题的山阴县2023年乡村体育系列赛事活动在体育场举行

④7月29日，山阴县第二届"华夏煤业杯"环桑干河国家湿地公园的河阳湖、长城一号旅游公路自行车公开赛，暨环三晋自行车联赛胜利闭幕。县委书记王世杰为获奖运动员颁奖

〉〉〉道路交通

① 雁门关隧道
② 大运、荣乌高速立交桥
③ 山阴北收费站
④ 山阴高铁

① 长城一号旅游公路

② 康庄服务区

③ 顺通街

④ 万和城新能源充电站

① 广武滑雪场大道
② 元营村柏油路
③ 吴马营乡西短川村柏油路

〉〉〉红色基地

①6月6日，山阴县举行耕读文化教育开班仪式，县委常委、组织部部长舒晓海（右一）为下喇叭乡授《山阴县耕读文化教育研学基地》牌匾

②下喇叭农耕文化展览馆部分展品

③10月15日，山阴县统一战线开展党外代表人士“踏寻红色足迹、赓续精神血脉”专题教育培训

① 下喇叭乡下立羊泉烈士陵园
② 山阴县古城镇芦岭村东双拥基地
③ 山阴县第一个农村党支部——口前村党支部
④ 玉井镇王老沟战斗遗址

〉〉〉社会民生

① 县城墙壁美化
② 春节街道亮化
③ 马营乡共富工坊手工刺绣
④ 众福缘手工编织

①12月7日，山阴县第二届职业技能大赛——机电维修赛区

②12月7日，山阴县第二届职业技能大赛——烹饪赛区

③12月29日，朔州市山阴县总工会在县体育馆举办“笔墨剪纸绘愿景 书画笔会迎新年”山阴县职工书法绘画剪纸竞赛活动

④玉马小区手工烫花

①2月28日，“她力量、乡村振兴帮扶计划——乡村巾帼创业点”在山阴县众福缘合作社挂牌

②2月21日，薛圐圙乡农牧场社区幸福工程（居家）养老服务中心举行启动仪式

③6月8日，山西省第二批科技博士服务团成员山阴县大型义诊活动在山阴县医疗集团人民医院隆重举办

④7月12日，朔州市农村信用社引入金融“活水”助力企业高质量发展调研座谈会在山阴县召开

①7月25日，山阴县举行零工市场启动仪式。县委副书记、县长高瑞龙（左四）出席活动并宣布山阴县零工市场正式启动，县委副书记张文平（左三）出席活动并致辞，副县长于介澜主持启动仪式

②8月10日，山阴传统庙会暨文化旅游节在桑干河国家湿地公园河阳广场盛大启幕

③8月22日，由山阴县总工会、共青团山阴县委员会、山阴县妇联主办的山阴县“汇聚良缘 相约七夕”首届职工相亲大会在县体育馆举行

④9月18日，山阴县召开秋季欢送新兵大会

〉〉〉会议调研

①

②

③

④

①1月10日，中共山阴县委十五届八次全体会议暨县委经济工作会议召开

②5月26日，县委书记王世杰（右二）在山阴一中调研备考工作

③7月12日，县安委会2023年第四次全体（扩大）会议暨省安委办督导巡查重大事故隐患专项排查整治反馈问题整改工作部署会召开

④5月16日，山阴县委副书记、县长高瑞龙（左三）深入黄水河、桑干河沿线，现场调研督导断面水质达标工作

①2月7日，中国共产党山阴县第十五届纪律检查委员会第四次全体会议召开

②4月1日，中国人民政治协商会议第十届山阴县委员会第三次会议召开

① 4 月 3 日，山阴县第十七届人民代表大会第四次会议开幕

② 7 月 7 日，县委工作、县委农业农村工作、目标责任考核暨高质量发展表彰大会召开

①6月2日，山阴县举行2023年“安全生产月”活动启动仪式。县委书记王世杰（前排左一）出席活动
②6月12日，县委书记王世杰（中间）主持召开座谈会，听取相关单位汇报日常工作状态及目标任务完成情况

①6月29日，山西省人大一行到山阴县，就《山西省全民健身促进条例》《山西省体育经营管理条例》《山西省体育设施条例》修订进行调研。县委书记王世杰（前排右三）一同调研

②8月24日，山西省委政法委主持日常工作的副书记苗伟（左五）深入山阴县就基层治理等进行调研。山阴县委书记王世杰（左四）一同调研

①9月18日，全省“坚持和发展新时代‘枫桥经验’化解基层矛盾纠纷 助力转型发展”专项行动现场推进会在山阴县召开

②9月26日，县委书记王世杰（前排左三）在太阳城生活超市调研安全生产和节前市场保供工作

①10月17日，县委书记王世杰（前排右一），县委副书记、县长高瑞龙（前排右二）在下喇叭乡参加和美乡村建设集中观摩活动

②10月17日，县委书记王世杰（左二），县委副书记、县长高瑞龙（左三）观摩新韵体育公园项目建设情况

③12月5日，山阴县举行2023年“平安建设宣传周”活动启动仪式。县委书记王世杰（左二）手拿资料与群众交谈，县委副书记、县长高瑞龙，人大主任闫祖伟等有关领导一起宣传

目 录

山阴县人民代表大会

山阴县人民政府

中国人民政治协商会议山阴县委员会

中国共产党山阴县纪律检查委员会 山阴县监察委员会

人民团体

军事

法治

经济管理与监督

农林水牧

住房和城乡建设 环境保护

交通运输 通信

财税　金融

商务　商贸

文化　旅游　广电

教育　科技

卫生　体育

社会生活

乡镇　开发区

组织机构及负责人名单

目录

荣誉与先进

特载

提振信心　抢抓机遇
为全面建设社会主义现代化国家开好局起好步做出山阴贡献

——在县委经济工作会议上的讲话（节选）

中共山阴县委书记　王世杰

（2023 年 1 月 12 日）

做好经济工作首先要观大势、谋大局。只有认清形势、把握规律，才能因势利导、趋利避害，牢牢掌握经济工作主动权。2023 年是全面贯彻落实党的二十大精神的开局之年，是实施“十四五”规划承上启下的攻坚之年，也是加快打造“灵秀古城”、建设“新韵山阴”的关键之年，做好经济工作任务艰巨、意义重大。

当前，国际形势不断加剧演化，发展环境依然严峻复杂，超预期变量和不确定因素明显增多。国内经济恢复基础尚不牢固，防控措施调整转段带来的影响短期内仍将持续，需求收缩、供给冲击、预期转弱三重压力仍然较大，但我国经济韧性强、潜力大、活力足，长期向好的基本面没有变，特别是国家与省、市出台的利好存量政策和增量政策叠加发力，必将极大提振各方信心、释放潜力活力，有力推动经济运行和生产生活回归正常秩序。

县委认为，当前和今后一个时期，山阴仍处于优化产业结构、提升发展质效的战略机遇期和改革攻坚期，面临的发展机遇与风险挑战并存，但机遇大于挑战，前景将更加光明。只要我们坚定信心、主动作为，坚定不移沿着习近平总书记指引的方向勇毅前行，就没有应对不了的风浪、战胜不了的挑战。这既是我们的定力和底气所在，也是我们的决心和信心所在。

基于以上判断，结合中央和省委、市委要求，县委提出，今年经济工作的总体要求是，以习近平新时代中国特色社会主义思想为指导，全面贯彻落实党的二十大精神，深入贯彻习近平总书记考察调研山西重要指示精神，按照中央和省委、市委经济工作会议部署，坚持稳中求进工作总基调，完整、准确、全面贯彻新发展理念，主动服务和融入新发展格局，着力推动高质量发展，结合山阴县“十四五”规划目标任务，更好统筹疫情防控和经济社会发展，更好统筹发展和安全，全面深化改革开放，大力提振市场信心，把实施扩大内需战略同深化供给侧结构性改革有机结合起来，同步推进“两个转型”，突出做好稳增长、稳就业、稳物价工作，有效防范化解重大风险，推动经济运行整体好转，实现质的有效提升和量的合理增长，加快打造“灵秀古城”、建设“新韵山阴”，为全面建设社会主义现代化国家开好局起好步作出山阴贡献。关键要把握好以下四方面关系，这也是我们做好各项工作的前提和基础。

一是准确把握“稳”与“进”的关系。稳中求进是做好经济工作的重要原则和方法论，只有保持合理的经济增长，才能更好地化解经济下行压力带来的风险挑战。要把“稳增长”放在更加突出的位置，扎实做好“六稳”“六保”工作，以“逢山开路”“遇水架桥”的劲头推进转方式、调结构、促改革，做到以稳求进、以进固稳，全力以赴推动经济高质量发展。

二是准确把握“防”与“治”的关系。深刻理解工作重心从“防感染”转向“保健康、防重症”的重要意义，主动适应、准确把握中央和省、市关于平稳转段渡峰的部署要求，精准落实优化防控措施，全面提升医疗救治能力，确保社会大局平稳有序，为全县经济社会高质量发展奠定坚实基础。

三是准确把握“近”与“远”的关系。研究山阴工作，如果局于一时、限于一地、囿于一事，难免会一叶障目、以偏概全，必须从全局、从长远把握山阴发展态势，立足县情，统筹调动各种积极因素，系统谋划好事关全县长远发展的重大问题，增强经济发展韧性和可持续性，牢牢把握发展主动权。

四是准确把握“破”与“立”的关系。改革创新是推动高质量发展的关键一招，只有思想“破冰”，才能实现发展“破局”。要把破除陈旧观念、惯性思维和路径依赖，同贯彻新发展理念、构建新发展格局结合起来，坚持系统观念、守正创新，用改革的办法、创新的思维破解发展难题，为加快打造“灵秀古城”、建设“新韵山阴”提供强大动力。

做好今年的经济工作，必须深入贯彻中央和省委、市委经济工作会议精神，准确把握习近平总书记“六个坚持”“六个更好统筹”的重要指示，全面落实省委“五个强化”和市委“四个坚持”的工作要求，从改善社会心理预期、提振发展信心入手，纲举目张做好各项工作，推动经济社会高质量发展。重点要抓好五个方面工作。

（一）锚定“两个转型”，全力构建现代产业体系。省委经济工作会将“两个转型”作为一项重大战略任务，我们要顺应产业信息化、数字化、智能化发展趋势，全面放大“3×9”产业矩阵效应，把近年来煤炭产业发展的红利投入“两个转型”的具体实践中，打造具有山阴特色的转型样板。

一是加快传统产业蝶变升级。煤电是山阴的支柱产业，也是推动转型发展的基础所在、底气所在。我们要坚决扛起能源革命综合改革和保障能源安全的重大责任，以高端化、智能化、绿色化为方向，加快能源领域“五个一体化”发展步伐，推动传统产业规模集约发展，实现规模、质量、效益同步提升。

——在煤炭方面。省委明确要求，今年要在大同、朔州等低阶煤资源富集区开展低阶煤分级分质梯级利用试点，朔州市“煤新一体化及煤化一体化”也列入全省“4+12”重大任务，我们要抢抓这一有利契机，大力引进“煤—焦—化—氢”等产业类项目，推动华能山阴2×100万千瓦煤电、金朔能源300万吨低阶煤提质综合利用等项目开工。同时，按照“三稳三不准”要求，继续推进智能化矿井和洗选煤企业标准化建设，加快9处智能化采掘工作面建设进度，确保先进产能全部释放、保供任务按期完成。

——在新能源方面。要充分利用好风、光两大资源，加快规划和建设“综合能源岛”。继续抓好“零碳”产业园（新能源产业园）建设，年内重点推进总投资95.6亿元的智慧氢能源、华朔、华能晋北等新能源类项目，推动能源结构实现多元发展、多能互补。

二是助力新兴产业做大做强。要围绕打造“材料基地”这一目标，保持定力、持续发力，大力实施新材料产业建链、补链、延链、强链四大专项行动，引导各类要素资源向新材料产业流动，以中建材静脉产业园为引领，引进上下游配套企业、强化产业链协作配套，持续放大恒科、赢胜等“链主”企业的吸附效应，加快引进泰山玻纤等头部企业，全力打造国际国内知名的新材料产业基地。近期要成立工作专班，加快对接宝武绿电氢铬基合金绿色低碳项目，出台配套政策、制定工作计划，力争一季度落户开工。要按照“抱团发展、梯次培育”

要求，推动古城、合盛堡、安荣3个乡镇入选市级专业镇，支持古城镇入选省级专业镇，带动山阴县特色产业全面发展、全面提质。

三是推动数字转型破题开局。围绕数字产业化、产业数字化，大力实施“数字山阴”战略。重点建设“六个数字平台”。

——要加快资源类数字平台建设。由自然资源局牵头，农业农村、水利等部门配合，将矿产、土地、水资源等领域相关数据纳入平台。

——要加快农业类数字平台建设。由农业农村局牵头，乡村振兴局配合，将高标准农田、农业机械、农产品加工、乡村振兴等领域相关数据纳入平台。

——要加快工业类数字平台建设。由工信局牵头，开发区、发改、小微企业发展服务中心等部门配合，将工业产业、项目建设等领域相关数据纳入平台。

——要加快服务业数字平台建设。由交通局牵头，文旅局、商务局配合，将货运物流、文化旅游、商务贸易等领域相关数据纳入平台。

——要加快城市建设管理类数字平台建设。由住建局牵头，智慧城市、城发集团等部门配合，将水、电、气、路、暖等基础设施领域相关数据纳入平台。

——要加快社会类数字平台建设。由县委政法委牵头，县委组织部、公安局、岱岳镇等部门配合，将抓党建促基层治理能力提升、社会治安综合治理、雪亮工程等领域相关数据纳入平台。

总的来说，就是要通过构建统一的数字资源开发利用平台和端口，为发展数字产业奠定坚实基础，让数字更好地赋能发展。

四是奋力推进园区建设赋权升级。省委经济工作会强调，开发区规上工业增加值增速按照15%来安排，这不仅是一项经济指标，更是一项政治任务，必须不打折扣、不讲条件地坚决完成。因此，围绕这一目标，我们将开发区的各项经济指标细化为：工业投资同比增长20%以上；规模以上工业增加值同比增长15%以上；转型项目当年完成投资占工业投资比重达到80%以上；培育高新技术企业数量同比增长15%以上；新增“四上”企业数量同比增长20%以上；产出强度至少达到每亩250万元以上，全力以赴推动开发区重返第一方阵。

重点是加快能源、材料“两个基地”建设，到“十四五”末实现两个“双500亿”的投入、产出目标（能源领域“双500亿”、新型材料“双500亿”），力争打造千亿级工业园区。

——要加快西区能源基地建设。立足西区煤炭、火电、新能源企业集聚优势，大力发展绿色能源、清洁能源，实现减污降碳协同增效，积极构建绿色能源体系。要加快完善西区水、电、气、路、暖、雨污、通信、有线电视等“九通一平”基础设施，加快推动东西区连接线、增量配电变电站等3个项目，切实增强园区综合承载能力。同时，要加快引进全德实业年产1万吨糠醛及2×12MW生物质热电联产项目等一系列新能源项目，力争“十四五”末，火电装机容量达到330万千瓦以上，新能源总装机容量达到370万千瓦以上。

——要加快东区材料基地建设。围绕建链、补链、延链、强链，在碳基、钙基、固废综合利用三大领域同步发力，打造北方纤维新材料产业之都。

在碳基新材料产业链方面，以吉能国际为链主，重点发展低阶煤分级分质梯级利用、煤制气等产业；

在钙基新材料产业链方面，以泰山玻纤为链主，重点发展纳米碳酸钙、玻璃纤维、BDO、PBAT等产业；

在固废综合利用产业链方面，以山西超牌为链主，重点发展保温材料产业；

在陶瓷纤维产业链方面，以赢胜为链主，重点发展陶瓷纤维产业；

在电池负极材料产业方面，以山西恒科为链主，重点发展动力电池、消费电池及工业储能电池产业。

（二）强化支撑保障，全力推动经济发展行稳致远。

一要保障项目建设。开展好“开春即开工”、集中开复工等活动，实行重大项目清单管理、领导包联、专班推进、常态化调度等机制，加强部门协作，强化要素保障，扎实做好项目前期工作，推动重点项目应开尽开、能开快开。今年要加大中央和省级财政专项债券的争取力度，确保有更多财力用于保障项目、支持转型、推动发展。

今年，我们将重点实施159个投资500万元以上项目，总投资462亿元，年内计划完成投资99亿元。其中，产业类项目70个，总投资362亿元，年内计划完成投资56亿元；基础类项目89个，总投资100亿元，年内计划投资43亿元。中央预算内资金项目18个，总投资14.5亿元；地方专项债券项目26个，总投资46.5亿元；政府投资项目57个，总投资63亿元；企业投资项目6个，总投资7亿元。对以上项目，要明确专人对接，形成攻坚合力，以项目建设推动经济社会高质量发展。

二要优化营商环境。按照“三无三可”“五有套餐”要求，持续深化“放管服”改革，加快推进“跨域通办”“跨省通办”“一网通办”和简政放权等工作，进一步优化办事流程，解决好市场主体“急难愁盼”，着力营造公开透明、公平公正的服务环境。要加强政策供给和服务保障力度，落实好中央和省、市支持市场主体特别是民营经济发展的政策措施，推动减税降费等各类政策直达企业，让企业得到真金白银的实惠。

三要抓好招商引资。始终把招商引资作为推动经济发展的关键一招，加大走出去、引进来力度，把疫情耽误的时间“抢”回来，把慢下的进度“赶”上去。要进一步健全县级领导带头、专班推进、全员出动的招商引资工作机制，全面提升招商引资质效。要结合山阴产业现状和规划部署，突出精准招商，进一步加大与京津冀、长三角、珠三角等地区的对接力度，重点是以长城国家文化公园为牵引，招引文旅项目；以碳基、钙基、固废利用为优势，招引新材料项目；以雁门关农牧交错带核心区建设为契机，招引“特、优”种、养、加项目，推动更多大项目好项目签约落地、开工建设、投产达效。要继续开展“本土企业家投资在山阴”活动，全力支持山阴籍企业家回乡创新创业、投资兴业。

（三）提升服务质效，全力促进消费市场复苏。消费是稳定经济增长的基础动力。要按照省委“浮出水面”“彻底上岸”两步走的部署要求，紧紧抓住疫情防控转段和消费升级的机遇，有效推动消费市场快速回暖、加快复苏。

一是投资拉动消费。要把扩投资、促消费摆在优先位置，做优政府投资、吸引民间投资，增强消费能力、创新消费场景，以切实有效的措施让信心“回归”、市场“回暖”、经济“升温”。要以项目建设为支撑，继续推进高铁站、“四馆两中心”、学校、医院等重大项目建设。要抢抓政策窗口期，推动投资2亿元的充换电重卡项目落地；积极争取上级资金，实施投资1亿元的城镇居民生活用气配套工程，实现天然气管网全覆盖。同时，要抓紧谋划实施一批交通、水利、能源、生态、民生等领域的大项目好项目，通过项目实施，进一步拉动内需、促进消费，为全县经济带来新的发力点、增长点。特别是要大力争取上级利好政策支持，积极融入全省综合立体交通网建设，加快交通基础设施和货运网络建设，打造高标准高质量的运输联营体。

二是商贸拉动消费。继续深入开展服务业提质增效十大专项行动，全面落实省、市扩大内需、刺激服务业复苏的一系列政策措施，加强对商贸流通、住宿餐饮、房地产等细分行业的研究，分类施策，补齐短板。实行“一企一策”精准发力，鼓励和支持服务业企业做大做强，推动服务业加快回暖。在促消费活动方面，要大力开展“晋情消费·品质生活”等各类活动，用好用活政府消费券，千方百计刺激群众消费需求，进一步提升市场人气，激发消费活力。要大力发展夜经济、地摊经济、小店经济，让街头巷尾重现“人流量”和“烟火气”。在商贸流通方面，加快农批商贸物流城、农产品线上交易平台、乳制品销售网络、粮食仓储冷链物流中心等一批物流项目建设，全力打造物流行业的“航空母舰”，同时要推进电子商务进农村，打通电商全覆盖“最后一公里”。在房地产方面，加强房地产市场预期引导和信心回暖，防止“大起大落”“大喜大悲”，保持房地产市场平稳健康发展。

三是文旅拉动消费。要按照“两个转型、文旅先行”的具体要求，加快组建文旅集团，支持广武长城申报AAAA级景区，创建国家文旅融合发展示范区，举办第二届《长城文创沙龙·广武论坛》。要加快推动长城国家文化公园系列配套项目建设，积极引进一批康养产业入驻，打造“南部文旅康养度假区”。要全面整合县内历史文化遗存、特色文旅要素和各类文化产品，推动文旅产业向着“全域、全业态、全要素”迈进。要加快引进五星级酒店等配套设施，全面提高南部景区的接待能力、入住体验和服务质量。要以广武国际滑雪场为龙头，积极策划、包装一批精品旅游线路，创新推出一批文娱项目，讲好山阴故事、展示山阴形象。

（四）聚焦共同富裕，全力推进区域协调发展。

——提升城市发展水平。按照“十四五”城市建设的总体规划，继续推进大县城建设，不断提升山阴的竞争力和影响力。要不断优化“一核一带两翼”城市布局，打造“两轴两水两脉四区一厅一中心”的城市格局，年内重点实施总投资15.7亿元的18个城市基础设施建设项目。

一要实施城市更新行动。

在老旧小区改造方面，重点推进广益、德望、集贤、兴隆等4个社区共24个老旧小区改造工程。

在路网建设方面，重点推进洪涛街、河阳大道至河阳东路段、经三路、经五路、纵四路及东环路管网改造等6项工程。

在城市提升改造方面，重点推进城市停车场、全民健身中心、室外泵道、健身步道与自行车赛道绿化、经四路及周边道路绿化等5项工程。

在雨污改造方面，重点推进农村生活污水综合利用、东城区雨污分流及老旧管网改造、县城雨污分流改造及路面恢复、第二污水厂、污水处理厂中水回用等5个项目。

在供热改造方面，重点推进县城供热管网老旧管道改造项目。

二要加快城中村、城边村改造。重点抓好关岱岳、夏家窑、七里沟、上岱岳、安祥寺等5个村的改造工作。同时，稳妥开展其他村的村改社区工作。

三要加快智慧城市建设。以创建文明城市为牵引，综合运用大数据、云计算、互联网等数字技术，对市政设施、环境卫生、停车泊位、园林绿化等重点区域、关键部位开展专项整治。年内要重点推进两个“一体化建设”，即：环卫保洁和垃圾清运、处理一体化建设；道路维护、园林和路灯管护一体化建设，逐步实现城市治理体系和治理能力现代化。

——全面推进乡村振兴。要把保障粮食和重要农产品稳定安全供给作为政治任务，严守耕地、粮食两条“红线”，开展退化耕地治理2万亩，改造高标准农田3万亩，确保全县粮食播种面积不低于84万亩、总产量6亿斤以上、奶牛存栏8万头左右。

以农业产业项目为引领，加快“特”“优”“精”发展，纵深推进有机旱作谷子种植，加快打造有机旱作农业示范基地。坚持“南牛、北羊”布局，进一步扩大肉牛、肉羊、生猪、鸡养殖规模，形成集群效应。

在农业方面。年内要重点实施总投资2.6亿元的高标准农田、有机旱作、制种基地、全产业链预制菜、秸秆综合利用等30个农业产业项目。

在水利方面。年内要重点实施民生水利及水生态环境项目建设。积极争取中央和省、市资金支持，分年度实施总投资5.7亿元的地下水超采区综合治理、灌区改造、生态蓄水项目、农村供水保障项目等16个重点水利工程项目。同时，要大力实施农田水利建设，对黄水河等15条河道进行清理整治，彻底解决“农田排涝”问题。

在林业方面。要积极争取中央和省级资金，大力实施总投资7000万元的风沙源生态保护修复、未成林地补植、省级造林成果巩固、草原生态修复治理等5个林业项目。同时，大力实施长城1号旅游公路及广武滑雪场周边村庄绿化美化项目，打造南山万里绿色林带。

在草牧业方面。要积极争取上级专项资金，大力实施总投资3600万元的粮改饲、奶业生产能力提升、北肉平台建设等4个重点项目。同时，要积极协调对接华新燃气集团，争取实施畜禽粪污资源化利用项目。

要加快美丽乡村建设，持续推进农村人居环境整治提升行动和村庄绿化美化亮化工程，完成危房改造动态清零任务。继续按照每乡3个村、每村300万元的标准，高标准打造36个美丽乡村示范点。

要持续深化农村改革。稳妥推进农村“三块地”改革，规范农村集体“三资”管理。用好用活衔接推进乡村振兴补助资金，按照“脱贫村产业全覆盖、非贫村产业高占比”要求，持续利用好中央下达的乡村振兴补助资金，进一步加大产业帮扶力度，壮大农村集体经济，加快培育新型经营主体，开展农业生产托管服务，多措并举促进脱贫人口持续增收。

（五）增进民生福祉，全力提高群众幸福指数。

一要提升就业水平。落实就业优先政策，改善公共就业服务环境，建立常态化稳岗帮扶机制，全面拓展小微企业、劳动密集型企业就业岗位空间，帮助高校毕业生、退役军人、返乡农民工等重点群体就业工作。要全面加强零工就业市场建设，增加劳动者工资性收入，带动经营性、财产性收入持续稳定增长，继续推进“人人持证、技能社会”建设，加大技能培训和劳务合作，提升全民就业能力。要发挥创客小镇示范带动作用，加强创业服务指导和政策支持力度，营造良好创业生态，推动实现创业带动就业。

二要做好社会事业。

——持续深化“县管校聘”改革，全面推动“双减”落地，如期完成规范民办义务教育目标；强化校长、教师、教育工作者“三支队伍”，持续打造过硬教学团队；建立考核评价机制，全面铺开均衡分班，全面提升教育教学质量；要优化学校布局，加快第五幼儿园、第十小学建设进度，实现教育资源效益最大化。大力实施职业学校办学条件达标工程，加快推进朔州技工学校新校和公共实训基地建设。

——推进健康山阴建设，要坚持三医（医疗、医保、医药）联动，继续推进公立医院改革，加快构建有序就医和诊疗新格局；深化县乡村医疗一体化改革，推动优质医疗资源扩容下沉和区域均衡布局，加快中医院医养结合、妇幼保健院、疾控中心等3个项目建设进度，持续推进创建全国基层中医药工作示范县，全面提升县域医疗服务水平。

三要厚植生态底色。紧跟国家和省、市“双碳”行动步伐，探索符合山阴县实际的能耗“双控”转变方式，确保万元GDP综合能耗强度目标继续下降。要以创建生态文明示范区为契机，深化大气污染综合治理，持续推动农村地区清洁取暖改造，确保“三年任务两年完”；继续推进桑干河山阴段生态修复和综合治理，提升城镇沿河农村生活污水处理能力，确保地表水出境断面水质稳定达标。

四要严守稳定底线。坚持人民至上、生命至上，精准落实疫情防控优化政策措施，加强重大疫情防控救治体系和应急能力建设，强化分级分层分流救治引导和居家患者健康指导，持续加大药品、医疗物资储备力度，加强老年人疫苗接种工作，加强重点场所和特殊人群管理，提升医疗救治水平，保障群众生命健康，确保有序转段平稳渡峰。要统筹发展和安全，全面落实安全生产“党政同责、一岗双责、齐抓共管、失职追责”和“三管三必须”要求，进一步压紧压实党政领导责任、企业主体责任、部门监管责任和全员安全责任，推动形成齐抓共管、上下联动的“大安全”工作格局。要深化“平安山阴”建设，抓实扫黑除恶、意识形态、信访维稳、食药安全、稳价保供等工作，统筹抓好各领域风险防范化解工作，确保社会大局和谐稳定。

（六）坚持和完善党对经济工作的领导

做好经济工作，核心在党、关键在人。全县各级党组织要把经济工作放在心上、抓在手上、落实到行动上，推动形成敢为、敢闯、敢干、敢首创的良好局面和强大合力，为全方位推动高质量发展提供坚强保证。

一要突出政治引领。讲政治，是做好一切工作的根本前提。各级党员干部要旗帜鲜明讲政治，切实把“两个确立”的政治自觉转化为“两个维护”的行动自觉，深刻领会党中央对当前经济形势的判断，准确把握省委、市委、县委经济工作会议作出的各项安排部署，以夙夜在公、只争朝夕的状态抓落实，推动各项经济工作取得新进展、新突破。

二要提升能力水平。各级领导干部不能吃老本，要有危机意识、本领恐慌，全面加强对经济、科技、产业、生态等方面的钻研学习，不断提升专业能力，特别是对于分管领域和主管工作更要做到心中有谱、手上有招、行动有力、落实有效，努力成为抓经济、促发展的行家里手。

三要锤炼务实作风。工作是干出来的，不是喊出来的。在推动落实上，没有捷径，必须一步一个脚印、一项一项推动、一件一件落实。在困难和风险面前，各级领导干部要不怕麻烦、不怕惹事、不怕碰硬，敢于改革、敢于创新、敢于突破，始终保持真抓实干、迎难而上的冲劲干劲，齐心协力推动山阴各项工作上台阶、争一流、树标杆。

政府工作报告（节选）

——在山阴县第十七届人民代表大会第五次会议上

县委副书记、县长　高瑞龙

（2024年3月20日）

一、2023年工作回顾

2023年是全面贯彻党的二十大精神的开局之年，是经济恢复发展的一年。一年来，在县委坚强领导下，我们坚持以习近平新时代中国特色社会主义思想为指导，深入学习贯彻习近平总书记对山西工作的重要讲话重要指示精神，全面落实市委、市政府决策部署和县委工作要求，围绕打造“灵秀古城”、建设“新韵山阴”战略目标，统筹稳增长、调结构、促转型、惠民生、防风险、保安全，攻坚克难、开拓奋进，全年经济社会发展主要目标任务圆满完成，产业转型持续深化，民生保障持续改善，社会大局持续稳定，高质量发展迈出坚实步伐。

一年来，我们全力稳增长、促发展，经济运行持续向好。坚持在把握大局大势中找准定位，在抢抓战略机遇中奋发作为，在推动转型发展中保持定力，守正创新，固本培元，发展质效明显提升。主要经济指标位居全市第一方阵。地区生产总值完成231.7亿元，增长3.6%；规模以上工业增加值增长4.3%；社会消费品零售总额完成47.1亿元，增长5.4%；一般公共预算收入完成21.1亿元；城镇常住居民人均可支配收入完成43888元，增长3.3%；农村常住居民人均可支配收入完成24606元，增长8.5%。重大项目支撑有力。全年实施500万元以上固定资产投资项目220项，固定资产投资完成56.8亿元，增长9%，排名全市第二。强化项目资金保障，为14个重点项目争取上级各类资金7.2亿元。产业结构优化升级。化工、新材料、绿色食品3条产业链入选全市重点产业链行列，成功申报山阴奶牛、富硒小米、钙基材料3个市级专业镇。第三产业产值完成93亿元，占GDP比重48.5%。惠企政策全面落实。依法依规落实国家和省市助企纾困政策，为各类企业全量减税降费2.55亿元、退税1.73亿元；落实“小升规”“专精特新”“股份制改造”企业奖励政策资金938万元。净增经营主体3073户，新增规上工业企业9家、“专精特新”企业3家。营商环境持续优化。深化政务服务“双全双百”工程，建成4个乡镇“7×24小时”政务服务超市。12345政务服务热线受理群众诉求11448件，办结率99%。清理拖欠民营企业账款8619万元。县工商联被中华全国工商业联合会认定为全国“五好县级工商联”。全市政务服务能力提升工作现场会在山阴县召开。

一年来，我们全力强产业、增动能，转型发展成效明显。开展补链固链强链行动，加快构建现代化产业体系。特优农业加快发展。建设高标准农田4.7万亩，农作物播种面积93.5万亩，杂粮种植面积22万亩，粮食产量达6亿斤。认证绿色农产品31个、有机食品3个。争取到中央资金4000万元，完成了国家农业农村部2022年度奶业生产能力提升整县推进项目，鲜奶产量达到30万吨。古城乳业集团年营业收入突破14亿元，创历史最高。种植优质牧草20万亩，收储40万吨。2家养殖主体被省农业农村厅评为“省级示范社”和“省级示范家庭农场”。山阴县农特产品企业商会、骏宝宸农业科技有限公司牧草基地建设及秸秆综合利用项目被省工商联评为“万企兴万村”山西行动典型商会和典型项目。能源产业优化升级。建成8处智能化掘进工作面、1座智能化煤矿和24家三级标准化以上洗煤厂，3座煤矿核增产能480万吨，原煤产量3968万吨，完成保供任务2505万吨，山阴县被省人社厅和省能源局授予“山西省煤炭增产保供先进集体”荣誉称号。华能山阴2×100万千瓦“上大压小”煤电项目核准前期手续全部完成，华能100兆瓦农光互补光伏储能发电、格盟100兆瓦农光储氢一体化项目部分并网发电。全年发电量80.6亿度，电力总装机容量达到231.3万千瓦，新能源装机占比达到43.8%。工业增加值单位能耗下降7.3%，超额完成市考核任务。新兴产业成链集群。“链上”企业、“链主”企业、“链核”企业分别达到17家、4家、4家。赢胜绝热隔音材料5条生产线、恒科锂电池负极材料一号生产线、超牌复合材料煅烧高岭土扩建项目1条生产线建成投产。文旅产业提档升级。投资2.8亿元，完成长城遗址遗迹基础设施建设、旧广武历史文化名村建设、长城博物馆装修改造项目。投资2.15亿元，建设长城一号旅游公路40.5公里。发展农家乐、民宿30多家。成功举办广武长城国家文化公园发展论坛、广武长城文化节等活动。广武国际滑雪场被国家文化和旅游部、体育总局确定为第三批国家级滑雪旅游度假地。开发区承载力进一步增强。投资1.7亿元，完成东区景观大道以南路网两横四纵建设，污水处理厂、提水泵站投入使用。供暖、供气、供水、绿化亮化等配套工程全部完工。完成9项全区域评估批复，实现“标准地”供给。转型项目当年完成投资占工业投资比重达到92.6%。

一年来，我们全力补短板、提品质，城乡面貌蝶变升级。坚持优势互补、协同融通，促进城乡深度融合、区域协调发展。城市功能逐步完善。投资17亿元，实施城建项目14个。荣乌高速山阴连接线通车。完成岱岳火车站站前街、广场路等6条道路建设和13.5万平米八村一区街巷提质改造。完成县城集中供热扩容二期工程，惠及户数2220户，实现了县城及城中村全域集中供热。改造老旧小区24个，惠及3200个家庭。和美乡村扎实推进。投资1.1亿元，打造和美乡村36个。投资7300万元，建设“四好农村路”54公里。畜禽粪污资源化综合利用率达到90%以上，粪污设施装备配套率达到100%。脱贫成果巩固拓展。投入衔接资金6368万元，实施冷链物流基地、蔬菜大棚、艾草加工等产业项目48个，实施人畜饮水等基础设施项目26个、屋顶光伏电站22个，发展庭院经济1890户，脱贫人口人均纯收入达到16073元，增长16.7%，高于农村常住居民人均可支配收入增长速度。

一年来，我们全力办实事、惠民生，群众福祉日益增进。全年民生支出33亿元，省定12件、市定5件、县定5件民生实事全部完成。就业形势持续向好。零工市场建成运行。技能培训各类工种1000余人。12个乡镇设立就业服务站，推介就业岗位8000余个。新增城镇就业3719人，完成市定任务的128%。教育质量持续提升。招聘优秀教师35名，中考前100名学生留县就读67名，一中高考二本及以上达线人数502人，达线率42.3%，增长12个百分点。健康山阴持续推进。投资6800万元，建成新韵体育公园和7个社会足球场，完成旧体育场改造。投资700万元，建成100个托位的示范性公办综合托育机构。全国基层中医药示范县创建通过省级初评。洪涛山老年颐养家园被省民政厅授予“山西省五级养老机构”称号。成功承办省第十六届运动会羽毛球比赛、省跆拳道俱乐部联赛、第二届“华夏煤业杯”自行车公开赛暨环三晋自行车联赛等大型赛事活动。

一年来，我们全力防风险、保安全，社会大局和谐稳定。坚持“人民至上、生命至上”，坚决把防范化解重大风险摆在突出位置，以高水平安全保障高质量发展。安全生产平稳有序。投入安全生产资金5400万元，扎实开展重大事故隐患专项排查整治、安全生产领域风险隐患大排查大整治、矿山“百日攻坚”三个行动，生产安全事故起数和死亡人数分别下降42%和38%，安全生产工作市级考核连续三年被评为优秀等次，县消防救援大队被国家消防救援局评为“全国消防安全专项整治三年行动先进大队”。生态环境明显改善。深化“345”行动，空气质量达标316天，综合质量指数3.78，二级以上优良天数和改善幅度排全市第一。投资1135万元，建设水源工程110处、节水工程27处。投资5275万元，完成林草工程6.8万亩、水土流失综合治理4.3万亩。社会治理有力有效。深化平安山阴建设，开展打击“电诈”“黄赌毒”“盗抢骗”“食药环”等专项行动。信访积案化解成效显著，受理网上信访事项456件，办结率99.7%。合盛堡乡“炕头+地头”工作法入选全国104个“枫桥式工作法”单位。北周庄镇化解企地矛盾纠纷“商、建、处、创”工作法成为全省新时代“枫桥经验”先进典型。北周庄村被国家司法部评为全国民主法治示范村，夏家窑、河曲堡、古城等5个村被省司法厅、民政厅评为“省级民主法治示范村”。债务风险总体可控。全年化解隐性债务7513万元，政府综合债务率严格控制在预警线以内。

一年来，我们全力改作风、抓落实，政府效能稳步提升。坚持把政治建设摆在首位，全面提高政府履职能力。主题教育成果丰硕。牢牢把握“学思想、强党性、重实践、建新功”总要求，一体推进理论学习、调查研究、推动发展、检视整改、建章立制，把解决群众急难愁盼问题作为落脚点，推动解决群众反映强烈的民生实事46件。政务水平不断提升。严格依法行政，法治赋能全科网格建设被确定为第二批全省法治政府建设示范项目，被省政府办公厅表彰为山西省政务公开工作先进集体。办理人大建议109件、政协提案129件，“13710”督查督办事项24项。廉政建设纵深推进。深入推进党风廉政建设和反腐败斗争，严格落实中央八项规定及其实施细则精神，持续整治形式主义、官僚主义，弘扬务实之风、清廉之风、俭朴之风，政治生态更加风清气正。

此外，统计、通信、气象、人防、社区建设等取得新成绩，第五次全国经济普查有序推进。退役军人服务保障、国防动员、军民融合深度发展，再次荣获“全省双拥模范县”称号。民族宗教、外事侨务、档案史志、妇女儿童、老龄及残疾人等各项事业呈现新气象！

在肯定成绩的同时，我们也清醒认识到，全县经济社会发展中还存在一些问题和挑战，主要表现在：经济发展不平衡不充分的问题依然突出，高质量发展的支撑点、增长极还不够多，过多依赖煤炭产业、过多倚重煤炭价格的格局没有得到根本转变。部分高质量绩效考核指标与年初预期存在一定差距。部分中小企业经营困难，抵御市场风险能力不强。营商环境与市场主体的期盼还有差距。民生领域还有不少短板，稳就业、增收入面临新的挑战，教育、医疗、养老、抚幼等公共服务优质资源不足、分布不均衡。生态环保、安全生产等领域风险隐患不容忽视。政府系统干部政治能力、思维能力、实践能力还有不足，政府行政效能还需进一步提升，一些领域腐败问题仍然多发。我们一定直面问题和挑战，尽心竭力做好工作，决不辜负党和人民的期待和重托！

二、2024年工作安排

2024年是中华人民共和国成立75周年，是实现“十四五”规划目标任务的关键一年。做好全年各项工作任务艰巨、责任重大。

今年政府工作的总体要求是：坚持以习近平新时代中国特色社会主义思想为指导，全面贯彻落实党的二十大和二十届二中全会精神，深入学习贯彻习近平总书记对山西工作的重要讲话重要指示精神，落实中央经济工作会议精神，按照省委十二届七次全会暨省委经济工作会议、市委七届六次全会暨市委经济工作会议、县委十五届八次全会暨县委经济工作会议部署，坚持稳中求进工作总基调，完整、准确、全面贯彻新发展理念，主动服务和融入新发展格局，着力推动高质量发展，统筹扩大内需和深化供给侧结构性改革，统筹新型城镇化和乡村全面振兴，统筹高质量发展和高水平安全，切实增强经济活力、防范化解风险、改善社会预期，巩固和增强经济回升向好态势，持续推动经济实现质的有效提升和量的合理增长，增进民生福祉，保持社会稳定，奋力谱写中国式现代化山阴篇章。

今年经济社会发展的主要预期目标是：地区生产总值增长5%左右，在实际工作中尽可能争取更好结果；规上工业增加值增长4.5%左右，固定资产投资增长10.5%左右，社会消费品零售总额增长5.5%左右，一般公共预算收入增长3.5%，城镇居民人均可支配收入与经济增长基本同步，农村居民人均可支配收入高于经济增长水平。各项约束性指标不折不扣完成省市下达任务。

提出上述预期目标，兼顾了需要和可能，考虑了促进就业增收、防范化解风险等需要，并与“十四五”规划目标衔接，也考虑了经济增长潜力和支撑条件，体现了积极进取、奋发有为的要求，需要政策聚焦发力、工作加倍努力、各方面齐心协力。我们要按照县委十五届八次全会暨县委经济工作会议部署，坚持稳中求进、以进促稳、先立后破，抢抓一切有利时机、利用一切有利条件，不断推动高质量发展取得新的更大成效。

围绕全年目标任务，重点抓好七方面工作：

（一）聚焦培育壮大新质生产力，更大力度加快构建现代化产业体系。着力补齐短板、拉长长板、锻造新板，增强产业链供应链韧性和竞争力，促进产业规模化、智能化、绿色化。

转型升级煤电产业。加快煤炭绿色智能开发。完成4座煤矿780万吨产能核增手续办理和5座煤矿智能化建设，原煤产量达到4000万吨，先进产能占比达到100%。坚决完成1710万吨保供任务。因地制宜推广充填开采、保水开采等技术，提高绿色开采水平。加快煤电一体化发展。推动华能2×100万千瓦“上大压小”煤电项目、中煤华昱100兆瓦光伏发电、华能二期100兆瓦农光互补光伏发电和朔州市20兆瓦独立调频储能站项目开工建设。华能100兆瓦农光互补光伏储能、国华100兆瓦采煤沉陷区生态综合治理+光伏储氢基地项目并网发电。全县电力装机容量达到271.3万千瓦，其中新能源装机占比达到52%。加快煤基科技创新成果运用。引进先进煤化工、节能增效、碳捕集利用封存等关键技术，延长煤炭产业链、提高产品附加值。积极争取阳煤200万吨低阶煤分质清洁多联产项目落地。

积极培育新兴产业。按照产业链“重大项目+链长+属地”共建模式，以培育“链主+链核+专精特新”企业为抓手，加快推动宝武太钢绿电铬基合金低碳项目落地。积极引进先进矿山机械、农业机械、应急装备等装备制造业项目，引育一批重大产业转型项目，促进成链集群发展。加快建设数字基础设施，新建5G基站75座，引进一批数字产业项目，拓展数字平台在采掘业、农业、建筑业等领域融合应用场景。

提质培优文旅产业。全面贯彻“保护第一、加强管理、挖掘价值、有效利用、让文物活起来”的新时代文物工作方针，落实2024年1月1日起实施的《山西省文物安全责任制实施办法》，压实文物安全责任，落实文物安全措施，深化文旅融合“五个一体化”。推动与忻州雁门关景区一体化。按照“存量不变、增量分成”的办法，加快推动广武长城国家文化公园与忻州代县雁门关景区协调联动发展。投资770万元，完成新广武北关楼保护修缮续建工程。投资2049万元，实施新广武一段长城保护修缮项目。争取上级资金3.3亿元，实施广武汉墓群和广武城保护利用设施项目。推动规划、投资、建设、运营一体化。积极对接引进西安袁家村、曲江文旅等成熟运营团队，学习借鉴浙江余村、广西大寨村等著名旅游乡村先进经验做法，打造一支专业的文旅管理运营团队，让专业团队做专业的事。推动“吃住行游购娱”要素一体化。统筹完善景区游客接待中心、停车场、驿站、民宿等功能要素。争取社会投资5.3亿元，完成广武国际滑雪场二期、数字电竞文创园一期项目建设。争取上级资金1000万元，完成山地户外运动营地项目建设。年内实现AAA级景区“破零”。推动文旅康养一体化。抓住全省“十四五”期间规划布局建设50个文旅康养示范区政策机遇，加快广武、马营庄区域地热资源勘查，推进“月亮湾”风景区项目建设，做强做大规模体量，涵养经营主体入驻，打造南部文旅康养度假区。推动景区景点一体化。投资1.3亿元，完成10.2公里长城一号旅游公路广梵线改线和14公里口子梁至吴儿城段项目建设。长城一号旅游公路贯通集点连线成面，打造3条精品主题线路。引进建设集农业观光、农业采摘、农业文化旅游体育于一体的多元融合业态发展的休闲乡村游，推动智慧生态循环农业产业园一期项目开工。

（二）聚焦扩大有效需求，更大力度促进投资和消费良性循环。充分发挥消费的基础作用和投资的关键作用，多途径激发市场活力，巩固和增强经济回升向好态势。

持续扩大有效益的投资。抓项目谋划。围绕产业转型、能源革命、城乡建设、生态环保、社会民生等重点领域，立足资源、乳业、文旅、区位、政策“五大比较优势”，积极争取国家万亿国债和省市政策、资金支持，力争更多项目纳入储备库。全年计划实施投资500万元以上项目207个，年内计划完成投资63亿元以上。抓项目服务。开展项目前期手续集中攻坚行动，用好“四全工作法”，严格执行领导干部包联项目和专班推进机制，加强用地、资金、审批等各类要素保障。抓项目招引。用好“政府+链主企业+园区”精准招商模式，积极开展专班招商、委托招商和产业链招商，实行招商引资项目从洽谈、签约到落地、投产全流程跟踪服务，提升项目转化率、落地率。

持续释放有潜能的消费。落实好国家和省市恢复扩大消费系列政策，多措并举促进消费回暖升级。稳定扩大传统消费。完成未来城商贸综合体项目建设。开展大宗消费品促消费活动。落实国务院《推动大规模设备更新和消费品以旧换新行动方案》，推进建筑、交通、农机等重点行业设备更新改造，开展汽车、家电等消费品以旧换新行动。推动养老、育幼、家政等服务扩容提质。促进房地产市场稳定健康发展。培育壮大新型消费。做强做优冰雪经济，以广武国际滑雪场被确定为第三批国家级滑雪旅游度假地为契机，打造高品质冰雪旅游消费地标。培育数字消费、绿色消费、健康消费等新型消费模式，完成古城乡村e镇项目建设并正式运营，推进农村电商和寄递物流贯通发展，畅通农产品上行、工业品下乡通道，促进城乡消费升级。持续优化消费环境，加强消费者权益保护。

持续激发经营主体活力。坚持“两个毫不动摇”和“三个没有变”，顶格落实国家和省市各类助企纾困政策，优化市场准入、要素获取、公平执法、权益保护等举措，支持企业加快发展。建立健全常态化政企沟通交流机制和领导干部联系企业制度，及时回应企业关切，帮助解决实际困难。深化治理“两不一欠”问题和公平竞争问题专项清理行动，维护企业合法权益。开展经营主体深化年和企业梯次培育活动，推动经营主体量质齐升，新增规上工业企业6户。

（三）聚焦激发动力活力，更大力度深化重点改革和对外开放。坚持用改革的办法破解难题、用开放的举措汇聚力量，不断为高质量发展赋能增势。

统筹推进综合改革。开展国资国企改革深化提升行动，制定国有企业绩效考核管理办法，支持城发集团健全完善现代企业治理结构和管理制度，严控盲目投资、盲目扩张，确保国有资产保值增值。深化财税金融改革，落实财政管理体制改革，严格预算绩效全过程管理，提高财政资金使用效率。加强地方金融监管，鼓励引导银行机构用足用好金融政策，更加有效服务实体经济。深化要素市场化配置综合改革，加快建设高标准市场体系，着力破除要素自由流动的体制机制障碍，加快融入全国统一的大市场。

深化开发区改革创新。完成开发区调区工作，优化园区空间布局。持续推进“三化三制”改革，深化“承诺制+标准地+全代办”三改集成，建立完善联动审批机制，全面提升办事效率。强化园区“九通一平”基础设施功能配套，积极争取上级资金5.7亿元，完成东西区连接线工程，启动实施西区路网和东区北侧路网工程，建成东区110千伏变电站并投入使用，提升综合承载力。以滚动开展“三个一批”活动为支撑，支持开发区打造“固废综合利用、制造业、新材料”三大主导产业，引进大项目好项目，力争规上工业增加值实现正增长。

不断扩大对外开放。主动融入中部地区高质量发展战略，加强与晋陕豫黄河金三角、黄河几字弯、晋冀蒙长城金三角区域对接，主动融入太忻一体化和太原、大同双城发展大局。积极参加进博会、中博会等重要会展，抓好产业梯度转移承接和经贸交流合作，提升开放型经济水平。

持续优化营商环境。深化“双全双百”工程，优化行政审批服务流程，推进“综合窗口”改革，组建“帮办代办”服务团队，推进线下办事“只进一门”、线上办事“一网通办”，健全“高效办成一件事”重点事项清单管理机制和常态化推进机制。完成8个乡镇“7×24小时”政务服务超市建设，提升基层政务服务水平。优化升级12345政务服务热线“接诉即办”机制，提高核处办结效率，推动办好一件事向解决一类问题延伸，提升群众和企业办事满意度、获得感。

（四）聚焦科教兴县强县，更大力度强化创新驱动和人才支撑。坚持教育、科技、人才建设一体推进，创新链、产业链、人才链一体实施，为高质量发展提供强大动力。

办好人民满意教育。全面贯彻党的教育方针，落实立德树人根本任务。强化学前教育普及普惠。普惠性幼儿园覆盖率达到85%，公办幼儿园在园幼儿占比达到60%。强化义务教育优质均衡。巩固“双减”成果，规范民办义务教育，争取上级资金推进第十小学开工建设。强化高中教育提质培优。千方百计提升高中教学水平和质量，中考前100名学生留县就读80名以上，一中高考二本以上达线人数突破550名，其中一本达到150名以上。强化职业教育产教融合。投资1.6亿元，完成市技工学校一期建设。积极争取上级资金，推动公共实训基地项目开工。持续深化职教中心校企合作，不断提升服务经济社会发展能力和水平。强化教育队伍量质齐升。推进“县管校聘”工作制度化、常态化，加强管理、校长、教师三支队伍建设。优化城乡教师队伍配备结构，提高门槛和待遇，继续招聘部分优秀教师，加强师德师风建设，全力推动教育高质量发展。

加快提升创新能力。结合产业转型需求，加快构建创新生态体系。搭建创新平台。鼓励引导规上企业联合高校、科研院所建立创新联合体，打造华昱、玉竹、古城、鑫霏、骏宝宸等科研众创空间。积极对接怀柔实验室山西研究院、中科院山西煤化所和朔州市产业研究院等机构，推进煤基、钙基、固废综合利用和现代农牧业核心关键技术产业化转化。深化与北京斯伯乐科学技术研究院、中国地质大学战略合作，筹建煤基新材料实验室、盐碱地改良实验室、地热资源探测与开发实验室，提升科技成果转化能力。培育创新主体。强化企业科技创新主体地位，实施规上企业研发全覆盖创新升级活动，落实省市战略性新兴奖补政策，培育“专精特新”企业2家、高新技术企业2家。

加大人才引育力度。坚持“育、引、留”并重，提升人才数量与质量。用好人才存量。请老乡、回故乡、建家乡，支持太原山阴商会持续发挥作用，加快组建北京山阴商会，引导更多山阴籍在外优秀人才带技术、带资金、带项目回乡创业。拓展人才增量。持续深化省校合作，拓宽12大基地合作领域，推动创新创业研发团队建设，柔性引进一流科研院所专家人才，充实智库力量。用好公开招考、人才引进两大机制，建设特色人才工作站，引进补充县内紧缺的高层次、高技能名师、名医，打造人才创新发展高地。做好待遇保障。围绕“待遇留人、事业留人”，加强人才住房、医疗、子女教育等服务保障，对学校、医院等新聘用的博士研究生、硕士研究生、本科毕业生，分别给予6万元、2.4万元、1.2万元生活补助；对引进的行业领域急需紧缺高层次人才、专精尖高端技术人才给予落户安家费3万元、购房补贴费5万元、科研启动经费10万元；提升人才公寓服务水平，解决好人才后顾之忧，确保人才引得进、留得住、用得好。

（五）聚焦城乡协调融合，更大力度推进新型城镇化建设和乡村振兴。优化城乡产业、基础设施、公共服务等布局，畅通城乡要素流动，促进城乡双向赋能、共同繁荣。

以人为本推进新型城镇化建设。以打造宜居、韧性、智慧城市为牵引，统筹生产、生活、生态、安全需要，不断提升城市功能品质。提档升级市政公用设施。投资2.5亿元，开工建设顺通街至山阴高速连接线、河阳大道南延至洗朔线道路工程。投资4亿元，实施县城部分路段和集大原高铁站前广场雨污分流管网改造。争取上级资金，完成12个老旧小区改造。启用黄河供水公司泥河水厂。提标扩面场馆服务功能。完成图书馆、文化馆、博物馆、会展中心、应急指挥中心等场馆建设，同步谋划场馆建成后运营工作。积极推进旧电影院改造升级。提升规范城市管理水平。扎实推进卫生城市创建，开展“城市体检”。推行县城道路星级化管理，以洪涛大街五星级道路为示范，制定星级标准，分级实施同太路、西环路、河阳大道3条四星级道路，东环路、应山路2条三星级道路“升级工程”。落实“门前五包”责任制，抓好环境卫生、占道经营、车辆乱停等精细管理与柔性治理。统筹公共区域开放和闲置资源盘活，县城新增停车位880个。整治物业秩序，开展物业服务质量星级评价活动、矛盾纠纷化解专项行动。推进青年发展型城市县域试点。

有力有效推进乡村全面振兴。学习运用“千万工程”经验，因地制宜、分类施策，提升乡村产业发展水平、乡村建设水平、乡村治理水平。稳定粮食生产。严格落实耕地保护和粮食安全责任，全面落实“田长制”，加强耕地占补平衡监管，牢牢守住112万亩耕地红线。坚持“藏粮于地、藏粮于技”，纵深推进有机旱作农业、高效节水农业，提升农业机械化、经营管理现代化水平。投资5600万元，建设高标准农田2.34万亩。完成粮食播种面积85万亩以上，其中大豆1.51万亩、油料4.22万亩、油菜1.2万亩，粮食产量达到6.02亿斤。坚持“特”“优”战略。按照“南奶、北肉”“南果蔬、中玉米、北杂粮”农业发展布局，实施杂粮、饲草种植“双20万亩”工程，推动定点屠宰及精深加工生产线建设。积极申报省级奶牛专业镇，支持古城乳业、骏宝宸草业上市。用好农业农村部2000万元资金，完成奶业生产能力提升整县推进项目，奶牛存栏稳定在8万头左右。做好“土特产”文章，加快实施农产品“三品一标”行动，发挥富硒小米专业镇优势，做大做强鑫霏农业、雁门香米业等龙头企业，拓展农产品精深加工和销售市场。建设和美乡村。深化农村人居环境整治。投资1亿元，聚焦乡镇政府所在地、常住人口多、旅游公路、交通要道沿线农村，重点打造高标准精品示范村10个、提档升级村8个、环境整治村6个，先行解决好农村饮水安全、生活污水治理等急难愁盼问题，统筹完成10个农村生活污水综合利用工程建设，农村生活污水治理率达到25%以上。投资6033万元，建设“四好农村路”37公里。加快补齐农村养老、教育、医疗等基本公共服务短板。巩固拓展脱贫攻坚成果。紧盯510户1248人“三类户”，加强防止返贫监测和帮扶，抓好特色产业升级发展、就业岗位拓展提质，增强脱贫群众内生发展动力，建立健全农村低收入人口常态化帮扶机制，让脱贫成果更加稳固、成效更可持续。

（六）聚焦保障改善民生，更大力度满足人民群众对美好生活的向往。坚持以人民为中心的发展思想，履行好保基本、兜底线职责，采取更多惠民生、暖民心举措，不断增强人民群众的获得感、幸福感、安全感。

千方百计促进就业增收。突出就业优先导向，推动就业社保服务社区村村全覆盖。推进“人人持证、技能山西”建设，完成职业技能培训1000人。落实和完善稳岗返还、专项贷款、就业和社保补贴等政策，加强对就业容量大的行业企业支持。扎实做好高校毕业生、退役军人、农民工等重点群体就业工作，加强脱贫家庭、低保家庭、残疾人等就业困难人员帮扶。高效运行零工市场，加强与用工企业和在建重大工程项目对接，拓展服务业、中小微企业、劳动密集型企业就业空间，促进群众就地就近就业，新增城镇就业2900人。维护劳动者合法权益，完善劳动关系协商协调机制，保障农民工工资支付。

全心全意守护人民健康。加强重点传染病防控。深化县域医疗卫生一体化改革，支持县医疗集团人民医院创建三级医院，实施乡村医疗卫生机构标准化建设，扩大乡村医疗卫生机构慢性病、常见病用药种类，创建慢性病综合防控示范区，支持薛圐圙乡创建国家卫生乡镇，着力构建“县强、乡活、村稳”的医疗卫生服务体系。促进中医药传承创新，加强中医优势专科建设，做好巩固提升全国基层中医药工作示范县工作。

尽心尽力加强社会保障。推进社会保险参保扩面，落实养老保险全国统筹，城乡居民基础养老金月最低标准提高20元。做好基本医疗保险省级统筹，落实和完善异地就医结算，城乡居民基本医保人均财政补助标准提高30元。

加强乡村养老服务网络建设，争取上级资金，推进山阴县养老院项目建设。落实生育支持、托育补贴政策，实现“一老一幼”普惠补贴全覆盖。健全分层分类的社会救助体系，加大对未成年人保护、留守儿童关怀、留守老年人服务和流浪乞讨人员救助力度，开展临时救助，确保应助尽助。做好社会福利、慈善事业、退役军人服务保障等工作，织密扎牢民生兜底保障安全网。

齐头并进发展文体事业。践行社会主义核心价值观。深入实施“五个一批”文化惠民工程，免费送戏下乡90场，开展各类文化惠民活动1710场。做好第四次全国文物普查。完成乡镇综合文化站评估定级工作。积极培育文化演艺、会展、滑雪、康养体育、非物质文化传承等一批文化产品，举办群众性文化和民间艺术等活动，让文化活起来、形象靓起来。广泛开展全民健身活动，提升群众健康水平。

今年，在办好省定15件、市定5件民生实事的基础上，同步抓好山阴县7件民生实事。

一是提高80周岁及以上老年人高龄津贴发放标准，80—89周岁每人每月补助由70元提高至100元，90—99周岁每人每月补助由70元提高至150元，100周岁及以上每人每月补助由150元提高至500元。二是为全县60周岁以上未领取退休金且不享受城乡低保和城乡特困待遇的孤寡老人每月发放150元困难补贴。三是为全县登记在册、正常经营的个体工商户投保“惠商保”，提升抵御经营风险能力。四是为实施“煤改电”项目的持证残疾人，每户补贴3000度电；对接受抢救性康复救助的在训残疾儿童，每人每年生活、房租、交通补贴5000元。五是在全县范围内开展适龄人群免费婚前检查。六是开通集大原高铁站、滋润机场、广武国际滑雪场客运专线。七是完成7个社区部分小街小巷硬化亮化。

（七）聚焦防范化解风险，更大力度守牢高质量发展底线。更好统筹发展和安全，树牢底线思维和极限思维，以高水平安全保障高质量发展。

抓好安全生产。落实“五不为过、五个必须”要求，压紧压实各方安全生产责任，坚决遏制重特大事故，减少一般性事故。全面加强风险隐患排查整治。严格落实国务院安全生产15条和矿山安全8条硬措施，扎实开展安全生产治本攻坚三年行动，把安全风险防控挺在隐患前面、把隐患排查治理挺在事故前面，执行风险分级管控和隐患排查治理双重预防机制。深化煤矿、非煤矿山、道路交通、城镇燃气、建筑施工、消防等重点行业领域和人员密集场所等群众身边的安全隐患专项整治。严格食品药品安全监管，加大抽查频率、抽检批次和行刑衔接、重处重罚力度，全力守护人民群众“舌尖上的安全”。着力提升本质安全水平。加强专业救援队伍建设，配齐配强乡镇安全监管执法人员，实现农村和社区安全网格员全覆盖。加大投入保障力度，有序推进“机械化换人、自动化减人、智能化无人”行动，逐步加强技术通信装备、救援专业设备、信息网络平台等建设。完善应急处置体系和应急预案，加强应急演练，夯实安全生产和防灾减灾救灾基层基础，增强应急处置能力。筹建玉井镇、马营乡片区小型消防站，提升山区消防应急能力。建立健全长效管理机制。严格执行“周调度、旬分析、月总结”制度，及时研判解决存在的重大风险和工作中存在的薄弱环节及短板。严格落实重奖重罚、激励约束机制，兑现安全隐患举报5000元—30万元奖励政策，形成群防群治、联防联控的工作格局。

抓好生态环保。深入践行绿水青山就是金山银山的理念，协同推进降碳、减污、扩绿、增长，创建省级生态文明示范县。精准管控“治气”。落实国家空气质量持续改善行动计划，突出源头、依法、系统“三个治理”，优化产业、能源、交通运输、用地“四个结构”，坚持控煤、治污、管车、降尘、转型“五管齐下”，聚焦重污染天气、扬尘污染、臭氧污染等重点领域，强化工业源、移动源、扬尘源综合治理，扩大清洁取暖改造覆盖面，落实禁煤各项措施，强化秸秆资源化综合利用，推进全封闭煤棚建设，完成开发区环境空气质量自动监测站建设，全年县城建成区空气质量达到国家二级标准。系统施策“治水”。落实“河湖长制”，加强水峪口水源地保护和桑干河污染源清理整治，紧盯重点排污行业企业，强化企业排污口在线实时水质监测治理，确保河头、大东庄 2 个省考断面水质分别达到地表水Ⅲ类和Ⅳ类以上。投资 200 万元，实施砷（氟）改水工程管线改造和水质净化工程。投资 1500 万元，完成河曲堡生态蓄水二期工程。投资 500 万元，完成古城镇低洼积水区域治理。源头预防“治土”。实施土壤污染源头防控行动，加强农业面源污染综合防治，加大固废综合治理和新污染物治理，有效切断各类污染源。生态修复“增绿”。坚持山水林田湖草沙一体化保护和系统治理，落实“林长制”，加快山体裸露区、采煤沉陷区、工矿废弃地的生态修复治理。投资 2350 万元，实施小流域综合治理 2.4 万亩、造林抚育 5.7 万亩。严厉依法打击重处非法违法盗采矿产资源行为。

抓好风险防范化解。加强政府债务全过程管理，健全有效防范化解隐性债务风险长效机制，控制债务增量、化解债务存量，严格落实“先有预算、后有支出”“谁举债、谁负责、终身追责”制度，坚决禁止各种变相举债行为。促进金融机构健康发展，引导驻县金融机构加快清收处置不良资产，坚决守住不发生系统性区域性金融风险底线。

抓好社会治理。坚持和发展新时代“枫桥经验”，全面推广“炕头＋地头”工作法，推进矛盾纠纷预防化解，推动信访工作法治化。严格落实“五包一”工作机制和“三到位一处理”工作要求，强化信访问题源头治理，全力化解矛盾纠纷和信访积案。加强国防动员和后备力量建设，做好双拥工作。强化社会治安整体防控，依法严厉打击各类违法犯罪活动，持续开展扫黑恶、治电诈、打盗窃、净网络、护民生等专项行动，有效提升人民群众安全感。

三、加强政府自身建设

新征程新使命，对政府工作提出了新的更高要求。我们要知重而担、知责而行，永葆政治本色，坚持守正创新，勇于开拓进取，切实将“时时放心不下”的责任感转化为“事事心中有底”的行动力，努力建设人民满意的法治政府、创新政府、廉洁政府和服务型政府。

铸牢政治忠诚。始终把政治建设摆在首位，坚定拥护“两个确立”，坚决做到“两个维护”，自觉在思想上政治上行动上同以习近平同志为核心的党中央保持高度一致，不断提高政治判断力、政治领悟力、政治执行力。持续巩固拓展主题教育成果，坚持不懈用习近平新时代中国特色社会主义思想凝心铸魂，“第一议题”跟进学习，第一时间贯彻部署。凡事善于从政治上考量、始终坚持在大局下行动，确保党中央大政方针和省市县各项决策部署落实落地，以实际行动、实干成效诠释对党绝对忠诚。

推进依法行政。严格遵守宪法法律。坚持科学、民主、依法决策，严格执行“三重一大”决策制度、公平竞争和合法性审查制度，实行重要决策、重大项目、签订合同职能部门和法律顾问联审制度，全面加强事前事中事后监管，扎实推进政务公开和信息公开。自觉接受人大及其常委会法律监督和工作监督，自觉接受政协民主监督，自觉接受社会和舆论监督，高质量办好人大代表建议和政协提案。强化审计监督、统计监督。全面推进严格规范公正文明执法，构建行政执法协调监督工作体系，提高行政执法人员素质。扎实推进“八五”普法，让办事依法、遇事找法、解决问题用法、化解矛盾靠法的理念深入人心、成为共识。

提高行政效能。落实新一轮机构改革部署，坚持优化协同高效，深入推进政府职能转变，不断提高执行力和公信力。强化狠抓落实的工作导向，不折不扣抓落实、雷厉风行抓落实、求真务实抓落实、敢作善为抓落实，争当推动高质量发展的执行者、行动派、实干家，把全县发展战略、思路、规划转化成具体的实施方案和解决方案，工程化项目化推动实施，切实把愿景变实景。落实“乡镇吹哨、部门报到”工作机制，严格执行“五账工作法”，强化“13710”督办机制，大力推行“四不两直”工作法和“红黄牌”“好差评”“事不过三”制度，突出全过程跟进、精细化管理、关键性控制，全面构建抓落实的闭环管理体系。

加强作风建设。把为民造福作为最重要的政绩，落实“四下基层”制度，坚持问题导向，加强调查研究，变会场为现场，在一线认真解剖麻雀，分析问题、解决问题，对发展遇到的每一个难题、群众反映的每一个诉求，努力做到问题解决在一线、矛盾化解在一线、工作落实在一线。坚持正确的思想方法和工作方法，勇于打破思维定式和路径依赖，不断锤炼专业思维、专业素养、专业方法，切实提高战略思维、辩证思维、系统思维、创新思维、历史思维、法治思维、底线思维能力，努力成为所在工作领域的行家里手，使各项工作更好体现时代性、把握规律性、富于创造性。

永葆清廉本色。深刻领悟习近平总书记关于党的自我革命的重要思想，全面从严推进政府系统党风廉政建设和反腐败斗争。严格落实中央八项规定及其实施细则精神，驰而不息纠治形式主义、官僚主义。牢固树立“过紧日子”的思想，兜牢“三保”底线，从严从紧核定“三公”经费，适度压减一般性支出，把财政资金更多用在为民生增福祉、为发展增后劲上。扎实推进权力集中、资金密集、资源富集领域专项整治，坚决防范和整治风险隐患。围绕一体推进“三不腐”，常态化开展警示教育，加强新时代廉洁文化建设，营造正气充盈的良好政治生态。

大事记

1月

6日，县委书记王世杰主持召开县委常委（扩大）会议。会议传达学习习近平总书记近期重要讲话精神；传达中央、省委、市委经济工作会议精神。

10日，朔州市计生协会会长贾桂梓一行到山阴县慰问计划生育特殊家庭。

是日，县公安局举行第三个“人民警察节”庆祝活动暨升旗仪式。

11日，县委常委、副县长杨德文在吴马营乡宣讲党的二十大精神，并调研森林防火和党建工作。

12日，县委书记王世杰主持召开县委经济工作会议。

15日，第九届全国大众冰雪季暨山西省大众冰雪季系列活动（朔州广武站）启动仪式在山西广武国际滑雪场举行。

16日，县委书记王世杰主持召开山阴县规划委员会第一次会议。会议审议通过山阴县殡仪馆项目、山阴县未来城商贸综合体工程、朔州市公共实训基地建设项目、朔州市技工学校建设项目、山西广武滑雪场规划及单体建筑工程等规划设计方案。

是日，山阴县举行2022年公开招聘事业单位、卫生技术人员选岗会。

17日，山阴县举行“送温暖献爱心”捐款仪式。

18日，县委书记王世杰主持召开县委常委会议。会议审议《山阴县文化旅游发展集团有限公司组建方案》、2023年度拟实施重点项目事项、财政资金有关事项，研究省县媒体深度融合有关事宜。

19日，县委书记王世杰在县燃气公司、县消防救援大队、县应急局、县智慧城市发展服务中心、县110指挥中心、县医疗集团和县供热公司开展春节慰问活动。

20日，县委副书记、县长高瑞龙在主持召开2023年县安委会第一次全体（扩大）会；会后在县应急局、加油站、森林公园、太阳城超市调研安全生产工作。

28日，县委常委、政法委书记田心世走访慰问县公安局基层所队。

29日，县委副书记、县长高瑞龙在桑干河古城段巡河。

30日，县委常委、副县长杨德文主持召开山阴县高质量发展绩效考核指标推进会。

31日，省市统计调查队在山阴县南街社区、幸福社区开展城镇和农村人均可支配收入入户抽查工作。

2月

1日，县医院召开第二批科技博士服务团成员挂职欢迎会。

4日，山阴县2023年元宵节文艺表演活动在县人民广场前举行。

7日，国家发改委经济研究所主任陈新年在山阴经济技术开发区调研。

9日，县委常委、政法委书记田心世在县公安局讲专题党课。

11日，市委常委、副市长武跃飞在山阴县昆仑燃气、华昱集团洗运中心、芍药花煤业调研安全生产工作。

13日，山阴县网格员2023年第一期业务培训班在朔州市委党校开班。

15日，县委副书记、政府县长高瑞龙在市委党校参加市管主要领导干部学习贯彻党的二十大精神专题研讨班。

16日，朔州市委常委、市长吴秀玲在山阴县调研集大原高铁朔州段项目推进情况。

20日，中国共产党山阴县第五届纪律检查委员会第三次全体会议召开。

21日，山西省人大法制委员会主任蔡汾湘在山阴县桑干河国家湿地公园调研《山西省湿地保护条例（草案）》立法工作。

22日，山阴县召开省委第三巡视组巡视山阴县动员会。

23日，县委副书记、县长高瑞龙主持召开县政府党组班子2022年度民主生活会和县政府党组会议。

28日，县委常委、副县长杨德文在经济技术开发区协调西区用地事宜。

3月

1日，县委副书记、县长高瑞龙主持召开全县政府系统“12+N”领题调研工作座谈会。

2日，县委副书记、县长高瑞龙主持召开全县1—2月经济运行分析盘点会。

是日，省委巡视组在山阴县旧广武村、广武国际滑雪场、古城乳业公司、山阴县场馆建设项目、超牌公司、恒科公司、赢胜公司等地调研。

3日，山西省委巡视组在下喇叭乡下喇叭村、织女泉村，玉井区域集中供热项目、北祖煤业，昱光发电公司、中煤华昱公司、县城集中供热站等地调研。

5日，全县矿山安全生产大检查百日攻坚行动汇报会在政府八楼会议室召开。

6日，省安委办全省矿山安全生产大检查百日攻坚行动考核组在山阴县金海洋南阳坡煤业有限公司检查工作。

7日，山西省发改委评估督导处处长秦世芳在山阴县就桑干河综合治理项目中央预算内投资预警项目进行督导服务。

8日，山阴县科级干部学习贯彻党的二十大精神专题研讨班在县委党校开班。

9日，朔州市委副书记、政法委书记宋红波，副市长田东、何向荣等在山阴县古城乳业公司调研，推进古城集团创新发展工作，并召开座谈会。

10日，山西省委优化营商环境和开发区重点工作督导二组在县行政审批局调研“12345”政务服务热线运行情况。

12日，县委常委、副县长杨德文赴河北省三河市，在华北科技学院南校园参加为期一周的提升矿山安全监管能力专题研究班。

13日，朔州市委书记姜四清在山阴县调研市技工学校项目、公共实训基地项目建设情况和县城环境整治情况。

14日，朔州市副市长刘亮在山阴县南阳坡煤矿、华夏煤矿、山东莒南嵋山农膜有限公司、污水处理厂等地调研“煤炭增产保供与煤炭产业可持续发展”和“加强环境综合治理”、重点产业链链长制等工作情况。

15日，山阴县举办县“3·15”国际消费者权益日纪念宣传活动。

16日，山西省食安办督导组在山阴县第一幼儿园食堂、客都超市、金海洋良友酒店管理有限公司食堂等地督查指导食品安全“两个责任”工作。

是日，山阴县举办2023年度春季新兵入伍欢送会。

20日，朔州市委副书记、市长吴秀玲在山阴县古城乳业集团、场馆建设项目、超牌公司、广武镇等地调研。

21日，山阴县在未来城项目建设场地举办2023年项目建设集中开复工暨未来城商贸综合体项目开工启动仪式。

22日，国家重要湿地专家组在山阴县考察调研。

24日，山西省公安厅党委委员、副厅长李

文平在山阴县岱岳派出所、北周庄派出所华昱工业园区警务室调研。

29日，县委常委、副县长杨德文主持召开山阴县统计造假屡禁难绝专项治理动员部署会。

4月

2日，政协第十届山阴县委员会第三次会议开幕。

3日，山阴县第十七届人民代表大会第四次会议开幕。

4日，山西省退役军人事务局在山阴县就疑难信访事项开展工作调研。

10日，朔州市委副书记、政法委书记宋红波在山阴县古城乳业调研，并主持召开座谈会详细了解山阴县乳业发展情况。

13日，山西省委选人用人巡视组在山阴县调研场馆项目建设情况。

14日，朔州市2023年春季全民义务植树暨国土绿化现场推进会在山阴县广武长城国家文化公园举行。

15日，山阴县举行“4·15”全民国家安全教育日活动暨国家安全主题公园揭牌仪式。

18日，宝武太钢集团朔州绿电氢铬基合金项目工作组在山阴经济技术开发区西区就建厂选址进行实地考察。

是日，山阴县“挥毫泼墨　法润山阴”首届法治文化主题书画展在山阴县体育馆举办。

20日，山阴县委副书记、县长高瑞龙在县城西环路、北环路、应山路、青年路、河阳大道等路段，实地察看拟设立停车位的区位条件及周边环境，重点解决县城停车问题。

24日，山阴县副县长王建平主持召开山阴县巩固拓展脱贫成果有效衔接乡村振兴领导组会议，安排山阴县特优产业高标准示范基地申报等工作。

26日，国家矿监局山西局执法十一处二级调研员张国玲在山阴县督查涉矿企业暨矿山主体企业。

27日，县委统战部在山阴县吴马营乡西短川村举行“归侨民族女英雄李林烈士牺牲地纪念碑”揭碑仪式。

27日，县委副书记、县长高瑞龙安排部署道路交通安全、森林防火、应急值守等工作。

28日，县委书记王世杰主持召开全县领导干部会议，宣布中共朔州市委任职决定：提名吴占玉为山阴县副县长人选，张建国不再担任山阴县副县长职务。

28日，县政协十届三次会议委员召开提案交办会议，对十届三次会议立案的134件提案进行集中交办。

5月

4日，山阴县召开煤基固废资源化综合利用晋北（山阴县）示范项目落地洽谈会。

5日，山阴县召开山西省环资协会煤基固废（煤矸石）资源化综合利用示范项目落地调研座谈会。

6日，山阴县召开根治拖欠农民工工资工作领导小组联席会议暨劳动用工环境整治和拖欠农民工工资陈案积案清理专项行动安排部署会议。

9日，朔州市人大常委会副主任张祥在山阴县就《森林资源管理条例》《长城古堡保护条例》开展立法调研。

10—20日，县委书记王世杰带队赴浙江、江苏、云南等地，就基层党建、乡村振兴、“枫桥经验”、省校合作、文旅发展、招商引资等事宜进行学习考察洽谈，并与有关高校、企业开展项目签约。

10日，县人大常委会主任闫祖伟主持召开

山阴县第十七届人大常委会举行第十七次会议，审议通过山阴县人民政府关于《中华人民共和国科学技术普及法》贯彻实施情况的报告、关于全县殡葬事业发展和运行情况的工作报告、关于2022年地方政府债务有关情况的报告，表决通过决定任命吴占玉为山阴县人民政府副县长、山阴县公安局局长，并颁发任命书。

是日，山阴县第三小学校举办“全国国防教育示范学校”授牌仪式。

11日，县委副书记、县长高瑞龙主持召开县安委会2023年第三次全体（扩大）会议暨全县重大事故隐患排查整治行动动员部署会议。

12日，山西省人大常委会农工委副主任程银锁在山阴县就巩固拓展脱贫攻坚成果同乡村振兴有效衔接进行调研，并召开座谈会。

是日，山阴县举办2023年“5·12”全国防灾减灾日“防范灾害风险 护航高质量发展”主题宣传活动。

15日，山阴县招聘到村（社区）工作大学生专题培训班和山阴县2022年度新考录公务员（选调生）初任培训班在县委党校开班。

16日，县委副书记、县长高瑞龙在黄水河、桑干河沿线现场调研督导断面水质达标工作，在元营村黄水河入境水质监测点、河头村桑干河出境监测点，实地查看水体流量、水系走向、水质状况等，现场办公研判问题、交办工作。

17日，山西省行政审批局党组成员、政务服务中心主任王拥军在山阴县行政审批局、岱岳镇便民服务中心等地实地察看政务大厅功能布局和运行实况，就政务服务有关工作进行调研。

18日，山阴县举行第三十三次“全国助残日”活动启动仪式。

19日，山阴县举行“美好中国幸福旅程”2023年“5·19”中国旅游日”主题活动启动仪式。

是日，山阴县开展2023年全民营养周暨“5·20”中国学生营养日宣传活动和“签而有约共享健康”家庭医生日主题宣传活动。

20日，山西省商务厅市场建设处处长韩晋成、市商务局二级调研员陈继义在山阴县调研乡村e镇建设工作。

21日，山阴县召开耕地保护工作推进会，通报全县耕地保护工作进展情况，对下一步如何推进耕地保护各项工作进行了安排部署。

23日，山阴县2022—2023学年小学语文、数学教师优质课例展评活动启动仪式在县第六小学举行。

24日，山阴县举行全国粮食和物资储备科技周“储备安全 科学减损”主题活动，强化社会对粮食安全的认识，引导群众爱粮节粮。

25日，山西省人力资源和社会保障厅调研组在山阴县调研工伤保险省级统筹工作，并召开座谈会。

27日，山西省中医药管理局在山阴县开展2022年度全国基层中医药工作示范县创建评审工作。

28日，山阴县召开创建全国基层中医药工作示范县省级评审汇报会，与会人员一同观看了《山阴县创建全国基层中医药工作示范县纪实》。

29日，县委常委、副县长赵栋带领县能源局相关人员，专程赴山西省能源局就《关于支持宝武太钢集团碳减排工程朔州绿电氢铬基合金绿色低碳项目供电保障实施办法（讨论稿）》相关事宜进行对接联络。

是日，山阴县疾病预防控制局揭牌仪式在县卫健体局举行。

31日，朔州市2023年全国科技工作者日系列活动启动仪式在山阴县人民广场举行。

是日，山阴县第六小学举行“穿越丝绸之路 感受传统文化”主题“六一”国际儿童节庆祝活动。

6月

1日，朔州市委常委、纪委书记、监委主任任增强在山阴县就重大决策部署落实、重点项目落地、推动经济社会高质量发展进行调研。

2日，山阴县2023年“安全生产月”活动启动仪式在人民广场举行。

6日，山阴县开展高层住宅建筑灭火救援实战演练，模拟高层住宅建筑发生火灾后进行灭火救援处置。

是日，县委书记王世杰在下喇叭乡织女泉村参加农耕文化展览馆揭牌仪式，并宣布山阴县耕读文化教育活动开班。

7日，朔州市侨联党组书记、主席杨国荣一行到山阴县开展基层侨联工作调研并为老干部服务中心“侨胞之家”授牌。

9日，县委副书记、县长高瑞龙带队赴深圳开展招商学习考察洽谈，专场举办“发挥比较优势　承接产业转移”2023年山阴（深圳）深化高质量发展合作交流推介会。

10日，县委副书记、县长高瑞龙在深圳国际会展中心参加第十九届中国（深圳）国际文化展业博览交易会。

12日，朔州市副市长田东在山阴县玉马小区手工编织和培训就业加工点，众福缘手工专业合作社，岱岳镇光明社区、兴隆社区就业服务站调研劳务品牌建设和技能培训情况、灵活就业人员情况和基层公共就业服务建设和运营情况。

13日，县委书记王世杰在玉马小区调研手工编织培训就业加工点劳务品牌建设和技能培训情况，在岱岳镇光明社区、兴隆社区就业服务站调研基层公共就业服务建设和运营情况。

14日，朔州市坚持和发展新时代“枫桥经验”，化解基层矛盾纠纷，优化法治化营商环境专项行动推进会暨信访问题源头治理攻坚动员会在山阴县召开。

14—15日，山西省住建厅二级巡视员张海星在山阴县新大滩村、古城镇、马营庄村等地实地了解经营性自建房排查及分类整治推进情况，开展自建房安全专项整治调研，并召开座谈会。

16日，山阴县召开农村集体“三资”管理贪腐问题专项整治工作推进会，会议安排部署了全县农村集体“三资”管理贪腐问题专项整治工作，通报了专项整治工作开展情况，传达了全市农村集体“三资”管理贪腐问题专项整治工作汇报会精神。

20—21日，县委政法委组织各乡镇政法委员开展坚持和发展新时代“枫桥经验”、化解基层矛盾纠纷专项行动及综治中心实战化运行观摩交流活动。

25日，全国名中医冯五金（山阴）工作室揭牌仪式在县中医院举行。

26日，山西省住建厅厅长黄巍在山阴县新韵体育公园、场馆建设项目施工现场，就城市基础设施建设、安全生产等工作进行调研。

27日，朔州市技工学校建设项目奠基仪式在山阴县举行。

是日，山阴县广武风景名胜区总体规划评审会在太原市召开。

30日，山阴县举行“学思想，强党性，以学铸魂，实干担当”迎“七一”主题党日活动。

7月

1日，山阴县举行庆祝中国共产党成立102周年群众文艺会演，来自全县的28支文艺队伍参加了展演活动。

是日，山阴县广武长城国家文化公园文旅

文创人才工作站揭牌仪式在广武镇举行。

3日，县委常委、副县长赵栋与太钢工作专班，赴平鲁经济开发区就硅芯产业园电价解决方案进行学习交流。

5日，县委常委、组织部部长舒晓海主持召开山阴县到村任职选调生工作座谈会。

6日，第二批乡村e镇项目中期绩效评价专家组组长赵旭强带领考评组在山阴县古城乳业集团有限公司、朔煤古城食品有限公司、物流中心、古城e镇公共服务中心进行实地察看，听取相关工作汇报，详细了解各站点建设情况以及企业运营情况，就古城e镇项目进行考评调研。

7日，山西省民政厅2023年民政重点课题调研山阴座谈会召开。

10日，县总工会、县卫生健康和体育局主办的“奋进新征程、建功新时代”2023年全县职工篮球赛在河阳体育馆开赛，该比赛为期4天，来自全县各基层单位及企业的10支代表队参加比赛。

14日，山阴县首届“感动山阴”十大人物评选活动正式启动。

18日，山阴检察院在全市率先建立工程建设领域农民工工资保证金协作机制，用实际行动维护农民工合法权益，工作经验被国家级、省级刊物报道。

20日，山阴县“奋进正当时、聚力谱新篇”文旅消夏周在文化广场举行启动仪式。

25日，山阴县零工市场正式启动。

26日，“内外长城桑干源 清凉朔州辽金韵”2023广武长城国家文化公园发展论坛在山阴县广武国际滑雪场开幕。

27日，县委副书记、县长高瑞龙主持召开2023广武长城国家文化公园发展论坛。

28日，2023年山阴县第二届“华夏煤业杯”环(桑干河国家湿地公园)河阳湖、长城一号旅游公路自行车公开赛暨环三晋自行车联赛在河阳广场举行开幕式。该次比赛为期2天，设置八个组别，共有来自北京、黑龙江、内蒙古、四川、浙江、广东等20多个省市近500名选手通过网上报名参赛。

8月

1日，县委书记王世杰开展“八一”慰问活动，向县消防指战员送去党和政府的亲切关怀并致以节日的问候。

8日，朔州市委书记姜四清在山阴县城发集团召开桑干河流域文旅产业融合发展工作座谈会。

10日，山阴县2023年“六月二十四”“热闹民俗·凉享季夏”主题传统庙会暨文化旅游节晚会在河阳广场开幕。

11日，山西省第十六届运动会羽毛球比赛在山阴县体育馆开幕。

14日，山阴县2023级高一新生阳光均衡分班仪式在山阴一中举行。

16日，2023年山西省跆拳道俱乐部联赛（北部赛区）在山阴县体育馆开赛。

21日，山西省民生事务处督察组组长郝增国在山阴县调研托育机构项目进展情况。

22日，山阴县举行“汇聚良缘·相约七夕”首届职工相亲大会。

23日，山阴县召开林业生态（国储林）乡村振兴项目推介会。

28日，黑龙江省七台河市政协副主席唐世云带队在山阴县山西超牌煅烧高岭土有限公司、赢胜陶瓷纤维有限公司等地，考察学习依托本地资源开展煤矸石综合开发利用先进经验。

30日，山西省农村义务教育学生营养改善计划专项资金审计进点（山阴）会召开。

9 月

5 日，山阴县举办新时代文明实践中心（所、站）建设提档升级培训会。

8 日，2023 年山西省牧草生产全程机械化“田间日”活动暨专题培训在山阴县举办，并进行现场观摩。

10 日，山阴县召开配合保障“五家沟煤业涉嫌瞒报生产安全事故”市级核查工作部署会。

11 日，山阴县残联组织开展残疾人文化周系列活动。

15 日，山阴县庆祝第三十九个教师节大会在政府二楼报告厅召开。

17 日，山阴县第五届“请老乡·回故乡·建家乡”捐资助学暨优秀生奖励活动在山阴一中举行。

18 日，全省“坚持和发展新时代‘枫桥经验’化解基层矛盾纠纷 助力转型发展”专项行动现场推进会在山阴县召开。

22 日，山阴县“庆丰收·促和美”庆祝 2023 年中国农民丰收节活动在合盛堡乡万亩富硒有机旱作农业基地开幕，并举行开镰仪式。

26 日，县委书记王世杰在中煤顺通北祖煤业有限公司、太阳城生活超市、中图农旅商贸港等地调研安全生产、重大事故隐患排查治理和节前市场保供工作。

26—27 日，大同市组织 10 个区县 70 余人，分两批到山阴县就践行新时代“枫桥经验”进行交流学习。

30 日，山阴县“9·30”烈士纪念日公祭活动在县双拥基地举行。

10 月

1 日，山阴县举行 2023 欢度国庆广场舞展演。

17 日，副县长于介澜赴省委党校参加山西省知识产权保护能力提升网络培训。

110 日，县委副书记、县长高瑞龙以“四不两直”方式在县城东环路检查道路修缮、交通秩序、市场环境等工作。

17—19 日，山阴县开展全县重点项目工程、和美乡村建设集中观摩活动，对 12 个乡镇下辖的 24 个和美乡村进行现场观摩、评比打分，对 9 个重点工程项目进行集中检视。

19 日，山阴县举行荣乌高速山阴连接线竣工通车暨朔州市新韵体育公园启动仪式。

是日，县委书记王世杰宣布朔州市新韵体育公园正式启动、荣乌高速连接线竣工通车。

20 日，山阴县与中铁建发展集团有限公司、中铁十七局集团有限公司举行战略合作签约仪式，双方围绕山阴县“绿色矿山、基础设施建设、生态环境修复、农文旅综合开发”等方面承载优势进行了交流发言。

23 日，朔州市委书记姜四清在山阴县岱岳镇西山森林防火瞭望台、城北集中供热隔压站、中煤顺通煤业有限公司、国炫新材料有限公司督导调研生态环境保护和秋冬季森林防火工作。

24 日，朔州市委副书记、市长吴秀玲在山阴县调研长城一号旅游公路建设情况。全市长城一号旅游公路建设暨交旅融合高质量发展现场观摩活动在山阴县开展。

30 日，政协第十届山阴县委员会第十四次常委（扩大）会议在洪涛山庄召开。

11 月

1 日，山阴县召开 2023 年青少年工作联席会议全体会议。

2 日，朔州市委常委、常务副市长武跃飞在山阴县第二消防救援建设项目和山阴高铁站配建项目现场、联成风能有限公司、晋能控股煤业集团地煤有限公司等地开展“四下基层”暨主题教育安全生产专题调研，并召开座谈会。

4日，县委副书记、县长高瑞龙在杭州浙江大酒店七楼浙江厅组织召开2023年朔州市（杭州市）推动重点产业高质量发展合作交流对接会，并作招商推介。

6日，中共中央总书记、国家主席、中央军委主席习近平在北京人民大会堂亲切会见全国“枫桥式工作法”入选单位代表，山阴县合盛堡乡化解乡村土地纠纷“炕头＋地头”工作法入选，合盛堡乡党委书记王建家接受会见。

8日，山西省政府督导组在山阴县广武镇实地调研航空项目情况。

8—11日，县委书记王世杰带队赴武汉、上海两地，就地校合作、文旅发展、招商引资等事宜进行调研考察洽谈，县领导张文平、郭瑞、舒晓海、郭东申、于介澜一同调研考察。其间，在中国地质大学（武汉）召开座谈会，并与该校签订地校合作协议；在上海玺农科技公司、中产集团、先导集团等企业召开合作座谈会，并进行项目合作签约。

9日，山阴县2023年119消防宣传月启动仪式在人民广场举行。

10日，县政协组织召开“关于推动教育优质均衡发展，提升整体办学质量”专题协商会议。

17日，县委书记王世杰主持召开山阴县与华新燃气集团生物质能源项目座谈会，并进行战略合作签约。

17日，县政协主席郭兆文带队深入县行政审批局、新韵体育公园、场馆建设项目工地、山阴南站站前广场及进出站道路建设场地、未来城商贸综合体建设工地、热力公司隔压站等处，围绕“创优营商环境，推动重点项目工程建设”开展专题调研。

19—25日，县委常委、副县长杨德文在浙江大学西溪校区参加2023年山西省新闻发言人培训班。

30日，北京协和医院、朔州大医院相关人员在山阴县医疗集团人民医院调研。

12月

2日，朔州市委常委、秘书长何向荣在山阴县广武国际滑雪场、超牌公司调研。

3日，山西省委书记唐登杰在山阴县超牌新材料股份有限公司视察调研。

5日，山阴县举行2023年“平安建设”宣传周活动启动仪式，贯彻落实《山西省平安建设条例》。

7日，北周庄镇化解企地矛盾纠纷“商、建、处、创”工作法被评选为全省“枫桥式工作法”先进典型。

是日，山阴县“弘扬工匠精神，推动高质量发展”第二届职业技能大赛在河阳体育馆开幕。

8日，副县长于介澜主持召开山阴县解决拖欠农民工工资案件工作推进会议暨根治欠薪冬季专项行动动员部署会。

12日，北周庄镇隆重举行国华能投山阴县100千瓦采煤沉陷区生态综合治理＋光伏储氢基地项目奠基仪式。

14日，县委副书记、县长高瑞龙在浦东小区、翰府国际小区开展“四下基层”调研，重点解决居民反映的供暖不热等信访问题。

16日，县委副书记、县长高瑞龙在家家利超市、供电公司、昱光电厂、城发供水公司、昆仑燃气公司调研督导防范应对极端寒潮雨雪冰冻灾害和民生保障工作。

18—21日，县委书记王世杰带队赴北京招商引资洽谈项目，先后深入相关企业就飞轮储能、医用机器人制造、文旅项目合作进行了深入考察交流。其间，王世杰一行与北京泓慧国际能源技术公司、北京麦纳士手术机器人技术有限公司、寒舍旅游投资管理集团有限公司等企业召开合作座谈会，并进行了项目合作签约。

22 日，山阴县召开政务数据信息共享工作专题会。

25 日，山阴县政法系统开展新时代婚俗礼仪创新实践“幸福传递树新风”集体颁证送法活动。

中国共产党
山阴县委员会

综述

【概况】 2023年，中共山阴县委高举习近平新时代中国特色社会主义思想伟大旗帜，深入学习贯彻党的二十大和二十届二中全会精神，全面贯彻落实习近平总书记对山西工作的重要讲话重要指示精神，聚焦高质量发展这一首要任务，统筹推进“五位一体”总体布局，协调推进“四个全面”战略布局，加快打造“灵秀古城”、建设“新韵山阴”，全县经济稳中有进、回升向好，转型发展态势强劲，改革创新纵深推进，民生福祉稳步提升，生态底色更加彰显，安全防线持续巩固，管党治党成效显著。

【政治引领】 中共山阴县委坚定扛牢政治责任，坚持把“学思想”作为首要任务贯穿始终，严格落实“第一议题”制度，及时跟进学习习近平总书记对各项工作的重要讲话重要指示70篇。举办县处级干部读书班2期7天，“五进”宣讲29场，各级党员领导干部讲党课600次。全面落实“四下基层”要求，围绕“深化能源革命综合改革”等三大课题，部署开展23项专题调研，县处级领导累计开展调研116人次，解决问题42个，推动成果转化运用36项，集中精力办好民生实事537件。设立党员示范岗441个、党员责任区584个，组建党员突击队16支，在职党员开展志愿服务315次，开展承诺践诺事项1834项，累计办实事好事8000次。围绕习近平总书记和党中央关心关注、影响制约高质量发展等六方面问题，结合巡视巡察、督导检查反馈问题，县处级领导班子查摆问题13个，制定“3+5+1”九个专项整治实施方案，基层党组织检视梳理问题483个，全面推行定任务、定措施、定进度、定人员、定时限“五定”工作法，制定整改整治措施699项，整体整改到位率达95%以上。出台《山阴县关于进一步强化基层平安建设推进集成改革试点工作的实施方案》《山阴县关于进一步加快转型发展、奋进“两个基本实现”目标的实施方案》《关于推动高质量发展和现代化建设的行动方案》《关于在全县推广“炕头”+“地头”工作法的实施意见》等制度文件100项。

【管党治党】 中共山阴县委把学习贯彻党的二十大和二十届二中全会精神作为首要政治任务，深入贯彻习近平总书记关于党的建设的重要思想，带头贯彻《关于加强和维护党中央集中统一领导的若干规定》，自觉扛牢管党治党主体责任，坚定不移把党风廉政建设和反腐败斗争引向纵深。持续开展抓党建促基层治理能力提升专项行动，大力实施“乡村振兴万人计划”，大学毕业生到村任职实现全覆盖。全面实施村（社区）党组织书记星级化管理，整治软弱涣散村党组织12个，调整不适应不胜任村（社区）“两委”主干19人、乡镇党政干部7人。全力做好“县域社区治理”试点工作，改扩建4个“村改社区”党群服务中心、12个村级党群服务中心，全县193个行政村集体收入均突破10万元。深入推进党建引领基层网格治理，网格上报有效事件处置率达98.7%。坚持把政治标准摆在首位，以结果论英雄、凭实绩用干部，全年提拔调整干部6批次225人次，15名同一岗位任职10年以上的科级干部全部交流轮岗。通过公开招考招聘、柔性引进等方式，吸纳各类人才149人，选派69名40周岁以下的干部到驻村帮扶一线实践锻炼，开展各级各类干部培训28期，受训人员3270人次。持续推动基层干部作风建设提升年专项整治行动，共梳理问题线索103条，已办结65件，批评教育帮助83人次，其中受到党纪政务处分44人。查处形式主义、官僚主义问题8件18人，给予党纪政务处分13人；整治群众身边腐败问题和不正之风113件，批评教育帮助和处理172人，其中党纪政务处分121人。2023年共处置问题线索814件，初核364件，立案197件，涉及280人，处分256人（其中重处分20人、留置4人、移送检察机关1人），查处乡科级干部29人。制定完善《全面从严治党主体责任落实情况监督检查》，进一步压实各单位班子成员“一岗双责”，制定《山阴县纪委监委关于推动巡视巡察反馈意见整改监督方案》，扎实开展十五届县委第四轮常规巡察和全县第三阶段“三个一批”重点村专项巡察，累计发现问题492个、问题线索58条，对1家被巡视巡察单位的主要负责人进行了问责。持续深化“清风”行动，出动执法人员60人次，处罚违规商家2家；扎实开展“清朗”专项行动，加强互联网舆情信息监测引导。

【凝聚共识】 中共山阴县委坚持党的领导、人民当家作主、依法治国有机统一，充分凝聚各方力量和智慧，深入推进全过程人民民主山阴实践，着力把制度优势转化为治理效能，不断促进各项事业健康发展。进一步完善人大请示报告制度和代表履职平台，持续推进“双联双争”活动。发挥人民政协专门协商作用，完善“有事好商量”协商议事制度，不断提升协商工作质效，高规格交办提案135件，办复132件，办复率97.8%。坚持以铸牢中华民族共同体意识为主线，通过推行“一五四”工作模式，基层统战工作做实变强、全面灵活。统筹抓好对台、侨务、外事等工作，全力支持工会、共青团、妇联等人民团体依法依章开展工作。深化国防动员体制改革，完成县联合办组建任务，创新改进兵员征集工作，大学毕业生征集率突破72.5%。高质量组建民兵分队，严密组织基干民兵基地化轮训，无人机分队、专武干部比武全市第一。规范打造村级阵地，推动武装工作向基层延伸，全力开展“红蓝融合”国防教育进校园宣传月活动，深入开展双拥共建，建成县级双拥基地，持续巩固省级双拥模范城创建成果。

【转型发展】 中共山阴县委完整准确全面贯彻新发展理念，紧抓转型发展和能源革命重要窗口期，对标省委、市委关于全面推动资源型经济转型发展部署要求，以改革创新为引领，改造提升传统产业、大力发展新兴产业、科学布局未来产业，着力解决长期制约山阴发展的结构性、体制性、素质性矛盾和问题，努力走出一条产业优、质量高、效益好、可持续的发展新路。动能转换全面起势。在北部“深加工制造”方面，围绕碳基、钙基、固废综合利用三大主攻方向，推进新兴产业成链集群，全年共实施新能源、新材料项目23个，总投资83亿元，3条产业链入选全市重点产业链行列；全县“链上”企业达到17家、“链主”企业达到4家、“链核”企业达到4家。成功申报富硒小米、钙基材料、山阴奶牛3个市级专业镇。积极推动赢胜绝热隔音材料、恒科负极材料、超牌复合材料、华建同治100万吨高岭土等转型项目开工建设，转型项目当年完成投资占全年工业投资比重达91%。在中部“产城人融合”方面，充分发挥山阴作为全市“腹地”和“枢纽”的区位优势，统筹生产、生活、生态、安全需要，大力实施城市更新行动，年内投资17亿元实施城建项目14个，城市综合应急管理指挥中心、会展中心、文化馆、图书馆、档案馆等场馆即将投运，荣乌高速连接线、广场路、站前街等建成通车，智慧水务平台高效运行，新韵公园投入使用，改造老旧小区24个，城市框架进一步拉大，城市功能日趋完善。在南部“农文旅康养”方面，全力推进广武长城国家文化公园建设，遗址遗迹修复、旧广武历史文化名村、博物馆改造等7个项目主体工程基本完工；数字电竞文创园、月亮湖生态度假区等招商引资项目全面开工建设；总投资近42亿元的国家储备林、保护利用设施建设、智慧生态循环农业产业园等10个文旅项目已顺利办理前期手续；建成王阁老南洲书院和“农家乐”“长城人家”“边塞风情”等特色民宿，依托广武国际滑雪场大力构建“广武旅游+住宿餐饮+户外滑雪”新模式，雪季以来日均接待游客1000余人，“冰雪经济”效应持续释放。改革创新活力迸发。主动服务和融入新发展格局，积极推动华能2×100万千瓦煤电项目、宝武太钢绿电氢铬基合金项目、中国工业煤基固废资源化综合利用示范项目、千禧冶炼550立方米锰铁高炉低碳循环示范项目落地；持续推进洗选煤企业标准化建设和煤矿产能核增，新增先进产能840万吨。完成五家沟煤业智能化矿井建设和华夏、台东山、南阳坡等8处智能化掘进面建设，先进产能占比达91%。营商环境持续优化。严格落实全省高标准市场体系“1+N”政策，全面落实“五有套餐”，持续深化政务服务“放管服”“双全双百”工程、“证照分离”等系列改革，2023年共办理相关证照1033件，惠及企业1033户。净增经营主体1687户，达到22252户，其中企业4114户，占比18.5%。延续优化完善税费优惠政策78条，累计减税降费近2.6亿元。项目建设提质增效。全面落实领导包联、部门服务等帮扶机制，滚动开展“三个一批”活动，实施500万元以上固定资产投资项目220个（其中新建项目134个、续建项目86个），总投资293.3亿元，年内完成投资99.3亿元；实施民生类项目64个，总投资42.6亿元，已完成投资12亿元。申请中央预算内资金项目18个（总投资30亿元）、专项债券项目28个（总投资23.2亿元），推进实施争取上级资金项目28个（总投资24.6亿元），申请国债项目33项（总投资27.2亿元），申请国债资金23.3亿元。累计开展“三个一批”活动4次，“签约一批”项目8个（总投资26亿元），“开工一批”项目9个（总投资10.4亿元），“投产一批”项目10个（总投资11.3亿元）。招商引资成效显著。积极争取省、市战略性产业、物资储备、基础设施等重大项目，加大与京津冀、长三角、珠三角、环渤海等地区的对接力度，招引项目的规模、数量和投资实现了新突破。全年累计签约项目62个，总投资212.6亿元，当年签约开工项目59个，开工率95.2%。经济运行稳中向好。坚持和加强党对经济工作的全面领导，奋力推动全县经济实现跨越提升。全县地区生产总值完成231.7亿元，同比增长3.3%；规上工业增加值增速达4%以上；固定资产投资完成57.3亿元，同比增长10%；一般公共预算收入完成21.1亿元，同比下降15.5%；社会消费品零售总额完成47.3亿元，同比增长5.9%；城镇居民人均可支配收入44608元，同比增长5%；农村居民人均可支配收入24160元，同比增长6.5%。

【民生福祉】 中共山阴县委坚持把人民对美好生活的向往作为奋斗目标，持续保障和改善民生，全年民生支出33亿元，占一般公共预算支出的85%，着力解决人民群众的急难愁盼问题，不断在发展中补齐民生短板，促进社会公平正义。一是就业创业更加充分。深入实施“人人持证、技能山西”全民技能提升工程，完成各类技能职业培训1400人。全年开发公益岗位46个，发放创业贷款220万元，新增城镇就业3719人，劳务输出560人，城镇登记失业率控制在5.5%以内，荣获“全省就业创业先进集体”荣誉。乡镇就业服务站实现全覆盖，累计推荐就业岗位8000个。山阴县零工市场建成并运行，对接岗位2000个，服务零工1000人。

二是社会事业不断完善。积极推进全民参保计划，社保覆盖15.6万人。严格落实医保分类资助，156个村卫生室全部接入医保骨干网络。建成社会足球场7个，改造升级体育场，方舱医院改建体育馆，全民健身热潮兴起，体育产业和体育消费成为新的经济增长点。高标准承办省第十六届运动会羽毛球比赛，省跆拳道俱乐部联赛北部赛区比赛，第二届“华夏煤业杯”环河阳湖、长城一号旅游公路自行车公开赛暨环三晋自行车联赛，夏季台球精英赛等10余项大型赛事，参赛选手1800余人。三是办好人民满意教育。全面实施“均衡分班”，彻底消除“大班额”现象，持续巩固“双减”成果，深入开展校园安全防范建设三年行动。优化教师配置，选调34名农村教师到县城任教，招聘55名优秀教师。高考二本及以上达线人数502人，达线率32.6%，同比增加2个百分点。总投资4.1亿元的技工学校与公共实训基地项目开工建设，职业教育办学实现多元化发展。100个托位的公办示范综合托育园竣工并投入运营。四是加快健康山阴建设。深化县域医疗卫生一体化改革，完成县人民医院肿瘤中心、县中医院医养结合项目、县妇幼保健院、县疾控中心新址建设等4个项目前期准备工作，农村卫生室全部实现一室一医或一室多医。加快省级健康县创建工作，全国基层中医药工作示范县初评通过验收，基层中医馆建设实现全覆盖，合格率100%。五是生态环境持续改善。坚定践行“两山”理论，统筹推进山水林田湖草沙系统治理，全年完成植树造林3.3万亩，出境断面水质、地下水源全部达标。认真开展秋冬季污染防治综合治理工作，扎实推进桑干河流域上下游横向生态补偿机制试点改革任务，建成全封闭煤棚5家，完成清洁取暖改造，全年二级以上天数313天，综合质量指数同比下降6.8%，排名全市第一、全省十二，进入全省第一方阵。

【社会治理】 中共山阴县委坚决贯彻总体国家安全观，统筹推进高质量发展和高水平安全，坚持底线思维，增强忧患意识，提高防控能力，扎实推进安全生产体系和治理能力现代化。安全生产形势稳定。深刻汲取代县精诚矿业瞒报和吕梁永聚煤业重大火灾事故教训，深入开展“三大专项整治行动”，排查检查企业1977家，培训执法人员、企业负责人、安全管理人员等5000余人次。全面实行重点行业领域生产经营单位安全生产承诺制度，安全生产群众监督机构和管理人员实现矿山企业全覆盖，全县安全生产态势平稳，本质安全水平有效提升。平安建设纵深推进。认真贯彻落实《山西省平安建设条例》，全面提升广大群众对平安建设的知晓率、参与率，深入推进打击电信网络诈骗、跨境赌博、拐卖妇女儿童、“黄赌毒”“盗抢骗”“食药环”等专项行动，防范和打击新型网络领域犯罪，持续深化城乡社区警务与网格化服务管理“警网”融合、人民调解员和网格员“双员融合”，开展“政法联企，法治护航”系列活动，各类刑事案件立案数同比下降14.7%，破案率上升10.7%，人民获得感、幸福感、安全感显著增强。基层治理成效显著。以创建“一流善治之县”为目标，不断深化“两个省级试点”效应，践行新时代“枫桥经验”和“浦江经验”，创立“突出四个到位、创新四项举措、建好三级平台”的“443”基层治理模式。全省“坚持和发展新时代‘枫桥经验’化解矛盾纠纷助力转型发展”专项行动现场推进会在山阴县召开，“炕头＋地头”工作法入围全国“枫桥式工作法”，并在浙江枫桥经验陈列馆列展，“商、建、处、创”化解企地矛盾纠纷工作法入围全省“枫桥式工作法”，法治赋能全科网格列为全省法治政府建设示范项目，北周庄村被评为2023年度“全国民主法治示范村”。持续深化信访积案化解，扎实开展信访问题源头治理三年攻坚行动，国家信访局走访登记量同比下降75.9%；网上信访事项及时受理率、按期答复率保持100%；中央信访联席办交办的20件第三批信访积案全部化解上报，对初次信访事项责任单位满意率评价达99.7%，位居全市第一。

【乡村振兴】 中共山阴县委坚持学习运用好“千万工程”经验，不断推动产业、生态、农村基本公共服务等协调发展，全面提升治理效能，努力让乡村发展更美好，群众生活更幸福。巩固拓展脱贫攻坚成果。严格落实“四个不摘”和“一个不变”要求，选优配强驻村工作队64支、197人。持续巩固“两不愁三保障”成果，发放小额贷款4925.4万元、教育资助金105.5万元，实施产业衔接项目48个，帮扶务工就业5661人。坚决守牢粮食安全底线。全面优化“南奶、北肉”和“南果蔬、中玉米、北杂粮”产业布局，全链条推动“特”“优”农业发展，勇担产粮大县政治责任，严格落实耕地保护制度，坚决遏制耕地“非农化”、基本农田“非粮化”，完成高标准农田建设4.7万亩，粮食播种面积达到88万亩，粮食产量达3亿公斤，实现“十连增”。建设宜居宜业和美乡村。深入推进人居环境整治提升五年行动，加快推动乡村基础设施提档升级，投资1.7亿元重点打造36个和美乡村；实施农村户厕改造1268座，完成“四好农村路”54公里；完善农村生活垃圾收运处置体系，177个村庄的农村生活垃圾实现集中治理；积极推进农业生产废弃物资源化利用，全县粪污设施装备配套率达到100%，畜禽粪污资源化综合利用率达到90%以上。

组织工作

【概况】 2023年，县委组织部坚持以习近平新时代中国特色社会主义思想为指导，深入学习贯彻党的二十大精神和全国、省、市组织部长会议精神，全面落实从严治党要求，以党的政治建设为统领，统筹抓好理论武装、选贤任能、强基固本、育才聚才、自身建设等各项工作，着力推动党的政治优势、组织优势转化为发展动力、发展优势，以高质量组织工作服务保障山阴高质量发展。

【开展主题教育】 县委组织部聚焦主题主线，高标准高质量推动主题教育走深走实。突出学习主题抓实理论武装。坚持在“示范带动学、全面覆盖学、联系实际学、交流互动学、精准督导学”五学联动上下功夫，开展县处级干部读书班2期7天、理论学习中心组专题学习10次、专题研讨6次，带头讲党课3次，全县基层党组织每月开展1次集中学习讨论，科级单位党组织（党组）每月1次集中专题学习研讨，各级党员干部执行学习计划平均完成率分别达98.9%，讲专题党课612次，903名党员干部与1800名学习困难党员“结对子”进行帮学、助学；选拔25名理论骨干组成宣讲队，确定8个宣讲课题，深入基层单位阐释宣讲49场次；开展“百姓大讲堂”12期。

以推动工作为要务、以群众利益为导向、以破解难题为根本，聚焦习近平总书记对山西重要指示批示精神和影响全县高质量发展、群众急难愁盼等突出问题，实行调研选题报备审批制，在广泛征求各方面意见建议基础上，县级领导班子确定调研课题27个，采取“一个调研课题、一名牵头领导负责、一个调研小组主抓”的机制，带头采用“四不两直”方式深入基层开展“蹲点式”“联动式”“融合式”调研；精准确定四套班子8个正反面典型案例开展解剖式调研，县乡两级调研期间访谈基层干部群众4600余人次，收集诉求建议239条，发现梳理突出问题71个，制定跟进措施92条。建立

"一课题、两清单"联动机制抓实调研成果评判检验，调研成果转化应用89项，解决问题64件，推动调研成果从"纸上"落到"地上"。

坚持把开展主题教育同贯彻落实党中央和省委、市委决策部署结合起来，同推动完成全年经济社会发展目标任务结合起来，以主题教育成果赋能经济社会高质量发展，确立县级层面民生实事10项，制定推进措施159条，基层单位确立民生实事527个。深入开展"四下基层"，推动县乡两级干部在基层一线解决发展所需、改革所急、基层所盼、民心所向等问题4366个，化解群众信访积案11件，推行的"两头"工作法被党中央表彰，"四下基层"经验在全市交流。推动各领域基层党组织和党员建言献策、干事创业，设立党员示范岗441个、党员责任区584个，组建党员突击队16个。深化"党旗在基层一线高高飘扬""我为群众办实事""在职党员到社区报到"等活动，3120名在职党员干部深入社区开展志愿服务315次，开展承诺践诺事项1834项，为群众办实事好事8000次。建好用好"即诉即办"诉求解决平台体系，实现政务服务便民热线平台一体联动运行，有效解决民生、发展、执法等方面诉求1.1万件，群众满意率达到95.7%。

坚持边学习、边对照、边检视、边整改，围绕"六个聚焦"，紧密结合巡视、监督等反馈问题，确定县处级领导班子17个问题，制定整改措施41条；制定"3+5+1"9个专项整治实施方案，摸排问题25个，确定跟进整治措施26项，逐一明确牵头领导、责任部门、完成时限，实行项目管理、挂账销号机制；基层党组织共查找483个问题、制定563项整改措施，问题整改到位率达到92%。坚持"当下改"与"长久立"相结合，全县各级党组织建立健全制度机制、完善工作流程96项，推动把"解决一件事"升格为"解决一类事"。

【干部教育培训】 2023年，县委组织部坚持用习近平新时代中国特色社会主义思想武装头脑，聚焦转型发展需要，大力开展务实管用的干部专业化能力培训、专题培训，弥补知识短板、经验盲区，共开展各级各类培训28期，培训干部3270人次，圆满完成中央、省委、市委13期调训工作。利用山西干部在线学院"党的二十大精神网络培训专题"，实现全县其他党员、干部的全覆盖培训。打造党员教育示范基地6个、实操实训基地19个，确定专兼职教师32个，12个乡镇党校实现标准化，形成了"基地＋课题＋师资＋实训"的培训体系。

把"党课开讲啦"活动与严格落实"三会一课"、主题党日等组织生活制度相结合，发挥"头雁效应"，推进领导干部带头讲、支部书记覆盖讲、第一书记兜底讲。县处级党员领导干部重点围绕党的创新理论、优良传统、纪律规矩等内容讲，基层党员干部结合工作实际，聚焦乡村振兴、安全生产、惠民政策、社情民意等内容讲，采取讲座式、访谈式、情景式等形式将党课开进农村、社区、企业、楼宇、项目等，在全县形成了理论深入讲用心听的浓厚氛围。县处级干部讲党课22次，党（工）委书记及班子成员讲党课156次，基层党组织书记讲党课573次，录制"党课开讲啦"视频10部。

推选出124名在乡村振兴、产业发展、基层治理等基层一线中事迹典型、可感可触、可追可及的榜样人选。制作《驻村这几年》《行走的力量》《郝书记，挺好》等"学习身边榜样"党员教育电视片6部，利用微信公众号、视频号等新媒体平台全面宣传榜样事迹，推介先进经验做法。基层党组织结合日常"三会一课"、主题党日活动等，主动邀请"身边榜样"分享成长故事、奋斗历程、工作经验等，引导教育广大党员干部对照先进找差距，学习榜样争先锋，形成创先争优良好风气。2023年，基层党组织开展学习身边榜样活动533次，覆盖党员干部7970人次。

【建设专业化干部队伍】 县委组织部持续优化领导班子结构。以实施“双优双强”（县直党政工作部门和乡镇领导班子结构双优、战斗力双强）计划为牵引，大力选优配强县管领导班子，制定《山阴县打造忠诚干净担当的高素质干部队伍行动方案（2023—2027年）》，共调整干部6批次225人次。县直党政工作部门班子平均年龄从46.4岁降为43.7岁，女干部增加3名，党外干部增加1名，特别是在同一岗位任职10年以上的15名科级领导班子成员全部完成交流轮岗，县直部门老中青梯次配备、男女合理搭配、党内党外共建共治的格局逐步完善。

大力培养选拔优秀年轻干部。建立健全识别发现优秀年轻干部的常态化机制和干部库，通过年轻干部大摸底、党委（党组）集中推荐等渠道，动态掌握优秀年轻干部180名，注重对年轻干部的思想淬炼、政治历练、实践锻炼和专业训练，共选派69名40周岁以下的干部到驻村帮扶一线实践锻炼，17名专业干部参加县委巡察，94名近年来提拔重用、考录的干部到县委主题教育办工作锻炼，从优化营商环境、基层治理等领域提拔重用交流年轻干部9名，让年轻干部的经验更丰富、本领更扎实、激情更澎湃。

加强干部全方位管理和经常性监督。严格执行“一报告两评议”，加强对领导班子“一把手”和重点部门、关键岗位干部的管理监督，对干部中的不良苗头早打招呼、及时提醒，对巡视巡察反馈问题涉及的乡镇、县直单位，逐一与“一把手”进行谈心谈话，提醒警示扛牢全面从严治党主体责任，亲力亲为抓好整改工作，共开展谈心谈话60人次。严格落实凡提必查要求，对新提拔、重用、晋升职级的154名干部进行了全面体检。严格执行干部离任经济责任审计，对5名县直单位“一把手”进行了离任经济责任审计。从严科级干部因私出国（境）管理，共新增登记备案人员21名。认真落实政商“旋转门”“逃逸式辞职”专项整治工作，共摸排掌握县处级干部68名、乡科级干部94名、县管四级调研员1名，共排查出涉及离职干部5名。深入开展基层治理不良现象专项整治，依托“12380”的“四位一体”举报受理平台，建立《省转、市转和县本级举报受理及查处台账》等5类台账，共受理信访举报11件，已办结8件。

【基层党组织建设】 2023年，县委组织部坚持抓党建促基层治理。大力实施“乡村振兴万人计划”，招聘5名大学毕业生到村任职，达到了村（社）全覆盖，县乡开展各类专题培训28批次，打造“大学生之家”12个，安排271名党员干部进行结对帮带，通过微信公众号专栏、编发专报等形式刊发大学生工作信息396篇，引导大学生扎根基层、奉献农村。全面实施村（社区）党组织书记星级化管理，制定“三定三评三挂”管理机制，完成星级评定，评定3星级8人、2星级36人，参照核定岗位报酬，激发干事动力。持续深化乡镇综合行政执法改革，举办3期乡镇综合行政执法集中培训，聘请11名法律人员担任顾问，打造2个实训基地，研究下放乡镇权责清单104个事项，制定下发执法操作规范、群众参与举报奖励办法等4个制度性文件，下拨财政资金300万元购置执法装备，2023年，各乡镇开展综合执法362次。全力做好全市“县域社区治理”试点工作，制定《山阴县推进“村改社区”工作实施方案》，完成4个村“村改社区”工作，预算480万元用于改扩建4个“村改社区”党群服务中心。深入推进党建引领基层网格治理，大力抓好全省

“全科网格”试点工作，建立健全日常管理、工作运行、协调联动等制度，完善“一体化”运行和“一站式”办理等运行机制，全县通过网格上报有效事件5.76万件，处置5.68万件，处置率达98.7%。不断提升村级组织规范化建设水平，推动县级领导班子成员包乡联村逐村走访摸排确定12个软弱涣散村党组织，建立“4个1”包联整顿台账，全部整改销号；下拨财政资金60万元改扩建12个村级党群服务中心，155万元用于17个村党建示范点建设；全面规范村级组织履行职责事项、协助政务服务事项、出具证明事项及标识牌内容及悬挂位置，进一步增强村党组织领导的村级组织体系整体效能。

坚持抓党建促乡村振兴。轮换配强驻村工作队，由53支工作队增至64支，安排5名业务骨干充实驻村办实体化运行，组织县级集中轮训5期，开展暗访抽查17次，驻村办下发督查通报7期、督办卡13份、考核通报5期，下拨财政资金397.35万元用于驻村干部生活交通、体检、意外保险等补贴，组织约谈派出单位负责人、驻村干部54人，整改反馈自查问题69条。扎实开展乡村干部届中分析评估工作，印发《关于开展乡村干部履职情况专项整治行动的实施方案》，调整不适应不胜任村（社）“两委”主干19人、乡镇党政干部7人。持续推动村级集体经济提质壮大，全覆盖轮训乡镇分管农经副职、农经员和村集体经济组织负责人、财会人员，提升业务能力；对标省市有关要求，将发展壮大村级集体经济纳入实施乡村振兴战略专项行动，作为乡镇党委“书记工程”，进行“一月一调度、一季度一评估、半年一考核”评比，下拨县财政资金320万元用于奖励、扶持集体实体项目，全县193个行政村集体经济收入均突破10万元。

坚持抓党建促融合发展。牢固树立城市大党建理念，将包联小区单位党组织及在居住地报到的在职党员纳入社区党委统筹协调管理，健全“社区党委—包联小区单位党组织—小区党支部—网格党小组—党员中心户”包保服务群众的“五级联动”工作机制，变“各自为战”为“同驻共建”“协同作战”；选派120名机关党员干部担任小区党支部第一书记，投入财政资金100万元建成小区党群服务站点68个，覆盖125个小区（片区），打造小区党建示范点10个。紧扣机关党建“围绕中心、建设队伍、服务群众”核心任务，将县直机关事业单位115个党组织，按照类型相同、行业相似等原则，统筹划分成8个联盟，构建“县直机关工委牵头抓总、口长单位党组织具体负责、成员单位党组织共同参与”的“1+8+N”党建联盟组织形式；建立健全“组织共建、活动共商、资源共享，工作互帮、业务互学、品牌互鉴”等工作机制，引导各机关事业单位党员干部职工在优化营商环境、乡村振兴、信访、平安建设等重点工作上转思路、改作风、抓落实、提效能；对标“四强”党支部创建标准，积极打造机关党建示范点8个。以提升“两个覆盖”质量为重点，组建新经济组织和新社会组织工作专班，制定专班工作方案，2023年新建单建党支部3个、联建党支部2个，非公和社会组织、新就业群体党组织覆盖率分别达96%、97%、77%；选派党建指导员64名，选聘60名新就业群体担任社区的“移动网格辅助员”，打造“爱心驿站”43个、“司机之家”2个，其中3家被评为“省级爱心驿站”，培养“三新”组织积极分子131个，发展党员27个，打造2个“两新”组织党建示范点；深入开展“党建引领民企高质量发展”活动，累计在规上工业企业送培训、送政策、送服务67次，解决问题31个，引领“三新”组织积极参与乡村振兴，加强组织联动，启动“消费帮扶·助农帮困”项目，协助销售农产品成交金额120余万元。

坚持优化党员队伍结构。强化党员发展质量，完善发展党员工作推荐制、培训制、预审制、票决制、责任追究制和组织委员谈话制等制度，着力促进发展党员工作规范化、制度化，全年共发展党员161名，完成下达指标任务，其中35周岁及以下占比70.2%、大专及以上学历占比85.7%。强化流动党员管理，通过立档建库清底数、核准信息强引导、精准吸纳抓联动、沟通反馈紧跟踪、结对联系提质效“五步法”，对全县806名流动党员实现动态管理，13个党（工）委通过流动党员工作群为流出党员推送学习资料221次，651名流出党员线上打卡学习2600余次。统筹组织开展“十个一”“光荣在党50年”纪念章颁发系列活动，为全县197名党员颁发“光荣在党50年”纪念章，教育党员干部增强党性观念，继承和发扬党的优良传统和作风。

【人才建设】 2023年，县委组织部育选管用人才，筑牢高质量发展和现代化建设的人才支撑。引进培养用好人才。通过公开招考招聘、柔性引进等方式，吸引纳入各类人才149人（研究生21人），其中招考公务员、选调生28名，到村工作大学生5名，事业单位专岗人员100名；柔性引进具有博士学位或副高以上职称或技师以上等级人才16名。坚持政治引领和政治吸纳，为全县专家人才发放《习近平著作选读》等书籍111套3.3万元，不断提升政治自觉和思想自觉。指导“西部之光”访问学者马晓璐同志访学北京协和医院，有力提升县医院学科医疗水平。

扎实推进省校合作。认真落实省委“县党政正职访名校”活动，结合山阴实际，与浙江大学光华法学院、西北工业大学、太原理工大学、中国地质大学（武汉）4家高校签署项目合作协议5个。派遣217名高校大学生开展暑期大学生社会实践活动，购买人身意外伤害保险5.2万元，发放生活补助金14.1万元。组织55名专家人才赴山西太行干部学院，举办山阴县专家人才国情研修班暨贯彻落实党的二十大精神学习培训班。组织5名全省第二批科技博士服务团在朔成员在县医院开展大型义诊活动暨朔州市第二期博士讲坛，群众反响强烈。联合县人社局举办2023年春风行动暨就业援助月暨岗位推介会活动，现场达成初步就业意向400人。

涵养良好人才生态。召开深化人才发展体制机制改革座谈会，建立县领导联系服务专家工作机制，走访慰问50名专家人才，收获价值，赢得尊重。结合实际，在行业领域内有引领力、带动力、影响力的企事业单位（乡镇），建成各具特色人才工作站5个、名老中医传承工作室2个、博士工作站（室）3个，给予工作经费补贴各10万元，全力做好人才服务保障。联合县科协承办朔州市2023年全国科技工作者日系列活动，隆重表彰14名最美科技工作者。购买荣晟苑小区人才公寓12套，实现拎包入住，重点解决高层次人才安居问题。

【机关建设】 县委组织部发扬优良部风，持续打造模范部门和过硬队伍。牢牢把握主题教育总要求，把理论学习、调查研究、推动发展、检视整改等贯通起来，有机融合、一体推进。坚持第一议题制度，每周一组织召开部机关集体学习会，跟进学习习近平总书记最新重要讲话重要指示，认真学习党中央重大决策部署和省市县相关会议、文件精神，组织集体学习42次，集中观看《使命》《榜样7》《入党》等专题片40部。印发《每周集体学习资料》以及各类交流研讨发言材料合订本等近2000册。组织党员干部赴忻州繁峙县、县委老干部局开展主题党日活动，传承革命精神，赓续红色血脉，淬炼初心灵魂，涵养政治定力。用好“山阴组工”微信公众号宣传平台，开辟特色专栏2批，编发组工动态150篇，编印特色报纸8期。部务会成员带头深入农村、社区、企业、厂矿、学校等基层一线开展调查研究活动，深度了解社情民意，推动解决群众急难愁盼和民生领域痛点、堵点、难点问题。扎实开展在职党员进社区报到活动1次，设立党员示范岗7个，开展承诺践诺，填写承诺践诺书24份，引导党员在重点项目、重大任务中发挥作用。强化一线磨砺和实践锻炼，下派3名驻村干部到玉井镇东庄村开展驻村帮扶工作，选派3名干部上挂市委组织部、市委巡察办、市纪委监委跟班锻炼，在重点任务中优化知识结构，提升业务能力。充分发挥部机关工会作用，逢年过节保障干部职工享受正常福利待遇，年中组织健康体检，慰问患病组工干部，关心关爱3名驻村工作队员生产生活情况。

建立健全部机关日常管理制度、部长办公会议制度、民主评议部风制度、信息调研考评制度、岗位目标责任考核制度，完善制度体系，厘清股室职责，规范工作标准，细化服务流程，推行AB岗制，严格执行工作签报制，基础工作做深做细做实。全面推行“13710”工作机制，限时办结，销号清零，做到按规章制度办事、按规定程序办事，做到了事事有着落，件件有结果。在推进工作、研究干部过程中能坚持原则，公道对待干部、公平评价干部、公正使用干部，始终做到公道正派。严格执行重大问题请示报告制度，把请示报告作为重要政治纪律和政治规矩，同时规范了内部、外部请示报告卡，组工干部按照规定全面如实请示报告工作、反映情况、分析问题、提出建议，既报喜又报忧、既报功又报过、既报结果又报过程。

从严执行党风廉政建设各项规定，建立组织部长负总责，班子成员共同抓，分管股室具体抓的党风廉政建设责任体制，组织党员领导干部签订《廉洁自律承诺书》。扎实开展不作为、慢作为、乱作为问题纪律作风整治工作，并与已经开展的基层干部作风建设提升年专项整治一脉相承、一体推进，巩固引深持续净化政治生态成果，切实改进干部工作作风。以典型案例开展警示教育，组织观看《问剑破局》《忠诚与背叛》《王家屏》等反腐倡廉警示教育片10部，以案为鉴、警钟长鸣。开展廉政读书月活动，认真学习廉政教育书籍《清风家传》，不断筑牢创建清廉机关的文化基础。修订完善机关制度，开展5次廉政风险排查，增强自身“免疫力”。

【服务老干部】 县委组织部精准服务好老干部，不断开创新时代老干部工作新局面。建立11个社区老干部党支部和广益、集贤、惠丰3个老干部服务站，12个乡镇和24个县直单位成立老干部党支部，所有老干部党支部工作经费全部列入财政预算，2023年离退休干部“示范党支部”创建率达到60%。建立老干部党组织“后备人选库”，选派身体力行的退休干部担任“两新”组织党建指导员，将老干部党的建设触角延伸到社会各个层面。组织老干部赴平型关大捷纪念馆、贾家庄干部学院培训，传承革命精神，赓续红色血脉，涵养政治定力。开展老干部“话传统、谈复兴、聚伟力”座谈会5场120人次，撰写心得体会60篇。

凭着“党悟＋义务＋服务”理念和“老干部服务高质量发展”的理念，成立山阴县委老干部局引资引智银发人才工作站，建立“银发人才库”，各行业各领域1468名专家人才组成的银发人才队伍，献智献力，奉献力量。加大关心下一代工作力度，组织“五老”深入12个乡镇、10家县直单位、5所中学、7所小学讲红色党课34场次，受众人数达1700人。组织开展“增添正能量、银辉添新彩”“转型蹚新路、银辉添新彩”“四个一”等系列主题活动，凝聚人心、汇聚力量。

常态化提升离退休干部“两项待遇”“三项保障”，按照市委老干部局特困帮扶的标准，提高帮扶标准，扩大帮扶范围。扎实开展离退休干部健康体检范围，并不断向事业单位中高级职称以上人员扩展。在3个社区分别建立老干部阅览室和活动中心，不断丰富老干部精神文化生活，努力提升老干部的幸福指数。切实做好离休干部“一人一策”服务，与县医疗集团人民医院对离退休干部进行签约精准服务，在县中医医院签约离退休干部中医保健基地，举办养生讲座4场。建设家风家教馆、廉政教育公园、党建公园、民族大团结广场和习近平用典书法墙，拓展老干部活动平台，丰富老干部活动。

宣传工作

【概况】 2023年，山阴县委宣传部在县委、县政府的正确领导下，在市委宣传部的大力支持下，深入贯彻落实习近平文化思想，围绕年初的工作计划，紧紧抓住推动习近平新时代中国特色社会主义思想深入人心、落地生根这一主线，全面落实“七个着力”的重大要求，扎实推进六项重点工作，努力推动宣传思想工作不断强起来，为打造“灵秀古城”、建设“新韵山阴”提供坚强思想保证和强大精神力量。

【理论武装】 2023年，山阴县委宣传部加强全县各级党委（党组）理论学习中心组的学习。制定《2023年山阴县委理论学习中心组专题学习重点内容安排》《山阴县2023年列席旁听各级党委理论学习中心组计划》《2023年山阴县委理论学习中心组学法计划》，按照计划和安排组织县委理论学习中心组学习。全年县委理论学习中心组共召开学习会议14次，专题研讨7次。扎实推进党委（党组）理论学习中心组学习规范年建设工程，制定《山阴县各级党委（党组）理论学习中心组学习规范年建设工程实施方案》，进一步建立健全各层级制度机制，提升中心组学习规范化制度化水平，引领推动全县各项工作高质量发展。扎实开展宣讲工作。联合市委理论宣传教育中心、市委讲师团在山阴县开展党的二十大精神基层大联讲、党的二十大精神“百千万”四线宣讲活动，以理论宣讲和演唱红歌的方式，用通俗易懂的语言、深入浅出的讲解、生动形象的事例，推动党的二十大精神在基层落地生根。深入开展学习贯彻习近平新时代中国特色社会主义思想主题教育宣讲工作，选拔24名骨干组成宣讲团，确定8个宣讲课题，深入机关、企事业单位和乡镇、村社阐释宣讲13场次，推动党的创新理论“飞入寻常百姓家”。举办“老干部讲党课”“老干部大讲堂”报告5场，确保离退休老干部不漏学、不缺课、不掉队。建强基层理论宣讲队伍。深入挖掘基层宣讲人才，组织优秀宣讲骨干参加全市第四届基层理论宣讲大赛，交流经验做法，不断壮大基层宣讲队伍。创新思政教育形式。“七一”期间，邀请山西电视台到山阴县举办了全省首场县区音乐思政课，将思政教育和音乐影视作品结合，变“理论灌输”为“音乐感染”，变“理论教育”为“精神大餐”，融教育性、艺术性、欣赏性于一体，使思政教育更加接地气、聚人气。抓好全县“学习强国”学习平台的学用工作。全县“学习强国”学习平台学员注册总数35736人，人口覆盖率13.21%，逐渐成为全县理论学习的重要平台。

【对外宣传】 2023年，山阴县委宣传部扎实开展主题宣传。围绕全县学习贯彻党的二十大精神、转型发展、项目建设、招商引资、教育工作、文明创建等重大主题开展密集宣传。全年在国家级媒体发稿1100余条（其中“学习强国”971条、央视14条、中新网150条），省级媒体发稿110余条（其中山西电视台22条，《山西日报》88条），市级媒体发稿350余条（朔州电视台318条，《朔州日报》50条）。“山阴新闻”微信公众号发稿2137条，点击量23.6万次；“山阴新闻”今日头条发稿1056条，点击量80万次；“山阴新闻”微博发稿962条，点击量38.1万次；抖音、快手、视频号分别发布视频675条，总阅读量125万次，其中原创短视频154条，阅读量836万次；“爱山阴”移动客户端下载量4.7万次，总发稿量12356条，综合点击量14.6万次。制作播出《打造“灵秀古城”、建设“新韵山阴”》系列专题片82期，“和美乡村建设 山阴在行动”系列专题片12期，制作访谈节目《山阴县践行新时代“枫桥经验”访谈》12期。有序推进省县媒体深度融合发展项目。省台的电视、新媒体技术人员陆续下沉到山阴县融媒体中心，县融媒体中心人员陆续深入省台一线，参与日常业务实训，真正实现双向奔赴，经过近一年的磨合，县融媒体中心摄制新闻节目的水准得到提升，节目制作技术也实现了升级，合作效果良好。

【精神文明建设】 2023年，山阴县委宣传部扎实开展新时代志愿服务活动。县新时代文明实践中心、所、站开展文化惠民、全民国家安全教育、“护航高考 温暖同行”、健康知识进万家、广武论坛、中医药文化宣传、预防电信网络诈骗宣传、“珍爱湿地、人与自然和谐共生”主题宣传、春季征兵宣传、元宵节活动、妇女节手工编织交流会、六月二十四传统庙会、农民丰收节等各类志愿服务183次，出动志愿者3662人次，志愿服务时长达到29188小时，有力地支持了全县各项工作。打造志愿服务品牌。与专业团队合作，结合山阴实际，精心设计5个志愿服务项目，分别是“阴”你而美丽山阴县水资源保护新时代文明实践志愿服务项目、“耕种未来”薛圐圙乡农耕体验新时代文明实践志愿服务项目、“红色传承计划”吴马营乡抗日教育新时代文明实践志愿服务项目、“金色阳光”岱岳镇老年人书法文化志愿服务项目、“守护者”广武长城新时代文明实践文旅志愿服务项目，进一步探索出运用志愿服务活动提升基层治理能力、推动各项工作的新模式。安荣乡《桑干河畔——守鹄之约 保护环境新时代文明实践志愿服务项目》和广武镇《山阴县广武长城守护者志愿服务项目》分别荣获朔州市首届新时代文明实践志愿服务项目大赛一等奖和二等奖。扎实做好先进典型评选表彰活动。推荐评选表彰“朔州好少年”5人，评选推荐朔州市第七届道德模范候选人5人、2023“朔州好人”5人、“小小讲解员”志愿者13人，评选推荐2022—2023年度市级文明单位、文明乡镇、文明社区、文明学校等各类精神文明创建先进集体40个。组织开展2022年度“学习强国”学习之星及优秀志愿者表彰大会。对中共山阴县纪律检查委员会等8个“学习强国”优秀学习组织，以及“学习强国”学员标兵、“学习强国”年度优秀学员、“学习强国”挑战达人、“学习强国”摘星高手、“学习强国”优秀管理员、优秀志愿者进行了表彰，分别颁发了奖牌、奖杯、荣誉证书，激励全县党员干部和志愿者把学习成果转化为干事创业的实际成效，转化为推动高质量发展的强大动力。

【文化惠民】 2023年，山阴县委宣传部大力实施文化惠民工程。全年送戏下乡完成185场，送电影下乡完成2484场，群众文化活动完成1710场。农家书屋配送图书12600册。举办庆祝中国共产党成立102周年文艺会演、“桑干情”歌手大赛、“洪涛韵”朗读大赛、“清风颂”清廉作品诵读音乐会、山阴县首届音乐节，不断丰富群众文化生活。深入开展节日文化活动。举办了“新韵山阴幸福年”春节、元宵节系列活动，六月二十四庙会暨文化旅游节等一系列大型文化活动，组织了“青春有我 心系家乡”大学生元宵节晚会、元宵节“百花迎春”系列街头群众文艺表演，向全县人民传递了县委、县政府励精图治、真抓实干的坚强决心和坚定信心，受到全县干部群众的一致好评。

【文旅融合】 2023年，山阴县扎实推进广武长城国家文化公园建设。围绕“塞上广武三千年、长城两侧是故乡”主题，按照“一环四区、家国十景”的布局精心打造文旅品牌，强力推进广武长城国家文化公园建设，打造长城国家AAAA级旅游景区、长城边塞文化旅游度假区和文旅康养集聚区，举办了2023广武长城国家文化公园发展论坛，重点实施了长城遗址遗迹基础设施建设项目、旧广武历史文化名村建设项目、新广武北关楼保护修缮工程。在广武投资新建了广武国际滑雪场，开启了春节期间“旅游+户外滑雪”的新业态，日接待4000人次以上。加大文创产品扶持开发力度。举办“庆丰收·促和美”2023山阴县农民丰收节，把“特”“优”农产品和文创产品串联起来，采用互联网+、电商直播等形式推广销售。组织山阴剪纸和山阴苦豆豆香包参加全省专业镇非遗展。制作了《塞上广武三千年》《广武大风歌》等MV作品。组织喜大头醋等产品参加第六届山西文博会，在文博会上作山阴县文旅康养产业推介，进一步招商引资、宣传山阴，签约山阴县数字经济产业园项目、山西广电数字电竞文创朔州产业园项目，总投资5.3亿元。

统战工作

【概况】 2023年，全县统战工作在县委的领导和市委统战部的指导下，坚持以习近平新时代中国特色社会主义思想为指导，全面贯彻落实党的二十大精神，深入学习贯彻习近平总书记关于做好新时代党的统一战线工作的重要思想和习近平总书记考察调研山西重要讲话重要指示精神，认真贯彻落实全国及省市统战部长会议精神，着力解决统战工作重点难点问题，着力防范化解统战领域重大风险隐患，聚焦团结奋斗的时代要求和高质量发展的时代主题，守正创新，勠力同心，扎实推进新时代全县统战工作高质量发展。

【巩固思想政治基础】 2023年，山阴县委统战部把学习宣传贯彻党的二十大精神作为全年工作主线，在全面学习、全面把握、全面落实上下功夫，不断加强全县统一战线建设工作，不断巩固统一战线共同思想政治基础。强化思想政治引领。将习近平新时代中国特色社会主义思想主题教育与统一战线各领域主题教育紧密衔接、同步推进，持续筑牢新时代团结奋斗的共同思想政治基础。部领导带头深入广武镇苏庄村、永静寺和安乐庄教堂等地，向驻村干部、村“两委”干部、群众代表、县基督教两会班子成员、场所负责人和信众代表宣讲党的二十大精神，全年组织了3期学习贯彻中共二十大精神专题培训班，并积极开展了“踏寻红色足迹、赓续精神血脉”专题教育、“凝心铸魂强根基 团结奋进新征程”主题教育音乐思政课和“艺心向党——民主党派成员书画作品观摩研讨暨创作笔会”等活动。

引导各民主党派成员、无党派人士、非公经济人士代表贯彻落实中共二十大及中央、省市县委经济工作会议确定的任务，紧扣转型综改、能源革命、构建现代产业体系等中心工作，积极发挥“联”“协”“会”等统战组织作用，深入调查研究，科学建言献策，推动统一战线服务链与全县产业链、资金链、人才链、创新链高效衔接融合，全年撰写专题调研报告13篇，其中1篇被《山西政协报》转载。

深入学习领会党的二十大精神的核心要义，进一步提高政治站位，加强理论武装，推动工作实践。全年共召开座谈会6次、专题培训会3次、理论政策宣讲会3次、工作汇报会2次，拍摄融媒体宣传片6部。

【加强多党合作】 2023年，山阴县委统战部持续推动中央关于加强参政党建设三个文件和五个会议纪要的落实，不断推进民主党派自身建设，着力提升民主党派人士的政治把握能力、建言献策能力、合作共事能力、民主监督能力和政治协商效能。各民主党派人士共获得市级以上各类奖项6个，其中民盟山阴支部荣获民盟中央委员会“先进基层组织”荣誉称号，4篇民主党派理论研究成果论文被上级相关部门表彰刊登。民进山阴支部的2人分别被民进山西省委会评为“组织建设”“纪念五一口号发布75周年优秀征文奖”优秀个人。

发挥优势积极建言献策。充分发挥各民主党派、党外知识分子人才荟萃、智力密集、联系广泛的独特优势，在民主党派负责人工作汇报会上，就上一年度各领域特色亮点工作进行汇报，并从各自领域工作出发，对乡村振兴、城市建设、民生事业、医疗卫生、教育改革等方面提出了意见和建议。

重视民主党派自身建设。组织民主党派成员参加“全县党外代表人士学习贯彻中共二十大精神专题培训班”、纪念“五一口号”发布75周年主题活动以及“凝心铸魂强根基 团结奋进新征程”主题教育系列活动，各民主党派成员、无党派人士代表等168人次踊跃参与，用习近平新时代中国特色社会主义思想凝心铸魂集智聚力，不断深化政治共识。

发挥优势服务发展大局。在理论学习、调查研究的基础上，民进山阴支部、九三学社山阴支社深入下喇叭、吴马营乡的偏僻农村开展为村民义诊等“健康行”活动，发挥优势专长，引导村民学习了解医疗保健知识和健康知识，促进自我管理和自我保健能力的提高。

【民族宗教工作】 2023年，山阴县民族宗教事务局按照省委、市委关于民族宗教工作部署要求，深入学习贯彻党的二十大和习近平总书记关于做好新时代党的宗教工作的重要思想，紧紧围绕全县中心工作和年度目标任务，求真务实，真抓实干。

突出思想引领，强化理论学习，引导宗教界与党和政府同向同行。各宗教团体、宗教活动场所制订学习计划，建立“周诵读、月交流”等学习制度，编印主题活动学习资料，购买中华优秀传统文化书籍，集中学习习近平新时代中国特色社会主义思想和习近平总书记关于宗教工作的重要论述，领会精神实质、把准正确方向。全市佛教、基督教宗教团体带头，各区县宗教界积极开展“礼赞新时代 共谱新华章”“爱党爱国爱社会主义”“讲道交流”等主题实践交流活动，撰写心得体会，增强推进宗教中国化的自觉。各级宗教团体负责人带头撰写中国化讲章讲义，建立讲经联系点，用信教群众喜闻乐见的方式讲深讲透，讲出中华文化，讲出中华美德。2023年，组织全县宗教界举办培训班1期，开展集中学习5次，专题研讨交流12次，外出观摩学习1次。

组织宗教团体、宗教教职人员到延安、西柏坡等红色主题教育基地和北京民族文化宫现场参观教学，缅怀革命先烈，感受中华优秀传统文化，坚定文化自信。充分发挥县宗教工作领导小组协调作用，强化与政法、公安、司法、消防等单位的联动，将宗教领域守法普法任务进行分解部署，确保反邪、治安、消防等方面的普法专业性。充分发挥宗教团体引领作用，加强与宗教团体的协作，引导全县宗教活动场所规范运行。充分发挥教职人员骨干作用，抓住宗教聚会、宗教节日、重大宗教活动等时机，将爱国主义教育、政策法规宣传等融入教义诠释、讲经讲道中，提升普法效果，扩大普法覆盖面。2023年，累计开展各类普法活动9场次，发放宪法、《宗教事务管理条例》、民法典、互联网宗教信息服务管理办法等相关宣传资料800份。按照各乡镇区域特色、突出中华文化底蕴、尽力而为量力而行的原则，指导乡镇选择基础条件好、具有丰富红色史迹、传统文化元素厚重的村（社），创建富有鲜明地方特色和个性特点的教育实践基地，作为加强政治思想引领的重要途径和展示宗教中国化成果的重要平台。2023年，把白坊村知青教育基地打造成市级实践基地。

加强宗教界自身建设，不断提升自我教育、自我管理、自我约束能力。编辑学习违规典型案例，警钟长鸣，严格戒律，规范教职人员行为。指导全县宗教界持续深入开展“崇俭戒奢”主题教育活动，不断促进宗教健康传承，支持佛教“去商业化”，引导宗教界秉持俭朴理念，自觉抵制不良思想和奢靡之风等侵蚀。结合主题教育活动，督促宗教界始终坚持爱国爱教、宗教中国化、规范管理、崇俭戒奢、品行端正的良好教风。宗教界在自我学习、检视基础上，查找是否存在违反违背法规制度、教义教规的问题，开展教规礼仪、管理制度、生活习俗革新研讨，纠正不良风气。

【统战服务】 2023年，山阴县委统战部加强统战服务功能，全面构建亲清政商关系，不断提振民营经济人士信心，促进非公有制经济健康发展，促进非公有制经济人士健康成长，县工商联被评为2022—2023年度全国“五好”县级工商联。

持续开展领题调研。联合县中小企业服务中心、县工商联开展领题调研活动，详细了解新形势下企业生产经营现状、企业管理和今后的发展思路及存在的困难和问题，认真听取企业诉求，问需于企、问计于企，形成调研报告2篇、行动方案2个，为县委、县政府决策提供参考，为全县民营企业的高质量发展争取更大的政策扶持和资金技术支撑，激发企业创新活力，全力推动民营经济健康发展、民营经济人士健康成长。

加强思想政治引领。先后组织部分民营企业代表人士赴朔州塞北革命纪念馆开展了“奋进新征程 建功新时代”建党102周年主题活动、赴右玉干部学院举办了“民营企业和个体工商户代表能力素质提升”专题培训和学习贯彻《关于促进民营经济发展壮大的意见》系列培训，并与上海朔州商会进行了工作交流，充分发挥商会平台纽带作用，引导在沪山阴籍企业家积极宣传山阴、推介山阴，邀请更多的企业家和各界人士走进山阴、认识山阴、了解山阴、投资兴业在山阴，助力山阴经济高质量发展。

【推动知联会和新联会工作提质增效】 2023年，县委统战部继续加强把党外知识分子工作、新的社会阶层人士统战工作作为推动和深化统战工作的重要抓手，组织和引导党外知识分子、新的社会阶层人士凝聚政治共识，创新无党派人士和党外知识分子统战工作，在服务中心大局上做出积极贡献。

通过学习培训提素质。按照中央和省市统

战部的安排，县委统战部组织开展“凝心铸魂增共识、提质增效谋落实”专题教育实践活动，动员无党派人士和党外知识分子积极参加“全县党外代表人士学习贯彻中共二十大精神专题培训班”、音乐思政课、文艺创作笔会等各类主题教育活动，全面提升了山阴县无党派人士和党外知识分子素质。依托知联会聚人才。充分发挥知联会“蓄水池”作用，积极物色党外知识分子，吸纳新成员，动态完善党外知识分子代表数据库，建立全县党外知识分子信息数据库，累计入库612人，形成县党外知识分子储备人才库89人，配合朔州市党外知识分子联谊会成立工作，推荐出席市党外知识分子联谊会理事17人，切实推进党外知识分子人才培养、组织发展、参政议政、服务社会等方面的工作实效。推进新阶层重点工作。主题教育活动开展以来，县新联会在学习教育、调查研究的基础上，针对高校毕业生就业难和民营企业招人难的现实需求，联合山阴志愿者联合会共同举办以“厚植家国情怀，为青年勇担时代责任铺路架桥”为主题的就业援助活动，鼓励广大青年尽快融入社会，主动担当作为，有效增加了高校毕业生参与、了解、体验社会实践活动的机会，已帮助39名高校毕业生在中小型民营企业找到了实习见习岗位。

【侨务工作】 2023年，县委统战部重点推进“侨胞之家”建设。持续优化设置阅览室、书画室、活动室、会议室等活动阵地，让广大侨胞侨眷有地议事、有处交流，真正发挥“侨胞之家”活动阵地、宣传窗口、交流平台作用。全县已建立4个“侨胞之家”。

强化侨界群众思想政治共识。将党的二十大精神与习近平总书记关于侨务工作的重要论述紧密结合，组织侨界代表和侨务干部赴延安、西柏坡、北京民族文化宫等地开展红色教育活动，以文化架桥，促进与侨胞的情感联结和合作共赢，让更多海外华侨华人感受中国新变化、发出中国好声音。

将侨胞“心愿清单”变“实效清单”。坚持以问题为导向，着力解决民生需求，用心用力用情解决侨胞的急难愁盼。深入古城镇杨村、小疙瘩村、西小河村开展“助力乡村振兴 送医送药送健康”活动，为前来就诊的群众提供义诊医疗服务，并免费赠送药品，为侨界民众提供了法律咨询服务，赠送了民法典、《中华人民共和国归侨侨眷权益保护法》等书籍260册，并就其中重点内容、热点问题答疑解惑。

【铸牢中华民族共同体意识】 2023年，县委统战部以铸牢中华民族共同体意识为主线，坚持常态化、持续性开展铸牢中华民族共同体意识系列宣传教育，印发《关于以铸牢中华民族共同体意识为主线推进新时代党的民族工作高质量发展工作任务的分工方案》，创新工作亮点，将铸牢中华民族共同体意识纳入2023年度党校科级领导干部专题研讨班必学内容，截至年底，累计培训1830人次。聚焦“铸牢中华民族共同体意识”总目标，组织县人大、政协、政法、教育、宗教局等法律基础扎实、授课经验丰富、政治素质可靠且热心普法工作的10名退休老同志成立“五老宣讲团”，从构建大统战工作格局出发，深化统战民族宗教政策法规的宣传普及，引导各级干部、各族群众在全社会营造良好的尊法、学法、守法、用法氛围。赴北京民族文化宫开展“铸牢中华民族共同体意识”实践行活动；结合全国第26届推广普通话宣传周活动，开展了“推广普通话，铸牢中华民族共同体意识”“民族团结润童心 农耕研学促成长”等主题活动，营造了全县各领域重视民族团结、珍视民族团结、自觉维护民族团结的浓厚氛围，有力推动了各族群众交往交流交融。从各族群众居住生活、工作学习、文化娱乐等日常环节入手，着眼于补齐公共服务短板，与县老干局联动打造了“铸牢中华民族共同体意识”主题广场，在老年大学开设了民族舞课程，全面加强基础设施建设，满足全县各族群众日益增长的美好生活需要，努力创造各族群众共居、共学、共事、共乐的社会条件，推动全县各族群众广泛交往、全面交流、深度交融。以“民族团结”和“同心元素”为主题，指导形成了康庄村民族团结进步红色教育阵地，打造了沙家寺沙彦珣“家国情怀”民族品牌，以品牌可视化、活动常态化、服务精准化为抓手，不断提升为少数民族同胞服务的质量。

【提升统战自身建设】 县委统战部夯实干部队伍基础。结合主题教育，深入开展各领域大学习、大培训、大调研活动，把新时代新要求学深入，把统战政策学扎实，把统战工作堵点难点痛点摸清楚，做到知识智慧见识“三积聚”、素质状态能力“三提升”。结合县委“不作为、慢作为、乱作为”问题纪律作风整治专项行动，全年开展警示教育5次，以党章为总规矩和总遵循，深入推进清廉机关建设，时时刻刻树立统战干部良好形象，维护统战系统风清气正的良好生态。

夯实制度体系基础。贯彻落实县委统一战线工作领导小组联动、议事、协作机制，加强领导小组与民族宗教、民营经济、新的社会阶层人士、侨务等工作机制的衔接，形成了领导小组议大事、把方向，各领域工作机制议专题、抓日常的工作格局。在此基础上，强化部门协同，推动建立了统战、宣传、网信、安全、公安等部门参加的网络工作专班，运用各方面资源加强网络统战工作，主动适应从“面对面”到“键对键”的变化，自觉提高知网、懂网、用网水平，牢固树立“互联网+统战”意识，推动统战工作守正创新。

夯实基层统战基础。将民族宗教工作融入基层党建和社会治理体系，健全县乡村三级统战工作网络，确保统战工作有人管、有人干，抓得住、抓得实。持续做好“山阴统战”公众号的信息采编、更新等日常工作，每季度按量保质完成山阴统一战线期刊的编撰、出版等任务，截至目前共发布微信公众号135期，以编辑公众号为抓手，不断提高部机关工作人员写作水平，确保信息质量。

县委办

【概况】 2023年，中共山阴县委办公室在县委的坚强领导下，团结带领办公室全体人员，坚持以习近平新时代中国特色社会主义思想为指导，深入学习贯彻党的二十大和二十届二中全会精神，全面贯彻落实习近平总书记视察山西重要讲话重要指示精神，不断增强“四个意识”、坚定“四个自信”、捍卫“两个确立”、做到“两个维护”，紧扣县委打造“灵秀古城”、建设“新韵山阴”战略目标定位，认真履行“三办三服务”职能职责，深入开展“清廉机关”创建，持续完善制度机制，不断优化改进工作作风，有力有效促进了三大职能作用的充分发挥，优质高效完成了主要领导交办的各项任务，为推动全县高质量转型发展提供了坚强保障。

【党的建设】 2023年，中共山阴县委办公室始终把加强党的建设摆在首位，带头加强党的政治建设，严格落实“党要管党、从严治党”的要求，不断强化管党意识、落实管党责任，有力地提升了党建规范化水平。筑牢思想根基。以学习贯彻习近平新时代中国特色社会主义思想主题教育为契机，深学细悟笃行习近平新时代中国特色社会主义思想，系统学习习近平总书记关于党办干部队伍建设的重要讲话重要指示精神，深入践行“五个坚持”，坚定捍卫“两个确立”，坚决做到“两个维护”。加强理论武装。坚持“第一议题”制度和理论学习、交流研讨等制度，紧密结合工作实际，努力做好深化、内化、转化工作。围绕“学思想、强党性、重实践、建新功”总要求，通过学习铸魂、增智、正风、促干，全年共召开党员大会16次、支部委员会会议17次，组织党员干部收看《党课开讲啦》《榜样8》等，撰写心得体会，确保学习成效，进一步增强党员干部的政治坚定性和使命感。2023年度“三晋先锋”积分848.1分，在县直机关党组织排名第一。增强党组织凝聚力。及时转接党员组织关系，全年转出党员3名，转入党员2名。做好党员发展工作，培养入党积极分子2名，发展预备党员3名，按期转为正式党员1名。扎实开展谈心谈话，全力抓好党员干部学习教育和监督管理。年内评选出县级党建先进个人2名。推进清廉机关建设。始终把研究党风廉政建设工作、意识形态工作摆在首位，定期开展专题研究。全年开展廉政专题集中学习15次，制定工作手册10个，建立健全规章制度6大类30项，开展廉政主题党日活动2次，讲廉政党课1次，开展清正廉洁主题文艺创作活动，共征集各类文艺作品30余件，打造清廉走廊，建设清廉文化长廊，评选清廉示范岗2个，形成清廉务实、敢于创新、奋发有为的良好工作氛围。认真践行“四下基层”。立足工作实际，推动岗位职责与主题教育深度融合，通过“服务往下沉、政策送上门”的方式，组织青年党员深入基层开展调查研究，组建青年突击队，推动在职党员到社区报到，开展志愿服务活动，扎实走好新时代党的群众路线。

【综合协调】 2023年，中共山阴县委办公室始终坚持“坚强前哨”和“巩固后院”的职责定位，在县委各项工作中一直履行着“中心枢纽”的重要职责，发挥着统揽全局、承上启下、平衡左右、协调各方的“桥梁纽带”作用，纵向积极与上级党委办公厅（室）和县级领导协调对接，横向与县人大、政府、政协办公室工作密切联系，与各乡镇、各部门、各单位及时联系沟通，全力做好上传下达、协调服务各项工作，保证政令畅通。同时，认真履行参谋助手作用，深入开展调查研究，及时撰写调研报告，为县委的科学决策提供第一手资料；认真做好县委常委会的协调服务工作，及时跟进学习习近平总书记最新重要讲话重要指示批示精神和省、市委有关会议精神，为县委常委会加强自身建设和推进党内民主取得实效提供了有力保障；每次县委常委会议后，及时编写会议纪要，为县委决策部署的跟进落实提供重要依据，全年共编写常委会议纪要22期；妥善保管县委、县委办印鉴，责成专人负责，保证印鉴安全，建立使用登记台账，将每次用章情况登记在册。

【以文辅政】 2023年，中共山阴县委办公室始终把以文辅政作为党办工作的重中之重，不断提升服务意识，转变服务理念，实现以文辅政与日常工作有机结合，用高水平的以文辅政能力助推全县各项工作高质量发展。认真落实《中国共产党机关公文处理条例》，准确把握中央及省、市委精神，精确反映县委意图，严格把控政治关、政策关、文字关、格式关和程序关，高质量完成县委主要领导在县委全会、县委经济工作会、常委（扩大）会、书记专题会等各类会议讲话的起草及重要文稿、文件的送审、签发，完成县委、县委办重要文件以及县委向上级汇报材料的起草等工作，及时处理部门、单位向县委提出的请示报告，认真做好基层部门以县委及县委办名义印发的上行文、下行文核稿工作和自成文的核稿、编发、格式把关、归档、销毁等工作，全年起草各类讲话汇报材料320余篇、135万余字，参与校对100余篇，有力地促进了中央及省、市、县委各项决策部署落地见效。认真制定县委重点工作、重大活动工作方案，高效率收、转、发各类文件，保证信息畅通；严格规范上级来文、来电办理程序，做到正确接收登记、及时分发传阅，定期归档，定点销毁；及时转办、落实、反馈县委领导阅文批示件；及时编发、上报《山阴信息》，为县委、县政府主要领导及时了解当前社会动态提供重要参考，全年共编辑上报信息166条，编发《山阴信息》142期、429条。严格落实文件收发制度，加强对文件传阅使用的规范化管理，组织学习文件处理相关规定，做到文件收发记录详细、传阅借阅全程跟踪、保管归档清晰有序、清退销毁全面及时。全年共收发、传阅、办理中央文件50份、省级文件120份、市级文件81份，全部办结并整理归档。严格落实档案管理规章制度，认真贯彻执行档案法和《山西省档案管理条例》等法律法规，加强对各类档案保管的监督指导。对已批示的行政公文分类整理并归档，把每个公文的领导批示意见及时、准确无误地传达给承办单位，使其在有限的时间内高质量、严要求完成工作。全年共接收上级来文10份，其中明电9份全部整理归档。积极发挥主导作用，周密安排部署，扎实做好征订工作，圆满完成《中办通讯》《人民论坛》《秘书工作》等刊物的征订任务，全年共征订《中办通讯》764份、《人民论坛》100份、《秘书工作》96份。

【公务会务】 2023年，中共山阴县委办公室严格落实中央八项规定精神，周密安排县委领导重要公务活动，认真做好上级领导到山阴重要考察、调研等活动的接待协调工作。全力抓好县委全会、县委常委会会议、书记专题会和县委组织召开的各类会议的组织服务工作以及全县性其他会议的协调配合工作，切实做到会前准备充分、会中秩序井然、会后落实到位，并做好会议涉密资料的回收、存档工作。全年共筹备组织召开各类会议96次。

【督促检查】 2023年，中共山阴县委办公室严格按照县委督查委员会要求，全面规范整理督查工作的各种文件和制度，进一步明确督查职能，完善督查制度，规范督查运行机制，提高督查工作效能。年内开展县委常委会议定事项及重点工程督查，政治监督专项督查，对省委巡视整改工作、主题教育问题清单整改工作及“3+5”专项整治工作的督查，每次督查形成专报，及时上报县委主要领导，在科学制定决策、指导推动工作方面发挥了较好作用。围绕干部群众普遍关注的重点、难点问题，强化专项查办工作，对县委领导的阅文批示件及转办件合理提出拟办意见，根据紧急程度加强跟踪督办、抓紧催办，将办理结果及时上报反馈并归档留存。全年共印发各类《督查通知》6期、《督查专报》8期，上报市级以上各类报告30篇，受理社情民意转办件11件、“13710”督办件31件、人民网地方领导留言板相关信息18件，坚持“有诉必接，有接必办，有办必复”原则，积极了解情况，及时认真办理，做到“件件有着落，事事有结果，项项有回声”。

【深化改革】 2023年，中共山阴县委办公室紧紧围绕改革目标和要求，坚持整体推进与重点突破，积极探索符合山阴实际、体现山阴特色、具有时代特征的全面深化改革之路。对照年度工作要点、省市重大改革安排部署及全县重要改革任务，印发《中共山阴县委全面深化改革委员会2023年重点改革工作》(山办发〔2023〕8号)，系统谋划和布局19项改革事项；制定县委书记、县长改革台账，明确每一项改革举措牵头单位、责任单位、完成时限等内容，按季度掌握改革进展情况，全程跟进每一项改革。挂图督办重点改革任务，积极做好深改调研、考察和信息报送工作，全年共召开各类会议15次，专题研究深改议题20个，完成了14项重点改革任务，上报改革信息30余期，省委改革办采纳1期，市委改革办采纳9期，为推进全面深化改革提供了智力支撑和理论保障。

【应急值守】 2023年，中共山阴县委办公室坚持把应急值守摆在日常工作的突出位置，按照“懂全局、晓利害、负责任”要求，严格履行《值班工作制度》和《突发公共事件上报制度》，采取昼夜分班，做到值班室时时有人在、电话时时有人接。进一步规范上报流程，压紧压实责任，提高应急反应能力，保证各类紧急、重大、突发事件能够在第一时间报上级部门和县委主要领导，为领导及时果断决策提供重要依据。全年共上报《值班快报》6期，从未发生迟报、漏报、误报、续报不及时和隐瞒不报的现象。

【统筹推进】 2023年，中共山阴县委办公室坚持统筹推进，加强齐抓共管，积极协调相关部门，切实做到各项工作齐头并进。在国家安全方面，深入贯彻总体国家安全观，严格落实《中国共产党领导国家安全工作条例》《党委(党组)国家安全责任制规定》，加强统筹、加强链接、填补真空，扎实推动国家安全工作见力见效、落地落实。全力做好情报和危机管控上报工作。积极围绕国际国内形势以及本地区政治、经济、社会、网络等领域防范化解重大风险情况进行信息上报。全年共上报情报信息34期，月度风险评估报告12篇，专题调研报告26篇，热点信息66期。强化学习宣传和专题培训。在第八个全民国家安全日，联合岱岳镇及25家县直单位，在西山森林公园举办了山阴县“4·15”全民国家安全教育日活动暨国家安全主题公园揭牌仪式，活动期间还组织全县党员干部在国家安全主题公园开展主题党日活动。年底，邀请省委党校教授作了国家安全专题辅导，共计122人参加培训。

巩固宣传教育阵地。创新建立“三个三”工作矩阵，实行国家安全知识进校园、进教材、进课程、进课堂、进头脑“五进”模式。全县12个乡镇、21家县直相关单位全部按照“五有”标准创建了国家安全宣传教育阵地，持续夯实国家安全的基层基础。在保密和机要方面，狠抓电报译传办理，及时、准确办理紧急重要电报。全年共办理电报1666份，其中密电885份、明电781份，及时准确传达，无漏办，无差错，密码通信网络安全通畅。加强保密宣传教育，深入贯彻落实《保密法实施办法》。按照年初制订的保密宣传教育计划，在“4·15”“10·1”“12·4”重要时间节点集中开展保密宣传教育，发放保密知识资料、宣传挂图、读本3000余册，进一步筑牢保密防线。严格执行保密法及其实施条例，在全县开展保密技术大检查及涉密载体清理专项工作。全年销毁各类涉密载体共计5.5吨。

在信访工作方面，从全县改革发展稳定大局出发，高度重视和加强信访工作，进一步畅通信访渠道、规范信访秩序、创新工作机制，切实抓紧抓好、抓出成效。

在党内法规工作方面，扎实做好党内规范性文件审查备案工作，及时报备相关文件，确保有件必备、规范报备，全年共向市委报备党内规范性文件12份，备案通过率为100%。

【乡村振兴】2023年，中共山阴县委办公室坚持深入学习贯彻习近平总书记关于“三农”工作重要论述和关于防止返贫工作的指示要求，认真学习党的二十大报告对乡村振兴全面充分阐述，全面落实县委农村工作领导小组《关于健全防止返贫动态监测和帮扶机制的实施方案》的通知精神，严格落实“四个不摘”要求，聚焦“守底线、抓衔接、促振兴”，全力推动巩固拓展脱贫攻坚成果同乡村振兴有效衔接工作扎实开展。驻村工作队对帮扶村41户脱贫户、3户边缘易致贫户，建立“十必访”台账，详细了解全村农户收入、“两不愁三保障”达标情况，发现问题及时与乡干部对接，坚决防止规模性返贫。截至年底，全村生产生活秩序良好，8户五保户、31户低保户以及在村常住农户均无致贫风险。持续争取帮扶单位支持，依托现有条件大力发展庭院经济，年内发展庭院经济8户，补助10824元；严格落实各项教育资助政策，确保义务教育阶段适龄儿童应读尽读，对符合条件的在校学生，按规定标准进行补助；深入开展就业扶贫、金融扶贫，为18名脱贫劳动力外出务工人员一次性发放交通补贴9920元，为46名外出务工人员发放稳岗补助55200元，为8户符合条件的农户办理小额贷款共40万元；积极联系乡卫生院与67户109人贫困人员进行健康签约，实现基本医疗全覆盖；全面做好基本生活保障，着力提升村民住房安全、饮水安全，协调发放低保户、残疾人兜底补贴。

【作风建设】2023年，中共山阴县委办公室进一步强化内控机制建设，加强关键岗位管理，全力打造廉洁自律、忠诚担当的高素质干部队伍。通过召开专题会议，加强教育引导，及时提醒党员干部要倍加珍惜自己的工作岗位和当前难得的发展机遇，耐得住寂寞、守得住清贫、经得住考验、管得住小节，注重知识更新、加强实践锻炼，使政治理论、专业素养和工作能力紧跟时代节拍，真正成为胜任“三服务”工作的行家里手，做一名合格的新时代党办干部，全力开创党办工作新局面。坚持把制度建设作为廉政工作的重要抓手，以开展持续净化政治生态工作为契机，经常组织开展警示教育，进一步提高党员干部廉政意识。开展专项整治，制定自查清单，在抓好整改、解决问题的同时，建立健全治根本、管长远的制度体系，积极把各项整改成果总结好、巩固好，持续加强党的建设和自身建设。

巡察

【巡察监督】2023年，中共山阴县委巡察办坚持以习近平新时代中国特色社会主义思想和党的二十大精神为指导，深入学习贯彻习近平总书记考察调研山西重要指示精神以及习近平总书记关于巡视巡察工作重要论述，全面落实《中国共产党巡视工作条例》，按照省、市、县委巡视巡察决策部署，坚守政治巡察定位，强化政治监督，按照“四个聚焦”总要求，深入推进全县巡察工作高质量发展。完成了涉及6家县直单位的十五届县委第三轮常规巡察。完成了涉及全县7个“三资”管理专项整治村社和2个“三个一批”重点村社的专项巡察。完成了涉及全县4家事业单位和4个乡镇及其所辖54个村的十五届县委第四轮常规巡察。完成了涉及2个重点村的全县第三阶段“三个一批”重点村专项巡察。开展了涉及全县8家县直部门的十五届县委第五轮常规巡察。

【上下联动】2023年，县委巡察办深入学习贯彻《关于加强巡视巡察上下联动的意见》，坚持上下“一盘棋”思维，坚持上级统筹、县级配合、上下联动、立体监督的原则，同向发力、同频共振，全力配合协作省委巡视三组对山阴县开展了十二届省委第三轮巡视三组巡视巡察上下联动，不断探索落实上下联动的措施，发挥上借下力、下借上势作用，上下联动巡察取得了明显成效，切实推动新时代巡察工作高质量发展。

【队伍建设】 2023年，县委巡察办定期开展集中学习，全体巡察干部撰写读书报告和心得体会，同时还通过开展警示教育、主题党日活动等形式，多措并举提升巡察干部的政治素养和党性修养，扎实推动教育整顿和主题教育走深走实。

【教育培训】 2023年，县委巡察办强化教育培训，提升干部履职能力。通过参加县纪委监委培训学习、党支部日常学习、巡察工作会议专题培训、每轮巡前集中培训等多种方式，邀请各单位业务骨干和工作能手讲授工作心得，不断创新培训方式方法，确保培训有深度、有质量、有实效，通过学习培训，不断提升巡察干部专业化水平。

【巡察整改】 2023年，县委巡察办做实巡察整改，助力高质量发展。每轮巡察结束后各巡察组及时将巡察发现的问题移交县纪委监委和县委组织部，各部门同步跟进并掌握被巡察单位问题整改具体情况，同时不定期深入被巡察单位跟进了解整改进度，督促被巡察单位认真落实整改主体责任。各部门贯通协作，着力强化对被巡察单位整改的日常监督，有效提升被巡察单位整改实效。

机构编制

【概况】 2023年，县委编办坚持以习近平新时代中国特色社会主义思想为指导，全面贯彻党的二十大精神，深入贯彻落实习近平总书记历次视察山西重要讲话重要指示精神，在深化机构改革和推进重要领域改革、优化机构编制资源配置、健全机构编制制度体系上持续发力，以改革创新精神推动机构编制工作高质量发展。

【深化机构改革】 2023年，县委编办深化党政机构改革，增强机构内生发展动力。认真学习贯彻党的二十大和二十届二中全会关于深化机构改革的重大决策部署，学习中央以及省、市委关于深化机构改革会议精神，推动县委常委会会议及时传达学习习近平总书记的重要讲话精神，研究部署贯彻落实举措。坚决贯彻落实机构改革任务，做好相关基础性工作。对涉改单位摸清底数，为优化调整做足前期功课；认真落实《党中央、国务院议事协调机构优化调整方案》要求，系统性摸排全县议事协调机构，为优化调整工作做好了准备。落实上级决策部署，深入推进重要领域改革。

深化事业单位改革，同向发力推动事业单位高质量发展。认真组织开展全县事业单位重塑性改革“回头看”。结合自身实际制定工作方案，抽调精干力量组成调研组，对全县涉及改革的事业单位从职能运行、人员配备、内设机构设置等方面全方位查看。聚焦存在问题认真进行整改。针对发放工资单位与人员实名制管理登记不一致的问题，与组织、人社、财政等部门通过信息比对，及时下达整改通知书，限期整改销号，对实名制登记所在单位和工资发放单位不一致人员进行了更正；针对未经登记更名挂牌的问题，对有关单位责令其限期进行了改正，并规范了县城建成区小学名称，理顺隶属关系；撤销了职能已经弱化的县教师进修学校，完成了学校撤销后人员的分流转隶。

深化重点领域改革，开创体制机制保障新

格局。在山阴县社会福利中心（山阴县居民家庭经济状况核对中心）加挂“山阴县未成年人救助保护中心”的牌子，进一步推进儿童福利机构优化提质和创新转型高质量发展；整合了山阴县疾病预防控制中心与山阴县卫生健康综合行政执法队，重新组建了山阴县疾病预防控制中心，加挂山阴县卫生监督所牌子，完成了主要职责调整和人员转隶工作；新设立了公办示范性综合托育园，县第三幼儿园、第四幼儿园；完成了原县人民防空办公室所属事业单位人员由县国动办管理的划转工作。

【编制保障】 2023年，县委编办加大统筹使用编制资源力度。按照“严控总量、盘活存量、优化结构、增减平衡、动态管理”原则，重点保障了新建公办示范性综合托育园、县第三幼儿园、第四幼儿园、民兵武器装备仓库等的用编需求；统筹全县教育专项编制，理顺了县职业中心校的编制分类；撤销整合无学生的乡镇中心校，调整编制用于编制不达标学校。

加强重点民生领域机构编制保障。围绕强化民生兜底保障，推动基本公共服务均等化。加强教育、卫生、社会保障、就业等重点民生领域机构编制保障服务。充分发挥机构编制在管理全流程中的基础性作用，积极配合组织、人社、教育、退役军人等部门，科学制订招录（聘）、“三支一扶”及退役士兵安置等人员的用编进人计划，确保满足重点工作和民生领域编制需求。

力促营商环境全方位提升。加强对营商环境建设重点部门（单位）执行“三定”规定、履行优化营商环境相关职责的监督检查和调研评估，将落实支持民营经济发展政策规定作为部门履职评估重要内容。推动事业单位法人登记办理流程，对简易事项做到即来即办，进一步提升服务效能。通过听取汇报、询问相关人员、查看文件资料等方式，圆满完成2023年事业单位法人公示信息实地核查工作。

【基层改革治理】 2023年，县委编办积极探索基层管理体制新路径。深化权责清单制度建设赋权增能，对下放到乡镇权责清单的事项，及时指导乡镇便民服务中心开展各项工作，真正做到可操作、能落实、真管用；为进一步厘清县乡职责关系，规范属地责任事项，强化执法责任，通过两次征求各乡镇各部门意见，配合省委编办编制《山西省县乡“属地管理”事项责任清单指导目录》。“定岗定责”精细管理，针对乡镇工作机构承载职能较多、影响精准服务群众、上下条块关系不顺等问题，统筹考虑编制总量、乡镇需求等因素，反复征求各方意见，研究编制工作岗位目录，确保“事事有人干、人人有事干”；将乡镇机构逐一对应到县直部门单位，确保上下有效衔接。配合有关部门，全县进行了3个“智慧社区”、10个“数据乡村”建设，推进现代信息技术和人工智能技术的具像化运用，实现基层治理大数据与大模型的有机结合，推出以平台化运行、项目化推进、事岗人一体化为主要标识的基层治理现代化新模式，利用小程序，积极回应基层群众关心关切，解决群众难点热点问题。

推动乡镇综合行政执法改革走深走实。强化队伍建设，制订《2023年乡镇综合行政执法队培训计划》，举办3期乡镇综合行政执法集中培训，培训干部360余人次，执法人员业务素质得到进一步提升。从乡镇综合行政执法人员中筛选出执法经验丰富的人员“手把手”传授执法经验。聘请快递、外卖、司机为移动网格员，延伸执法“前哨”和“探头”。成立乡镇综合行政执法工作领导小组，协调、联络和推动重点工作。完善《乡镇综合行政执法工作操作规范》，制定《乡镇综合行政执法群众参与举报奖励办法》，制定了自由裁量权基准，为开展执法工作提供制度保障。研究制定《山阴县乡镇人民政府行政执法场所设置规范》，设立“四室一库”。落实执法队伍“场所、基础、待遇”三项保障，最大限度地满足执法工作需求，执法人员工作积极性显著提高。

【编制监督管理】 2023 年，县委编办健全完善机构编制法规制度体系。根据机构编制法律法规和有关政策规定，扎实推进机构编制程序和权限法定化。制定了县本级机关事业单位编制使用管理办法，规范了机构编制请示报告工作。研究制定并印发了《山阴县机构编制事项请示报告制度》，明确请示报告的主体为各部门党委（党组），严格请示报告程序，细化请示报告内容，规范机构编制请示报告工作，提升机构编制管理工作规范化、制度化水平。

严格执行实名制管理制度。推进机构编制综合建设，夯实机构编制基础性工作。精心谋划组织、高质量完成了年报统计工作，提前下发统计数据报送工作通知，从严审核各单位报送的主要职责（包括内设机构主要职责）、实有人员信息、编外人员信息等相关数据，在实名制系统进行登记和更新。

严格执行“三定”规定。推动对超职数配备副科级干部的学校、医院，通过对现任班子副职进行平职调整、提拔、调任等方式消化超职数配备干部。

【队伍建设】 2023 年，县委编办认真贯彻落实习近平总书记对机构编制干部队伍建设提出的明确要求，牢牢扭住党建工作的“牛鼻子”，打破党建与业务“两张皮”壁垒，促进党建工作与业务工作深度融合，奋力打造政治强、业务精、作风优的高素质专业化机构编制干部队伍。把握正确政治方向，高质量开展主题教育。紧紧围绕“学思想、强党性、重实践、建新功”的总要求，立足机构编制职能职责和党的重要政治机关定位，着力推动主题教育走深走实，在以学铸魂、以学增智、以学正风、以学促干上取得实实在在的成效。集中精力读原著学原文悟原理，及时跟进学习习近平总书记重要讲话精神，围绕“贯彻二十大精神”“四下基层”等开展专题研讨，全室党员干部理论武装更加入心见行；坚持知行合一，将开展主题教育同贯彻落实中央和省市县委有关改革部署结合起来，做深做细前期基础性工作，深化全县疾控体制改革，服务高质量发展更加有力有效；坚持边学习、边对照、边检视、边整改，改进工作作风，深入基层开展志愿服务，认真查找问题，总体完成问题清单整改。

改进作风树形象，大力开展模范机关创建工作。坚持党建引领，创建政治型机关。立足党的政治机关、办事机构、参谋助手定位，强化“组织口”意识，对标“组织口”标准，全力打造模范机关。突出高效办事，层层压实责任。加强机构编制工作全过程、全链条监督管理，建立“一事一台账、一日一清查、一周一小结、一月一盘点、一年一归零”工作落实机制，确保各项工作一抓到底、落地见效，提升工作效能。确保每一项改革方案、每一个管理措施落地落实，做到保障到位、服务到位。强化宗旨意识，大力弘扬“四下基层”优良作风。改进服务方法方式，变被动服务为主动服务，通过电话提醒及时办理服务事项；开展“进部门、到单位、下乡村”全员下基层活动，推动解决了县进修学校人员转隶等重点难点问题。突出正风肃纪，纵深推进党风廉政建设。始终坚持时刻把党的纪律规矩、机构编制纪律要求摆在突出位置，定期开展廉政风险排查，坚决守住底线，坚决防止该办的事情不办和不该办的事乱办，努力提供优质、公正、高效服务，树立机构编制部门良好形象。

县直机关工委

【概况】2023年，中国共产党山阴县直属机关工作委员会（简称县直机关工委）领导班子在县委的坚强领导和市直工委的关心指导下，坚持以习近平新时代中国特色社会主义思想为指引，团结带领县直机关各基层党组织深入学习贯彻党的二十大，二十届一中、二中全会精神，省委十二届六次、七次全会，市委七届五次全会、县委十五届七次全会暨经济工作会议精神，认真贯彻落实习近平总书记对党的建设作出的重要指示精神和考察调研山西重要指示精神，以及对“右玉精神”的6次重要指示精神，按照新时代党的建设的总要求，坚持以党的政治建设为统领、以“四强”支部建设为抓手，认真贯彻“四级四岗”责任清单，严格落实抓机关党建主体责任，扎实推进机关党组织规范化建设和清廉机关建设等各项工作，为山阴县打造“灵秀古城”、建设“新韵山阴”，全方位推动高质量发展提供坚强保障。

【政治建设】2023年，县直机关工委坚持班子成员带头学、全体党员跟进学，认真贯彻“第一议题”制度，及时跟进学习习近平总书记最新重要讲话重要指示精神，全年共召开理论中心组学习会议15次，全体干部集中学习会议11次，深入学习《习近平著作选读》（第一卷、第二卷），《习近平新时代中国特色社会主义思想专题摘编》等重要论述。坚持把学习贯彻习近平新时代中国特色社会主义思想作为提升党建工作质量的首要任务，充分发挥工委的引领带动作用，组织县直机关党组织开展集中学习研讨，进一步增强了机关党员干部对习近平新时代中国特色社会主义思想的政治认同、思想认同、理论认同和情感认同，为县直机关开展主题教育筑牢信仰之基、补足精神之钙、把稳思想之舵。

【组织建设】2023年，县直机关工委全年组织县直机关党组织书记讲党课330余次，其中，主题教育期间，组织机关党组织书记讲授专题党课140余次，进一步提升了机关党员干部的政治素养和理论水平。持续加强教育培训。认真贯彻《党员教育管理工作条例》，组织县直机关党组织全年开展各类学习培训750余次，有力地提升了机关党员干部和党务工作者的理论水平和履职能力。研究制定了《2023年度县直机关党建工作要点》，指导县直机关党组织细化责任，认真履职，持续强化机关党组织的政治功能和组织功能，以高质量机关党建服务山阴县高质量发展。选优配强机关党组织班子。按照支部换届相关规定，在上一年支部换届的基础上，2023年共成立党委1个、支部委员会1个、临时党支部6个，任命党组织书记4名，进一步加强对县直机关党组织的规范化管理。加强模范机关创建。持续推进党建品牌建设，重点打造山阴县行政审批局党支部党建示范点，以点带面提升机关党组织建设成效。严肃党内政治生活制度。全年组织县直机关党组织召开党员大会488次，开展主题党日活动618次，将党内政治生活抓在经常、严在日常。

【队伍建设】2023年，县直机关工委聚焦“党员队伍强”，加强教育管理，进一步增强履职能力。全年共慰问生活困难党员61人，为党龄达到50周年的41名老党员颁发“光荣在党50年”纪念章，体现了对基层党员干部的深切关怀。把党费收缴作为加强党员管理的重要内容，全年共收缴党费77.46万元，较上年增长8万元。结合学习贯彻习近平新时代中国特色社会主义思想，组织机关党组织开展专题培训，第二批主题教育期间，县直机关共开展学习培训290余次，参加培训6398人次，教育党员干部以学铸魂、以学增智、以学正风、以学促干，不断提振干事创业的精气神。紧扣职责定位，提升服务效能。组织开展“立足岗位作贡献”活动，主题教育期间，县直机关党组织共设立党员示范岗261个、确定党员责任区69个，开展承诺践诺党支部92个，参加承诺践诺党员1092人，承诺事项504条，督促机关党员干部在推动发展主阵地、服务群众最前沿发挥“头雁效应”。把学习推广“四下基层”优良传统作为践行新时代党的群众路线，提升机关党组织服务基层、服务群众履职水平的重要抓手，组织党员干部访民情、听民意，用心用情为群众办实事、解难事。截至12月中旬，县直机关共有1180名在职党员到包联小区报到，包联户数5009户，进小区开展志愿服务主题党日活动71次，为小区群众办实事74件，解决信访问题3件，以实际成效检验履职为民水平，推动主题教育走深走实。

【清廉机关建设】 2023年，县直机关工委把清廉机关建设作为落实全面从严治党主体责任的重要举措，高站位对标、高标准推进，扎实抓好“五廉驱动”。各机关党组织共开展警示教育212次，排查廉政风险点291个，开展各类廉洁教育活动262次，打造清廉机关示范单位4家，申报全省第一批清廉机关示范单位1家，努力营造“崇廉、学廉、尚廉、守廉”的浓厚氛围，着力打造政治生态好、用人导向正、干部作风实、发展环境优的清廉机关。

【健康机关建设】 县直机关工委深入贯彻落实《“健康中国2030”规划纲要》、山西省关于实施“健康山西”行动的部署要求和山阴县创建省级健康县推进会议精神，按照《山阴县创建全省健康促进县工作实施方案》要求和健康机关建设评估标准，先后3次深入县直机关就创建健康促进机关进行现场督导和抽查检查，重点打造3家健康机关示范单位，推动山阴县省级健康促进县创建工作顺利开展。

党校

【概况】 中共山阴县委党校为县委直属公益一类事业单位，正科级建制，挂山阴县行政学校牌子。2023年，县委党校坚持以习近平新时代中国特色社会主义思想为指导，深入学习宣传党的二十大精神，认真贯彻落实习近平总书记在中央党校建校90周年庆祝大会暨2023年春季学期开学典礼上的重要讲话精神，围绕新时代党的建设总要求，全面落实习近平总书记关于党校办学治校系列重要指示精神和《中国共产党党校（行政学院）工作条例》，努力践行为党育才、为党献策初心，坚持党校姓党，突出主业主课，围绕中心、服务大局，勇担使命、踔厉奋发，着力推动党校事业高质量发展。

【政治建校】 县委党校坚持正确办学方向。突出抓好政治建设，把政治标准和政治要求贯穿党校工作始终，一切教学活动、一切科研活动、一切办学活动都坚持党性原则，始终高扬党的理想信念旗帜。深入贯彻习近平总书记关于党校工作重要论述，认真落实全国、全省、全市党校工作会议精神，主动服务全县经济社会发展大局。认真贯彻落实中央和省委、市委决策部署，自觉做到中央和省委、市委、县委要求什么，党校就坚定干什么。始终强调教工队伍的党校意识、党员意识、党性意识，充分发挥党组织的动员力、向心力和凝聚力，打造过硬政治机关、政治学校。

加强政治理论建设。坚持育人者先受教育、深受教育，改进政治理论学习模式，强调学习培训的针对性和实效性。制订党支部理论学习计划，坚持"第一议题"制度，通过召开党支部会议、校委会会议、"三会一课"等方式，组织党员干部开展集体学习60次，及时跟进学习习近平总书记最新重要讲话重要指示批示精神以及中央和省、市、县有关会议文件精神，引导党员干部深刻领悟"两个确立"的决定性意义，坚决做到"两个维护"。依托中央党校网课平台、人民学习网课平台，建立习近平新时代中国特色社会主义思想、经典理论、形势政策报告等学习模块，丰富政治理论学习内容，提升学习层次和实效性。

扎实开展主题教育。认真贯彻落实中央和省市县委有关部署，按照"不划阶段、不分环节"的要求，严格将"学习教育、调查研究、检视问题、整改落实"贯穿始终，切实做到抓思想认识到位、抓检视问题到位、抓整改落实到位、抓组织领导到位，保证了主题教育扎实有序开展。坚持支部集中学、深入系统自觉学、集中交流研讨学、丰富载体带动学，引导党员加强理论学习，切实用党的创新理论凝心铸魂。组织骨干教师深入白坊、社区开展"送党课到一线"3场次，帮助广大党员干部以学铸魂、以学增智、以学正风、以学促干。认真开展"学习身边榜样"活动，设立党员示范岗、党员责任区，积极参与政策宣讲、环境卫生整治、法治宣传等实践活动。紧推整改整治，坚持真抓真改，做到即知即改、立行立改。围绕教师知识储备不足、能力存在短板、授课方式缺乏创新的问题，积极加强师资培训，加强对青年教师的锻炼和使用，突出培训目标内容方式创新，提高教师胜任工作的专业化水平。

【培训教育】 2023年，县委党校大力提高培训教育质效。坚守"为党育才"初心，把承办好各类主体班、专题培训班作为重点，以强化理论武装、党性锤炼、能力培训为目标，有针对性地设置系列课程，提高干部培训实效。创新教学培训方法。牢固树立"课比天大"的理念，深入挖掘教学人员潜力，围绕习近平新时代中国特色社会主义思想、党的二十大精神、乡村振兴、文旅融合、公文写作能力等专题，新备和更新专题课5讲，保障读书班和专题培训班需求。充分发挥党校干部培训主阵地作用，突出党的理论教育和党性教育主课地位，主体班次课程设置做到"理论教育"和"党性教育"不低于总课时的70%。开展"菜单式"精准培训，运用讲授式教学为主，案例式、互动式、情景式为补充的"1+3"教学模式，组织开展现场参观、交流学习，提高干部培训的针对性和实效性。坚持理论教育、党性教育、能力培训一体推进，通过专题讲授、现场教学、交流研讨等形式，教育引导全县广大党员干部入脑入心学、联系实际思、真抓实干做，切实把思想和行动统一到党的二十大精神上来，把学习成果转化为推动山阴高质量发展的实际成效。2023年，先后举办乡镇综合行政执法集中培训班、五期科级领导干部学习贯彻党的二十大精神专题研讨班、招聘到村（社区）工作大学生专题培训班、驻村干部专题培训班、驻村干部素能提升培训班、文旅系统业务能力提升培训班、2023年度新考录公务员（选调生）初任培训班、第五期县管干部学习贯彻习近平新时代中国特色社会主义思想读书班，承办全国村党组织书记和村委会主任视频培训班山阴培训工作，共计举办和承办14期培训班，累计培训时长65天，累计培训学员1850人。

【强化师资力量】 山阴县委党校强化师德师风建设，营造"用学术讲政治"浓厚氛围。按照建立政治合格、素质优良、结构合理、适应新时代干部教育培训需求的教师队伍要求，结合学科建设和教学科研实际，优化师资结构，构建专职 + 外聘 + 兼职”的师资体系。充分发挥兼职教师实践经验丰富的优势，定期参与培训班次专题授课，帮助学员提高解决实际问题能力。加强年轻教师培养。坚持把开展常态化试讲作为培养青年教师、开发精品课程、打造教学品牌的重要抓手，通过“薪火计划”为年轻教师铸魂提能，通过“老带新”“师带徒”和赛课、评课、磨课等方式，倒逼年轻教师苦练内功，采取送出去“学”、岗位上“练”、课堂中“讲”等途径，强化教师专业化培养，师资整体素质不断增强。坚持把开展常态化试讲作为培养年轻教师、开发精品课程的重要抓手，定期开展集体备课、新课程试讲等，组织专题交流、教学研讨、教学质量考评等活动，充分激发教师讲好课、出精品的积极性和主动性，促进办学质量稳步提升。积极选派教师参加外出培训，学知识、长见识、强本领，不断提高教学科研水平。

聚力推进课题研究。坚持把课题研究作为党校科研工作的突破口，组织教研人员精选重大命题进行专题研究。采取以老带新、以强带弱、集体攻关的方式，整合党校系统教科研资源，集中优势兵力打“攻坚战”，力争推出有分量、有深度，具有前瞻性、战略性、全局性的研究成果。

【学员管理】 县委党校全力抓好学员管理。根据新形势新要求修改完善《党校培训工作制度》《学员管理制度》《党校后勤服务保障制度》等，把党性教育、学习管理、组织管理、生活管理等学员管理各环节细化分解，以明确的规章制度，规范办学各个环节。进一步细化封闭培训管理规定，班主任负责总带班，负责封闭培训期间的考勤，记录管理台账。严格执行培训班组织部、党校“双跟班”“双考核”制度，把全面从严治党要求贯彻落实到办学治校全过程各方面。做实做细日常监督，常态化开展学习纪律、生活纪律、学风检查，用典型案例加强对学员的警示教育，对违规违纪行为零容忍。

【从严治校】 县委党校坚持从严履责，坚守压实主体责任。严格落实全面从严治党主体责任，认真贯彻落实中央和省市县委关于全面从严治党的重大决策部署，始终坚持严以治校、严以治教、严以治学要求，始终坚持以目标为导向、以学员为主体、以创新为动力，把党风廉政建设建设融入日常、抓在经常，以严的作风、实的举措积极推进党风廉政建设，努力营造“知廉、崇廉、倡廉、守廉”的浓厚氛围。多次召开党校全体教职工会议，迅速及时传达学习中央和省委、市委、县委有关党风廉政建设会议精神，研究和部署具体工作，扎实推进全面从严治校。组织召开2023年度县委党校全面从严治党暨党风廉政建设工作会议，专题研究全面从严治党和党风廉政建设工作，制定出台了县委党校落实全面从严治党主体责任任务安排及责任清单，明确了领导班子和领导成员的主要职责与任务。常态化开展教职工党纪党规教育，严格落实中央八项规定精神及其实施细则，严防“四风”问题反弹，以良好的校风推动党校事业发展。

抓好廉洁文化，着力发挥净化作用。制作廉政教育宣传栏，大力宣传廉政文化，在单位醒目位置张贴廉政格言、廉政警语，倡导每名干部将电脑屏保换成有廉政警示标语的背景图，楼门口LED显示屏上滚动播放清廉山阴建设宣传标语，营造浓厚的廉政氛围，让“廉洁奉公”的理念铭记于每名干部心中，推动人人参与、人人共防、人人共享，努力形成崇廉尚洁、风清气正的良好氛围。坚持用课堂“讲廉”，把清廉元素融入教学过程之中。坚持把廉洁守纪作为学员入学培训的“第一课”，教育学员引以为鉴，时刻警钟长鸣，为学员打好“预防针”。采取现场教学与理论教学相结合，将廉政教育作为学员必修课程，开设“新时代全面从严治党的重大意义”“坚定不移全面从严治党深入推进新时代党的建设新的伟大工程”等专题课，使学员接受廉政教育，营造崇廉倡廉的浓厚氛围。对巡察、审计和督查发现的问题，及时制定整改台账，细化整改责任和目标，扎实推进整改工作，反馈问题全部整改到位。加强财务收支管理，规范公务活动，厉行勤俭节约，营造风清气正的发展环境。

树立法治理念，加大法治教育力度。充分利用集体学习、主题党日活动、干部在线、学习强国等形式，围绕党章和党内法规、宪法、公务员法等法律法规，注重党内法规与国家法律学习的衔接和协调，促使干部职工认真学法、真正懂法、准确用法、自觉守法。积极运用法治思维谋划推动工作，充分利用党校培训轮训党员领导干部的主渠道作用，推动法治教育和“优化营商环境”进党校课堂，不断增强党员依法办事、优化营商环境的自觉性，争当依法治国和优化营商环境的推动者、守护者。

【宣讲服务】 县委党校扎实开展宣传宣讲，充分发挥理论优势、师资优势，重点围绕深入学习贯彻习近平新时代中国特色社会主义思想和党的二十大精神，由县委党校5名教学人员和其他部门4名理论骨干，分别组成县委主题教育宣讲团3个宣讲组，到25个县直部门和乡镇，开展对象化、分众化、互动化基层理论宣讲活动，推动党的创新理论在山阴大地化为实干之力。严格落实“双报到”制度。结合主题党日活动、重大节日等，常态化到社区开展文明劝导、理论宣讲、环境卫生整治、讲党课等志愿活动，为社区居民办好事、解难事。加强驻村帮扶工作。选派1名干部长期驻村，落实工作待遇，使帮扶人员安心投入工作，持续巩固脱贫攻坚成果，不断提升帮扶成效。

党史方志

【概况】 2023年，县委党史研究室以习近平新时代中国特色社会主义思想为指导，全面学习贯彻党的二十大精神。围绕县委、县政府重点工作，以开门办史志、做好三服务的工作思路，深入开展主题教育，认真履行“资政、存史、育人”的职能职责，服务和融入县委重要工作，党史工作跨上新台阶。

【年鉴出版印刷】 2023年，县委党史研究室严格按照上级要求和工作安排，依照中央、省、市地方志规划纲要要求，成立2023年《山阴年鉴》编辑部，开展全县单位的资料收集与编纂工作。积极参加上级举办的各类年鉴编纂培训班，牢固树立精品意识，编纂过程中科学设置年鉴篇目，在全体编辑编校人员的长时间共同努力和县委、县政府及各部门的大力支持下，经过多次的编纂修改，10月完成了《山阴年鉴（2023）》初稿的编辑任务并送方志出版社编审，11月在全县下发160份征求意见稿，要求各供稿单位填写年鉴征求意见反馈卡，对反馈意见进行梳理、汇总，拾遗补阙。12月，出版社对供稿内容完成三审三校，进入质检阶段。截至年底，完成对年鉴的出版印刷。

【主题教育】 2023年，县委党史研究室深入开展学习贯彻习近平新时代中国特色社会主义思想主题教育。按照县委《关于在全县深入开展学习贯彻习近平新时代中国特色社会主义思想主题教育工作方案》，结合县委党史研究室具体实际工作，制订出相关计划。依托“三会一课”，通过党员大会学习3次；开展主题党日活动2次，其中利用红色资源开展1次；听县讲师团讲课1次。

县委党史研究室从严落实“第一议题”制度。切实加强基层党建工作，为了全体干部职工整体提高，所有学习延伸到全体干部职工。组织党员干部用好“学习强国”学习平台APP、三晋先锋党员学习管理平台，引导党员干部掌握内涵更全面、学习领会更深刻、贯彻落实更坚决，实现理论学习常态化、长效化，铸造忠诚担当政治品格。

【党风廉政建设】 县委党史研究室坚持严的总基调不动摇，从严落实中央八项规定精神，坚决抵制“四风”反弹，驰而不息狠抓党史研究室纪律作风整顿，一体推进不敢腐、不能腐、不想腐，动员全体党员干部进一步严明纪律、转变作风，不断强化党员干部的纪律意识，从思想深处筑牢抵制不良作风的“防火墙”。通过支部集中学、个人深入学等多种方式，以案为鉴开展学习教育，统一思想认识，切实引导党员干部自觉抵歪风、杀邪气、树正气，切实做到严格自律、严以治家、严管所辖。弘扬求真务实、真抓实干的工作作风；突出聚焦主业，盯人跟事，在编撰志书年鉴方面均符合规定。

【巡察整改】 县委第三巡察组对县委党史研究室开展常规巡察，并于2023年3月向县委党史研究室反馈巡察意见。聚焦县委第三巡察组反馈的3大类9个方面存在的突出问题，经过认真梳理，共细化为20项整改任务，县委党史研究室领导班子牵头制定了《关于落实县委第三巡察组反馈意见的整改方案》，形成了问题清单、整改清单和责任清单，明确了20项整改任务的整改措施以及责任股室和牵头领导，其中3项确定了整改时限，17项属立行立改长期坚持。截至年底，已完成18项整改任务。

档案

【扩充馆藏档案资源】 2023年，档案馆继续推进应进馆单位开展档案集中整理工作，接收来自政府办、妇联、大秦铁路股份有限公司、林业局以及人大五个单位文书档案共1389卷，2701件。接收来自薛圐圙、下喇叭、马营庄三乡镇扶贫档案共2697卷，8105件。2023年共接收实物档案（废旧公章）27枚。

【档案数字化】 县档案馆加快档案信息化战略转型，建立以档案数字资源为主导的档案资源体系。始终坚持“质量为本、兼顾效率”原则，扎实推进馆藏档案数字化项目工作，截至年底，共扫描档案339127页，主要先对县委、县政府等重要部门进行数字化加工，以备查阅利用。

【档案查询利用】 山阴县档案馆始终以提高档案现代化管理水平和为群众服务能力为目标，积极探索档案服务基层治理新模式。及时接入由国家档案局开发建设的全国档案查询利用服务平台，并由专人负责根据查档需求在本馆检索相关档案信息，通过平台将查档结果反馈至查档人，并采取电子邮件发送、快递邮寄、到就近档案馆自取、到目标档案馆自取等方式提供所需档案，实现社会公众足不出户利用档案。2023年全年档案馆接待线上＋线下档案查阅共216人次，利用档案450卷，复制档案1243页，为全县广大干部群众提供原始佐证资料，充分发挥档案在服务中心、服务民生、突破重点难点问题等方面不可替代的凭证作用。

【档案宣传】 档案馆利用“6・9”活动契机做

好档案宣传工作。以"奋进新征程，兰台谱新篇"为主题，向社会各界展示了馆藏珍贵的档案资料，展现山阴县近年来工业、农业及城镇建设等方面取得的成就，并在活动现场向群众现场宣讲、发放资料、答疑解惑，让更多人了解有关知识和档案的独特作用。

【队伍建设】 2023年，档案馆加强学习培训，提升档案人员职业素养和管理能力。参与省、市、县各级培训共16次，总培训时长超160小时，对馆长、业务骨干、办公室馆员等分批进行专项培训，在档案管理、数字化建设、民生服务等诸多方面进行专题化研究讨论，并将相关内容转化为日常工作需求，使档案工作质量不断提升。

【党建工作】 县档案馆深入开展学习贯彻习近平新时代中国特色社会主义思想主题教育活动，为进一步提高政治站位、增强政治自觉，高标准组织、高质量推进主题教育，山阴县档案馆根据中共山阴县委下发的《关于深入开展学习贯彻习近平新时代中国特色社会主义思想主题教育工作方案》，结合实际，制订相关学习计划，并按时开展"三会一课""主题党日活动"，按时查找主题教育中存在的问题，并及时跟进解决，销号处理，积极参与基层服务活动，在北旺社区同社区档案工作人员进行业务交流，更好推动主题教育开展。

机关事务

【概况】 2023年，直属机关事务服务中心始终坚持以习近平新时代中国特色社会主义思想和党的二十大精神为指导，认真学习贯彻习近平总书记考察调研山西重要指示精神，严格执行习近平总书记对机关事务工作的重要指示精神，深入落实"过紧日子"的总要求，全方位推进机关事务工作提质增效，扎实做好公务接待、公务用车、办公用房、机构节能、会议服务、维修改造等一系列工作，紧紧围绕"一切为了转型、一切服务转型"的工作目标，坚定不移做好机关服务保障各项工作。

【节能管理】 2023年，直属机关事务服务中心紧紧围绕"节能降碳，你我同行"活动主题，采取"互联网+"方式开展各项宣传活动。全县70家用能机构完整准确上报了2022年度能源资源消费数据。联合县水利局举办"世界水日"宣传活动；联合县教育局和住建局等相关单位举办全国城市生活垃圾分类宣传活动；联合县住建局在政府广场举办了全国"节能宣传周"活动。各项宣传活动均取得了良好的效果，机构节能意识进一步增强。7月26日在县委集中办公区机关食堂开展反食品浪费评估工作，圆满完成了省局的抽查评估验收。

【节约型机关创建】 2023年，直属机关事务服务中心认真落实公共机构节约能源资源相关政策，大力倡导节能降碳和绿色发展理念，着力建设节约型机关。为提高节约型机关创建工作的质量，中心组织全县公共机构召开了节约型机关创建培训会，对相关单位工作人员进行了集中培训。通过抽查核验评价，已完成80%县级党政机关建成节约型机关的目标任务。

【公务用车管理】 直属机关事务服务中心通过公务用车管理监督平台办理公务用车编制、更新、购置、处置、派车、加油、年检、维保、保险等各项业务，逐步实现车辆数据采集实时化、平台派车自动化、维保加油定点化及车辆全周期管理智能化的目标。所有车辆全部实现公务用车标识化、定位化。通过完善车辆日常管理，规范工作流程，形成制度管车、高效派车、依规用车的管理体系，从严落实“坚持勤俭办一切事业”的总要求，得到了服务对象的好评。

【办公用房管理】 2023年，直属机关事务服务中心坚决落实党中央决策部署，着力构建完善党政机关办公用房集中统一管理体制机制，积极探索将各类事业单位办公用房纳入管理范围。抓紧、抓实办公用房权属登记、维修改造、处置利用等重点工作，推动办公用房资源合理配置和节约集约使用，保障各单位正常办公，降低行政成本。全县党政机关办公用房共计29处，入驻74家单位，使用面积75506平方米（含租用7894平方米），共有工作人员3881人，均无超标准配备办公用房情况发生。

【公务接待】 直属机关事务服务中心严格执行中央八项规定精神，严格落实县委、县政府的各项工作要求，围绕接待运行机制，从源头抓起，以制度建设为引领，完善各项公务接待制度。对接待流程、住宿安排、接待礼仪、接待经费使用等，务实节俭、规范高效，使山阴县接待工作既合乎程序又方便操作，也对山阴风味特色进行了广泛宣传。2023年，共完成大小接待307批次，来宾4378人次，出色完成省委巡视组、全省政法委现场会、省委书记调研山阴等接待任务，为全县转型发展中的各类政务活动提供了优质保障。

【会议服务】 2023年，直属机关事务服务中心为提高会务服务标准，周密研究制定会议服务保障方案，加强日常培训演练、细化服务标准、优化服务流程，按照会前、会中、会后工作流程表，各司其职、通力协作，做好会务服务工作。日常工作中，不断强化对各会议室环境、设备设施的维修维护，全年共承办各类大小会议508场，切实做到“零失误、零疏漏”。

【后勤服务保障】 2023年，直属机关事务服务中心通过不断健全完善为机关干部职工办实事的长效机制，全力为县直机关集中办公区和周转住房搞好物业、食堂、会议、基建、设备设施维修维护等一系列管理、保障和服务工作。不断加强水、电、暖、电梯、空调等日常管理和安全检查工作，全年完成大小维修维护项目50余次，努力提升服务保障对象的满意度，为县直机关正常、高效运转提供了坚强保障。

【日常管理】 2023年，直属机关事务服务中心强化中心干部职工安全生产意识，做好集中办公区日常安全值守工作。深入排查集中办公区食堂燃气、公务用车、特种设备等潜在的风险隐患，发现问题及时处理。认真做好电梯的检修、年检等工作，确保电梯的正常运行。切实做好水、电、暖、消防、中央空调等项目的日常维修和管理。通过开展机关院落房屋建筑安全隐患大排查大整治工作，共排查房屋建筑安全隐患3处，其中重大隐患1处，均已整改到位，实现全年安全事故“零发生”的目标。

【强化理论武装】 直属机关事务服务中心深入学习贯彻习近平新时代中国特色社会主义思想，扎实开展主题教育学习，带领全体干部职工始终在思想上政治上行动上同以习近平同志为核心的党中央保持高度一致，将党的二十大精神融入思想并体现在坚决贯彻习近平总书记考察调研山西重要指示要求和党中央决策部署的具体行动上，示范引领全体后勤人始终忠诚党和人民，忠诚党的理想信念，忠诚党的初心使命。坚持不懈强化理论武装，把学习成果转化为做好工作、推动机关事务发展的思路举措和实际成效。

山阴县人民代表大会

综述

【概况】 2023年，县人大常委会坚持以习近平新时代中国特色社会主义思想为指导，全面贯彻党的二十大精神，深入落实习近平总书记考察调研山西重要讲话重要指示精神，按照中央、省委、市委人大工作会议要求，围绕全县工作大局，聚焦全方位推动高质量发展，聚焦人民群众所思所盼所愿，坚持党的领导、人民当家做主、依法治国有机统一，深入践行全过程人民民主，依法行使宪法法律赋予的监督权、决定权、任免权，加强和改进新时代人大工作，为扎实推进中国式现代化山阴实践做出应有贡献。

【县人大常委会】 2023年，县人大常委会共召开8次会议、24次常委会党组会议、9次常委会主任会议。听取审议“一府一委两院”专项报告15项，并进行了满意度测评，开展执法检查1项，执法调研3项，视察调研1项。作出决议决定3项，全年备案审查规范性文件1项，为推动全县高质量发展和现代化建设贡献了人大力量。

监督 审议

【司法监督】 山阴县人大常委会听取审议县监委依法正确行使职权、推进监察工作规范化、法治化、正规化情况的报告，支持县监委按照法定权限和程序开展工作。听取审议县人民检察院开展未成年人检察工作情况的报告，督促县检察机关持续加强对家庭、学校、社会等各方未成年人保护力量的监督，推动形成未成年人保护的合力。坚持“有件必备、有备必审、有错必纠”的原则，扎实开展备案审查工作，全年备案审查规范性文件1项。有效推动“一府一委两院”改进工作作风，促进工作落实，始终沿着正确的法治轨道履职尽责。

【工作监督】 县人大常委会着力推动经济平稳健康发展。听取审议“十四五”规划和2035年远景目标纲要实施中期评估的报告，督促规划目标任务如期完成。听取审议财政预决算和审计工作等报告，审查批准全县预算调整方案，支持和促进政府保障重点领域财政支出，依法推进预算绩效管理，提高公共财政资金使用效益。听取审议2022年地方政府债务有关情况的报告，督促政府严管地方债务，守住不发生区域性、系统性风险的底线。聚焦优化法治化营商环境开展专题调研，推动有关部门将法治理念和法治思维贯穿于优化营商环境全过程，为经济社会高质量发展赋能增力。

着力推动乡村全面振兴。持续关注粮食安全生产，听取审议春耕备耕工作情况和粮食稳产增收情况两个报告，全力促进粮食增收。听取审议巩固拓展脱贫攻坚成果与乡村振兴有效衔接情况的工作报告，督促政府实施好乡村振兴促进法，加快构建现代农业体系、生态体系和经营体系。开展《山西省农作物种子条例》执法调研、重点农产品产业链发展情况专题调研，推进山阴县种业振兴，促进现代农业发展和农业产业链延伸，拓宽农民致富增收渠道。

着力推动生态优先发展。始终把生态环境保护作为监督工作的重点，打出“组合拳”。继续听取审议年度环境状况和环境保护目标完成情况的报告，助推全县生态环境质量持续向好。听取审议县人民法院开展环境保护和资源保护审判工作情况的报告，推动构筑生态环境法治屏障。配合市人大开展《中华人民共和国湿地保护法》《朔州市湿地公园保护条例》执法检查，为守护“城市之肺”筑牢法治防线。

着力推动民生持续改善。听取审议打击电信网络诈骗犯罪工作情况的报告，督促形成相关部门齐抓共管、社会各界广泛参与的工作格局。听取审议殡葬事业发展和运行情况的报告，推动政府持续深入推进殡葬改革，提高殡葬服务质量。开展推动文旅产业提档升级专题调研，促进政府培育壮大富民惠民幸福产业，助推文旅深度融合发展。配合市人大开展健康朔州专题调研，推动优质医疗服务更多惠及人民群众。开展全面落实就业优先战略专题调研，促进政府落实落细各项就业优先政策，千方百计促进群众就业增收。

【执法调研】 县人大常委会配合省市人大开展《山西省煤炭清洁高效利用促进条例》执法检查，促进能源资源节约和循环利用。开展《山西省优化营商环境条例》执法检查，推动营商环境持续优化。听取审议科学技术普及法贯彻实施情况的报告，推进政府及有关部门落实法定职责，推动科普工作体系健全完善，科普服务能力不断增强。开展《中华人民共和国安全生产法》《山西省安全生产条例》贯彻实施情况执法调研，促进安全生产形势稳定向好。

【重大事项决议】 县人大常委会增强决议实效。坚持民主科学决策，持续完善讨论决定重大事项的具体办法，紧扣事关全局的根本性、长远性和人民群众普遍关注的重大事项，依法作出决议、决定。全年共作出3项决议决定，即关于批准《山阴县国土空间总体规划（2021—2035年）》的决议、关于批准2022年财政决算的决定、关于批准2023年预算调整方案的决定。

机关工作

【政治建设】 县人大常委会牢牢把握政治机关定位，把政治建设摆在首位，不断增强政治判断力、政治领悟力、政治执行力，确保人大工作始终沿着正确政治方向前进。持续深化政治建设。坚持党对人大工作的全面领导，深入贯彻落实关于维护党中央集中统一领导的若干规定和要求，全面落实请示报告制度，严格执行民主集中制，坚持集体领导、民主集中、个别酝酿、会议决定，实行科学决策、民主决策、依法决策。加强政治机关意识教育和对党忠诚教育，引导机关党员干部深刻领悟“两个确立”的决定性意义，不断提高政治判断力、政治领悟力、政治执行力，把“两个维护”放到全县大局中思考、谋划和推进。

持续强化理论武装。执行“第一议题”制度，第一时间传达学习习近平总书记对当前各项工作的重要讲话重要指示精神126篇，深刻领会讲话中贯穿的思想方法、工作方法和思维方法，着力在学以致用上下功夫，不断增强对习近平新时代中国特色社会主义思想的政治认同、思想认同、理论认同、情感认同、实践认同。组织常委会党组学习18次、机关集中学习47次，不断深化对党的创新理论的理解和掌握，切实以理论的清醒保证政治的坚定。

扎实开展主题教育。牢牢把握“学思想、强党性、重实践、建新功”总要求，高起点谋划、高标准推进、高质量开展主题教育。按照县委统一安排，常委会领导班子成员积极参加县委理论中心组集体学习研讨，并按照理论中心组要求进行研讨发言，共参加6次集体学习，提交研讨材料30篇；围绕7个课题开展专题调研40场次，形成调研报告7篇；建立检视整改问题清单和民生实事清单，整改销号问题3条，推动办理民生实事2项；班子成员现场办公下基层发现并解决问题11个。在加强理论学习、开展建言献策、办好民生实事、做好检视整改等方面认真贯彻落实。在推动主题教育工作中，持续引深理论学习，制订《人大机关主题教育理论学习计划》，具体安排集中学习与个人自学，重点研读习近平总书记重要讲话以及党中央确定的主题教育学习材料，让主题教育入脑入心。扎实开展建言献策活动，深入岱岳镇代表联络站、北周庄镇代表联络站、玉井镇代表联络站、合盛堡乡代表联络站、新韵体育公园、苑家辛庄村、广武国际滑雪场等7家单位，听民意、访民情，提出改进工作的办法措施7条。着力办好民生实事，17名党员到社区报到，参加社区各项活动，到环卫工、残疾人等家庭，对他们关切的问题及时解疑释惑、回应诉求，包联了兴安小区，参加小区治理工作，开展义诊服务1次，党员干部共包联210户，明确了包联责任，建立了包联台账。深入推动检视整改，建立问题清单2条，实行动态对账销号，力求标本兼治，形成常态长效机制，着力巩固提升主题教育成效。

【提升党建质量】 县人大常委会有效提升党建质量。严格落实新时代对机关党建工作的新要求，指导督促县人大机关党支部落实“三会一课”、主题党日、党员领导干部双重组织生活、民主评议党员、谈心谈话等基本制度，建强党务力量，提升履职能力，强化党员日常管理。11月21日，机关党支部联合残联党支部在山阴县第一个农村党支部旧址、口前村史馆、玉井镇“王老沟战斗遗址”组织开展了“追溯红色记忆 践行主题教育”主题党日活动，12月1日，机关党支部在兴安小区开展志愿服务主题党日活动。认真落实党员领导干部直接联系群众十项制度，深入基层开展政策宣讲，组织党员开展“立足岗位做贡献”活动，坚持以党建为引领，持续推动人大机关工作提质增效。

全面推进从严治党。深入贯彻落实新时代党的建设总要求，认真履行全面从严治党主体责任，定期研究部署，明确班子主要负责人和班子成员“一岗双责”责任，从严从实教育管理党员干部，集中观看警示教育片，对廉政风险采取有效的预防监管措施，听取监督建议，推动“两个责任”一体贯通，落实到位。按照县委制定的《省委第三巡视组关于巡视山阴县反馈问题的整改方案》要求，针对涉及人大机关党组存在的7个问题，深刻反思、主动认领，圆满完成整改工作。

严格落实意识形态工作责任制，定期分析研判，牵头抓总、统筹协调，形成党组书记负总责，党组成员履行岗位职责，相关委室互相配合的工作格局。增强政治敏锐性和政治鉴别力，守住管好网络意识形态阵地，做到守土有责、守土负责、守土尽责。讲好人大故事，传播人大声音，做好人大宣传工作，1人被人民代表报社表彰为2023年度优秀通讯员。

严格落实清廉建设。围绕清廉机关建设各项要求，检视差距不足，不断完善制度体系，严格落实议事规则和决策程序，用好民主生活会、组织生活会等载体，开展批评与自我批评。有效推动作风整治，引导机关党员干部把讲政治的要求贯彻到履职尽责各方面全过程，开展谈心谈话，增强廉政意识，筑牢廉洁防线。结合《关于“不担当不作为”问题检视整治工作方案》和《关于基层治理中脱离群众、任性用权、新型腐败、“微腐败”等问题专项整治的方案》要求，认真开展自查，形成问题清单，细化整改措施，经过集中整改，发现的问题得到有效解决。

人事与代表

【规范人事任免】 县人大常委会完善工作规则，规范任前法律知识考试，作供职报告、向宪法宣誓等制度。全年共依法任免国家机关工作人员12人次，组织干部任前法律知识考试3次，宪法宣誓3次。开展履职监督工作，对任后监督的内容、方式和程序作出了明确规定，规范了人事任免和监督质量。

【代表工作】县人大常委会严格依照法定职责，聚焦党委重视、社会关注、群众关切等方面，正确有效依法开展监督。全年共听取审议专项报告15项，并进行了满意度测评，开展执法检查1项，执法调研3项，视察调研1项。坚持“有件必备、有备必审、有错必纠”的原则，扎实开展备案审查工作，全年共备案审查文件1项。有效推动“一府一委两院”改进工作作风，促进工作落实，始终沿着正确的法治轨道履职尽责。

增强决议实效。坚持民主科学决策，持续完善讨论决定重大事项的具体办法，紧扣事关全局的根本性、长远性和人民群众普遍关注的重大事项，依法作出决议、决定。夯实履职根基。采取走出去与请进来相结合的方式，有计划、有重点地组织代表开展专题培训，增强代表行使管理国家权力的政治责任感，帮助代表掌握履职所需的法律知识和其他专业知识。邀请专家教授对常委会组成人员进行了履职培训，对全体县人大代表进行集中学习培训，把学习培训作为全面加强代表履职能力提升的重要抓手，4月20日组织16名人大代表赴重庆培训，5月22日组织31名人大代表赴运城学习考察，7月16日组织25名人大代表赴贵州培训，6月26日至28日、12月5—6日在洪涛山庄会议室对人大代表进行集中培训，12月26日在人大常委会会议室对常委会组成人员进行集中培训。在经费保障方面，将县乡人大代表工作经费和活动经费列入预算，对无固定工资收入的代表在参加人大活动时，按规定发放误工等费用，为代表更好履职提供了有力支撑。

发挥主体作用。深化“双联双争”活动，全年共邀请32名代表列席常委会会议，参加常委会及各机构组织的检查、调研、视察、专题座谈等活动，保障代表知情知政权，发挥代表了解民情、反映民意的积极作用。加强代表联络站点建设，积极推进代表进站开展活动，四级人大代表进站点接待群众895人次，提出建议意见187件，办理实事96件，推动站点履职“小窗口”成为发展全过程人民民主的“大平台”。方便了代表学习、交流、建议、调研、监督，建议的办理进度、过程、结果、满意度评价全程可视，实现了代表履职、联系群众、建议办理智能化。落实“代表建议的提出和处理办法”，督促政府及有关部门办理代表意见建议，让代表呼声有回应、群众期盼有着落。专门听取审议县十七届人大四次代表建议、意见办理情况的报告，督促政府有关部门强化责任落实，提高办理质量和效率。已将全部建议意见按照规定时限进行了办理，答复率100%。主动邀请代表参加常委会，全程参与专题调研、执法检查等工作，强化了监督效果，解决了各种矛盾和问题，切实把制度优势转化为治理实效。

严格办文办会。把精品意识、工匠精神贯穿于文稿起草始终，严把公文质量关、发文时间关、法规政策关，力争办文“零差错”，共草拟印发常委会党组文件4件，常委会文件12件，办公室文件11件，办公室函、审议意见、通知、请示报告、活动秩序册等文件材料30余件。坚持精简、效能、务实原则，在组织召开会议时注重会前准备、会中组织、会后落实，力争办会“零失误”，较好地完成了山阴县代表团参加的市七届人大三次会议，县十七届人大四次会议、7次常委会会议、24次常委会党组会议、9次常委会主任会议。高效对外接待。按照接待任务工作要求，提前统筹谋划，发挥中枢作用，认真做好承上启下、左右协调、衔接配合等工作，精心编制接待方案，有序搞好活动组织，先后接待省人大开展专题调研8项，市人大开展执法检查3项、专题调研7项，浑源县人大开展学习考察1项。履行信访职责。定期听取信访室工作报告，研究解决工作中存在的困难和问题，落实转办登记和办理落实情况报告制度，对转办的信访件逐一登记、建立台账、及时转送“一府一委两院”及相关部门研究办理，共受理信访案件2件，均按照信访诉求，给予及时有效的办理。

山阴县
人民政府

综述

【概况】 2023年是全面贯彻党的二十大精神的开局之年，山阴县人民政府坚持以习近平新时代中国特色社会主义思想为指导，深入学习贯彻习近平总书记对山西工作的重要讲话重要指示精神，全面落实市委、市政府决策部署和县委工作要求，围绕打造“灵秀古城”、建设“新韵山阴”战略目标，统筹稳增长、调结构、促转型、惠民生、防风险、保安全，攻坚克难、开拓奋进，全年经济社会发展主要目标任务圆满完成，产业转型持续深化，民生保障持续改善，社会大局持续稳定，高质量发展迈出坚实步伐。

【经济发展持续向好】 2023年，山阴县人民政府坚持在把握大局大势中找准定位，在抢抓战略机遇中奋发作为，在推动转型发展中保持定力，守正创新，固本培元，发展质效明显提升。主要经济指标位居全市第一方阵。地区生产总值完成231.7亿元，增长3.6%；规模以上工业增加值增长4.3%；社会消费品零售总额完成47.1亿元，增长5.4%；一般公共预算收入完成21.1亿元；城镇常住居民人均可支配收入完成43888元，增长3.3%；农村常住居民人均可支配收入完成24606元，增长8.5%。重大项目支撑有力。全年实施500万元以上固定资产投资项目220项，固定资产投资完成56.8亿元，增长9%，排名全市第二。强化项目资金保障，为14个重点项目争取上级各类资金7.2亿元。产业结构优化升级。化工、新材料、绿色食品3条产业链入选全市重点产业链行列，成功申报山阴奶牛、富硒小米、钙基材料3个市级专业镇。第三产业产值完成93亿元，占GDP比重48.5%。惠企政策全面落实。依法依规落实国家和省市助企纾困政策，为各类企业全量减税降费2.55亿元、退税1.73亿元；落实“小升规”“专精特新”“股份制改造”企业奖励政策资金938万元。净增经营主体3073户，新增规上工业企业9家、“专精特新”企业3家。营商环境持续优化。深化政务服务“双全双百”工程，建成4个乡镇“7×24小时”政务服务超市。“12345”政务服务热线受理群众诉求11448件，办结率99%。清理拖欠民营企业账款8619万元。县工商联被中华全国工商业联合会认定为全国“五好县级工商联”。全市政务服务能力提升工作现场会在山阴县召开。

【产业转型发展成效明显】 2023年，山阴县人民政府开展补链固链强链行动，加快构建现代化产业体系。特优农业加快发展。建设高标准农田4.7万亩，农作物播种面积93.5万亩，杂粮种植面积22万亩，粮食产量达3亿公斤。认证绿色农产品31个、有机食品3个。争取到中央资金4000万元，完成了农业农村部2022年度奶业生产能力提升整县推进项目，鲜奶产量达到30万吨。古城乳业集团年营业收入突破14亿元，创历史最高。种植优质牧草20万亩，收储40万吨。2家养殖主体分别被省农业农村厅评为“省级示范社”和“省级示范家庭农场”。山阴县农特产品企业商会、骏宝宸农业科技有限公司牧草基地建设及秸秆综合利用项目被省工商联评为“万企兴万村”山西行动典型商会和典型项目。能源产业优化升级。建成8处智能化掘进工作面、1座智能化煤矿和24家三级标准化以上洗煤厂，3座煤矿核增产能480万吨，原煤产量3968万吨，完成保供任务2505万吨，山阴县被省人社厅和省能源局授予“山西省煤炭增产保供先进集体”荣誉称号。华能山阴2×100万千瓦“上大压小”煤电项目核准前期手续全部完成，华能100兆瓦农光互补光伏储能发电、格盟100兆瓦农光储氢一体化项目部分并网发电。全年发电量80.6亿千瓦时，电力总装机容量达到231.3万千瓦，新能源装机占比达到43.8%。工业增加值单位能耗下降7.3%，超额完成市考核任务。新兴产业成链集群。“链上”企业、“链主”企业、“链核”企业分别达到17家、4家、4家。赢胜绝热隔音材料5条生产线、恒科锂电池负极材料一号生产线、超牌复合材料煅烧高岭土扩建项目1条生产线建成投产。文旅产业提档升级。投资2.8亿元，完成长城遗址遗迹基础设施建设、旧广武历史文化名村建设、长城博物馆装修改造项目。投资2.15亿元，建设长城一号旅游公路40.5公里。发展农家乐、民宿30多家。成功举办广武长城国家文化公园发展论坛、广武长城文化节等活动。广武国际滑雪场被文化和旅游部、体育总局确定为第三批国家级滑雪旅游度假地。开发区承载力进一步增强。投资1.7亿元，完成东区景观大道以南路网两横四纵建设，污水处理厂、提水泵站投入使用。供暖、供气、供水、绿化亮化等配套工程全部完工。完成9项全区域评估批复，实现“标准地”供给。转型项目当年完成投资占工业投资比重达到92.6%。

【**城乡面貌蝶变升级**】 2023年，山阴县人民政府坚持优势互补、协同融通，促进城乡深度融合、区域协调发展。城市功能逐步完善。投资17亿元，实施城建项目14个。荣乌高速山阴连接线通车。完成岱岳火车站站前街、广场路等6条道路建设和13.5万平方米八村一区街巷提质改造。完成县城集中供热扩容二期工程，惠及户数2220户，实现了县城及城中村全域集中供热。改造老旧小区24个，惠及3200个家庭。和美乡村扎实推进。投资1.1亿元，打造和美乡村36个。投资7300万元，建设“四好农村路”54公里。畜禽粪污资源化综合利用率达到90%以上，粪污设施装备配套率达到100%。脱贫成果巩固拓展。投入衔接资金6368万元，实施冷链物流基地、蔬菜大棚、艾草加工等产业项目48个，实施人畜饮水等基础设施项目26个、屋顶光伏电站22个，发展庭院经济1890户，脱贫人口人均纯收入达到16073元，增长16.7%，高于农村常住居民人均可支配收入增长速度。

【**群众福祉日益增进**】 2023年，山阴县民生支出33亿元，省定12件、市定5件、县定5件民生实事全部完成。就业形势持续向好。零工市场建成运行。技能培训各类工种1000余人。12个乡镇设立就业服务站，推介就业岗位8000余个。新增城镇就业3719人，完成市定任务的128%。教育质量持续提升。招聘优秀教师35名，中考前100名学生留县就读67名，一中高考二本及以上达线人数502人，达线率42.3%，增长12个百分点。健康山阴持续推进。投资6800万元，建成新韵体育公园和7个社会足球场，完成旧体育场改造。投资700万元，建成100个托位的示范性公办综合托育机构。全国基层中医药示范县创建通过省级初评。洪涛山老年颐养家园被省民政厅授予“山西省五级养老机构”称号。成功承办省第十六届运动会羽毛球比赛、省跆拳道俱乐部联赛、第二届“华夏煤业杯”自行车公开赛暨环三晋自行车联赛等大型赛事活动。

【**社会大局和谐安定**】 2023年，山阴县人民政府坚持“人民至上、生命至上”，坚决把防范化解重大风险摆在突出位置，以高水平安全保障高质量发展。安全生产平稳有序。投入安全生产资金5400万元，扎实开展重大事故隐患专项排查整治、安全生产领域风险隐患大排查大整治、矿山“百日攻坚”三个行动，生产安全事故起数和死亡人数分别下降42%和38%，安全生产工作市级考核连续三年被评为优秀等次，县消防救援大队被国家消防救援局评为全国消防安全专项整治三年行动先进大队。生态环境明显改善。深化“345”行动，空气质量达标316天，综合质量指数3.78，二级以上优良天数和改善幅度排全市第一。投资1135万元，建设水源工程110处、节水工程27处。投资5275万元，完成林草工程6.8万亩、水土流失综合治理4.3万亩。社会治理有力有效。深化平安山阴建设，开展打击“电诈”“黄赌毒”“盗抢骗”“食药环”等专项行动。信访积案化解成效显著，受理网上信访事项456件，办结率99.7%。合盛堡乡“炕头＋地头”工作法入选全国104个“枫桥式工作法”单位。北周庄镇化解企地矛盾纠纷“商、建、处、创”工作法成为全省新时代“枫桥经验”先进典型。北周庄村被司法部评为全国民主法治示范村，夏家窑、河曲堡、古城等5个村被省司法厅、民政厅评为省级民主法治示范村。债务风险总体可控。全年化解隐性债务7513万元，政府综合债务率严格控制在预警线以内。

【政府效能稳步提升】 2023年，山阴县人民政府坚持把政治建设摆在首位，全面提高政府履职能力。主题教育成果丰硕。牢牢把握“学思想、强党性、重实践、建新功”总要求，一体推进理论学习、调查研究、推动发展、检视整改、建章立制，把解决群众急难愁盼问题作为落脚点，推动解决群众反映强烈的民生实事46件。政务水平不断提升。严格依法行政，法治赋能全科网格建设被确定为第二批全省法治政府建设示范项目，被省政府办公厅表彰为山西省政务公开工作先进集体。办理人大建议109件、政协提案129件，“13710”督查督办事项24项。廉政建设纵深推进。深入推进党风廉政建设和反腐败斗争，严格落实中央八项规定及其实施细则精神，持续整治形式主义、官僚主义，弘扬务实之风、清廉之风、俭朴之风，政治生态更加风清气正。

政府办

【筑牢思想根基】 2023年，政府办坚持“第一议题”制度，落实意识形态责任制，扎实开展主题教育，把深学悟透笃行习近平新时代中国特色社会主义思想和党的二十大精神作为办公室工作的首要任务和头等大事，及时跟进学习习近平总书记最新重要指示重要批示精神、考察调研山西重要讲话重要指示精神、对右玉精神的6次重要指示精神等，特别是深入贯彻习近平总书记对党政办公厅工作的最新指示精神，着力建设让党放心让人民满意的模范机关。统筹办公室人员时间、工作关系，坚持集中学习和个人自学相结合、学政治与学业务相结合，全年共召开党组会议21次、全体会议18次，组织党员干部深入学习党的路线方针政策，以及公文写作、公文处理、法律法规、外事等业务知识，提高学习的针对性和实效性，做到了真学、真懂、真信、真用，在深学细照笃行中提高理论素养、坚定理想信念、升华觉悟境界、增强能力本领，夯实坚定拥护“两个确立”、坚决做到“两个维护”的思想根基。

【狠抓工作落实】 2023年，政府办进一步规范和完善公文处理机制，提高工作效率，各类文件由跟进股室全程督办。共计办理上级来文1892件，平均每天8件，县乡来文399件；印发政府红头文件28件，同比下降12.5%，政府办公室红头文件31件，同比下降3%；印发政府常务会议、专题会议纪要40期。撰写领导讲话、调研报告、专题报告、实施方案、汇报材料等各类文稿560余篇。同时，在文稿起草过程中，突出工作重点、任务和要求，按照“三核一校”的方式严格把控，有效减少文稿行文差错，较好地完成了全县各类会议的文件及材料起草工作。会务组织更加规范缜密。按照“及时、周到、高效、节俭”的原则，坚持严控会议次数和规模、精简会议程序，扎实做好会前筹备、会中组织、会后落实，进一步提升了会务质量，全年组织各类会议670多次，并圆满组织内外长城桑干源·清凉朔州辽金韵2023广武长城国家文化公园发展论坛、荣乌高速山阴连接线竣工通车暨朔州市新韵体育公园启动仪式等各类大型活动10场次。信息编写更加全面。紧紧围绕县政府中心工作，发挥政府参谋助手作用，多渠道搜集或调研经济、社会、生态、发展、稳定等各方面有价值的信息，及时准确向上级报送信息178篇。督查督办更加有效。严格落实《政府督查工作条例》，围绕县政府重大决策部署、省市重点考核任务以及人民群众反映强烈的热点、难点问题，坚持专项督查与效能观察相结合，适时开展督查督办，及时向县政府领导反馈工作落实情况，不断提高政府各项工作实效。督查督办“13710”24件，办结22件，2件持续推进中；督促办理人大建议109件、政协提案129件；对省市县民生实事和民生政策落实、学校安全工作、政务公开、应急值守等工作进行督导检查12次，“两办”联合督查4次；各级来文落实情况、“12345”县长亲批督办351件，完成305件；统筹批转、协助领导督办“12345”工单11312件，办结11145件，办结率99%。政务公开更加透明。对政府网站进行优化升级，完成了ICP备案及改版任务，公开栏目设置更加合理。坚持以公开为原则，不公开为例外，加大政府信息公开力度，围绕县委、县政府各项工作部署及安排，充实内容、丰富形式、提高透明度、增强实效性。做好依申请公开、政府信息主动公开、行政审批及重大决策落实等工作制度，做到应公开尽公开，确保政府信息公开工作走上制度化、常态化、规范化轨道。全年发布信息2355条，9家政府系统新媒体共发布信息3083条，办理依申请公开11件，办结县长信箱20件。同时，抓好舆情反馈和内容更新，及时回应群众诉求，保障广大群众的知情权、参与权和监督权。省政府办公厅2023年5月授予政府办2022年度山西省政务公开工作先进集体称号。综合协调更加通畅。着力加强纵向和横向两个层面的沟通协调，发挥了在日常运转中的桥梁纽带作用。积极协助县政府领导处理好日常事务；积极协调县政府领导按要求参加上级相关会议，根据实际主持或出席相关公务活动，确保了各项工作有条不紊推进。全年接待组织调研60次，其中接待省级及以上领导检查调研39次、市级18次，县级及以上各类考察团6批次。同时，加强与省、市政府办公厅的沟通协调，多渠道汇报工作，寻求上级部门业务指导，建立了和谐的工作关系，取得了明显的工作效果。外事工作更加有力。制定《中共山阴县委外事工作委员会2023工作要点》。开展“祖国在身后·领保伴你行”领事保护宣传活动，开展国家安全宣传1次，领保宣传5次。摸清底数境外公民43人、台属44名。组织24名教师、学生参加市第三届用外语讲好朔州故事比赛。践行“外事为民理念”，深入企业开展APEC商务旅行卡宣传办理，办理APEC商务旅行卡3张。组织参加了应县16国驻华使节“朔州行活动”，选取5家企业30多种产品参加外事礼品展览。收集反映山阴县特色企业、食品、文化、名胜古迹的宣传视频20部，有力推进山阴县对外宣传。驻村帮扶更加贴心。做好办公室驻白坊村工作队服务保障工作，积极协调解决驻村人员的住宿、饮食、补贴等问题，解决驻村人员后顾之忧。践行“四下基层”工作法，组织党员干部深入白坊村调研5次，宣传党的路线方针政策，提高了群众知晓率、满意率；协调现代农业中心为农户解决10台农药喷洒器，协调农技中心为西红柿种植提供技术指导，帮助拓展西红柿销售渠道，进一步壮大集体经济，促进农户增收致富。

【**筑牢纪律防线**】2023年，政府办强化作风建设。结合不作为、慢作为、乱作为问题纪律作风整治，针对机关作风、工作纪律、工作态度、服务意识、行政效能等方面存在的问题，深入开展办公室作风提升工作，进一步完善了上班考勤、财务管理、值班值守等制度，严格用制度管人管事，切实解决干部精气神不足、不担当不作为、懒政怠政等问题，增强了队伍自律性，提高了队伍整体素质和服务水平。加强制度保障。严格落实民主集中制原则，严格执行“三重一大”决策制度，自觉接受组织、社会和群众的监督，慎用人权、物权、财权，不搞“一言堂”。用制度规范权力运行，从源头上防止和杜绝用权任性随意、拍脑袋决策、个人说了算等问题的发生，真正把各方面的规矩立起来、严起来，坚决执行到位。坚持廉洁从政。严格执行中央八项规定及其实施细则、《党政机关厉行节约反对浪费条例》，严格资金管理、严守财经纪律，厉行勤俭节约、反对浪费奢靡，把过紧日子要求不折不扣落到实处。持续开展警示教育活动，开展春节、端午、中秋等节前廉政谈话，使全体党员干部受警醒、明底线、知敬畏，规范党员干部履职行为，着力改进学风文风会风，使“参谋助手”作用进一步得到有效发挥。

乡村振兴

【**概况**】2023年，山阴县乡村振兴局深入学习贯彻党的二十大精神、习近平总书记考察调研山西重要指示精神，认真贯彻落实习近平总书记关于“三农”工作重要论述和巩固拓展脱贫攻坚成果、全面推进乡村振兴重要指示批示精神，贯彻落实中央及省市县委决策部署，聚焦全县脱贫人口和监测对象，把防止规模性返贫作为底线任务，以巩固成果为基础，拓展成效为路径，有效衔接为关键，协调配合全县12个乡镇以及成员单位，持续推进各项工作落地落实。2023年全县脱贫人口人均纯收入16073元，同比增长16.7%。

【**巩固脱贫成果**】2023年，山阴县乡村振兴局聚焦动态监测防风险，监测帮扶机制作用得到全面发挥。把防止返贫动态监测帮扶作为全年为民办实事的一件大事来抓，依托全国防返贫监测系统建立健全县乡村三级脱贫人口信息数据体系，印发《山阴县2023年防止返贫监测帮扶集中排查工作方案》，用好农户自主申报、干部走访摸排、部门信息比对、舆情信息研判四种监测手段，各乡镇、县直相关单位持续加大工作力度，按照家庭人均纯收入7100元年度监测范围指导线为参考，对全县农户实际生活状况进行常态化排查，确保不漏一户、不漏一人。落实落细防返贫联席会议制度，协调“两不愁三保障”等县直部门开展动态管理4次，开展信息比对4次。截至年底，全县脱贫人口规模为6059户14149人，共识别纳入监测户510户1248人，占比8.82%。针对返贫致贫风险，认真研判风险点，建立“一户一策、一户一档”精准帮扶工作台账，开展精准帮扶。已消除风险220户626人，风险消除率50.16%，坚决守住了不发生规模性返贫底线。

落实落细教育帮扶政策，协调全县12个乡镇加大2022—2023年度“雨露计划”以及二本B类大学新生在校、录取情况摸排统计力度。

“雨露计划”资助310人，发放资助金93万元，二本B类以上大学新生资助25人，发放资助金12.5万元，减轻脱贫户家庭经济负担，助力学子圆梦大学，有效阻断了贫困代际传播。聚焦项目资产强管理，项目资产后续管护工作得到全面加强。2023年中央、省、市、县四级财政投入衔接资金6368.65万元，实施项目83个，其中，产业类项目53个，基础设施项目20个，教育扶贫、保险类等其他项目10个。同时，不断强化扶贫资产后续管护工作，确保扶贫资产持续惠民。

【金融帮扶】 山阴县乡村振兴局强化金融帮扶，资金投入实现稳中有增。2023年中央、省、市、县四级财政投入衔接资金6368.65万元，其中县本级安排955万元，同比增加5%。按照《山阴县巩固拓展脱贫成果有效衔接乡村振兴领导组关于下达2023年财政衔接推进乡村振兴补助资金使用计划的通知》等文件精神，安排产业类项目财政衔接资金4209万元，占比66%。年内为1073户脱贫户发放小额信贷5140.22万元，完成率为107.09%，超额完成4800万元年度任务；拨付小额贷款贴息172.69万元；缴纳防返贫保险120.6万元，农产品价格险81.8万元；拨付特惠补贴151.01万元，全面筑牢防贫拦水坝。

【产业发展】 2023年，山阴县乡村振兴局强化产业支撑。特优产业实现提质增效。年内投入衔接资金4209万元，实施冷链物流基地、蔬菜大棚、艾草加工厂、生物料品加工等产业项目48个，发展庭院经济1890户，实施光伏电站22个，装机容量1986千瓦，户均增收1000元。

【稳岗就业】 2023年，山阴县乡村振兴局强化稳岗就业。务工就业人数实现稳中有增，各乡镇、人社等部门常态化开展脱贫人口务工就业情况摸底排查，建立健全务工就业信息台账，全县脱贫人口、监测对象已实现务工就业5752人（其中省外1146人，省内县外1189人），脱贫劳动力人数、省外务工就业人数达到稳中有增；规范光伏收益分配和公岗管理，健全“按需设岗、以岗聘任、在岗领补、有序退岗”动态管理机制，重点保障脱贫不稳定户、边缘易致贫户以及半劳力、弱劳力等家庭就业；管好用好帮扶车间，制定《山阴县就业帮扶车间星级评定实施方案》，继续加强就业帮扶车间等载体建设。全县12家就业帮扶车间共带动脱贫劳动力就业142人，务工就业人员月平均工资收入达到1200元以上；落实落细就业保障政策，制定出台《关于简化脱贫劳动力外出务工就业一次性交通补贴审核发放流程的通知》，2023年脱贫劳动力务工就业一次性交通补贴发放率100%。

【易地搬迁扶持】 2023年，山阴县聚焦91户164人易地搬迁群众，乡村振兴局以产业就业为重点，协调搬迁乡镇先后实施光伏电站、碳素笔加工厂等产业项目，截至年底，有劳动能力的家庭户数52户78人，已务工76人，实现有劳动力家庭至少有1人就业。以社会融入为目标，扎实开展集中安置点五好社区创建，多次开展普法教育、防诈骗宣传，全力抓好易地扶贫搬迁后续服务保障工作，确保群众搬得出、稳得住、逐步能致富。

【和美乡村建设】 2023年，山阴县乡村振兴局强化和美乡村建设，乡村环境实现美丽宜居。安排衔接资金1259万元，实施下喇叭村人畜饮水等基础设施项目26个。已完成户厕改造1268座（其中集中下水道收集式1075座、三格式193座），完成率100%。脱贫乡村基础设施支撑能力得到全面提升。

【技能培训】 2023年，山阴县乡村振兴局落实落细创业致富带头人培训工作，全年共培训乡村振兴创业致富带头人3期35人，有效提高了农村实用人才的技能水平。年内采用以会代训、视频远程教学等模式，对全县12个乡镇分管巩固拓展脱贫成果有效衔接乡村振兴工作副职、信息录入员、驻村第一书记、工作队员就巩固拓展脱贫成果有效衔接乡村振兴业务知识进行了培训。全年共培训3次，累计培训600余人次。编印巩固脱贫成果相关政策内容宣传画、宣传纸，内容涵盖"两不愁三保障"政策、防返贫动态监测和帮扶政策、易地扶贫搬迁后扶政策、培训就业帮扶政策等多个方面，并分发全县12个乡镇，让各级帮扶干部、脱贫群众一目了然，随时随地学习、了解相关政策。

行政审批

【概况】 山阴县行政审批服务管理局共可办理各类审批事项222项，承担县级行政审批制度改革有关具体工作，负责全县相关事项的行政审批工作，统筹推进全县"互联网+政务服务"工作，负责优化简化线上线下政务服务流程，梳理编制公布全县"马上办、网上办、就近办、一次办"事项清单等；负责"互联网+监管"系统监管业务数据汇集，为监管部门"双随机、一公开"监管、联合监管、协同监管提供数据支撑，负责行政审批、公共服务等投诉举报的承办、转办和督办等工作。同时负责政务信息管理和数字政府建设相关工作。2023年，山阴县行政审批局在县委、县政府的坚强领导下，紧紧围绕全县发展大局，着眼"4个+"，聚焦"4个度"，推动政务服务事业不断前进。

【数字+"政务服务"】 2023年，山阴县行政审批服务管理局按照山西省数字政府建设"五个一"总体要求（一朵云、一张网、一平台、一系统、一城墙）和有关文件要求，印发《关于推进县级政务信息系统迁移上云和政务数据共享工作的通知》，成立山阴县政务信息系统迁移上云工作专班，对全县政务信息系统实地开展摸底调研，现场走访、详细了解系统的使用状态、部署位置、建设运维情况等，共调研19个政务信息化系统，可迁移8个系统，第一批计划迁移4个业务系统。依托市级政务数据资源共享系统建成全县政务数据共享逻辑平台，录入政务资源目录1734条、数据资源1588条。

深化"互联网+监管"系统应用，及时向监管单位推送办理结果，强化"审管联动"提升监管效能。截至12月底，审批部门和监管单位之间通过系统推送反馈信息3761条。全县监管目录清单、检查实施清单100%认领编制，各部门及时监管行为及时录入系统，实现数据"应汇尽汇"。

设立工程建设项目综合窗口，所涉审批事项从立项、规划、施工许可证核发等在全省一体化在线政务服务平台深度融合投资项目在线审批监管平台、工程建设项目审批管理系统"三网融合"一体化平台实现"一网通办""全程网办"，同一项目的不同事项出证后在其他环节不再提供纸质资料，通过系统调用比对实现数据共享，项目全程电子化申报、不见面审批。截至12月底，共有109件事项通过"三网融合"系统办理。

依法做好政务公开。于"7×24小时"政务自助服务区设置政务信息公开专区，配备2台自助查询设备，同步政务服务网内容查询最新政策，展示相关工作成果；摆放政府信息公开条例、政务公开知多少、政府公报、政府工作报告、惠民惠企政策汇编等文件资料及办事指南、便民服务手册等，全力打造“线上＋线下”的政策解读方式。

依法依规向开发区赋权。按照省委、省政府，市委、市政府和县委、县政府打造开发区升级版的要求，将开发区迫切需要且能有效承接的县级管理权限依法依规赋予开发区，2023年根据《朔州市人民政府关于印发朔州市加快推进向开发区赋权实施方案的通知》（朔政发〔2023〕43号）文件精神及《朔州市县级向开发区赋权事项基本目录》内容，共赋权3项、延期认领12项。

落实“12345”政务服务热线。推进“12345”政务服务热线系统与“110”、一体化政务服务平台深入融合，制定《山阴县12345政务服务热线考核办法（试行）》，分类建立督查督办台账，深化“日报告、月通报、年考评”工作机制，严格落实首接负责制，对重复反映（5次以上）工单进行重点督办，政府分管领导亲自批办过问，主要领导每周督办，处办单位限时反馈，形成“转办—促办—回访—回复”标准化、闭环式的工作链条。截至年底，累计受理转办“12345”政务服务热线工单11448件，办结率99%。

立足“媒体＋政务＋服务”，上线“山阴县行政审批服务管理局”微信公众号。定期向企业、办事群众发布工作动态、国家政策、新闻推送等信息，设有“平安建设专栏”“贯彻落实党的二十大精神专栏”“入企调研”“综窗培训展风采”“一窗受理”等专栏，开通“互联网＋督查”“中国政府网留言”“政务服务便民热线”“勘验用户端”“勘验管理端”等功能栏目，让微信公众号成为企业、群众了解行政审批和政务服务信息的一扇窗口。自微信公众号运行以来，共发布县局信息240条、国家政策198条、新闻资讯类210条。立足工作职能，倾力打造“山速办”政务服务品牌。截至12月底，综合窗口办理各类审批及关联事项15558件。

打造“山阴政务红”党建品牌。推出“山阴政务红”党建品牌，依托窗口党员组建“临时党小组”，并佩戴党徽上岗；开展“党员示范岗”创建活动，设置“红旗窗口”，选派党员服务明星深入窗口帮办代办，成立2个帮办代办党员小组，12月以来，累计服务300人次。

2023年，山阴县行政审批服务管理局积极升级优化“7×24小时”自助服务区功能，企业开办从传统的“线下、人工、纸质”到现代的“线上、智能、电子”跨越转变，创造性实行“智能审批＋自助出证”不打烊服务，无须人工审核，十几分钟办证、一分钟出证，真正实现申请者提交即审批；另外，还可以实现自助申报（群众登录统一身份账号，选择所需办理事项完成申报）、办件查询（群众登录统一身份账号，在个人中心查询历史办件信息和进度）、身份证复印（用户刷个人身份证进行身份证复印）、小食品经营备案（用户刷身份证，上传营业执照，进行备案证打印）、居住证明（用户刷身份证，进行信息核验，对符合居住信息的用户开具居住证明）、医保信息、养老保险、一般纳税人资格、工伤保险、工伤待遇、失业信息等查询（群众登录统一身份账号，查询相应信息）功能。截至年底，在“7×24小时”政务自助服务区，成功为县乐万家信息有限公司等办理营业执照。

【改革＋“政务服务”】 2023年，县行政审批服务管理局重新更新编制办事指南。按照规范化、标准化要求，对所有事项办事指南进行修改完善、重新编制，通过政务服务网调整发布；梳理全局审批事项，编制、装订相关法律汇编34本。明确审定和受理环节，做到减环节、优服务，共减5个环节。聚焦经营主体发展行动。发挥牵头作用，各工作专班围绕产业补链延链强链、特色专业镇、农村电商小镇、文旅康养集聚区、城市“烟火气”等持续发力，推动经营主体集聚效应加速释放，让更多经营主体“生得下、长得大、活得好”。

开展“2+2”延时服务。实现从“准点下班”到“延时办理”常态化，发布《山阴县行政审批服务管理局关于开展延时服务和预约服务的通告》，分别于工作日2小时（上午下班后1小时+下午下班后1小时）及星期六、日每天上下午各2小时（上午9：00—11：00、下午3：00—5：00）开展延时服务，办事群众如需在非工作时间办理紧急业务，可提前电话预约，打造“延时服务不打烊”常态化服务模式。

开展审批流程“小闹钟”服务。以“主动服务”的理念为初心，从“一业一证联办提醒”“项目手续流程提醒”“网上办理超时提醒”“证照到期主动提醒”四方面为企业、群众设置“闹钟”，建立工程建设项目提醒台账、临期证照台账，通过电话通知、微信公众号公示等方式，最大程度给予企业、群众方便。

协调驿站实行“两查三问”行动。设置协调驿站，将群众的“主动反映”升级为工作人员的“主动问询”，实行工作人员值班检查、领导干部带班巡查和办事群众随时问、工作人员主动问、领导干部随机问的“两查三问”工作机制，精确登记群众反映事项，立即协调解决问题，限时反馈处置结果，让群众享受到有温度的政务服务。

爱心窗口送暖心服务。专为现役军人、残疾军人等依法优先者和老弱病残孕或行动不便者等特殊人群设立爱心窗口，申请人可享受优先办理待遇。根据需要设置暖心岗位，安排专人协助其办理各类相关手续，做到全程引导、全程服务。

项目审批“三个一”工作机制。把靠前服务作为职能转变工作重点，积极探索“一份清单、一次会议、一套台账”的项目审批“三个一”工作机制。通过“帮办代办”团队，重点项目全部由局长“领办”，项目立项后，及时推送提醒后续相关事项人员跟进。“一份清单”解决“该办什么、什么时候办、去哪里办”等具体问题；“一次会议”将“专业的人”“管用的人”“负责的人”聚在一起，解决“怎么办”的问题；“一套台账”将“首次咨询时间”“项目服务情况”“存在问题及解决办法”“项目报批时间”等关键环节作为台账服务的重点跟踪方向，解决“坐等报批”的问题。

不定期召开项目推进会，与相关负责人就项目手续办理问题进行深入对接，共商共议解决方案，促进项目尽快落地。着手开展“对点服务入企行动”和“协调服务入企行动”，与党员干部共同深入实地调研，开展宣讲会、走访企业、组织企业召开视频会议等，致力于实现“群众企业需求在哪里，政务服务在哪里”的优质服务。开展“局长进窗口为群众想办法”活动，以帮办人员、工作人员等身份面对面听取办事群众对办事大厅的体验感和意见建议，主动帮助申请人办理业务，从资料填写到事项办结，亲身体验企业、群众办事全流程，现场感受指引“清不清”、办事“便不便”、速度“快不快”三不问题，查找“难点”“痛点”“堵点”三点困难，持续改进政务服务质量。

“回访机制”构建闭环监督模式。成立“民情企意”直通站，印发《山阴县行政审批服务管理局审批工作回访制度》，制定《山阴县行政审批服务管理局审批工作回访表》，通过现场答卷、电话回访等形式，对各股室每月所办事项进行全量回访，跟进业务办理情况，及时了解企业和群众对窗口服务态度、办事效率、流程规范等方面的意见及建议，并组织专人对回访反馈的问题和意见建议进行核查整改，形成评价、反馈、整改、监督全流程闭环监督模式。

【党建 +“政务服务”】2023 年，山阴县行政审批服务管理局坚持以党建引领政务服务工作，以创建“四强”党支部为抓手，聚焦“政治功能强”，把准“方向盘”，“支部班子强”，勇当“掌舵员”，“党员队伍强”，敲响“龙船鼓”，“作用发挥强”，锚定“夺冠标”，倾心打造“山阴政务红”党建品牌，创建党建 Logo，推进落实“党组书记亲自抓、支部委员具体抓、窗口党员直接抓”的“三抓”工作机制，按照“支部建在窗口上，先锋亮在岗位上，服务做到心坎上”的工作思路，积极开展“戴党徽、亮身份、做表率”行动，充分发挥党员干部在服务企业、服务群众上的先锋模范带头作用。

扎实开展主题教育。制订《山阴县行政审批服务管理局关于深入开展学习贯彻习近平新时代中国特色社会主义思想主题教育工作计划》，党支部按照主题教育规定任务制定县局班子学习、集中学习、个人自学计划表，依托“三会一课”、主题党日活动等方式，集中传达主题教育精神及习近平总书记调研考察山西重要讲话精神和指示批示精神。累计开展集中学习 20 次，召开 11 次党支部大会、15 次支委会、3 次党支部学习交流研讨会。将习近平新时代中国特色社会主义思想和党的二十大精神、习近平总书记重要讲话精神及习近平总书记关于优化营商环境论述摘编等内容作为党支部的“第一议题”，传达学习党中央及省、市、县委精神，支部书记带头讲党课，学习榜样人物。

组织开展综窗培训，培训采用审批人员轮讲的方式，开展以“日培训 + 周测试”为主线，以“月交流”为常态，开设“综窗培训展风采”微信公众号专栏。共集中培训 17 次、测试 4 次，参与人数 238 人次。组织召开优化营商环境促进经营主体发展工作培训会 4 期，举办政务数据共享工作培训会、行政许可事项实施要素维护工作培训会、政务信息共享业务培训会，邀请省、市专家进行业务培训，加快推进行政许可事项标准化、规范化工作，提升山阴县政务数据共享能力水平。

强化主动靠前服务意识，落实“社区 + 机关”党建重点任务，深入基层、深入实际，问需于民、问计于民，把“在职党员社区报到”做到极致，15 名党员干部进南街社区、铁路西院小区、茂源小区等社区，带头与群众拉家常、听需求，解决了 1 位居民关于“怎样查看居民医保人均财政补助”的问题。主题教育期间开展入企调研 6 次，召开项目推进交流会 7 次，着力推动解决一批发展所需、改革所急、基层所盼、民心所向的重点问题。

重点强化关建科室和关键岗位的监督检查，驰而不息纠“四风”树新风。认真落实机关党组织和机关党员“双报到”工作要求，真心实意为群众办实事、解难事，以“不在事小、关键在办”的态度，解决好群众急难愁盼问题。2023 年以来培养入党积极分子 3 名，加强对党员的教育、管理、监督和服务，充分发挥“战斗堡垒”和党员先锋模范作用。

【清廉 +“政务服务”】2023 年，山阴县行政审批服务管理局抓清廉机关建设，营造风清气正的审批氛围。深入开展清廉机关创建，聚焦“党建引廉、政治强廉、机制固廉、服务促廉、文化润廉”，利用机关办公大楼廊道及电子显示屏，悬挂政务服务誓词，设量清廉承诺墙，张贴清廉机关建设标语，于楼道长廊设置县局全体干部职工廉政承诺签字板及监督公示牌，制作县局清廉机关创建工作宣传片，推动清廉文化阵地建设；制定《山阴县行政审批局开展基层干部作风整治活动工作方案》《山阴县行政审批局关于开展清廉机关建设工作方案》《行政审批服务人员与企业、群众交往“十要”“十不准”制度》《廉政警示教育制度》《廉政风险排查及防控工作实施方案》《常态化开展不想腐思想教育工作举措清单》《AB岗工作制》《干部选拔任用工作要求》等制度，观看《护航》等警示教育片，开展党规党纪知识测试，组织召开党员干部家属家规家风建设座谈会，发布《山阴县行政审批服务管理局清廉家书》，给企业、群众提供一个清正廉明的政务服务环境。

开展整治“黄牛”“黑中介”行动。县行政审批服务管理局及时召开全局会议安排部署，传达学习开展“黄牛”“黑中介”等破坏营商环境问题专项整治工作的文件精神，全面开展自查自纠。制定《关于开展“黄牛”“黑中介”等破坏营商环境问题专项整治的工作方案》，在政务服务大厅设立打击“黄牛”“黑中介”等破坏营商环境行为举报箱，公布举报电话、电子邮箱和接访地址，开展问卷调查，邀请广大办事群众积极参与，组织全县各相关单位认真梳理了全县依法申请的行政权力事项、公共服务事项涉及的中介服务。

推进医疗领域腐败整治。根据《山阴县医药领域腐败问题集中整治工作方案》的要求，迅速组建工作专班，组织相关人员集中学习工作方案，精准锚定重点任务，主要通过主动对接服务的方式，严把审批关，杜绝腐败现象发生。在医疗领域共审批护士执业注册14件、医师执业注册14件、医疗机构执业登记32件、乡村医生执业证书2件、诊所备案12件、放射诊疗许可证1件、母婴保健技术服务执业许可证1件。

推进整治假国企。为了维护良好的市场秩序，严厉打击假国有企业乱象，县行政审批服务管理局成立整治假国企工作领导小组，建立完善国有企业登记注册机制，配合工信局、财政局按照县属国有企业全级次企业名单和梳理标准，对具有国有企业投资关系的企业由工信局、财政局等履行出资人职责的机构或部门进行数据比对，逐一核实、精准界定；严把登记注册“入口关”，严格企业名称登记管理，从源头防止和杜绝假国有企业登记注册；对排查梳理发现的擅自使用假国有企业名称等虚假宣传、商业混淆行为，以及提交虚假资料或者采取其他欺诈手段隐瞒重要事实进行经营主体登记等违法行为，与市场监管部门配合协作及时调查处理，对经调查认定存在虚假经营主体登记情形的，依法撤销经营主体登记。

信访

【网上信访】 2023年，山阴县共受理网上信访事项515件，办结507件，办结率98.57%。信访工作机构信访事项及时受理率100%，按期答复率100%。责任单位参评率98.01%，责任单位满意率99.71%。

【化解信访积案】 2023年，县信访局治理重复信访，化解信访积案。中央联席办第一批交办山阴县132件信访事项，已全部办结并上报；第二批交办山阴县25件信访事项，已全部办结并上报；第三批交办山阴县20件信访事项，已全部办结并上报；省委第三巡视组转交山阴县信访事项共9批236件，已全部办结并上报。

【信访宣传】 2023年，县信访局积极开展《信访工作条例》实施一周年主题宣传活动。联合公安信访开展宣传活动，切实提升以法治思维和法治方式预防和化解信访问题的能力和水平，引导广大群众合理维权，依法信访。为加大防范和处非条例的普法和防非宣传力度，提升全县人民群众对非法集资的防范意识和识别能力，信访局积极参加山阴县处非办举办的2023“守住钱袋子护好幸福家”主题活动，通过向群众发放宣传手册，普及《防范非法集资条例》知识，提醒广大群众一定要警惕非法集资活动，同时要让家里人一起学习了解，远离非法集资。

【巡视整改工作】 2023年，县信访局对省委第三巡视组常规巡视提出的反馈意见，严格按照整改要求，落实整改任务。规范网上信访事项办理。持续发挥网上信访主渠道作用，对群众网上投诉信访事项，按照“第一时间受理、第一时间交办、第一时间反馈”的要求，加大交办和督办力度，确保群众网上信访事项都办得快办得好；对一些多次网上重复信访事项，进行分类处置，将一些属于历史遗留问题或现行政策范围内无法予以解决的信访事项，积极予以政策解释，并帮助、引导其通过法定途径化解；以全县“坚持和发展新时代‘枫桥经验’化解基层矛盾纠纷助力转型发展”专项行动为载体，强化乡村源头预防，确保信访问题解决有人管、有人抓，按照“三到位一处理”原则，切实把矛盾化解在基层。坚持带着感情和责任做工作，把信访群众的事当家事，了解群众困难、疏导群众情绪，充分发挥特殊疑难信访问题专项资金的作用，成功化解“法度之外、情理之中”的特殊疑难问题5件。

【畅通信访渠道】 2023年，县信访局畅通信访渠道，开展领导下访接访。紧盯“解决问题、群众满意”的工作目标，扎实推进党政领导干部开门接访制度，每个工作日都安排县级领导接访，每天安排一名局领导陪访，及时化解初信初访案件，疏导群众心中之“堵”，解开群众心中之“结”，大大减少了信访积案的发生概率。

【党建工作】 县信访局始终坚持党组领学、专题促学、集中研学、个人自学相结合，组织信访干部全面理解把握习近平新时代中国特色社会主义思想的科学体系、核心要义、实践要求。采取个人自学方式学习《习近平著作选读》第一卷和党的二十大报告，集中开展“四下基层”专题研讨，部署“四下基层”调研工作安排，并做好相关会议记录。同时要求党员干部做好理论转化实践工作和信访本职工作，集中力量攻坚化解信访积案。

中国人民政治
协商会议
山阴县委员会

综述

【概况】 2023年，县政协及其常委会坚持以习近平新时代中国特色社会主义思想为指导，全面贯彻中共二十大精神和习近平总书记关于加强和改进人民政协工作的重要思想，深入贯彻落实习近平总书记对山西工作的重要讲话重要指示精神及中央、省委、市委政协工作会议精神，紧紧围绕县委中心工作，充分发挥政治协商、民主监督、参政议政三大职能，坚持党的领导、统一战线、协商民主有机结合，坚持发扬民主和增进团结相互贯通、建言资政和凝聚共识双向发力，深化专门协商机构建设，凝聚思想共识，忠诚履职尽责，为加快打造“灵秀古城”、建设“新韵山阴”，展现了政协作为、贡献了政协力量。

【强化政治建设】 政协山阴县委员会始终把习近平新时代中国特色社会主义思想作为统揽政协工作的总纲，将坚持党的领导贯穿到政协工作始终，确保人民政协事业沿着正确方向前进。强化理论武装，不断坚定理想信念。坚持“第一议题”制度，及时跟进学习习近平总书记最新重要讲话、重要指示批示精神，牢牢把握主题教育总要求和目标任务，形成了政协党组引领学、主席会议集体学、常委会议专题学、专家讨论辅导学、“委员讲堂”针对学、委员线上交流学、机关干部研讨学的学习体系。集中学习习近平总书记最新重要讲话140篇，召开政协党组会11次、主席会7次、常委会6次、理论中心组集中学习10次；举办委员课堂14期，讲授专题党课5次，组织各类培训3次，政协委员和机关干部500人次参加。形成个人领题调研报告5篇、典型案例剖析调研报告3篇。紧贴政协工作实际，坚持理论学习、调查研究、推动发展、检视整改、建章立制有机融合、一体推进，在“以学铸魂、以学增智、以学正风、以学促干”上取得明显成效。

强化党的领导，全面推动政协工作。政协常委会坚持把县委中心工作作为政协履职方向，重大事项及时请示报告，交办工作全力以赴完成，始终做到党委有部署、政协有担当，党委有号召、政协有行动。认真贯彻中央、省委关于加强和改进新时代市县政协工作有关文件精神，协助县委制定《关于加强和改进新时代全县政协工作的实施意见》，把握人民政协作为政治组织的根本属性，突出以党的政治建设为统领推进政协党的各项建设的根本要求，使全县政协工作进一步制度化、规范化。坚持在县委统一领导下开展工作，自觉做到党政中心工作推进到哪里，政协工作就跟进到哪里，智慧和力量就汇聚到哪里，当好山阴事业发展的参与者、实践者、推动者。

参政履职

【政治协商】 政协山阴县委员会注重突出实践导向，结合政协职能任务，充分发挥人民政协爱国统一战线组织作用，在新时代新征程中展现政协担当。坚持县委领导，会同政府、政协制订年度协商计划制度，把贯彻落实县委工作思路作为主要内容，结合省市政协相关工作安排，广泛征求各方面意见建议，制定了《年度协商计划》，精准选择协商议题，有计划有步骤地开展各项重点协商议政活动，充分发挥“事前、事中、事后”的参政议政和民主监督的职能，小切口选题，深层次调研，突出抓好全体会议协商、常委会协商、主席会议协商和各类专题协商会等，深入协商议政、积极建言献策、广泛凝聚共识，助力构建现代化产业体系，把人民群众的合理诉求、真实愿望、真知灼见及时反映给党委政府，更好助力高质量发展和民生改善。同时，推动政协协商与基层协商有效衔接、与基层社会治理有机融合，让政治协商有价值，实现从政协献策到党委决策的转化。

【参政议政】 政协山阴县委员会聚焦县委、县政府工作重点、群众关心的热点、社会治理的难点，按照政协年度协商计划，围绕深化能源革命综合改革、推进经济高质量转型发展、促进乡村全面振兴、推动民生实事和重点工程项目建设等方面，组织政协委员以及相关部门负责人深入基层一线进行视察调研、座谈协商，形成高质量的建议报告，共提出34方面80条意见建议，成为县委、县政府及有关部门抓落实、促发展、激活力的重要参考。

推动主导产业转型升级。聚焦转型发展、煤炭增产保供与可持续发展，围绕“推动煤炭产业高质量发展，助力产业转型升级”主题，组织政协委员以及相关部门负责人，先后赴山西同煤新能源有限公司织女泉风电分公司、山西山阴中煤顺通北祖煤业有限公司、山西超牌煅烧高岭土有限公司等企业深入调研，通过听取汇报、实地察看，详细了解企业生产经营情况、存在的困难和问题，并召开专题协商研讨会提出意见建议。梳理汇总形成了《关于推动煤炭产业高质量发展，助力产业转型升级建议报告》，为推动产业转型升级高质量发展建言献策。

促进文旅融合繁荣发展。围绕“推动旅游产业化发展，助力文旅融合升级”专题，组织部分委员深入薛圐圙乡白坊村知青大院、广武镇数字电竞文创项目部、广武国际滑雪场等地，实地了解旅游资源保护和开发情况及新建文旅项目规划建设等情况，结合自身文化和地理优势，积极探索差异化、特色化文旅融合发展模式和文旅融合长效工作机制，提出了一系列合理化的建设性意见建议，形成了《关于推动旅游产业化发展，助力文旅融合升级的建议报告》，助力文旅融合繁荣发展和文化产业高质量推进。

改善医卫服务协商议政。围绕“加强基层高素质卫生人才队伍建设，提升医疗卫生服务能力”议题，组织部分界别委员深入全县医疗卫生体系倾听一线声音，详细了解基层医疗卫生体系运行现状、人员结构、人才培养、队伍建设等情况，汇总整理形成了《关于加强基层高素质医疗卫生人才队伍建设，提升医疗卫生服务能力的建议报告》，为全县医疗卫生事业持续健康发展贡献了政协智慧。

推进教育优质均衡发展。围绕“推进教育优质均衡发展，提升整体办学质量”，组织部分委员和相关单位负责人，先后深入部分学校、幼儿园实地调研各学校的教学和生活环境、设施情况；详细了解在校学生来源、人数及升学等情况。深入分析制约山阴县教育高质量发展的问题和原因，提出一系列具有较强可操作性的指导意见建议，形成了《关于推进教育优质均衡发展，提升整体办学质量的建议报告》，为山阴县教育统筹协调、优质均衡发展建诤言、献良策。

提振畜牧优势献计出力。围绕“放大乳业优势，全力推进畜牧业高质量发展”，带领部分政协委员先后深入奶牛养殖专业合作社和乳品企业，认真了解企业当前的市场销售、饲养管理、经济效益、市场前景等多方面情况，为企业积极建言献策，提出了具有前瞻性和可操作性的意见建议，形成了《关于放大乳业优势，全力推进奶牛养殖业高质量发展的建议报告》，为促进畜牧养殖产业健康发展提供了重要参考。

助力营商环境聚智献策。围绕“创优营商环境，推动重点项目工程建设”主题，带领部分政协委员和相关部门负责人，先后深入行政审批局、新韵体育公园、县场馆建设PPP项目等项目建设场地，详细了解山阴县在优化营商环境和推动重点工程项目的经验和做法。通过实地了解，认真梳理归纳调研中发现的问题，形成了《关于创优营商环境，推动重点项目工程建设的建议报告》，为进一步优化全县营商环境，深化“放管服”改革，激发市场活力，推动重点项目建设谋良策、出实招。

先后围绕“推进体育健身场地设施建设”“加快社会养老服务体系建设”“残疾人就业保障”等进行专题视察调研，对事关群众切身利益的热点问题进行“把脉问诊”“汇智献策”，为县委、县政府决策提供依据，让民生实事项目建设更贴近民意、更惠及民众，共同推动全县民生工作再上新台阶。

【社情民意】 政协山阴县委员会把反映社情民意信息工作作为政协履职的重要抓手，摆在突出位置，充分发动委员撰写社情民意，了解不同社会群体的想法和态度，满足党和政府科学决策、民主决策的需要。全年共收集、整理各类社情民意信息202篇，向全国、省、市政协报送165篇，其中，4篇被全国政协采纳，15篇被省政协采纳，26篇被市政协采纳，在全系统名列前茅，展现了山阴政协委员的高质量履职水平。

【安全调研督导】 政协山阴县委员会积极作为，维护稳定彰显担当。以高度负责的政治责任感，围绕民爆物品、特种设备、交通运输（含道路交通）、能源（新能源）、消防等行业重大事故隐患排查整治专项行动，深入基层一线进行调研督导，提出一系列具有针对性的合理化意见建议，督促政府有关部门和企业进一步压实安全责任、强化安全监管。

【提案征集】 政协山阴县委员会高度重视提案办理工作，多次专题研究重点提案督办、提案选题参考、提案工作制度化建设等工作，及时将委员的提案交办到对口承办单位，并通过专题协商、实地调研，推动提案转化落实，把提高提案质量和强化办理协商贯穿提案工作全过程。同时，遴选重点提案，由政协领导班子亲自协调督办，使一大批提案得到了快速高效的办理。2023年，委员提案中予以立案的135件提案全部按时办复，办复率达100%，有力地改进了部门工作，维护了群众利益。

【民主监督】 政协山阴县委员会充分发挥政协委员智囊团作用，紧紧围绕全县中心工作，运用好会议监督、视察监督、提案监督和专项监督等四种监督形式，利用视察、提案督办、调研督导和参与评议等方式，灵活多样地开展民主监督工作，推进民主监督创新实践，重点围绕优化政务服务、创新创业、招商投资、诚信法治“四个环境”，强化问题导向，提出“清单”建议，力求情况摸清、问题找准、建议提实，助推县委、县政府重点工作落实落地，在监督中体现政协对党政工作的支持和服务。坚持法治引领，参与法院庭审旁听、监督执行、纠纷化解等司法实践活动，组织政协委员参与检察院公开听证会30余场次，调研视察全县法治文化建设，有效促进全面提升社会治理各个领域各个环节的法治化水平。

【凝聚共识】 政协山阴县委员会加强与各党派团体和无党派人士的团结合作，进一步完善与统战部门的工作交流机制。加强与党外知识分子、非公有制经济人士、新的社会阶层人士沟通交流，进一步扩大团结面。充分发挥政协委员在界别、党派、群众中的影响力，引导广大政协委员面向基层、贴近群众，通过采取定期和不定期走访调研、政策宣讲等，加强与界别群众沟通交流，扩大有序政治参与，协助党委政府做实做细解疑释惑、增进理解、化解矛盾等工作，增进群众的政治认同、思想认同、理论认同、情感认同。

【学习培训】 政协山阴县委员会抓好学习培训，增强委员履职能力。不断丰富载体形式，通过学习研讨、委员培训、委员讲堂以及理论宣讲等，宣传“两个确立”的决定性意义，团结引导各党派团体和各界人士更加自觉地听党话、跟党走。引导政协委员深入学习习近平新时代中国特色社会主义思想、习近平总书记关于加强和改进人民政协工作的重要思想，组织政协委员和机关党员干部赴井冈山等红色教育基地举办履职能力提升培训班，邀请专家教授针对习近平新时代中国特色社会主义思想主题教育、提升政协委员履职能力等进行专题辅导，开展政协委员、机关干部“智慧政协”平台应用培训，不断将党的创新理论学习引向深入，起到提高理论素养、坚定理想信念、升华党悟境界、增强能力本领的作用。积极拓展委员学习交流的渠道载体，建立线上学习交流平台，利用微信公众号，定期发布学习资料、政策解读、案例分析等内容，供委员随时随地进行学习。通过委员微信群建立在线读书平台，鼓励委员进行线上读书交流和心得分享。加强线下学习交流活动，组织委员围绕协商计划拟定的专题进行深入研讨，促进委员之间的思想碰撞和知识交流。在政协联络组、委员工作室等设立学习交流区域，为委员提供线下交流的空间和机会。组织委员深入基层、企业、农村等进行实地考察，了解实际情况，增强学习的针对性和实效性。线上线下联动，将线上学习交流平台和线下活动相结合，形成线上线下联动的学习交流机制。通过这些措施，有效拓展了委员学习交流的渠道载体，提高委员的学习兴趣和参与度，为委员更好地履行职责、发挥作用提供有力支持。

【智慧政协】 政协山阴县委员会加强履职平台建设，结合实际组织委员开展形式多样的履职活动，大力推动各专委会突出界建功立业、在界别群众中示范引领。依托乡镇政协工作联络组、山阴县众福缘合作社、太行村镇银行、新洋学校、晋安驾校等委员所在单位，创建了20多个委员联络工作室和委员之家。以建设“书香政协”为抓手，围绕学习宣传贯彻党的二十大精神、主题教育等确定读书主题，引导委员在学习交流中持续加深对创新理论的理解。完成“智慧政协”平台搭建，构建起集建言资政、数据汇聚、共享开放、办公自动化等功能于一体的政协履职新平台，提升了履职工作质效。

【自身建设】 政协山阴县委员会主动适应新时代政协事业发展新要求，持之以恒加强自身建设，激发内生动力，增强工作活力，坚持从政治建设抓起、从素质能力强起、从纪律作风严起，全面推进政协委员队伍和机关干部队伍建设，不断提升履职效能。常委会认真履行党风廉政建设第一责任，严格按照政协章程和常委会工作规则协商议事，严格执行中央八项规定及其实施细则精神，带头严守政治纪律和政治规矩，切实把“严的要求、严的基调、严的规矩”贯穿政协工作始终，保证了纪律建设常抓常实，营造了抬高标杆、争先进位、风清气正、干事创业的良好工作环境。认真落实意识形态工作责任制，强化党对意识形态工作的全面领导，树牢“一盘棋”思想，进一步加强和改进意识形态工作，层层传导压力，齐抓共管，形成强大工作合力，确保责任落地。深入开展“干部能力素质大提升”行动，着力培养政治强、能力优、服务好、作风硬的干部队伍，推动政协机关转思路、转方式、转作风、提质量。积极发挥专门机构优势，强化专委会基础作用，密切专委会与职能部门工作交流，组织机关企事业单位座谈，加强对口协商、界别协商，实现协商民主活动与专委会组织优势的深度融合。切实提高服务保障水平，以加强县政协委员联络服务中心建设为抓手，统筹完善制度规范，推动政协活动组织系统化、流程运作标准化，为政协各项工作有序开展持续有效创造条件、提供保障。

强化作风建设，提升机关服务效能。认真贯彻落实新时代党的群众路线和“四下基层”工作法，持续深化“五型”机关建设，促进政协机关的制度化、规范化、程序化建设。组织党员干部和党员委员到王老沟战斗遗址、口前村党支部旧址、村史馆等爱国教育基地和结对帮扶小区开展主题党日活动，强化党员干部和委员的政治意识，提升政协机关党员干部为民办实事的责任感和使命感。组织党员干部和政协委员观看警示教育片、参观廉政教育基地、会议传达通报各类违规违纪违法10余次，利用主题教育反面典型案例，时刻警醒大家保持清醒头脑，做到警钟长鸣，树牢反腐倡廉底线意识。政协机关在年度目标责任制考核评比中，连续多年被评为优秀单位，干事创业的精气神得到极大的提振和鼓励。

中国共产党山阴县
纪律检查委员会
山阴县监察委员会

综述

【概况】 山阴县纪委监委是中共山阴县纪律检查委员会、山阴县检查委员会的简称，其两者合署办公，实行一套工作机构，两个机关名称。县纪委监委机关共有内设机构16个，分别为：办公室、组织部、综合室、宣传部、党风室、信访室、案管室、审理室、干部监督室、第一至四监督检查室、第五至七审查调查室；下属事业单位1个（正科建制），为山阴县纪委监委保障中心（廉政教育中心）。

2023年，全县纪检监察机关在市纪委监委和县委坚强领导下，始终围绕中心服务大局，不断提高政治判断力、政治领悟力、政治执行力，始终保持严的基调、严的措施、严的氛围不动摇，充分发挥监督保障执行、促进完善发展作用，稳步推进纪检监察工作高质量发展。

【派驻机构设置】 山阴县纪委监委按照省市安排部署，全县推开派驻纪检监察组全覆盖工作。按照“7+4”模式，设置7个综合派驻纪检监察组和法院、检察院、公安局、司法局4个单独派驻纪检监察组。11个派驻机构编制共有行政编制40个。实有人员为25人，其中组长11人、副科长级纪检监察专员6人、其他8人。

山阴县纪委监委持续深入推进纪检监察体制改革，实行“1+2”派驻改革，县纪委派驻学校纪检组5个，各设1名组长；派驻县管企业纪委1个，设纪委书记、监察专员1名，副书记1名，内设2个科室；派驻公立医院纪检组1个，设1名组长。

山阴县所辖12个乡镇，各设乡镇纪委书记1名，设2名专职监察员，至少2名兼职监察员，各村设1名村务监督委员会主任（三员合一人员）。

【深化改革】 2023年，山阴县纪委监委持续深化纪检监察体制改革，贯通融合“四项监督”，健全“组组”协同监督、“室组”联动监督、“室组地”联合办案机制，有效发挥监督作用。各派驻机构共受理问题线索146条，处置问题线索146条，立案20件，处分21人。健全县乡联动监督、乡镇纪检监察协作联动机制，全县乡镇纪委共立案101件、处分130人。完成全县监察官等级首次确定工作，配齐配强乡镇专职监察员。统筹纪检监察监督与其他监督，共接收司法等机关移送问题线索33件。进一步优化工作流程，健全《山阴县监察委员会议事决策规则》《山阴县纪检监察系统重大事项报告制度》等制度，内控机制持续完善。

【政治监督】 2023年，山阴县纪委监委紧紧围绕党中央重大决策部署加强政治监督。开展整治矿山企业瞒报生产安全事故行为专项行动“回头看”工作，组织召开部署会、推进会4次，协助县委、县政府督促成员单位和企业开展“双自查”，与企业主要负责人、上级主体公司主要负责人及实际控制人“面对面”谈话19人次，对1起矿山安全生产责任事故启动问责程序。盯紧“关键少数”，对“一把手”和领导班子开展政治监督，进行廉政谈话、谈话提醒20人次。严格执行请示报告制度，向县委请示报告案件情况103件次、报告党风廉政建设情况2次。制定《山阴县纪委监委关于加强全面从严治党主体责任落实情况监督检查的实施方案》，对全县党组织全面从严治党主体责任落实情况开展监督检查3批次，督促整改问题68个。

【纠治“四风”】 2023年，山阴县纪委监委贯彻落实中央八项规定精神，纠治“四风”更加有力。紧盯享乐主义奢靡之风不放松，严肃查处违规吃喝、违规收受礼品礼金等反复性顽固性问题，共查处享乐奢靡问题6起，给予党纪政务处分7人。纠治形式主义官僚主义不动摇，持续开展基层干部作风建设提升年等专项整治行动，严肃查处不担当、不作为、乱作为等问题，共梳理问题线索103条，已办结65件，批评教育和帮助83人，其中受到党纪政务处分44人，通报曝光典型案例3起3人。贯彻落实《通报曝光违反中央八项规定精神问题工作指引》《“四风”监督检查工作规程》《会风会纪监督工作办法（试行）》等制度文件精神。通过“清廉山阴”微信公众号及时提示各级党组织及其“一把手”扛牢主体责任，以党风带动社风民风持续向好向善。

监督惩治

【严惩基层腐败】 2023年，山阴县纪委监委持续整治群众身边腐败和作风问题，群众获得感、幸福感、安全感更加凸显。深入开展乡村振兴领域不正之风和腐败问题专项整治，查处45件66人。开展“新官不理旧账、政策不兑现、拖欠民营企业账款”问题专项治理，发现问题线索2条，已查结1条，处理处分13人，化解拖欠民营企业账款1.47亿元，查处民生领域腐败和作风问题68件98人；制定实施或牵头的工程项目台账，财政拨付全县各工程项目台账，科研、立项项目台账，全县招商引资项目台账，并作为典型经验做法在全省治理“两不一欠”问题专项行动工作要情第3期中予以刊登。开展重复举报化解不力专项整治，办结化解8件。学习新时代“枫桥经验”，班子成员“四下基层”共接待来访群众112人次，推动解决群众合理诉求。开展农村集体“三资”管理贪腐问题专项整治，率先在全市实现债务动态“清零”。扎实做好第三阶段“三个一批”重点村社监督治理工作，涉及的两个村被省纪委监委分别评定为优秀和良好。

【深化政治巡察】 2023年，山阴县纪委监委坚持政治定位，巡察利剑作用更加彰显。县委高度重视巡察工作，县委常委会、书记专题会先后7次专题研究巡察工作，县委巡察工作领导小组严密组织实施，打好“常规+专项”组合拳，组织开展县委第三轮、第四轮对10个单位、4个乡（镇）、54个村的常规巡察，共发现问题587个、问题线索56条。开展农村“三资”管理和第三阶段“三个一批”重点村社专项巡察，发现问题184个，问题线索19条。强化上下联动，配合省委巡视组完成资源、党建、矛盾化解“点穴式”巡察。持续强化巡视巡察问题整改，不断压紧压实巡视巡察整改主体责任。

【强化以案促治】 2023年，山阴县纪委监委坚持惩治与教育并举，“三不腐”一体推进更加深入。持续保持惩治腐败高压态势，全县纪检监察机关共受理问题线索814件，立案197件，给予党纪政务处分256人。其中科级干部29人，留置4人，移送检察机关2人，严肃查处了3起严重违纪违法案件，挽回经济损失50余万元。发挥以案促改治本功效，发出纪检监察建议书16份，督促相关单位汲取教训、深查彻改、完善制度、堵塞漏洞。坚持反面警示与正面引导相结合，组织县管干部及其家属700人参观廉政教育展厅，与50名家属进行座谈，以家风促政风。以弘扬右玉精神和挖掘本土廉政文化为抓手，拍摄《走进王家屏》廉政系列视频，参加全省“清风晋韵”微视频作品展，以廉洁文化浸润人心。纵深推进清廉建设，全面开展第一批清廉单元建设示范单位推荐、评选、命名工作，4家单位入围朔州市向省委推荐的第

总工会

【概况】2023年，山阴县总工会坚持以习近平新时代中国特色社会主义思想为指导，全面贯彻落实党的二十大精神，贯彻落实中国工会十八大精神，聚焦高质量发展主题，扎实开展学习贯彻习近平新时代中国特色社会主义思想主题教育，紧紧围绕县委和市总工会安排部署，团结带领广大工会干部职工勇于担当、锐意进取、积极作为。充分发挥党联系职工群众的桥梁纽带作用，牢牢把握构建和谐劳动关系要求，职工思想政治引领工作持续加强，产业工人队伍建设改革工作扩面提质，职工入会和权益保障工作日趋完善，劳动领域政治安全和工会改革创新工作持续深入，为推动全县高质量发展做出应有贡献。

【思想政治引领】2023年，县总工会把坚持党对工会工作的领导贯穿于工作的全过程、各方面，坚持用习近平新时代中国特色社会主义思想武装头脑，指导实践。充分发挥履行忠诚党的事业、竭诚服务职工的使命和担当，坚决贯彻落实中央和省委、市委、县委决策部署，坚决维护劳动领域政治安全。始终坚持以习近平新时代中国特色社会主义思想为指导。持续抓好理论学习，把学习宣传贯彻党的二十大精神和中国工会十八大精神作为首要政治任务，深入学习习近平总书记关于工人阶级和工会工作的重要论述，并作为党组理论学习、党支部“三会一课”学习的主要内容。团结引导职工听党话、跟党走，持续推进学习贯彻走深走实，切实增强全县广大工会干部和职工群众思想自觉和行动自觉，牢牢把握工会工作的正确政治方向，坚定不移走中国特色社会主义工会发展道路。2023年，县总工会通过“线上＋线下”学习相结合，累计开展集中学习36次、专题学习4次，赴双拥基地、白坊知青大院开展主题党日活动2次，政治素养不断提升。充分利用工会组织舆论宣讲站作用，在全县工会系统中全方位、多角度开展基层工会干部能力提升培训1次，开展女职工健康讲座和专题培训1次，使工会干部队伍业务能力不断增强，全员思想理论素质和履职能力得到进一步提升。

县总工会积极做好舆论宣传引领工作，不断扩大工会组织的影响力和吸引力。9月，山西工人报社以《激发职工奋进新时代伟力 书写工会有作为精彩答卷》为题，对山阴县总工会全力推动工会工作高质量发展作了专版报道，获得了全市工会系统的好评。

【工会建设】2023年，县总工会通过加强组织领导、摸清建会底数；强化宣传触角、广泛动员建会；规范流程标准、精准指导建会为主要抓手，始终坚持“哪里有职工，哪里就要建立工会组织”的原则，用开放和社会化的观念建立工会组织，创新工会工作，提高建会质量，基层工会组织建设扩面提质、不断夯实。积极落实“八大群体”建会入会工作，通过多种形式和渠道广泛宣传工会组建，利用各类宣传活动向职工群众发放工会法、《工会章程》和《工会组织工作实用手册》等法律法规书籍，宣讲建会政策，宣传组建工会的意义和作用，动员企业建会和职工入会，促进劳动关系和谐和职工队伍稳定。同时，县总工会坚持全总“六有”标准，按照建会入会规范流程，编印《基层工会组建（换届）手册》，全面推进新建工会规范化建设，对具备建会条件的社会组织实行“手续帮办、问题帮解、疑难帮答”一条龙服务，解决了建会组织怕麻烦、不知如何建等难题，大力提升了社会组织建会质效。

2023年，全县新建工会35家，新增工会会员 1663 人。截至年底，全县已建会的乡镇、机关事业单位 113 家，基本实现工会组织全覆盖；已建会企业 125 家，规模以上企业基本全覆盖。在建会过程中，县总工会深入推进“职工之家”阵地建设，指导帮助基层工会建设“职工之家”20 多家，并持续推进“职工活动室”“职工书屋”“妈咪小屋”等阵地建设。打造县纪委、人社局、党校等职工文体活动中心 3 个；为县纪委、组织部、中医医院、行政审批局、北周庄镇、城发集团、中煤华昱、山西超牌高岭土有限公司购置图书 4600 余册，打造“职工书屋”8 个；指导建设县公安局、古城镇和北周庄中心校“妈咪小屋”3 个。

【职工服务】 2023 年，县总工会始终以“维护职工合法权益 竭诚服务职工群众”为主要职责，坚持群众路线，坚持以职工为中心，热忱服务职工群众。坚持从职工需求出发，以提高职工群众生活品质为出发点，全力以赴为职工群众做好事、办实事、解难事。团结全县广大工会干部凝聚为职工服务的强大力量。强化帮扶慰问，做职工群众的“娘家人”。着力完善以“四季送”、日常慰问、节日送温暖和困难职工帮扶为主的普惠性、常态性、精准性职工服务保障体系，打通服务困难职工群众的“最后一公里”。深入开展“两节送温暖”活动，为一线职工和受疫情影响的困难企业、困难职工送去慰问金 40 多万元；开展走访慰问“劳动模范”活动，为省劳模和工会先进工作者送去慰问金慰问品 6 万多元；持续开展“送清凉”活动，联合县中医医院医护人员开展“情系职工 清凉一夏”慰问活动与送健康义诊活动，为重大项目、重点工程一线职工送去价值 29 万元的清凉物资 1600 份。通过以上慰问，切实把县委、县政府和工会组织的关怀传递到广大职工群众的心坎上。

强化纾困解困，发挥好“桥梁纽带”作用。做好职工大病互助。深入推进职工大病医疗互助保障，着力解决职工因病致困问题，收缴第十八期大病医疗互助金 112.78 万元，连续三年突破百万元大关，受众群体覆盖面不断扩大，2023 年有 61 名职工得到互助补偿金 83.54 万元。做好企业纾困解困。组织开展小微企业工会“退费”工作，主动联系并帮办返还小微企业工会经费及筹备金 46.1 万元；为困难企业职工发放“云闪付”消费券 170 多万元。

深化职工关爱，切实维护职工合法权益。强化暖心关爱举措。做优“户外劳动者爱心驿站”服务阵地，三个自建“爱心驿站”运行良好，并与岱岳镇集贤社区、广益社区联合打造社区“爱心驿站”2 个，切实解决户外劳动者的实际困难。维护职工合法权益。督促 16 家煤矿企业建立安全生产“吹哨人”制度，组织开展“巾帼维权 法在身边”“职业病预防”“安全生产知识竞赛”“平安建设”等多场宣教活动。提高职工自我保护和维权意识，用心、用情、用力为广大职工群众服务，让职工群众真正感受到工会组织的温暖。

【精神文明建设】 县总工会大力弘扬劳模精神、劳动精神、工匠精神。持续深入开展“中国梦·劳动美”等主题宣传教育活动，深入细致地做好职工精神文明建设工作，以新思想教育引领职工，突出宣传先进典型，用劳模精神凝聚职工。2023 年，山阴县住房和城乡建设管理局等 6 家单位被评为朔州市模范集体，13 人被评为“朔州市劳动模范”。组织开展好职工业余文体活动。县总工会充分借鉴近年来组织开展的一系列文体活动所取得的经验成果，持续创新丰富多彩的职工文体活动载体，用积极向上的精神文化激励职工、凝聚职工。积极筹备元宵节社火展演活动，组织开展“贯彻二十大 喜场文化盛宴，得到了社会各界的一致好评。

妇联

【概况】2023年是全面贯彻落实党的二十大精神开局之年、是全面建设社会主义现代化国家新征程起步之年。县妇联坚持以习近平新时代中国特色社会主义思想为指引，深入贯彻落实党的二十大精神、中国妇女十三大精神、习近平总书记视察山西重要讲话重要指示精神和习近平总书记关于妇女儿童和妇联工作的重要论述，坚决贯彻落实党对群众工作的各项方针政策和重要战略部署，紧紧围绕县委的中心工作，充分发挥广泛联系妇女群众的优势，进一步做好组织、引领、服务妇女的工作，以改革创新的精神加强妇联自身建设，千方百计为妇女群众排忧解难，把妇女群众紧紧团结凝聚在党和政府周围，努力完成党和人民赋予的光荣使命。为“打造灵秀古城，建设新韵山阴”贡献了半边天力量。

【政治建设】县妇联坚持党的全面领导，牢牢把握妇女事业和妇联工作正确政治方向。深入开展“学习贯彻新时代中国特色社会主义思想主题教育”。主题教育开展以来，县妇联紧紧围绕市委、县委提出的目标要求和各项重点措施，牢牢把握“学思想、强党性、重实践、建新功”总要求，深入学习、抓实调研、注重落实、促进发展，着力以服务妇女儿童的新成效检验主题教育成果，有力推进主题教育取得阶段性成效。共开展集中学习16次，为妇女儿童办实事3件。

深入学习中国妇女第十三次全国代表大会精神。利用公众号、微信群，依托“三会一课”、主题党日宣传贯彻中国妇女十三大精神，把学习好、领会好、宣传好、贯彻好大会精神作为当前和今后一个时期的首要政治任务。全年共开展“习近平走进百姓家”读书会20场；“全国妇女十三大”宣讲会10场。深入机关、学校、农村、社区、企业等基层一线，扎实开展巾帼大宣讲。在妇女群众方便的时间，用妇女群众喜爱的方式，分层、分类、分期、分批抓好学习宣传，上下结合，全员全程抓落实，做到责任层层传导，确保党的二十大精神、习近平总书记调研山西重要讲话指示精神和中国妇女十三大精神不折不扣落实到妇联工作各方面全过程，把领导讲话传达好，把大会精神讲清楚、讲明白、讲透彻，让妇女群众听得懂、能领会、可落实。共开展各式各样宣讲10次，受益人数1000人。

【贡献巾帼力量】2023年，县妇联发放“情系困难母亲 助力乡村振兴”母亲邮包。“母亲邮包”是中国妇女发展基金会启动实施的公益项目，捐赠的邮包中有帽子、手套、围巾、毛毯、冬衣等生活必需品，希望受助的困境母亲带头自强、自立，奋斗不息，争做生活的强者；勤俭持家、艰苦创业、尊老爱幼、邻里和谐；将“母亲邮包”的深刻内涵传递给周围所有的妇女同胞。县妇联共召开“母亲邮包”捐赠仪式20场，为全县近百名困境母亲送去温暖。

举办基层妇联“领头雁”培训班。共计250人次参加了培训，参加对象为县、乡、村三级妇联主席和部分县妇联执委。聚焦基层妇联干部当前业务急需，既有专家学者讲理论，又有业务骨干讲实务，形式上综合运用专题讲座、巾帼大讲堂、现场教学等多种方式，力求培训取得实效。

开展巾帼创业促发展行动。选树乡村巾帼创业典型，以点带面、带动广大农村妇女创业致富，3月中旬，全国妇联基金会在山阴县众福缘合作社举行“她力量、乡村振兴帮扶计划”

挂牌仪式，注入资金，帮扶妇女创业，有力推动了全县乡村巾帼创业发展和乡村振兴。

开展“庆丰收 促和美”乡村振兴巾帼行动。为充分发挥广大农村妇女的作用，进一步激发农民创造美好生活的干劲，为全面推进乡村振兴注入强大动力，贡献巾帼力量。9月22日，朔州市妇联、山阴县妇联以“‘庆丰收 促和美’乡村振兴巾帼在行动”为主题，在古城镇四里庄村开展庆祝农民丰收节活动，共享丰收喜悦。

开展“走访送温暖”活动。县妇联先后走访慰问了3个乡镇、12户家庭，送去棉被、饼干、八宝粥等慰问品。详细了解她们的家庭情况、身体状况以及生活中存在的困难和问题，鼓励她们一定要保持乐观的生活态度，积极健康地生活。

【家庭家教家风】 2023年，县妇联持续注重家庭家教家风建设，为国家发展、民族进步筑牢基石。6月21日，县妇联“三晋家教家风馆”揭牌仪式在山阴县老年大学举行。山阴县家教家风馆是集家风家训展示、党风廉风宣讲、妇女才艺展示和巾帼志愿服务于一体的综合性基地，对于引领广大家庭牢固树立新时代家庭观，弘扬良好家风，涵养清朗的党风政风社风具有重要意义。营造家庭文明新风尚。县妇联致力于以“小家”带“大家”，促进全社会崇德向善、明德惟馨，全年共评出全国“先进个人”1人、省级“最美家庭”1户、“绿色家庭”2户、市级“最美家庭”57户、“书香家庭”15户、“好婆婆”25名、“好媳妇”25名，县级“好婆婆”8名、“好媳妇”14名。举办“家风传承”系列主题活动。为深入贯彻习近平总书记关于家庭家教家风的重要论述，助力“清廉山阴”建设，3月2日，县妇联与老年大学妇委会共同举办“家风传承”主题互动活动。通过活动大家充分认识“清廉家庭”建设的重要性，教育引导子女从小养成正确的道德、法纪观念，将家风建设与党风政风建设融为一体，以纯正家风涵养清朗党风政风社风。县妇联以“清廉”为主题，在山阴县家教家风馆举办“清廉话家风 巧手传非遗”剪纸活动。学习制作妇联标志和“廉政”主题剪纸作品，以艺术熏陶心灵，以廉洁滋润初心。剪纸活动，让大家了解了民俗文化，掌握了剪纸技巧，更进一步提高了廉政意识。

【妇联维权】 县妇联积极主动作为，把维权工作做在平常、抓在经常、落到基层。县妇联与山阴县人民检察院联合制定《关于建立妇女权益保障协作配合机制的意见》，建立了线索移送机制、调查取证协作机制，充分发挥妇联组织和检察机关的职能优势，形成工作合力，为妇女合法权益提供了全方位保障，切实增强了妇女群众的获得感、幸福感、安全感。

为深入学习贯彻习近平法治思想，全面贯彻党的二十大精神，进一步提升妇联维权干部的法律素养和化解婚姻家庭纠纷的能力，2023年县妇联共有10人参加省、市妇联系统维权干部暨婚姻家庭纠纷人民调解委员会专业化服务能力提升培训，提高维权干部素质，进一步促进工作落实。截至年前，解决各类矛盾3起，调解率100%。

【妇联宣传】 2023年，县妇联丰富载体宣传法治文化。利用“三八”节、“6·26”禁毒日、“12·4”法制宣传日等主题宣传日为契机，开展街头宣传、展板展示等各具特色的普法宣传活动。3月，县妇联在安荣乡开展“三八”维权周活动。通过悬挂横幅、发放彩页等，重点宣传男女平等基本国策、妇女权益保障法、反家庭暴力法、民法典等与妇女生活密切相关的法律法规，同时教育妇女时刻提高警惕，防止拐骗。进一步增强广大妇女群众的法律意识和法办玉米种植与管理科技大讲堂。有力地推动了农业科创技术的交流推广，受到广大农业种植户、合作社的欢迎和好评。4月底与朔州向日葵网络科技有限责任公司签订协议，特聘请施尔丰国际生物有限公司双孢菇种植海外国际专家，到山西宇昊蘑菇种植有限公司进行了双孢菇种植堆料、发酵、播种、覆土、浇水、病虫害绿色防治和采摘等为期半年的技术指导服务。

推动科学技术成果转化应用宣传，助力乡村振兴工作。县科协持续发力，巩固“科创中国”试点建设，利用人民广场科普长廊开展了为期3个月的“科创中国——实用科技推广”科普展览、共展出版面20个。利用西山森林公园科创专栏定期推出最新科技成果，利用全县30个村60个科普宣传栏开展了农村实用科技推广活动。同时，广泛征集反映产业情况、问题和企业诉求，加强供需方全过程沟通衔接，助力产业转型升级，促进科技成果转化应用和实用农技成果宣传推广。

【全民科普】 县科协加大科普志愿者队伍建设，组织开展科普节庆活动。县科协持续加强科普志愿者队伍建设，以“文艺搭台、科普唱戏”形式，联合多个部门举办“科技工作者日”“全国科普日”等节庆活动，通过展示科普展板，发放科普图书，开展现场义诊等活动，营造了学科学、爱科学、讲科学、用科学的浓厚氛围。科技活动周期间利用人民广场科普长廊20个版面开展了《弘扬科学家精神，提升科技创新能力》科普展览。科普日期间开展了《提高全民科学素质，助力科技自力自强》科普展览，同时还深入山阴二小、六小、新洋学校等，开展了人工智能教育科创大讲堂。组织科技志愿服务团，深入20个乡村、社区开展了“科普＋义诊”系列活动，服务群众达3000余人，同时，巡回全县12个乡镇、40个村庄，开展科普惠农下乡宣传服务活动，把健康生活、防灾减灾、安全生产、增产增收等科学技术知识，送到人民群众身边。把最新产业科技成果引进和推送到农民家门口，为乡村振兴提供了科技支持，受到各乡镇干部、群众的欢迎。

面向社会广泛开展科普宣传活动。充分发挥科普示范基地和科普教育基地示范推广效应，为一中、二中、六小3所学校制作、安装了科普长廊；开展科普惠农服务，为8个行政村制作、安装了16个科普宣传栏，全年为30个村、60个科普宣传栏更新科普版面4次。邀请全国流动科技馆在县二中展教2个月；编印《青少年科普读本》、制作多功能科普宣传笔、科普台历等，通过学校、乡镇科协、科普志愿服务团、驻村工作队等，将科普宣传活动开展到学校、乡村、社区中。

加强科普信息化建设，开展科技信息线上宣传推广。随着互联网技术的快速发展，线上科普已经逐渐成为科普教育的重要手段，线上科普的最大优势在于打破了时间和空间的限制，只要内容具有吸引力和黏合性，受众数量不可估量，人们可以在任何时间、任何地点通过手机就可进行科普学习，这大大提高了科普的效率和便捷性，把科普宣传工作做得更新鲜、更厚实、更有深度。县科协利用“科普山阴”抖音、快手、微信视频号制作发布人们喜闻乐见的科普小视频650个。

【科技创新智库建设】 县科协积极开展科技创新智库建设，为党和政府科学决策服务。县科协依托“智库”成员单位，积极组织相关专家、科创团队，聚焦山阴县煤化工、钙化工、乳制品、小杂粮、中医药等领域重点课题“把脉会诊”，推动人才引进、项目对接和技术转移转化，助力山阴县产业全面发展。委托山西大学专家团队，对县煤矸石进行深入研究，形成研究报告《山阴县煤矸石分置利用基础研究》，印制并发放给有关行业主管单位、广大工矿企业。

建立山阴县桑干河智库线上平台，展示科技成就，推广实用科技转化。山阴县桑干河智库是2021年被省科协批准成立的全省首家县级科技创新智库试点。2023年，县科协在抖音、快手、微信视频号建立山阴县桑干河智库线上平台，收集我国和国际最新科研成果，制作发布科技创新短视频，展示我国重大科技成就，推动科技成果转化。全年利用“山阴县桑干河智库”抖音、快手、微信视频号等平台制作发布高质量科技创新短视频550个，播放量达到100多万次，获赞1.5万次。

工商联

【全面从严治党】 山阴县工商联认真组织党员干部深入学习中央和省市县有关会议精神和文件。通过自己学与集体学相结合、理论与工作相结合等方式，按要求和计划确保了学习任务质量，同时坚持了党史学习常态化，实现了理论学习与工作开展双推进。进一步加强思想政治教育，将学习党的二十大精神作为机关当前和今后的重要政治任务，坚定不移，贯穿始终。通过学习进一步提升了机关干部对“两个确立”“两个维护”“四个意识”和“四个自信”的正确认识，为进一步建设“清廉机关”和“清廉民企”奠定了坚实思想基础。

【非公有制经济人士健康成长】 以习近平新时代中国特色社会主义思想和党的二十大精神为统领，深入贯彻落实习近平总书记关于新时代民营经济工作的重要指示精神。2023年6月底，县工商联组织了20名民营经济人士赴朔州塞北革命纪念馆开展了“奋进新征程，建功新时代”的主题活动。参观了山阴县家教家风馆，使大家在思想深处接受了良好家风家教的洗礼。组织全县民营企业和个体工商户代表等共计29人赴山西右玉干部学院，进行了以“习近平经济思想和践行‘右玉精神’为主的理想信念教育”为主要内容的“民营企业和个体工商户代表能力素质提升班”专题培训。组织机关在职党员干部、部分民营企业负责人及党员代表赴县清廉民企示范单位——山阴县现代医院开展“参观学习拓思路，交流借鉴创清廉”主题党日活动。通过引导鼓励，全县民营经济发展氛围逐渐向好，为营造山阴稳定有序的市场环境和全县经济社会高质量发展做出了贡献。在市工商联全市50强民营企业发布会上，山阴县2023年有11家民营企业上榜。

【发挥桥梁纽带作用】 县工商联就“两不一欠”和全县乳业发展等多次深入民营企业联系走访，解决企业发展难题1个，提出合理化建议20余条。2023年4月，县工商联积极主动与太原市山阴商会联系，促成了太原市山阴商会回乡“共叙乡亲、共谋发展”愿景的落实，为商会不遗余力地宣传山阴、推广家乡做出了积极贡献。2023年9月，县工商联赴上海朔州商会进行参观考察，为持续加强与异地家乡商会的对接合作做出新的贡献。在县工商联的指导下，大同市山阴商会于2023年12月29日注册成功，为山阴和大同进一步交往搭建了良好平台。相继配合完成了省、市联的两次专题调研。县工商联组织民营经济人士等9人赴应县和右玉县工商联会员企业进行学习走访。这些活动在加强上下左右联动，以及更好服务经济社会高质量发展上具有不可替代的作用。县工商联系统2023年全年向市工商联提交社情民意总计12篇。在落实社会责任上，县工商联积极组织23家民营企业参与全国工商联官网的社会责任调研工作。2023年12月，山阴县工商联被全国工商联评为2022—2023年度全国“五好”县级工商联。

【重视工作机制和平台作用发挥】 2023年，县工商联制定出台了《关于进一步支持仲裁工作的实施方案》，为推进全县县域社会治理水平实现新突破架起了桥梁。县工商联联合山西山阴农村商业银行、山阴县新联会等召开了政银企对接座谈会，取得预期效果。针对以往没有正式规范的数据平台和宣传工作相对滞后的现状，9月，正式上线运营了“山阴工商联”微信公众号。截至年底，公众号共发布或转发政策41则、新闻28条、其他11条，阅读量达到21712人次，其中一则信息阅读量突破8000人次，平均单项信息阅读量达270多人次。8月11日的《山西日报》上，登载了山阴县工商联主席丰卫忠在“山西省工商联宣传员舆情员队伍建设培训班”上关于宣传舆情工作的发言材料。

【清廉民企建设有序推进】 县工商联多次深入企业宣讲“清廉民企”建设的创建目标、重要举措、实施路径等相关要义，听取企业负责人关于当前生产经营、打造清廉民企的情况汇报，了解企业在清廉建设工作中的开展情况及遇到的困难问题，并就如何打造清廉民企示范点多次赴山阴现代医院作出相应指导。

【号召民营企业和商会投身乡村振兴】 2023年，县工商联继续在“万企兴万村”工作上发力。其中，朔州市骏宝宸农业科技股份有限公司形成了“公司+基地+农户”的“万企兴万村”模式，山阴县惠牧源农牧专业合作社联合社建立了“合作社+企业+农户”的“万企兴万村”利益链结机制，山阴县农特产品企业商会探索出了“商会+企业+农户”的“万企兴万村”工作机制，为助力乡村振兴进一步走深走实发挥了极其重要的作用。特别是经县工商联申报，8月，山阴县农特产品企业商会和朔州市骏宝宸农业科技股份有限公司牧草基地建设及秸秆综合利用项目被省工商联分别认定为“万企兴万村”山西行动典型商会和“万企兴万村”山西行动典型项目。

军事

人民武装

【概况】2023年，人武部坚持以习近平新时代中国特色社会主义思想和习近平强军思想为统领，紧紧围绕学习宣传贯彻党的二十大精神，坚定举旗铸魂，筑牢绝对忠诚信仰。聚焦练兵备战，提升支战援战能力。加强动员准备，持续推进体系建设。着力固本强基，守住安全发展底线。深化军民融合，持续推进军政军民关系。突出精准高效，全面提高后勤保障质量。圆满完成年度大项任务，国防动员和后备力量建设取得新进步。

【国防教育进学校】2023年5月10日，人武部联合山阴县第三小学举行“全国国防教育示范学校”授牌仪式暨国防教育进校园活动。校领导班子、部分师生代表700余人参加。人武部部长吴松为学校授牌，与会领导为师生代表现场颁发“全国国防教育示范学校”徽章，第三小学校长介绍学校开展国防教育情况，并激励学生要从小事做起，热爱学习、强健体魄，树爱国之心，立报国之志，时刻准备着为伟大祖国的和平与发展贡献自己的力量。人武部领导对三小师生进行国防教育，讲述了山阴县在红色革命中涌现出的抗战英烈和发生过的战斗。

【主题党日活动】2023年6月28日，人武部为庆祝建党102周年，推动学习贯彻习近平新时代中国特色社会主义思想主题教育走深走实，联合山阴太行村镇银行赴朔州市塞北革命纪念馆，开展“凝心铸魂强党性　实干担当建新功”庆“七一”主题党日活动。人武部文职、职工和太行村镇银行全体工作人员共30人参加。全体人员参观了纪念馆抗日战争纪念厅、抗战惨案厅、解放战争厅等多个主题展厅，观看廉政教育片，体悟革命先烈不屈不挠的顽强意志、崇高的革命情怀以及大无畏的牺牲精神。通过活动，进一步提高全体人员的党性意识，增强党组织的凝聚力和战斗力。

【集合民兵优质力量】2023年，人武部主动作为，集合民兵优质力量，开展市属民兵成建制比武训练和基干民兵为期12天的基地化轮训，突出实战化要求，就目标搜索、定点投送、移动打击等无人机比武科目，由主官亲自带队，因材施教制定个人训练计划，分组施训提高班排协作能力，圆满完成任务。

【兵员征集】2023年，人武部在兵员征集中，扭住大学毕业生征集重点，审议提高大学毕业生入伍优待金；深入山阴县职业教育中心，推动征兵工作条例政策进校园，讲清参军优待政策，讲明入伍发展前景，号召山阴儿女以热血青春奔赴火热军营；召集各地山阴籍在校大学生，开展进军营“青春话理想”活动，邀请退役军人为广大学子讲军营趣事、谈卫国理想，激发山阴学子参军报国热情。全年共发送征兵宣传短信12万条，县乡两级发放宣传册和宣传页2万份，张贴宣传条幅200条，实现征兵宣传全覆盖。全年开展2次新兵入伍欢送仪式暨全民国防教育日宣传活动，对立功受奖军人和关心支持国防先进个人公开表彰，被中央军委机关网、中国新闻网、山西省退役军人事务厅等33家媒体广泛报道，社会反响良好。

【后勤保障】2023年，人武部突出精准高效，全面提高后勤保障质量。坚持党委管财、定期议财，党委集体研究审议年度经费预算、大项经费支出等事项。加强经费开支和报账流程规范性，组织业务部门集中学习《军队资金集中收付工作暂行规定》等规章制度，严格按照计划推进财务工作，避免出现短期集中开支、无预算超预算开支、超范围超标准开支。聚焦物资采购重点行业开展整肃治理活动，对人员思想、采购流程等重点问题进行排查整治，督导人员签订廉洁采购承诺书，进一步规范采购流程，确保后勤领域无违法违纪问题。持续跟进军事设施保护进程，定期组织人员巡护辖区6条国防坑道，校准地理坐标、完善影像资料。推进资产累积性难题“两年攻坚”行动，待报废资产、盘盈盘亏资产处置已100%完成。

法治

政法委与综治

【概况】2023年，县委政法委员会在党委领导下履行职责、开展工作，把握政治方向、协调各方职能、统筹政法工作、建设政法队伍、督促依法履职、创造公正司法环境，分析研判全县政法工作情况动态、分析社会稳定形势，统筹协调社会治安综合治理、反邪教等有关工作，监督和支持县级政法各部门依法行使职权。山阴县政法工作认真贯彻落实中央和省委、市委政法工作会议精神，坚定捍卫“两个确立”，坚决做到“两个维护”，坚持党对政法工作的绝对领导，坚持“纲”“基”“本”运行体系，以服务保障全方位高质量发展为主题，实施“六大工程”，全力防风险、保安全、护稳定、促发展，实干笃行，奋力争先，政法各项工作取得新成效。

【政治引领】2023年，县委政法委以习近平新时代中国特色社会主义思想为指导，全面贯彻落实党的二十大精神和习近平总书记调研山西重要讲话精神，狠抓条例、省实施细则和市若干措施落实。组织政法干警和乡镇政法委员分2批赴汾阳贾家庄、长治武乡进行政治轮训，政法委书记、政法“四长”上台讲业务知识；组织全体网格员在市委党校、县委党校2次集中培训，优秀乡镇政法委员上台讲课传授经验；组织平安建设成员单位开展《山西省平安建设条例》集中学习，开展丰富多彩的宣传活动，确保在以学铸魂、以学增智、以学正风、以学促干方面取得扎实成效。同时，组织召开政法委员全体会议4次，政法委机关集中学习22次，听取政法委员述职1次，确保党的路线方针不折不扣贯彻落实。

【治理创优】县委政法委扎实开展“坚持和发展新时代‘枫桥经验’，化解基层矛盾纠纷，助力转型发展”专项行动，打造“一乡（镇）一品”治理品牌，组织12个乡镇进行了观摩交流活动，并推出“枫桥经验”电视访谈栏目，营造浓厚的氛围。合盛堡乡“炕头＋地头”工作法入围全国“枫桥式工作法”单位、进入浙江枫桥经验陈列馆列展，9月18日召开了全省现场会。北周庄镇“商、建、处、创”化解企地矛盾工作法入围全省“枫桥式工作法”单位。广武镇、马营乡、马营庄乡、薛圐圙乡、下喇叭乡7个乡镇的工作法入选全省《坚持和发展新时代“枫桥经验”山西实践选编》。同时，继续推动重心下移、力量下沉、资源下倾，多措并举整合基层政法专门力量和群防群治力量，持续深化城乡社区警务与网格化服务管理“警网”融合、人民调解员和网格员“双员融合”，最大限度将矛盾吸附在县域、解决在基层。县公安机关共立各类刑事案件203起，破159起，共抓获犯罪嫌疑人237人，破案率为78.3%，与2022年同期相比立案数下降14.7%，破案率上升10.7%；县人民检察院受理审查起诉案件190件277人；县人民法院新收案件2224件，旧存307件，已结案2154件；县司法局共调处各类矛盾纠纷201件，进一步预防了“民转刑”案件、群体性事件、突发性事件的发生；全县网格员共排查各类矛盾纠纷、治安问题、风险隐患等59247条，全部按“六步闭环”予以就地处置，使多元解纷的成效得以彰显，法治化营商环境得以优化，社会稳定的基础得以夯实。

【平安提质】县委政法委坚决贯彻落实国家安全观和《山西省重大决策社会稳定风险评估实施办法》，从严从实从细抓好各项风险防控工作，成功侦破了部督“X010”非法组织案，受到公安部、省委政法委、省公安厅的肯定和表扬。坚决防范和打击新型网络领域犯罪，切实增强对各类风险的预见性和洞察力，掌握风险防控主动权。出台《重大决策社会稳定风险评估方案》，建立了专业人员评估专家库，对6个项目进行评估备案；打造了反邪教主题公园，建设群众身边的反邪教阵地。深入开展《信访工作条例》落实年活动、信访问题源头治理三年攻坚行动，推进积案化解工作常态长效，召开维稳安保会、信访联席会、信访调度会、重点案件协调会等23次，信访秩序持续好转。刑事类警情同比下降20%，治安类警情同比下降51%，全县社会治安秩序持续向好，被评为全市信访优秀县。

【法治供给】 县委政法委深入推进法治山阴、法治政府、法治社会“三位一体”建设，“法治赋能全科网格建设”入选全省法治政府建设示范项目，创建了“全国民主法治示范村”1个、“全省民主法治示范村”5个。围绕“三无”“三可”营商环境，认真落实法治化营商环境建设指标体系和实施方案，创优法治化营商环境。紧扣服务保障企业发展主题，深入开展以“六个一”为重点的“政法联企、法治护航”系列活动，为市场主体提供更加精细化、人性化、专业化的政法服务，真正让企业家专心创业、放心投资、安心经营。政法各单位33名班子成员包联33个企业，解决问题9个，向群众发放调查问卷1000余份，开展集中宣传30余场，挽回经济损失1800余万元，全县法治化营商环境进一步优化。

【改革赋能】 县委政法委继续推动全省转型综改牵引性集成改革、党建引领基层网格治理“双试点”和全市婚俗礼仪改革试点落地见效，全面准确落实司法责任制、全面优化政法机构职能体系、全面深化诉讼制度改革、全面提高司法执法公信力。进一步巩固综治中心规范化建设的成效，深化专属网格建设，突破行政层级和区划的限制，将工业园区、商圈市场、景区等划分为特定的专属网格，将山川、河流、公园等应纳尽纳、应划尽划，确保不留盲区、不留死角。确定10个方面35项的重点任务清单，着力构建“一三五十”工作矩阵，推动力量管网、资源入网、服务进网，打造更具引领示范效应的基层治理“山阴样板”。3月29日，举办了婚俗礼仪创新实践集体颁证，人民网、山西新闻、山西政法、“学习强国”等媒体纷纷报道，反响较好。

【队伍建设】 县委政法委全面提升政法队伍革命化、正规化、专业化、职业化水平，坚定不移推进正风肃纪反腐，持之以恒整治顽瘴痼疾，常态长效深化清廉建设，大力开展政法队伍“内强素质、外树形象”专项行动和“不作为 慢作为 乱作为”问题纪律作风整治，开展英烈事迹巡回宣讲、警务实战体能技能等活动，政法队伍革命化、正规化、专业化、职业化水平进一步提升。开展英烈事迹巡回宣讲活动1次、警务实战体能技能2次，提拔、交流政法干部12人，查处违纪违法2人，给予组织措施16人。

公安

【概况】 2023年，山阴县公安局全面贯彻落实党的二十大精神，以加强党的政治建设为统领，以防范化解重大风险为基点，以深化改革创新为动力，以锻造过硬公安队伍为保证，以考核促工作为抓手，在防风险、保安全、护稳定、促发展等一系列大仗硬仗、艰巨任务中忠诚履行新时代公安职责使命。2023年，全县共立各类刑事案件228起，破184起，破案率为80.7%，与上年同期相比立案数下降11.9%，破案率上升12%。共抓获犯罪嫌疑人237人，抓人数上升11.7%。查处各类行政案件403起，查处各类违法嫌疑人520人，其中拘留189人、罚款312人、警告2人。

【维护社会安定】 2023年，山阴县公安局全面排查、动态梳理，坚决确保全县政治安全。依法取缔非法宗教活动场所4处，依法查处假冒僧人招摇撞骗案1起，在市局统一指挥下，参与侦办部督“X010”专案。依托“415”机制，有效维护网络秩序，严防网上恶意炒作和有害信息传播。对134家企事业单位进行网络安全检测，下发整改通知书103份，行政处罚6家单位。

强化反恐防暴工作。研究制定了反恐工作方案和应急预案，对全县重点目标进行逐一梳理，确定反恐二级重点单位4家、三级重点单位113家，对重点单位开展了反恐防暴安全教育培训，组织开展了反恐防暴演练。

在打击食药环违法犯罪方面，部署开展了打击食品安全“两超一非”犯罪集中攻坚行动，共破获“两超一非”案件8起，采取刑事强制措施8人。深入开展“昆仑2023”专项行动，侦办私挖滥采、盗伐林木、非法占地等案件17起，采取刑事强制措施21人，行政拘留1人。

【打击电信诈骗】 2023年，山阴县公安局会同成员单位开展了多轮次、多角度的预防电信网络诈骗宣传活动，进一步提高了广大群众的安全防范意识；针对已发电诈案件，县局抽调精干警力，成立了多个专案组远赴广东、重庆、湖北、云南等地开展案件侦破工作，共破获电信网络诈骗案件40起，刑事拘留95人，止付金额3438万元，冻结419万元，为群众挽回损失130万余元。持续加大预警劝阻行动，对预警对象及时开展保护性停机、面对面上门劝阻、保护性止付等工作，尽最大努力守护群众“钱袋子”。深入开展“拔钉行动”，对朔州市滞留缅北、柬埔寨的17名涉诈人员开展劝返工作，共劝返15人，劝返人员占比全市领先。

【打击黄赌毒犯罪】 2023年，山阴县公安局全年共破获毒品刑事案件18起，刑事拘留26人，强制戒毒23人，行政拘留48人，社区戒毒12人，缴获各类毒品120克。组织禁毒大队深入易制毒化学品单位开展安全检查活动50次，对全县在册吸毒人员开展见面排查，排查2180人，排查率99.91%，加大排查力度，确保实现无缝隙、全覆盖，严防发生吸毒人员肇事肇祸案（事）件。

持续深化“清风”行动，组织治安和各派出所认真摸排线索，对休闲娱乐、酒店洗浴和农村地区、城乡交界处等重点部位，开展集中清查和突击检查，严打“黄赌”违法犯罪。共打击赌博刑事案件13起，查处行政案件103起，刑事拘留28人，行政处罚414人。其间，成功破获了“3·10”省督案件，刑事拘留16人，扣押涉赌资金13.2万元。破获涉黄刑事案件2起，查处行政案件17起，刑事拘留2人，行政处罚29人。

【治安巡查】 2023年，山阴县巡警大队每日平均出动警力45人次，备勤5人，日均出动警车12辆，实行“7个中队轮流执勤、备勤”模式，围绕党政机关、城市广场、学校医院、早市夜市等重要目标、重点场所，分时段、分路段、分片区，紧盯民生案件易发高发的时间地段和案件类型，加大巡防密度和频次，实施24小时全方位巡逻，真正做到“白天见警察，晚上见警灯”，有力震慑了违法犯罪，让群众切实感受到平安就在身边。在夏季治安打击整治行动期间，先后三次组织了“治安巡查宣防”集中统一行动，共出动警力1123人次、警车409辆次，检查重点场所、宾馆酒店、娱乐休闲场所、夜市烧烤摊等各类场所356家，排查整改各类安全隐患180处。

【危爆物品安全管理】 山阴县公安局对安全生产隐患开展大排查、大整治，全方位、全链条抓好安全生产重大工作。组织治安大队、民爆科、国保大队和各派出所全面加强枪支弹药、危爆物品、易制爆物品、管制器具、散装汽油等重点物品的安全管理，严格落实寄递物流行业“三个100%”制度，堵塞监管漏洞，严防打响炸响。2023年以来，对全县涉爆单位开展安全检查285次，发现安全隐患21处，下达整改通知书8份，收缴过期炸药4023公斤、雷管5141发，破获非法经营烟花爆竹案1起，刑拘1人。

【交通安全管理】 2023年，山阴县公安局加强交通安全管理。以完成“减量控大”任务为目标，组织交警大队全力开展酒醉驾、涉牌涉证、三轮车违法整治、街道老年代步车集中整治、国省道重点违法整治、农村道路违法整治、县城道路交通秩序整治等专项整治行动，不断加大全县道路的管控力度，严查各类严重交通违法行为。共查处各类交通违法26592起（现场查处15546起），其中饮酒驾驶537起、醉驾38起、“毒驾”4起、无牌无证411起、“三超一疲劳”1150起、农用车违法载人438起。

【警务机制提质增效】 2023年，山阴县公安局在巩固深化上年派出所警务机制改革成果的基础上，立足“派出所主防”的职能定位，进一步将好的经验做法和运转模式固化升级，不断探索实践主动警务、预防警务活动，持续推动重心下移、警力下沉、保障下倾，依托“两队一室”和社区警务室，发展壮大群防群治力量，全面落实新时代枫桥经验，积极协调村（社区）干部、网格员、治保员等开展走访群众、入户调查、化解矛盾、实有人口管理等基层基础工作，在创建工作中，涌现出桥西所“洪涛邻里”、古城所“海平调解室”等亮点品牌，赢得上级部门和广大群众一致好评。

【优化营商环境】 2023年，县公安局认真贯彻省、市、县关于进一步优化营商环境工作部署，充分发挥公安机关职能作用，全力排查化解因征地拆迁、项目建设、安全生产等引发的矛盾纠纷，严厉打击各类阻工行为，依法维护企业和投资创业者的合法权益。共查处非法拦工、阻工案件3起，行政拘留7人。深入践行“我为群众办实事”实践活动，深化公安机关“放管服”改革，积极探索“互联网＋公安政务服务”平台建设，充分利用“一门通办”政务平台，把户政办理、出入境、车管业务等公安行政审批时限压缩至最短，实现群众“最多跑一趟”。同时，深化公安窗口预约服务，坚决整治“吃拿卡要”问题，不断引领公安窗口服务工作提档升级。

【队伍建设】 山阴县公安局始终坚持“公安姓党”的政治原则，严格执行第一议题制度，每半月召开党委中心组集中学习会，把深入学习贯彻习近平新时代中国特色社会主义思想、党的二十大精神、习近平法治思想、重要训词精神列入党委中心组、各支部日常学习议程，做到学深悟透、学以致用。特别是紧跟县委工作指引，深入开展了第二批主题教育，局党委班子召开3次学习研讨交流会，党委书记为全局党员干部讲党课，16个党支部书记分别讲授了专题党课。各部门根据学习计划学习《习近平著作选读》等规定书目，撰写了心得体会，切实推动理论学习进支部、进书本、进头脑。同时，大力弘扬“四下基层”优良传统，班子成员结合分管工作，深入辖区农村、社区、厂矿，扎实开展“走基层、找问题、想办法、促发展”调研活动，进一步摸透情况、找准问题、明晰方法，有效推动各项公安工作干在实处，走在前列。

县局党委全面扛起从严管党治警主体责任，共召开党风廉政建设会议3次，对党风廉政和队伍建设工作进行专题部署，按照“书记抓、抓书记，一级抓一级，层层抓落实”的工作机制，局党委书记与各科所室队负责人签订《廉洁承诺书》，进一步拧紧责任链条，确保抓好班子、带好队伍。充分运用监督执纪“四种形态”“五谈三书”等措施，对经侦、治安、财务等关键岗位和10名民警进行了廉政谈话和任前谈话。严格落实“八小时之外”监督，警务督察大队共开展现场督察150次、网上督察280次，下发了18期督察通报，通报批评37人，责令检查27人，关禁闭2人。同时，组织全局286名民警填写个人自查报告2次，自上而下开展集体谈话和谈心谈话2次，并全部建立“廉政档案”，进一步督促广大民警形成知敬畏、存戒惧、守底线的高度自觉，确保队伍不出问题。县局党委秉持“以警为本，暖警爱警”工作理念，严格落实从优待警各项措施。在春节、中秋、“七一”等节日期间，走访慰问了老党员、困难民警、值班执勤民辅警、英烈遗属33人；梯次安排民辅警进行轮休；组织在职民辅警和退休老同志开展2023年度健康体检；大力表彰先进集体和先进个人，对刑侦大队等10个成绩突出集体和91名成绩突出个人进行了表彰奖励；组织广大民辅警在“110”警察节开展迎警旗、升国旗、大合唱、集体宣誓等主题党日活动，进一步增强了队伍荣誉感、归属感，在全局营造了凝心聚力、干事创业的良好氛围。

检察

【检察监督】 2023年，山阴县人民检察院立足平安山阴建设，严厉打击威胁国家安全和社会稳定的各类刑事犯罪。全年受理审查逮捕案件106件159人，批准逮捕81件108人；受理审查起诉案件198件369人，起诉170件285人。刑事检察夯实新格局。依法监督公安机关立案19件、撤案3件；纠正漏捕1人、漏诉3人，办理证据合法性审查案件6件。监督执行活动提出书面纠正38件，监督监外执行（社区矫正）提出书面纠正45件，开展社区矫正脱、漏管纠正监督20件。办理公安部督办“X010”案件，得到市委和市人民检察院的充分肯定，取得良好社会效果。民事行政检察展现新作为。办理民事监督案件4件，发出检察建议4件。上一年由县检察院办理的一起借款合同纠纷检察监督案件被省院第六检察部《山西民事检察工作情况》第7期作为典型案例刊载。聚焦弱势群体维权需求，办理支持起诉案件11件，办理行政违法行为监督案件6件，发出检察建议6份。公益诉讼检察取得新成效。全年摸排公益诉讼案件线索35件，立案35件，发出诉前检察建议14件，磋商21件，行政机关全部回复并整改，办理刑事附带民事公益诉讼案件1件。

深入贯彻少捕慎诉慎押及宽严相济刑事司法政策，严把案件证据审查标准和羁押证明标准，切实维护社会和谐稳定。全年不批准逮捕25件51人，不起诉31件97人。高质量推进认罪认罚从宽制度落实。全年适用认罪认罚审结案件185件356人，认罪认罚适用占案件审结人数比率为90%以上。

【安全稳定】 2023年，县人民检察院坚决维护社会安全稳定。常态化开展扫黑除恶斗争，积极宣传反有组织犯罪法，切实推动扫黑除恶常态化在法治轨道上有序运行。督促有关部门防范化解重大风险，积极主动办理追赃挽损案件16件，为被害人挽回经济损失53.567万余元。扎实开展护航法治化营商环境专项行动，严惩破坏市场秩序犯罪，全年办理合同诈骗、生产销售有毒有害食品等案件17件26人。会同县工商联、县司法局等11个单位联合会签《山阴县涉案企业合规第三方监督评估机制的实施办法（试行）》，监督企业合规经营，促进市场主体健康发展。稳妥推进涉案企业合规改革，办理企业合规改革案件1件。建立院领导一对一企业联系制度，走访企业10次，解决各类问题5个，开展知识产权保护、安全生产等宣传活动，为企业提供精准法治服务。全力筑牢生态安全屏障。打造"河长+检察长"协作机制，凝聚公益保护强大合力，促进形成齐抓共管的生态保护格局。向行政单位依法发出诉前检察建议14件，督促关停和整治违法排放废气和其他空气污染物的企业4家，督促相关行政机关积极履职，消除安全隐患6处，为全县生态环境保护构建司法屏障。积极争取县委政法委支持，推动检察建议整改落实情况纳入平安建设考核，促进检察建议刚性提升。结合办案实际，针对职务侵占、企业税务管理漏洞、食品安全等突出问题，向相关行政部门制发检察建议27件，均被采纳并全部完成整改。持续推进"网格+检察"工作，推动检察职能与网格管理的深度融合，在落实公益保护、未成年人保护、司法救助、社区矫正等方面持续发力，以高度的检察自觉为县域社会治理现代化贡献检察力量，助力实现长治久安。

【为民司法】 2023年，县人民检察院积极回应群众司法诉求。着力办好群众身边的"小案"，全力维护弱势群体合法权益，以更实司法举措切实维护妇女、儿童、农民工等特殊困难群体合法权益。与山阴县妇女联合会制定了《关于建立妇女权益保障协作配合机制的意见》，共同推进妇女权益保护社会治理创新。在朔州市率先建立工程建设领域农民工工资保证金协作机制，督促建设方足额缴存农民工工资保证金50余万元，用实际行动维护农民工合法权益。检察官带案下乡开展公开听证，通过"上门听证+现场普法"，让群众"零距离"感受检察机关的办案过程，感受到公平正义就在身边。全方位呵护未成年人健康成长。从严追诉侵害未成年人犯罪，受理审查逮捕9人，审查起诉9人。扎实推进检察官、检察官助理担任法治副校长工作，开展"法治进校园"普法宣传活动7次，发放各类宣传资料1300余份，与县教育局联合出台《关于建立涉案未成年人控辍保学协作配合机制的实施意见》，进一步加强控辍保学和未成年人权益保护工作，有效保障适龄儿童的受教育权。认真履行控告申诉职能。充分发挥司法救助化解矛盾纠纷、维护社会稳定的作用，加强与法院、妇联、民政局等部门沟通协作，拓宽司法救助渠道，为被救助人提供多元化救助。全年共办理司法救助案件12件12人，发放司法救助金11.5万元。深入践行新时代"枫桥经验"，建立院领导定期接访、信访包案制度，全年共办理来信来访61件次，审查处理线索24件。坚持"群众信访件件有回复"制度，7日内程序性回复率和3个月内实体性答复率均为100%。

【队伍建设】 2023年，县人民检察院通过政治轮训、业务培训、典型案例研讨等方式，不断提升检察干警政治素养和业务水平。全年组织干警参加各项素能学习培训50余人次。通过举办党的二十大知识竞赛、读书交流、庆"三八"、迎"七一"等活动，在全院形成争先进位、干事创业的浓厚氛围。在全面从严治检中持续正风肃纪，压紧压实责任。组织开展党风廉政建设、警示教育10次，促使检察干警恪守铁规禁令，做到依法用权，切实维护司法公信力和人民检察良好形象。严格落实主体责任和“一岗双责”，紧盯关键岗位、重点领域，做实做细日常监管。认真贯彻落实《新时代政法干警“十个严禁”》，全面落实“三个规定”，做好每月重大事项填报工作，坚持“逢问必录”，全年共记录报告相关事项39件。主动接受人大监督和政协民主监督，全年向人大专题汇报检察工作2次。走访人大代表、政协委员，邀请社会各界人士参加公开听证、检察开放日等各类活动100余人次。主动接受社会监督，发布重要案件信息32条、程序性信息272条，公开法律文书142份。

法院

【概况】 2023年，山阴县人民法院共受理各类案件2620件，结案2511件，结案率95.84%，收案同比上升34.57%、结案同比上升52.83%，结案率上升13.57%，法官人均结案132.16件。共有2个集体、8名个人受到市中级法院表彰。

【优化营商环境】 2023年，山阴县人民法院依法平等保护各类市场主体合法权益，妥善化解涉企纠纷，审、执结各类涉企纠纷案件891件。强化善意文明执行理念，采用信用修复、“活封”“活扣”及执行和解、失信预惩戒等手段，为21家企业解除失信，为10家企业负责人解除限高措施，促使47家被执行企业主动履行债务7711.46万元，既依法维护胜诉当事人的合法权益，又最大限度地降低了对被执行企业的不利影响。开展“政法联企、法治护航”系列活动，进驻山阴县北周庄中煤华昱法官工作站，常态化提供法律咨询、纠纷化解、风险提示等一站式司法服务，助企纾困。

【服务乡村振兴】 2023年，山阴县人民法院持续推进脱贫攻坚与乡村振兴有效衔接，加强乡村振兴司法保障，妥善化解种植、土地流转、集体产权等方面纠纷，审结涉农案件7件。压实挂钩帮扶责任，选派3名干警开展驻村帮扶工作，接续助力乡村振兴。

【化解涉诉信访】 2023年，山阴县人民法院扎实开展涉法涉诉信访“大走访、大排查、大化解”百日专项行动，对风险案件分析研判，立审执各环节通力配合，畅通诉求表达渠道，落实“有信必复”工作要求，努力实现“控增量、减存量、防变量、提质量”目标，全年办结涉法涉诉信访案件43件，群众来信回复率100%。

【刑事犯罪】 2023年，山阴县人民法院认真贯彻总体国家安全观，统筹发展和安全两件事，充分发挥刑罚的震慑作用，依法惩处危害社会治安和侵犯群众切身利益犯罪的各类刑事犯罪案件196件（含旧存14件），判处罪犯350人，实现刑事案件结案率100%。重拳惩治侵财型犯罪，审结盗窃、敲诈勒索犯罪案件24件39人，保护群众财产安全。深入开展打击整治养老诈骗、电信网络诈骗专项行动，审结涉帮助信息网络“两卡”电诈类犯罪36件52人，提升群众安全感。审结交通肇事、危险驾驶案件53件55人，震慑公共安全犯罪。常态化开展扫黑除恶斗争，依法审结涉恶案件1案7人，保障良好社会治安秩序。严惩黄赌毒犯罪，审结贩卖毒品、开设赌场、赌博、传播淫秽物品犯罪案件31件70人，净化社会风气。坚持有腐必惩、有贪必肃，审结林某某等贪污职务犯罪案件3件3人。在县委、县委政法委的坚强领导下用一个月时间审结公安部督办“X010”专案，首要分子被判处15年有期徒刑。

【民商事审判】 2023年，山阴县人民法院发挥民商事审判定分止争、维护诚信、保障民生作用，保护市场主体合法权益，提升市场经济活力。全年共受理民商事案件1456件（含旧存160件），审结1384件，结案率95.05%。审结合同纠纷案件659件，标的额1.37亿元，尊重私法自治，维护诚实守信市场交易规则，助力经济高质量发展。积极维护金融秩序，审结民间借贷纠纷案件228件，保护平等交易。妥善审结婚姻、继承等家事纠纷316件，及时发出人身安全保护令，柔性解纷促进家庭和谐；持续开展根治欠薪行动，审结劳动争议纠纷77件，依法保障劳动者合法权益。

【行政审判】 2023年，山阴县人民法院围绕“法治政府建设示范县”创建目标，积极发挥审判助力，依法审查并裁定准予非诉行政执行案件4件，邀请行政机关负责人和执法人员观摩庭审50人次。

【执行工作】 2023年，山阴县人民法院全年执行收案914件，执结877件，执结率95.95%，执行到位金额1.33亿元。强化失信联合惩戒，纳入失信被执行人名单267人次，限制高消费464人次。打好执行攻坚大会战，开展“三晋执行利剑”集中攻坚行动，妥善执结一批交通肇事赔偿、抚养费等民生积案。制定出台执行财产处置、财产保全、失信被执行人信用修复机制等多项工作指引，营造鼓励自动履行、支持诚实守信的良好社会氛围。

【便民利民举措】 2023年，山阴县人民法院扎实开展“我为群众办实事”活动，持续提升当事人诉讼感受。拓宽立案途径，发挥智慧法院建设功能，全面使用“人民法院在线服务”等平台，网上立案、跨域立案592件，电子送达1218件，让数据多跑路，群众少跑腿。探索建立诉前委托鉴定机制，将符合条件的案件委托鉴定程序前移至诉前调解阶段，引导当事人在诉前调解时通过鉴定确定待证事实，减少诉讼成本，节约司法资源，提高办案效率。全年办理诉前保全14件，诉前委托鉴定4件。全年新收诉前调解1186件，化解557件，调解成功率46.96%，有效降低群众解决矛盾纠纷成本。广泛传递司法温暖，加大对困难、弱势群体的司法救助力度，依法缓减免诉讼费55.64万元，办理司法救助案12件，发放救助金123.5万元。

【普法强基】 2023年，山阴县人民法院在“国际禁毒日”“国家安全日”等各个重要普法时间节点，开展集中普法宣传。凝聚青少年法治教育合力，与团县委联合举办开展“法治共建”大学生模拟法庭活动，选派5名干警兼任辖区中小学法治副校长，增强青少年学生法律意识。开展送法进企业、进乡村、进社区等集中宣传活动11场次，组织开展反有组织犯罪法、打击整治养老诈骗、反电信网络诈骗、平安建设宣传周等集中宣传活动13场次，发放宣传材料22类16000份；通过多维度普法，提升了群众对法律法规的知晓度，为推进全县基层社会治理营造了良好的法治氛围。

司法行政

【概况】 2023年，山阴县司法局坚持以习近平新时代中国特色社会主义思想为指导，全面贯彻党的二十大精神，深入贯彻习近平法治思想和习近平总书记考察山西重要讲话指示精神，在县委、县政府的坚强领导和上级司法行政部门的关心支持下，各项工作取得一定成效。

【依法治县】 2023年，县司法局开展法治政府建设专项督察工作，3月县委依法治县办组建3个督察组，对全县12个乡镇以及相关县直执法单位开展为期两周的法治督察。督察组通过座谈交流、查阅资料、实地查看等方式，对党政主要负责人履行推进法治建设第一责任人职责、落实会前学法制度、推行行政执法“三项制度”、法治宣传等重点工作的开展情况进行全面督察，对督察中发现的问题当场进行了反馈，提出了整改意见。按照山西省人民政府办公厅《关于全面推行行政规范性文件合法性审核机制的实施意见》要求，对所有规范性文件进行前置审查，并坚持做到“五报”，即有审必报、有件必报、按时上报、按要求上报、向同级人大和上级政府同时报备。2023年共对5件县人民政府及其办公室制定并发布的规范性文件进行合法性审核。部署了推进法治政府建设、推进公正高效司法、提高基层社会治理水平等一系列工作任务。政府职能依法全面履行取得新成效，其中，山阴县申报的“法治赋能全科网格建设”获得第二批全省法治政府建设示范地区和项目命名。

【行政执法】 2023年，县司法局深化综合行政执法体制改革，切实打通基层行政执法“最后一公里”。全县12个乡镇全部设立综合行政执法办公室，成立乡镇综合行政执法队，各乡镇共配备执法人员120人，调整下放行政处罚权、行政检查权、行政强制权共55项行政执法权，实现了乡镇“一支队伍管执法”。通过县政府门户网站“山阴县行政执法信息公示平台”，严格落实行政执法公示制度，积极推进执法全过程记录制度，严格落实重大行政执法决定法制审核制度，有效保障行政相对人合法权益。加强培训力度，提升执法能力。山阴县乡镇综合行政执法第一期集中培训班于2月开班，各乡镇综合行政执法人员共118人参加培训。5月举办习近平法治思想暨强化行政执法能力建设专题培训班。加大监督力度，对持有效执法证件的202人的信息在县政府网站进行了公示，助力法治化营商环境。

【公共法律服务】 2023年，县司法局免费法律咨询年度任务1900人次，各级公共法律服务机构累计完成法律咨询2637人次，完成率139%；特殊群体法律援助案件年度任务10件，受理11件，结案11件，完成110%。全县共有人民调解委员会227个，调解员793名。其中，乡镇调解委员会12个，村调解委员会197个，社区11个，行业性专业性7个，个人调解室1个。全年共调解各类矛盾纠纷284件，涉及金额604余万元。

【全民普法】 2023年，县司法局推进“谁执法谁普法”责任制，加大全民普法力度。举行“挥毫泼墨 法润山阴”首届法治文化主题书画展；开展“美好生活 民法典相伴”民法典宣传月宣传活动；走进浦泽学校开展普法宣讲等。开展各类普法宣传活动70场次，累计发放各类法律书籍资料9万册，各类普法礼品6万件。

【法律保障】 2023年，县司法局开展社区矫正调查评估97件。截至年底，累计开展远程视频会见253次，会见人次达693人。打造薛圐圙和广武“枫桥司法所”2个。开展基层普法宣传13次，发放宣传资料共36000份。

行政复议和行政应诉。共受理行政复议申请12件，结案8件。行政应诉案件8件，结案7件，胜诉7件。“12345”政务服务热线接受3个工单，办理3个，全部按时处理。

【队伍建设】 2023年，县司法局加强自身建设，提高履责效能。坚定理想信念，组织推动学习。将习近平法治思想纳入各级党委理论中心组学习计划和县委党校主体班课程，列出专题、系统研讨，推动县、镇 、村三级学深悟透。在县委党校主体班和局机关学习会上宣讲习近平法治思想、党的二十大精神，深刻领悟“两个确立”的决定性意义，增强“四个意识”，坚定“四个自信”，做到“两个维护”，始终忠诚核心，坚持党对司法行政工作的绝对领导。加强作风建设，牢树优良作风。坚持党风廉政建设督查检查常态化，定期召开党组会集体研究决策“三重一大”事项，并积极接受纪检部门监督，不断推进机关日常管理规范化。加强队伍建设，做到“知人善用”。贯彻落实新时代法治人才培养规划，致力培养一批有扎实基础、真实才干的法治人才，深化交流轮岗机制，推进人才队伍结构更好适应新形势下法治建设和司法行政工作发展需要。

交警

【概况】 山阴县公安局交通管理大队主要从事全县的道路交通安全管理工作，全县约有20万人口，有3.1万辆机动车、4.2万名机动车驾驶人、46家重点运输企业。大队管辖交通安全道路总里程为1565公里。其中，国省道总里程190公里，县道11条总里程192公里，乡道总里程450公里，村道总里程666公里，县城道路总里程62公里，专用公路5公里。

2023年，山阴公安交通管理大队坚持以习近平新时代中国特色社会主义思想为指导，牢固树立“人民至上、生命至上、安全第一”理念，抓实道路交通控风险、防事故、保安全、护稳定，维护全县道路交通安全形势平稳。全年共处理道路交通事故4561起。其中事故快处992起；适用简易程序处理的1146起；适用一般程序处理的交通事故82起，同比增加20起，上升32.26%；死亡20人，同比增加2人，上升11.11%；受伤88人，同比增加23人，上升35.38%；直接财产损失70.62万元，同比增加8.9万元，上升11.19%。四项指标总体上呈上升趋势，年内未发生一次死亡3人以上的较大道路交通事故。

【交通事故预防及管理】 2023年，县公安交管大队紧紧围绕道路交通事故预防“减量控大”目标，努力减少事故伤亡总量，全力防控较大事故，严防发生重特大事故，紧盯重点车辆、重点驾驶人、重点路段进行隐患排查。全力开展酒醉驾、涉牌涉证、三轮车违法整治、国省道重点违法整治、农村道路违法整治、县城道路交通秩序整治等专项整治行动，不断加大全县道路的管控力度，严查各类严重交通违法行为。累计查处各类交通违法31279起（现场查处18489起），其中饮酒驾驶612起、醉驾43起、“毒驾”7起、无证428起、超载90起、超速762起、逆行272起、假套牌5起、疲劳驾驶25起、电动车违法2555起、工程车违法122起、货车违规载人5起、载客汽车超员364起、农用车违法载人475起、机动车乘车人不系安全带11357起，查扣违法载人三轮车73辆（行政拘留3人）。联合交通运输部门进企业23家次，督促企业落实主体责任并签订安全主体责任承诺书90份，下达隐患整改通知书32份，约谈隐患企业负责人28人次，抄告交通运输部门11次，抄告应急管理部门3次，发放督促整改安全隐患建议书27份，检查车辆300辆次，提醒督促车辆处理违法及时检验3300辆次，提醒督促驾驶人审验、换证2100余人次。县交管大队持续加大路检路查和现场管理力度，强化隐患路段、事故多发点段的排查整治，9处部级、省级、市级、县督办的道路安全隐患，已通过科学有效设置警示标志、标牌、减速设施、安装护栏等措施完成整改，累计安装10处爆闪灯，安装了35条减速带。

【道路交通服务】 2023年，县公安交管大队聚焦服务民生，优化道路交通服务。强化校车及校园周边交通管理。各路面中队对全县的校车及接送学生车辆进行摸排登记，建立工作台账，加强监管力度；重点在交通流量较大的二小、三小、六小、七小、一幼、二幼校门前设置“护学岗”，保障学生上下学的交通安全；会同县教育局掌握各学校开学、放假的准确时间，采取常规检查与突击行动相结合的方法，大力整治校园周边交通秩序，严防违规违法接送学生。全面排查交通标志标牌标线，对交通标线模糊不清的西二环路、河阳大道、顺通街、洪涛街、同太路、西环路、滨河路重新施划了交通标线，完善了县城道路交通标线，尤其是采取改变交通信号灯运行模式、增设通行车道、修改交通标线等方式方法，对拥堵严重的洪涛街影剧院路口、洪涛街府南路口、洪涛街纵四路口、青年街交通局路口、青年街火车站路口、青年街纵四路口、同太路汽车站路口进行了全面改造，大幅提升了县城主干道路口的通行效率，高峰时段的交通拥堵问题得到有效解决。积极申请专项经费，在县城西二环路、西环路、同太路、洪涛街、东环路、浦东街等主干道新增公共停车位1192个，有效缓解了县城内“停车难”的问题。

【源头监管】 2023年，县公安交管大队强化源头监管，把牢道路交通风险关口。开展农村三轮车、面包车及低速货车严重交通违法的专项治理，在农村要道上设立检查卡点，对辖区农村道路常见三轮车、面包车、拖拉机、摩托车等重点车辆进行执法检查，严厉查处违法载人、无证驾驶、酒驾、超员超载以及涉牌涉证等严重交通违法行为，形成对农村道路违法行为的严管高压态势。持续增强农村交通管理力量，已建成15个警保合作劝导站，有交通管理员4名、劝导员30名（网格员），实现12个乡镇全部覆盖，并对农村交通安全劝导员开展专题培训，劝导员围绕劝导制止交通违法行为、开展安全宣传、采集基础信息、排查安全隐患等积极开展工作。

【交规宣教】 2023年，县公安交管大队加强交规宣教，积极营造交通安全氛围。开展大型宣传活动20次；开展“一盔一带”“农用三轮车禁止载人”宣传活动35次，发放宣传材料3万份；开展文明交通“七进”宣传活动，面对面宣讲交通安全知识、交通法律法规55次，进学校12次、进企业18次，开展“美丽乡村行”交通安全巡回宣讲16次，联合电影院进农村集中播放交通安全警示教育片3次。联合电动车销售商家和美团外卖、饿了么外卖公司开展“一盔一带”宣传11次，发送安全头盔300顶。强化“双微一端”信息发布，在双微平台发布各类农村交通安全提示信息共计152条，利用短信平台发送安全提示10万条，通过微信群发送提示信息212条，利用农村微信群发布提示信息35条，曝光酒驾案例违法酒驾案例33例。完善农村地区“一栏一标语”，在全县所有行政村刷写“三轮车载人不安全，出了事故要赔偿”等宣传标语197条，安装固定式宣传栏120块，在国省道与农村交叉口设置安装交通安全提示广告牌35块。

【便民服务】 2023年，县公安交管大队深化改革创新，创新举措强化便民服务。全面落实交管窗口“一证办、一窗办”，优化整合违章处理业务与车驾管业务，让每个办理业务的人只进一次门即可办理违法处理。完成新建驾驶人理论考场并投入运行，填补了山阴县驾驶人理论考场的空白。积极开展车驾管业务。积极强化内部管理，优化服务流程，创新服务模式，完善便民利民各项措施，截至年底，办理机动车业注册登记 517 笔，补换牌证合格标志 629 笔，核发检验合格标志 218 笔、（大多数引导群众通过交管 12123 手机办理，不做统计），受托检验 61 笔，注销登记 11 笔，转入、转让登记 15 笔；办理驾驶人补证换证 4511 笔，培训驾驶人 160 期共 290 人。强化涉案财务管理，涉案财物车辆入库 97 辆，车辆出库 26 辆，驾驶证入库 316 本，驾驶证出库 95 本。报废车辆 196 辆，其中摩托车 115 辆、汽车 81 辆，截至年底，196 辆车已经全部报废完成。

【智能应急建设】 2023 年，县公安交管大队推进智能应急建设，提升交通安全管控水平。新增建 7 处卡口，补足监控盲点，对全县补光装置进行了摸排整改；实施了道路监控平台存储扩容，交管大队视频专网更改为 14 段网络；完成了视综平台建设，推送交管大队在用视频、卡口资源。依托防控体系现场精准查处交通违法 316 起，一致量、一致率均为 100%；预警拦截率 100%；驾驶证信息异常 36 起，处罚一致率 100%；套牌嫌疑 2 起，处罚一致率 100%；逾期未报废 2 起，处罚一致率 100%；嫌疑人违法载人 22 起，处罚一致率 100%。组建以指挥中心为核心的交通应急管理机构，明确组织架构，确定职责分工，规范交通应急处置流程，分类制定应急预案，组织开展了县级范围交通应急演练，提升应对和处置突发交通警情事件能力水平。

【公正文明执法】 2023 年，县公安交管大队加强公正文明执法，全面提升交通干警形象。大队有 3 名民警参加了省公安厅的初级执法资格考试的培训学习，有 16 名参加了高级执法资格考试，有 1 名民警已取得高级执法资格证书。举办了 2 期规范执法培训班，对《中华人民共和国刑事诉讼法》《公安机关办理刑事案件程序规定》《公安机关办理行政案件程序规定》《山西省公安机关办理酒后驾驶机动车案件程序规定》以及新版法律文书式样进行培训学习。围绕网上办案实际操作、法律文书填写、装订案卷进行手把手、面对面实操辅导培训，通过培训以及“以案说法”“以案析理”活动，参训民辅警基本都能熟练运用掌握网上办案技巧，实现了所有案件网上办理，办案质量不断提高。全年共办理行政案件 42 案，行政拘留 42 人次，罚款 42 人次，其中，交通肇事逃逸尚不够刑事处罚案 5 案 5 人，无证驾驶机动车且违法载人案 3 案 3 人，使用伪造、变造机动车驾驶证案 1 案 1 人，再次饮酒后驾驶机动车案 30 案 30 人，再次饮酒后无证驾驶机动车并处 1 案 1 人，交通肇事逃逸且无证驾驶机动车并处 1 案 1 人，无有效机动车驾驶证驾驶机动车案 1 案 1 人，行政案件转为刑事案件 2 案 2 人；刑事立案 58 案（其中危险驾驶案 42 起、交通肇事案 15 起），刑事拘留 13 人次、逮捕 8 人次（检察院不批准逮捕 1 人）、取保候审 48 人次（直接取保 45 人次，刑事拘留后转取保 4 人次），提请起诉 49 人次。

【队伍建设】 2023 年，县公安交管大队聚焦从优待警，全面激发干警工作热情。针对公安民警长期高压力、超负荷完成各项任务的特殊性，交管大队不断加强职业健康保障措施，组织全大队 264 名民辅警开展身体健康检查，实时掌握民辅警身体健康情况，并对民辅警的健康进行跟踪服务，及时轮岗轮休，保障民辅警的身体健康；定期举办心理健康培训班，对民辅警进行心理辅导、心理训练，达到缓解压力、调整心情的目的。为交通大队251名民辅警采购警服427套，配备警用装备255套，购置公务用车5辆，有力地保障和提升了工作装备水平。严格落实市局录用第三批辅警的招录工作，全程参与报名、政审等各个环节，上报通过政审条件73人，为临时辅助人员提供一个公开、公正、公平的良好竞争环境。维护民辅警切身利益，及时办理民警、辅警职级晋升、工资福利等项工作，办理民辅警社会保险；开展从优待警慰问工作，协调各种渠道帮助解决民警家属就业、就学、就医等实际困难，全年共计慰问民、辅警4次，基层中队2次，共计发放慰问金1.9万元，让民辅警更加感受到了大队党组织的关怀与温暖，进而激发了广大民辅警更高的干事热情。

【党建引领】 2023年，县公安交管大队坚持党建引领，牢牢把握“抓党建、强队伍、促业务”工作思路，深入学习贯彻党的二十大精神，严格落实“第一议题”，“三会一课”、支部主题党日等制度，在第二批主题教育期间，制订了详细的学习计划，紧密结合公安交管工作实际，推动大队党员干部深刻领悟“两个确立”的决定性意义，增强“四个意识”、坚定“四个自信”，坚决做到“两个维护”，使大队全体党员干部更加自觉地在思想上、政治上、行动上同习近平同志为核心的党中央保持高度一致。在“学思想、强党性、重实践、建新功”上，精准靶向施策，始终坚持四个结合，切实将全体民警、辅警思想和行动统一到上级各项决策部署上来。年内，先后扎实开展了全警大练兵、廉政警示教育、执法能力提升法治教育等培训，队伍的政治力、执行力全面增强，有力保障了各项工作顺利完成。

经济管理与监督

计划

【概况】2023年，发展和改革局在县委、县政府的坚强领导和上级部门的大力支持下，紧紧围绕全县经济社会发展大局和中心工作，坚持促长板和补短板两手抓，统筹经济社会发展，着力在经济运行监测、项目谋划推进、粮食物资储备管理等方面真抓实干、积极履职、力促全县经济稳中有进、稳中向好。

【经济指标】2023年，发展和改革局主要经济指标完成情况：地区生产总值完成231.7亿元，同比增长3.6%，增速位居全市第四；其中，第一产业完成10.9亿元，同比增长3.4%，第二产业完成74.9亿元，同比增长2.7%，第三产业完成72.1亿元，同比增长1%。固定资产投资全年完成56.8亿元，同比增长9%，全市位次第二。产业投资完成36.7亿元，同比下降8.2%。民间投资完成27.99亿元，同比增长31.5%，全市位次第一。服务业增加值全年完成92.9亿元，同比增长3%。

【上级资金支持】2023年，山阴县申请中央预算内资金项目共18项，总投资30亿元，拟争取资金9.58亿元，已到位资金共0.138亿元，其中，朔州市新韵体育公园建设项目已到位资金0.09亿元，朔州市社会足球场建设项目到位资金0.048亿元。省级资金225.31万元，分别是服务业企业奖励资金200万元、农村寄递物流全覆盖补助资金25.31万元。

2023年申请专项债券项目10个，总投资10.2亿元，已下达专项债券资金2.33亿元，已支付1.085亿元，支付率46.57%。其中第一批下达资金1.3亿元，共支付1.295亿元，支付率99.62%，续发专项债券1.03亿元，共支付0.5703亿元，支付率55.37%。

2023年申请国债项目共33项，总投资27.16亿元，申请国债资金23.28亿元，已到位4.674亿元，分别是山阴县东城区雨污分流及老旧管网改造工程，总投资6.12亿元，到位国债资金4.144亿元，山阴县2024年新建高标准农田建设项目，总投资0.56亿元，到位国债资金0.53亿元。

【项目建设】2023年，山阴县共实施500万元以上项目220个，总投资293.31亿元，年内计划完成投资99.28亿元，全年累计完成固定投资56.8亿元，同比增长9.2%，全市排名第二。其中，新建项目134个，总投资155.22亿元，年内计划完成投资56.15亿元，全年累计完成固定投资28.3亿元；续建项目86个，总投资138.09亿元，年内计划完成投资43.13亿元，全年累计完成固定投资28.5亿元。亿元以上项目55项，总投资245.16亿元，年内计划完成投资63.89亿元，全年累计完成固定投资31.46亿元。

省级重点项目4项，总投资84.9亿元，年内计划完成投资17.71亿元，全年固定资产投资累计完成6.28亿元，已开工3项，总投资9.8亿元，全年累计完成投资5.95亿元，未开工1项，即年产10万吨绝热隔音材料项目，总投资3.2亿元。全年累计完成投资2.08亿元。山阴100兆瓦农光互补光伏储能发电项目，总投资4.5亿元。全年累计完成投资3.7亿元。山阴鑫霏粮食仓储冷链物流中心项目，总投资2.06亿元。全年累计完成投资0.5亿元。华能山阴2×100万千瓦“上大压小”煤电项目，总投资75.1亿元，因项目手续为办理完毕，未开工。

市级重点项目共申报10项，总投资48.18亿元，年度计划完成投资12.6亿元，全年累计完成投资9.91亿元，已全部开复工。20万吨/年复合材料用煅烧高岭土生产线扩建项目，总投资2.72亿元。该项目已建成功能型高岭土生产线一条，全年累计完成投资0.74亿元。年产6万吨锂电池负极材料项目，总投资5.5亿元，全年累计完成投资1.08亿元。国华能投山阴县100兆瓦采煤沉陷区生态综合治理+光伏储氢基地项目，总投资5.5亿元，全年累计完成投资1.05亿元。朔州市技工学校建设项目，总投资3.36亿元，全年累计完成投资0.91亿元。1#、2#、3#、6#、7#楼主体已完成，4#楼主体二层混凝土浇筑完成，5#二层主体浇筑完成，8#楼钢结构骨架安装完成。山阴中图农旅商贸港建设项目，总投资10亿元，一期项目主体已验收，全年累计完成投资0.92亿元。山阴未来城商贸综合体项目，总投资9.3亿元，全年累计完成投资2.7亿元。山西广电数字电竞文创朔州产业园建设项目，总投资3.8亿元。全年累计完成投资0.6亿元。山阴县月亮湖生态度假区建设项目，总投资1亿元，全年累计完成投资0.45亿元。已完成9个小湖的挖掘。广武国际滑雪场建设项目，总投资3亿元，全年累计完成投资0.5亿元，其中二期项目规划已完成。广武镇郊野公园建设项目，总投资4亿元，全年累计完成投资0.96亿元。

【市场价格监管】 2023年，山阴县发展和改革局加强规范管理，扎实做好涉案财产价格认定。严格开展价格认定工作，共为司法机关办理价格认定17件，标的额200836元，为稳定社会治安、改善山阴县投资环境做出积极的贡献。搞好价格监测，切实做好重要商品和服务价格监测工作。认真做好与群众生活、节日消费密切相关的重要商品和服务价格监测工作，每月定期到超市、门店等监测点进行监测，重点监测反映粮油肉蛋菜商品价格动态。同时运用白名单、黑名单制度，加大信用惩戒力度，确保市场信用度水平提升。遏制“天价”月饼，营造和谐文明理性健康的消费环境。组织执法人员下沉基层一线，深入客都超市、太阳城超市等企业和部分沿街售卖商铺15家次，开展生产销售、过度包装“天价月饼”等行为价格监测和检查，杜绝月饼过度包装、“天价”月饼销售等奢靡之风滋生，营造和谐文明理性健康的消费环境。

【粮食安全生产】 山阴县发展和改革局认真学习习近平总书记关于粮食安全的重要指示精神，全面贯彻落实党的二十大精神，以“时时放心不下”的责任感抓好粮食安全生产工作。开展县级储备粮的安全管理工作。薛圐圙粮站承担县级储备粮任务1500万公斤玉米任务，2023年完成500万公斤的轮换任务。严格储备粮的安全监管，确保县级储备粮的安全。完成应急成品粮油储备任务。加强应急粮油储备能力建设，落实应急供应网点18家，达到城乡应急网点全覆盖（粮油保供储备企业7家、粮食加工企业5家、流通企业6家）；布设县级粮油价格监测点7个；完成省市下达应急成品粮750吨、油75吨、水113吨、方便面27吨的任务。加强粮食安全宣传培训工作。以科技宣传周、10月16日世界粮食安全周活动为契机，广泛扩大宣传覆盖面，发放宣传册共计8类1万余册。坚持每月至少2次的粮安巡查检查，并在薛圐圙粮站组织培训和应急演练，增强粮食安全意识，全社会营造良好的氛围。强化粮食安全考核工作。协调10家成员单位明确工作目标和主体责任，加强粮安能力建设，增强粮食综合生产能力。牢固树立粮食安全底线意识，坚决守住保供稳价底线、保证市场平稳有序。建设智慧粮仓，实现粮食监管现代化。建设储备粮库3栋1层，1栋3层业务管理用房，1座消防水泵房，规划总建筑面积4904平方米，购置粮库智能化设备以及室外综合管线工程、道路等配套基础设施等，实现政策性储备粮的信息化监管。

【信用体系建设】 2023年，山阴县发展和改革局推进信用体系建设，持续优化营商环境。扎实做好行政许可和行政处罚“双公示”工作。常态化推进“双公示”工作，根据“信用朔州”平台数据反馈，公示行政许可和行政处罚信息2140条，信息填报合规率达到99.60%。有序推进“互联网＋监管”工作。截至年底，共认领“互联网＋监管”清单5项，并及时在系统里编制完成行政检查实施清单。监管行为报送数286条，监管数据覆盖度100%。持续做好“双随机、一公开”监管工作。认真对全县范围内已备案的粮食经营者联合开展双随机抽查，切实履行法定监管职责，对山阴县勇鑫粮食收购有限公司等5家粮食企业的价格行为、储粮监督管理进行联合检查。

审计

【概况】 2023年，山阴县审计局完成审计项目6类46个，发现119个问题，查出违规问题金额1203.68万元，管理不规范金额75261.56万元，提出审计建议89条。政府性投资审计完成9项，送审金额15872.29万元，核减768.78万元，核减率4.84%。

【财政预算执行审计】 2023年，县审计局组织完成了县本级和山阴县文化和旅游局、山阴县应急局、山阴县能源局等9个部门单位2022年度预算执行情况、决算草案以及其他财政收支情况审计。审计揭示结余资金未纳入预算、应缴未缴预算收入等问题，从机制、体制和制度建设等管理层面针对性提出了加强预算管理，防止国有资产流失，推进项目建设进度等建议。

【固定资产投资审计】 2023年，县审计局积极创新审计方法，将竣工决算审计和建设项目全程跟踪相结合，完成了山阴县邮政快递集散中心工程竣工决算建设项目审计、山阴县场馆建设PPP项目建设工程二类费用（部分）支付情况审计、山阴县政府街道路改造工程项目审计等9项审计。深入分析了签证工程项目的形成原因，客观评价了工程建设进展情况，揭示了存在的问题，提出了审计建议，推动了建设项目规范化管理。

【领导干部经济责任审计】 2023年，县审计局根据审计项目计划，对17个部门单位领导开展经济责任审计，通过审计，发现和查处了一些被审计单位违纪违规问题。进一步增强了被审计领导干部对“法无授权不可为、法定职责必须为”的认识，提高了被审计领导干部依法行政的能力和水平。

【内部审计】 2023年，县审计局制定了《中共山阴县委审计委员会关于进一步加强和改进内部审计工作的实施意见》，并报县委审计委员会审议通过，进一步明确各乡镇、县级各部门应采取有效措施，在现有机构编制架构的基础上，优化调整内设机构，整合人力资源，加快推进内部审计机构建设，对全县51个部门单位的内审情况进行了摸底排查。

【协同配合审计】 2023年，县审计局派出审计组赴朔州市经济开发区开展老旧小区交叉审计工作。派出人员参加市局组织的环保专项审计、就业补助资金和失业保险基金审计、农村义务教育学生营养改善计划专项资金审计、2023年政务信息化建设领域专项审计。加强部门间协作配合，先后配合县纪委监委、农业农村局开展农村“三资”管理贪腐问题专项检查和问题整改督查，配合县委巡察办开展十五届县委第三轮巡察工作。

统计

【概况】山阴县统计局是县政府主管全县统计工作和国民经济核算的正科建制序列局。承担组织领导和协调全县统计工作，拟定并组织实施全县国民经济核算制度和全县投入产出调查方案，核算全县国内生产总值，汇编提供国民经济核算资料，组织实施全县人口、经济、农业等重大国情国力普查，汇总、整理有关统计数据。2023年，山阴县统计局以习近平新时代中国特色社会主义思想为指导，全面贯彻党的二十大精神，深入落实习近平总书记关于统计工作的重要讲话和指示批示精神，按照中央、省委、市委、县委经济工作会议部署要求，紧紧围绕县委县政府工作目标，强化政治引领，立足发展大局，完整、准确、全面贯彻新发展理念，认真履职尽责，积极主动发挥统计工作职能，为全县经济社会高质量发展提供优质统计保障。

【基础建设】2023年，山阴县统计局为加强基层统计干部的统计业务水平，强化学统计、重统计、用统计的意识，筑牢全县基层统计基础，确保“应统尽统、颗粒归仓、数出有据”。采取“请进来”和“走出去”相结合的方式，积极组织乡镇、主责行业部门、企业的主要领导、分管领导、统计业务员30余人开展了统计法律法规和业务知识培训活动，同时按照“理论学习+现场实操”模式，为部门统计人员补充新的统计理念和业务知识，加深了部门对统计业务知识的了解，理清了部门统计工作思路，进一步提升了基层统计工作能力。全年，固定资产投资、工业、贸易、服务业统计等专业共组织法律法规及业务培训120余人次。高度重视基层统计工作，12个乡镇都已配备了至少1名专（兼）职统计人员，严格执行《统计法实施条例》中关于“乡镇统计人员工作调动应当征得县统计机构同意”的规定，对全县12个乡镇的乡镇统计员和村统计员，进行了重新备案登记，对重新更换人员的1个乡镇进行了批复，进一步明确了人员、明确了责任，基层统计力量得到增强。

【监测服务】2023年，山阴县统计局持续优化统计监测服务。加强专业数据、部门数据联动分析，沟通会商，及时反映、深入分析趋势性问题，研究提出针对性强、可操作的对策建议。整理、编印和发布月度、季度经济运行分析，编印《统计快报》8期，撰写各类统计分析8篇，发布了《山阴县2022年度国民经济和社会发展统计公报》，为全县经济社会发展状况提供准确的数据信息。

【统计监督】2023年，山阴县统计局提升统计监督职能。加强学习统计法、意见、办法、规定、监督意见，吃透精神实质、把握核心要义，更加深刻理解强化统计监督职能的重要意义。加大统计法治宣传。以党的二十大为契机，聚焦统计法定职责履行，组织开展形式多样的统计法治宣传教育活动，在执法检查、调研、数据业务核查工作中推动统计法进社区、进企业。注重在统计调查、统计执法检查工作中开展“嵌入式”普法。同时充分利用各类宣传阵地，积极开展宪法、统计法等相关法律法规和统计知识宣传教育活动，增强干部依法统计依法治统、防范和惩治统计造假弄虚作假的责任意识，不断提高统计调查对象的配合意识和社会公众的统计法治意识。

【统计专项行动】2023年，山阴县统计局坚持将学习习近平总书记关于统计工作重要指示批示精神作为“第一议题”，深刻认识统计造假、弄虚作假的极端危害性。结合国家、省、市统计造假屡禁难绝专项治理行动方案要求，制定工作方案，成立专项治理行动领导小组，认真开展自查自纠，扎实开展数据核查。持续推进“四个必查”“三个一批”走深走实，深入开展入退库自查，不断巩固深化专项成果，深入开展统计基层基础建设持续夯实统计基层基础，确保推动专项治理落实到位，为全面提升全县统计数据质量奠定了坚实基础。

【经济普查】 2023年，山阴县统计局扎实推进第五次全国经济普查工作。根据省、市五经普筹备工作安排，2023年7月4日成立了《县第五次全国经济普查领导小组》和《县第五次全国经济普查领导小组办公室》。全县12个乡镇分别于2023年7月相继成立了第五次全国经济普查办公室，县辖区内村（居）委会也设立了普查工作小组。第五次全国经济普查2023年度经费财政全额拨付到位。通过商调、选聘等方式从全县范围内抽调经济普查“两员”370名，并分三批对全县370名“两员”进行了业务培训，且全部通过考核，符合上岗条件。山阴县按时开展清查工作，先用各部门行政记录资料编制了清查底册，依据底册对全县6355家单位、14978家个体户进行了清查，核查率达到100%。在全市名列前茅。普查员按照规定的路线，采用现场登记和网上填报两种形式，完成对调查对象的定位、数据采集、数据备份、数据上报等工作流程，确保了信息的准确性和完整性，各项工作都按照预期有条不紊的进行。在工作过程中，不断总结经验，优化流程，提高工作效率。截至年底，非一套表法人单位完成49.59%，非一套表个体户完成88.63%，一套表完成67.61%，投入产出调查完成100%，在规定的时间内完成了数据的上传和核对。

【城乡居民生活调查】 2023年，山阴县统计调查监测中心全面落实住户收支与生活状况调查工作。为了能够全面、准确、及时了解山阴县城乡居民收入、消费及其他生活状况，山阴统计调查监测中心精准落实住户调查任务。严格执行住户调查制度和工作规范，严格样本管理、数据管理和调查过程管理，建立“六台账五制度”，提高制度执行效能。严格执行住户调查“日审周清月结”数据审核机制，加强对电子记账的日常审核，发现记账问题，及时通过电话、微信与记账户沟通修正；针对多户出现的共性记账问题，微信群讲解记账注意事项，加深记忆，减少记账差错发生；专门制作一本收入记录册，一户一页，记录每户每月所有收入，一目了然地对比着每月收入，防止出现漏记、错记；结合县里相关政策实施情况、增资情况，及时提醒记账户注意收入变动情况，记录准确数据。统计局采用了形式多样的培训方式，集中培训、每季度深入调查点集中培训、重点对象培训、入户手把手指导等方式，讲解记账注意事项，及时答疑解惑，提升记账能力，提高记账水平。多模式推进记账工作，确保调查任务顺利开展；为了满足不同阶层对记账工作的配合，住户调查通过纸质记账、填报C问卷、E记账App多种模式收集不同群体的记账数据，高效地实现居民对住户调查的大力配合。充实调查力量，夯实基础工作。住户调查的各项指标作为县里重要的考核数据，受到各级领导的大力关注，住户调查工作细化及任务量逐步加大，科室人员紧张，只有两名人员负责全县100户记账户的平台日常监管和纸质记账的录入、审核、修改以及入户指导、季度问卷更新等工作，工作压力越来越大。2023年专门增加一名调查员充实到住户调查队伍，加强日常监管，夯实基础工作，通过多措并举，努力提高源头数据质量。

【农产量抽样调查】 2023年，山阴县统计调查监测中心通过对地抽样技术与遥感测量技术相结合，积极推进农作物面积遥感测量和单位面积产粮抽样调查，涉及11个乡镇的15个样本村，每个样本村抽选3个200米×200米的耕地样方，在45个样方中开展实地调查。2月下旬开展农户种植意向调查；7月对全县抽中的15个村根据卫星遥感地图确定每个村90多块地，通过PDA定位踏田进行分作物播种面积调查；通过数据汇总可获得山阴县各样本村所有粮食作物分品种单位面积产量数据。9—10月对秋粮生产形势跟踪调研，完成抽中的9个样本村27个地块的玉米进行收割，然后对收割玉米晾晒、脱粒、测定含水率和杂质率。山阴县的主要粮食作物玉米作为国家主题作物，采取在样本村实割实测方法取得单产数据。根据公式算出实测亩产，从而推算出山阴县全部玉米产量。12月国家统计局创建“农情观察”公众号，各样本村选聘农情观察员及联络员，为新一年农产量抽样调查注入新鲜活力。

【“四下”单位抽样调查】 2023年，山阴县统计调查监测中心定期开展“四下”抽样调查。共有11家有效样本企业，其中规下工业1家、规下服务业10家。这些企业均正常运营，参与联网直报。“四下”企业具有“低、小、散”的特点。针对这一特点，中心从三方面夯实基础工作，准抓源头数据。从确定样本企业后，专业人员经常与企业统计人员联系，及时掌握企业动态，了解企业生产经营状况，对每季度上报的企业情况做到心中有数。积极带领企业统计人员参加市中心组织的业务培训会，经常上门指导，就报表中指标含义、填报要求、指标逻辑关系、平台上报时间节点等方面进行详细的业务指导，及时答疑解难，确保企业能够按时上报。在数据上报期间会及时监管各企业上报情况，如发现数据有疑问，及时通知企业核实，要求企业加强本期报表与上期报表、同期报表及财务报表之间审核，加强逻辑性、连续性审核，消除大起大落差错，确保上报数据真实准确。

市场监督管理

【概况】 2023年，县市场监督管理局持续强化反不正当竞争，营造良好的公平竞争氛围。聚焦商业购销、医疗美容、教育培训、电子商务、直播带货、医药购销、房地产、食品、农资等重点领域和重点产品，持续开展反不正当竞争执法专项行动，严厉查处虚假宣传、仿冒混淆、违法促销、商业贿赂、商业诋毁、侵犯商业秘密等各类不正当竞争行为。加强宣传培训，积极营造公平竞争氛围。县局积极开展公平竞争宣传活动，向群众发放宣传资料及法制宣传品，加大《中华人民共和国反不正当竞争法》《禁止传销条例》《直销管理条例》的宣传力度，提高经营者守法经营意识和消费者维权意识，让公平竞争理念深入人心。

【市场监管】 2023年，县市场监督管理局大力推进部门联合“双随机、一公开”监管专项行动。县局持续推进跨部门“双随机、一公开”监管工作，对重点领域和行业开展联合执法，努力实现“进一次门、查多项事”，减轻了企业负担，优化了营商环境，监管合力明显提升。全年共发起部门联合抽查34次，在平台中应用风险分类发起的抽查率达100%，全部完成年初既定计划任务，并将抽查结果全部公示，对抽查中发现问题市场主体均已被依法列入了经营异常名录和标记为异常状态。该项工作位列全市优秀行列。

【打击知识产权侵权】2023年，县市场监督管理局加强商标、知识产权保护，增强产业发展内生动力。在民生领域开展打击侵犯知识产权“铁拳”行动。以知名品牌为重点，严厉查处未经商标注册人许可、未经专利权人许可、未被授予专利权的产品和节令期间故意抬高价格等相关违法侵权行为。针对重点区域和重点商品进行专项整治。积极开展知识产权宣传教育，全年开展宣传活动20余次，对专利法、商标法、著作权法、反不正当竞争法、特殊标志管理条例等法律法规相关条款进行了详细解读学习。

【食品监管】2023年，县市场监督管理局着力提升食品安全效能。完成年度食品专项抽检工作。全县共有抽检任务1068批次，分三期完成抽检任务538批次并进行信息公告。根据食品安全国家标准，538批次抽检任务中，共检出536批次合格样品，2批次不合格样品，不合格食品核查处置任务于年底完成核查。开展食品安全“守底线、查隐患、保安全”专项行动风险隐患排查检查。按照朔州市市场监督管理局关于印发《食品安全“守底线、查隐患、保安全”专项行动风险隐患排查处置情况的通知》的要求，县市场监督管理局制定方案，落实责任主体，共检查653家次，出动1956人次，监督检查中留下195条整改意见，并按期限整改，截至年底，县局共查办食品案件19件，罚款9000元。在食品生产经营企业划分等级的基础上，建立了包保主体台账，县党政领导干部包保食品生产经营主体14户，全面落实包保主体“日管控、周排查、月调度”制度和包保干部“三清单、一承诺、季督导”措施。开展学校、幼儿园食堂食品安全、食品生产企业有限空间、食品行业无证经营等专项检查，开展网络食品安全清网行动、肉品安全、固体饮料及食品虚假宣传、酒类市场、保健市场食品销售等专项治理。出动执法人员576人次，食品安全得以有效保障。

【药械监管】2023年，县市场监督管理局全面夯实药械监管基础。开展药品企业自查行动，切实加强药品质量管理。开展年度药品抽检工作，按照市局年初既定抽检任务，配合市局对山阴县“两品一械”经营使用单位进行了抽检，全年药品共抽检了78个批次，器械抽检了4批次，化妆品抽检了6个批次。深入开展药品安全专项整治行动，对全县“两品一械”领域集中深入开展专项检查，全面加强对医疗机构的监督管理，制定和完善药械管理制度，切实保证药械使用质量。共出动执法人员543人次，检查发现各类安全隐患104条，均已现场整改，办理药品案件18起、化妆品案4起，共罚款8700元。

【工业产品监管】2023年，县市场监督管理局进一步加强对重点工业产品质量安全的监管，推动重点工业产品质量持续提升，重点对质量安全隐患较大的农用物资、燃气灶具、电动车、非医用口罩等产品开展排查整治，督促规范建立进销货台账，有效遏制和及时消除产品质量安全隐患。县局出台了《山阴县市场监督管理局2023年重点工业产品质量安全排查治理专项行动工作方案》，并全面推进专项行动，对全县工业产品生产企业进行全面排查。完成质量抽检任务。全年共完成质量抽检43批次，油样33批次，尿素3批次，化肥2批次，学生儿童用品5批次，覆盖全县加油站点，汽油、柴油、车用尿素抽检结果全部合格。通过针对性专项抽检，有力地保障了市场领域产品质量安全。

【设备安全监管】2023年，县市场监督管理局开展了重大事故隐患专项排查整治，特种设备安全隐患专项整治，燃气专项整治，电梯三年筑底行动、锅炉安全大检查等共5个专项行动，专项整治取得明显成效。县局通过在气瓶充装站安装防爆摄像头的方式，坚持“线上监测”与“线下检查”相结合，持续推动完善风险分级管控和隐患排查治理双重预防机制，确保隐患率持续动态“清零”，防范和化解涉燃气特种设备安全风险。

【民生服务】 2023年，县市场监督管理局积极处理各类投诉举报。切实提高特种设备安全监管水平。县局不断加大资源整合力度，推动“12315”与“12345”并轨联动，实现了“两线一平台”的有机结合。将“12345”热线来电汇总到“12315”中心，依托“12315”中心投诉处置机制，加快工单派发和处置反馈的效率，实现“12315”与“12345”协同联动、一体运行，政务工作实现了“接得快”“办得好”。2023年“12315”中心被省局评为先进集体。全面梳理相关领域政务公开事项，更新《消费投诉举报处置工作机制》，明确公开承办机构、工作程序、办理时限、跟踪督办等重要内容，规范公开流程，打造政务公开标准化体系。截至年底，县“12315”中心受理各类投诉举报共计689件，已办结681件，总体办结率98.84%。其中，全国“12315”平台115件，效能评估各项数据均已达标，“12345”政务服务热线526件，局办公室电话受理48件。

【营商环境专项整治】 2023年，县市场监督管理局为有效打击“黄牛”“黑中介”等破坏营商环境行为，进一步营造公平有序的营商环境，维护广大企业和人民群众的切身利益，按照上级部门及相关文件部署要求，县局成立专项工作领导小组，明确整治内容、方法步骤和工作要求，层层压力传导，通过领导抓、股室查、人人管，形成全员参与氛围，确保行动取得实效。执法人员深入辖区居民区、相关经营主体、企业等场所广泛开展宣传工作，在显著位置张贴宣传单页，并进行详细讲解，鼓励广大群众积极参与监督举报工作，强化群众安全防范意识。对涉及“黄牛”“黑中介”不正当竞争、乱收费、无照经营等行为进行全面摸排检查，对发现的问题严格依法依规进行查处。全年检查相关企业14家，未发现相关线索。

【队伍建设】 2023年，县市场监督管理局按照全面贯彻从严治党新要求，教育引导干部进一步增强“四个意识”，坚定“四个自信”，做到“两个维护”，捍卫“两个确立”，县局党组以习近平新时代中国特色社会主义思想为指引，全面贯彻落实党的二十大精神和习近平总书记考察调研山西重要讲话重要指示精神，对标对表党中央、省委、市委、县委有关加强新时代作风建设的新部署新要求，坚持“管行业必须管行风、管队伍必须管行风、管业务必须管行风”，将纪律作风整治、作风行风建设同清廉机关建设，以及开展的主题教育紧密结合贯通起来，强化依法监管、依规办事，提高队伍素质、履职能力，提升服务水平，监管效能，通过纪律整治、作风行风建设全面优化公平公正的监管环境，着力营造积极健康、干事创业、风清气正的政治生态，切实增强人民群众的获得感和满意感。

综合检验检测中心

【概况】 2023年，山阴县综合检验检测中心学习贯彻习近平总书记重要讲话精神和党的二十大精神，深入开展习近平新时代中国特色社会主义思想主题教育，紧紧围绕工作中心，凝心聚力、扎实苦干，推动中心工作更好发展。

【主题教育】 山阴县综合检验检测中心学习贯彻习近平新时代中国特色社会主义思想主题教育，中心按照县委部署要求，对主题教育工作做出安排部署，给每位党员发放了学习材料、印发了实施计划和学习安排、制定了问题清单等，细化了各项工作安排，抓实抓细主题教育各项工作。通过组织党员开展自主学习、集中学习、交流研讨、建立党员示范岗、开展承诺践诺、建言献策、四下基层等形式多样的学习活动形式，确保达到主题教育的要求。

【计量检定】 山阴县综合检验检测中心贯彻计量工作新发展理念，于2023年11月9日完成血压计（表）、压力表、燃油加油机三项的计量标准考核。完成47家加油站的681支加油枪和18家企业的124台衡器的检定工作，检定结果均为合格。

【“双认证”工作】 山阴县综合检验检测中心按照省、市、县关于农产品质量安全检验检测机构资质认证和农产品质量安全检测机构认证的工作要求，在2023年12月底向省农业厅提交认证申请，中心先后完成实验室改造、仪器设备移交和调试、专业人员培训、体系文件编写等工作。省农业厅专家组于2023年12月26—27日进行了现场验收，最后顺利通过认证，获得水果和蔬菜两个大类16个参数的检测能力。

自然资源管理

【国土空间规划】 2023年，山阴县自然资源局在全市率先完成了县级国土空间规划编制工作，启动了县城控制性详细规划。划定永久基本农田面积97.39万亩、城镇开发边界33.91平方公里、生态保护红线40.95平方公里。山阴县国土空间总体规划于2023年11月经山西省国土空间规划编制工作领导小组审查通过，申请省人民政府批复。12个乡镇的国土空间总体规划于5月完成编制。先行需要编制村庄实用性规划的120个村，已完成88个村的规划编制，初步形成了县、乡、村三级贯通，全面覆盖的规划体系，为推进乡村振兴和全县高质量发展发挥了规划引领、支撑保障作用。

【耕地保护】 2023年市级下达山阴县耕地保护目标任务111.45万亩，山阴县实际耕地保有量为113.3亩，增加耕地1.85万亩，超额完成朔州市政府下达山阴县的耕地保护目标任务，牢牢守住了耕地保护红线。大力实施开发造地项目。2023年通过引进社会资本开发造地和财政投入，共实施补充耕地项目9个，新增耕地1526亩，已入库形成用地和产能指标515亩，占市政府下达500亩补充耕地任务的305%，有力地保障了全县耕地占补平衡。对农业结构调整，农业设施用地严格执行进出平衡，编制完成了2021年度、2022年度耕地进出平衡方案，2021年度耕地流向其他农用地1723.32亩，农用地流入耕地1723.51亩；2022年度耕地流向农用地1220.67亩，农用地流入耕地1222.68亩。开展了永久基本农田核实处置工作，通过乡、村和农户共同努力，就地恢复耕地600亩，调整补划基本农田600亩，切实做到了耕地总量动态平衡。

【保障用地需求】 2023年，山阴县自然资源局上报省政府审批新增建设用地1160亩，供应土地56宗，面积1591.89亩。其中，划拨基础、公益事业建设用地1114.36亩，出让住宅、商业服务、工业用地477.53亩，收取土地出让金13025万元。消化批而未供土地1556.62亩。为加快国家、省、市、县重点项目建设进度，按照职责权限，市、县两级自然资源部门联批联审，高效开展建设项目临时用地审批，共完成临时用地审批11宗，面积1552亩，保证了集大原高铁、G336改扩建、神头泉城市生活供水工程等重点项目建设需要。

【资源管理】 县自然资源局强化日常监督管理。按照谁审批、谁监管，谁执法、谁负责的原则，明确责任分工，加强对煤矿井下越界开采、露天非煤矿山私挖滥采的监管。全局执法人员整编为7个中队、2个专项监管组，将全县所有煤矿、非煤矿山和资源部分较集中的地方划分为55个管理网格，实行点对点、一对一管理。同时投资300多万元建设的视频监控系统全部投入运行，提升了第一时间发现、第一时间制止、第一时间查处的防控打击能力，形成强力震慑，全年未发生一起私挖滥采违法案件，有力地保护了矿产资源安全。全力推进矿山生态修复治理。坚持“谁开发、谁保护、谁破坏、谁治理、边开发、边治理”，持续推动矿山生态环境恢复治理。全县30家生产矿山企业按规定提取矿山环境治理恢复基金29350.54万元，缴存土地复垦费用28373.15万元，恢复治理土地面积8306.72亩。4家风力发电企业对因施工破坏的山体植被进行了治理，恢复面积823亩。按照县委、县政府发展煤基、钙基新材料产业布局，编制了新一轮矿产资源规划，新划定石灰石集中开采区526平方公里，边角煤、夹缝煤8处，预测储量分别达到300亿吨、1.64亿吨。2023年，出让建筑用砂采矿权1宗，申请市规划和自然资源局拟出让石灰石采矿权2宗，采矿权深部资源协议出让1宗，为全县大力发展煤、钙基新型材料提供了资源支持。

【不动产登记】 2023年，山阴县自然资源局先后开展了农村房地一体确权登记、集体土地所有权确权登记、农村土地承包经营权、林权不动产统一登记、河流确权登记等工作。农村房地一体确权登记登簿34875宗，集体土地所有权登记全部进入数据库，农村土地承包经营权与林权不动产统一登记均完成了首发。全面改善服务，进一步优化营商环境。推出系列便民利民新举措。推行了不动产交易税务登记“集成服务”，建设了不动产集成服务平台，做到不动产登记与税务、交易等相关业务“一窗受理、一窗办结”。开通了不动产登记费移动支付功能和“三晋通”App手机端，群众可网上查询不动产登记信息和进行网上预约、网上登记。与县建设银行、农业银行等建立协作机制，设立了不动产登记便民服务网点，抵押登记全程由银行一站式办结。在县政务大厅设立了民生服务综合窗口，开通了互联网+用水、用气端口。让群众在办理不动产转移登记业务时，能同步办理用水、用气过户手续，有效提高了群众办证便利度。印制了《山阴县不动产登记办事指南》，对各项登记业务逐步进行了流程再造和优化，大幅压减不动产登记办理时限。涉企二手房转移登记、涉企抵押、登记业务办理时限控制在0.5个工作日内，涉企抵押注销登记业务实现即来即办，企业及居民一般登记两个工作日办结。对急需抵押融资的企业实行了“先办后补”容缺服务模式，在主要材料具备的前提下，即可办理不动产抵押登记，为企业融资赢得宝贵时间。

【防范地质灾害】 2023年，山阴县自然资源局防治并举，积极有效防范应对地质灾害。全面排查检查，全年开展了4次拉网式排查检查，排查村庄179个、矿山企业32个、边坡峪口18处，确保做到底数清、情况明，一旦有险情，能及时预警处置。加强宣传演练。共印发识灾防灾自救互救知识宣传资料、《地质灾害防治手册》、“地灾工作明白卡”、“ 地灾避险明白卡”11000份，在村庄街头、学校、工厂、施工现场和其他人员密集场所张贴《地质灾害防治宣传挂图》300幅，发送地质灾害防治短信微信100条，悬挂地质灾害防治宣传标语150条，并对全县42名群测群防人员和乡镇分管领导进行了2次专门培训，以乡镇为单位，组织开展了2次地质灾害避险应急演练，有效提高了群众识灾、防灾、减灾的意识和临灾避险能力。坚持防是前提、治是根本的工作思路，将排查中发现安全风险较大的隐患点作为整治重点，按照谁主管、谁负责的要求，投资90多万元，对太东山隧道公司管辖的岱马路沿线3处易崩塌地灾隐患点、广武村1处滑坡地灾点采取工程挂网、削坡、浇筑减力墙等方式进行了工程治理，保障了人民群众生命财产安全。

【执法监管】 2023年，山阴县自然资源局强化日常执法巡查。全年开展土地、矿产、规划执法巡查2282次，下达《责令停止违法行为通知书》16份。立案查处违法占地31宗，行政处罚606.42万元，拆除新增违法建筑2605平方米，责令退还土地23亩。持续推进农村乱占耕地建房问题整改。拆除2020年7月3日后农村乱占耕地建房问题11宗，恢复耕地19亩，补办用地手续1宗，面积0.31亩。整改到位率100%。开展了“大棚房”专项清理整治“回头看”。逐乡、逐村、逐园、逐棚排查设施农业用地445宗，核查图斑3135个，面积17496亩，杜绝了“大棚房”反弹问题的发生。深化严厉打击私挖滥采矿产资源专项行动提升整治行动。按照省、市严厉打击私挖滥采矿产资源专项行动提升整治工作安排，制定了《山阴县严厉打击私挖滥采矿产资源专项行动提升整治实施方案》。对全县15座生产煤矿企业、22家非煤矿山企业、关闭的209个废弃井口及38处过去易发多发私挖盗采点，进行滚动式、拉网式排查，逐村、逐沟、逐矿、逐坑、逐梁进行反复摸底，未发现新的非法违法采矿行为。先后建立了打击私挖滥采联席会议制度、部门协同机制和行刑衔接机制，形成了职责明确、协同联动、打击有力的常态化工作运行机制，增强了对违法开采矿产资源的震慑。

应急管理

【概况】 2023年，应急局严格实行安全生产责任制，持续开展专项整治，确保全县安全生产。

【安全监管】 2023年，县应急局实行了重点行业领域安全监管包保责任制和领导挂牌责任制，每月定期召开安全专题会议，定期开展入企安全检查指导，督促生产经营单位落实安全主体责任。按照“谁主管、谁检查、谁负责”的原则，依据年初县政府印发的《关于做好全县安全生产工作的通知》《关于2023年安全生产重点工作任务分工的通知》要求，制定了部门安全生产权力和任务清单，同时制订了相应的年度监督检查计划，实施全方位、全领域、全过程的监管执法检查，确保精准监管和精准执法。

在“两节”、“两会”、清明、五一、中秋、国庆等重要节日和重点时段，聚焦煤矿、非煤矿山、危化品、冶金工贸等行业领域开展了全方位安全风险隐患专项检查，实行“五职矿长留守蹲矿、五人小组驻矿盯守、监管专员重点巡查、部门人员专项检查、领导带班值守、对不放心企业停产停建”等措施，做到节日期间检查不断线、不断档，确保全县安全稳定。

【开展矿山“百日攻坚”行动】 2023年3—5月，按照“互联网+监管”“执法+专家”的模式，由应急管理综合行政执法队牵头，从山西省应急厅专家库聘请5名权威技术专家，对全县15座生产矿井和1座建设矿井开展了安全执法和“体检”，通过执法检查和专家“会诊”，发现隐患问题654条，全部责令限期整改，实施行政处罚15矿次，累计罚款349.5万元。同时由专家分析研判，制定相应的风险隐患清单和管控措施，并形成了“一矿一策”。

【重大事故隐患专项排查整治】 县应急局召开党委扩大会议，专题研究落实重大事故隐患专项排查整治工作，细化措施，落实责任，同时制定印发煤矿、非煤矿山、危化、冶金工贸等重点行业领域实施方案，成立了相应的专项检查组，明确了排查整治重点和目标任务。应急局召开了全县煤矿安全生产综合整治和重大事故隐患专项排查整治行动再动员再部署会议，同时开展了监管执法人员执法检查前的专门培训。

5月，应急局督促企业开展自查自改工作，坚持“标本兼治、长短结合、立查立改、先缓后急”的原则，把企业自查工作贯穿于专项整治全过程全方位始终。每月各企业要定期由主要负责人组织开展一次全面的重大事故隐患专项排查整治工作，突出企业主要负责人带动全员岗位责任落实，层层建立完善安全生产岗位责任制，形成从上至下，人人管安全的格局。6月，开展部门精准执法和帮扶指导。把专项行动与矿山安全生产综合整治、危化品安全风险集中治理、冶金工贸有限空间作业和电气焊动火等风险整治相结合，聚焦排查整治重点，严格对照《重大事故隐患判定标准》，深入开展各行业排查整治。

县应急局切实提升企业隐患排查和整改质量以及部门发现和解决问题能力水平。将重大事故隐患专项排查整治和安全生产月有机结合，通过现场宣传咨询、装备演示展示、典型事故警示教育、应急救援演练等形式，营造浓厚舆论氛围。立足监管执法人员和专家、企业主要负责人、分管负责人和管理人员以及企业其他从业人员三个层次，开展重大事故隐患专项排查整治2023行动专题培训，解决“查什么、怎么查、怎么改”的问题。通过组织应急干部参加线上线下“聚焦重大事故隐患，精准严格执法”专题讲座和网络培训，努力提升安全监管执法人员发现和解决问题的能力水平。共培训执法人员和专家共计158人次，企业负责人、安全管理人员及从业人员4860余人次。建立健全安全生产长效机制。重点行业领域建立完善了安全生产举报制度，采取多种形式做好安全生产举报奖励宣传工作，用好“吹哨人”制度，鼓励企业内部员工举报违法行为，形成举报重大隐患和违法行为的强大声势。山阴县矿山企业全部制作了举报奖励公告牌，并在所有矿山井口或工业广场醒目位置进行了悬挂，同时企业工会建立了“吹哨人”制度，设立了安全生产群众监督机构和管理人员，切实落实举报奖励政策，进一步调动和激发全社会特别是广大矿工举报矿山重大隐患和违法行为的积极性，形成安全生产的良好氛围。

【队伍建设】 县应急局整合组建了全县应急管理综合行政执法队，实行“局队合一”机制，对全县辖区内煤矿、非煤矿山、危化、工矿商贸等行业领域实施全方位、全覆盖的综合行政执法职能，严厉打击非法违法违规生产建设和经营行为，为全县安全生产营造了良好的氛围。为进一步规范和加强安全生产行政执法工作，2023年县应急局招录了8名安全监管执法人员，同时又整合划归相关监管人员充实了应急管理执法监管队伍，以适应新时代安全生产监管的需要，确保精准监管和精准执法。

农林水牧

农业

【概况】2023年，山阴县农业农村局深入学习贯彻习近平总书记有关“三农”工作的重要论述和重要指示批示精神，认真落实上级党委、政府的各项工作任务，紧紧围绕“农业高质高效、农村宜居宜业、农民富裕富足”的总体目标，抢抓农时，强化管理，积极服务，推动政策措施落地见效。

【农业产业】2023年，山阴县农业农村局全力推进农业生产建设，农村常住居民人均可支配收入完成24606元，增速8.5%;一产增加值完成17.56亿元;县级以上农业产业化龙头企业经营收入完成18.8亿元，增速26.3%；农产品加工销售收入完成70.96亿元，增速10.2%。大力实施乡村振兴战略，抓牢抓实稳产保供工作。2023年全县农作物播种面积达93.47万亩，粮食作物达85.23万亩，其中，大豆播种面积1.52万亩，油料种植面积4.21万亩，粮食产量2.995亿公斤。持续做足“特”“优”文章。沿着有机旱作农业的发展方向，积极推进特色农业提质增效，加大“三品一标”认证力度，累计已认证绿色农产品31个、有机食品3个。积极引进新品种、新技术，促进小杂粮产业向特色化、品牌化、高端化发展。积极推进种业创新，试验示范种植莜麦和荞麦新品种11个，重点推广燕麦两深一浅、全程机械化技术，推动粮油生产绿色增产增效；加快抗旱节水新品种的推广应用，引进推广穴播技术渗水地膜谷子、优质燕麦种植、覆膜高粱种植等，促进粮食增产增收。积极培育农业龙头企业。全县共有1家国家级龙头企业、10家省级龙头企业、31家市级龙头企业。开展国家级示范社监测1家，推动新型农业经营主体高质量发展，为乡村全面振兴赋能。2023年完成高标准农田建设任务3万亩，其中，改造提升面积1.36万亩、新建面积1.64万亩。

【建设和美乡村】2023年，山阴县农业农村局持续推进农业面源污染防控，大力推广水肥一体化、病虫害绿色防控、化肥定额制等绿色高效生产技术模式。全县施用化肥3.84万吨，比上年度降低3.03%；持续推进化肥农药减量增效工作，抽样化验土壤108个，测定氮磷钾盐碱度等指标，做到减肥增效，稳粮增产。做好秸秆还田“肥料化”利用，抓好“饲料化”“燃料化”“基料化”利用，完成秸秆收、储、运、加工作，秸秆综合利用率达90%以上。以建设美丽宜居乡村为导向，围绕全县12个乡镇政府所在地、常住人口多、旅游公路、交通要道沿线农村，打造和美乡村共35个。进一步完善山阴县农村生活垃圾收运处置体系建设，由政府采购服务对山阴县177个村庄的农村生活垃圾治理，积极推进农业生产废弃物资源化利用，全县畜禽粪污资源化综合利用率达到90%以上，粪污设施装备配套率达到100%。采取政府采购的形式为2个乡镇5个村1542户农户采购生物质燃料3084吨，全力保障农村百姓干净热乎过冬。

【深化农业改革】2023年，山阴县农业农村局扎实开展“清化收”回头看工作，规范“三资”管理工作，从不规范合同中挖潜力，在陈年旧账中淘金子。积极发展壮大村集体经济。各村通过各种形式盘活闲置资产、资源，土地流转，实施合股经营创办农业生产基地壮大村集体经济，各村通过各种形式盘活闲置资产、资源，土地流转，实施合股经营创办农业生产基地壮大村集体经济。全面推进“两个平台”建设。对全县12个乡镇257个集体经济组织“三资”

数据进行录入。

重点加强对农业农村重点领域开展专项执法检查，特别是在节假日期间及其他重要节点，确保安全执法检查全覆盖，无盲区，努力实现“从农田到餐桌”的全程监管。深入推进农业安全生产事故隐患专项排查整治，加强与市场监管等部门密切配合，对全县农资销售点进行全覆盖式检查。牢固树立耕地保护意识，坚持从严保护、底线思维、坚决扛起扛牢耕地保护、粮食安全的政治责任。按照“数量不减、质量不降”的要求，结合第三次国土资源调查，对新一轮退耕还林还草与永久基本农田保护范围进行了全面核查，切实加强耕地用途管制，坚决防止耕地“非粮化”，明确耕地利用优先序，坚决防止违规占用永久基本农田从事林果业、挖塘养鱼等行为，坚决遏制耕地“非农化”，防止“非粮化”。

【山阴县惠牧源农牧专业合作社联合社】 山阴县惠牧源农牧专业合作社联合社是由山阴县泰和牧业专业合作社牵头汇集19个各具特色的专业合作社组建而成，位于山西省山阴县合盛堡乡东双山村，成立于2017年6月，注册资金1253万元，是一家集奶牛养殖，牧草种植和特色富硒农作物种植、储存、加工、销售，农机服务，农技服务，技术培训，电商物流，农业休闲观光于一体的农业产业化综合企业。

联合社始终坚持农民主体地位，依托当地奶牛养殖和小杂粮种植优势，积极整合引领各合作社发挥自身优势，集中奶牛养殖1200头。采取流转、订单、托管等多种方式实施土地规模化经营，规模化经营土地面积15000亩，促进了土地向基地的聚集。联合社立足资源优势，依托黄花梁区域富硒区（土壤自然含硒量9.6毫克每公斤），规模化种植青贮玉米6000亩、苜蓿3000亩、特色经济林1500亩、特色小杂粮2000亩、渗水地膜谷子2000亩和特色瓜果500亩，生产富硒小米650吨，年销售额突破2000万元。

联合社已完成注册“塞外火山土”和“黄花梁泰和”两个商标；完成了黄花梁坡区15000亩无公害种植区产地认证；完成了富硒小米认证、无公害农产品认证；完成了小米、高粱、玉米、马铃薯、香瓜、杏六项绿色产品认证和谷子有机认证；完成土壤矿物化验，检测土壤含硒量为每公斤9.6毫克，是国家规定富硒土壤0.4标准的24倍，含铁量为每公斤16882.3毫克；完成谷子、小米硒含量测定，硒含量为每公斤0.076毫克，小米的硒含量为每公斤0.085毫克；2020年“山阴小米”参加了第三届全国小米品鉴大会，被评选为“中国好小米”产品品牌。

【朔州市骏宝宸农业科技股份有限公司】 公司成立于2013年，专注于饲草种植加工和农业社会化服务，是山西省重点培育的牧草产业集群省级龙头企业。公司是山西农业大学草业学院产学研合作基地、大学生实践教育基地和研究生工作站、农业产业化省级重点龙头企业、高新技术企业、山西省“专精特新”中小企业。

公司依托雁门关农牧交错带核心区和朔州市作为国家级草牧业发展试点市的产业政策优势，坚持把发展草牧业作为实施乡村振兴战略和巩固脱贫攻坚成果的重要抓手，把农业生产托管和草牧业的发展有机结合，创新种植模式，合理利用沿黄滩涂地、复垦地、撂荒地、果园和冬闲田，开展饲草种植和草田轮作，将低产田高效利用，研发饲草混储新产品，全面提升种、收、储、用综合能力和社会化服务水平，优化奶牛、肉牛、肉羊养殖场饲草料结构。

骏宝宸公司牵头联合山西农业大学草业学院以及全省42家优秀的牧草种植加工企业成立

“朔州市骏宝宸牧草产业化联合体”和“山西省牧草产业技术创新战略联盟”，针对山西省农业资源禀赋和差异优势，探索山西省“南北互补、粮草兼顾、农牧循环”的饲草生产新路径，加快构建现代牧草业特色产业体系，推进雁门关农牧交错带示范区建设。

公司在山阴县示范种植苜蓿 1.1 万亩、全株青贮玉米 5000 亩；2019 年建成右玉、左云 1 万亩青贮玉米、燕麦草种植基地；2020 年在忻州忻府区、五寨县发展 3000 多亩优质苜蓿和万吨青贮饲草基地；在运城临猗和长治屯留分别建设 2 个万吨饲草基地；2021 年建设临汾襄汾和晋中灵石 3 万吨饲草基地，2022 年新建临汾汾西和侯马、运城河津牧草种植加工基地。公司在全省创办、参股草业公司 12 个，农业合作社 9 个，通过示范带动牧草种植 20 余万亩，惠及 3 万多农户。

公司建设山西省第一个集生产、加工、储备、智能化饲草网络交易的平台。平台基于“山西省牧草产业技术创新战略联盟”和“朔州市骏宝宸牧草产业化联合体”成员的实力和供需要求，应用“互联网 + 牧草”模式，充分发挥山西牧草产业技术创新战略联盟的作用，实现南北资源互通，强化联盟成员优质饲草生产和加工服务能力，形成标准化、机械化、现代化生产优势，完善全省牧草收储基地布局。2023 年，平台吸纳饲草收储生产销售厂商 8 家，入驻饲草厂商 21 户，供应养殖企业 1247 户，完成饲草交易 1931 单，交易金额 1649.51 万元。五年时间公司从资产、销售均不足 500 万元发展到 2023 年底公司总资产 12339.57 万元，销售系列饲草产品 9.3 万吨，销售收入 6170.38 万元，利润 1202.59 万元。

“骏宝宸”“桑源绿草”“ji pin cao”系列饲草产能 30 余万吨，裹包青贮苜蓿、全株玉米青贮、高湿玉米、小黑麦、燕麦草、揉丝秸秆销往内蒙、四川、陕西、河北、山东、贵州、云南、福建等地，现代牧业集团旗下牧场等国内大型养殖企业以及山西省各大中小型畜牧养殖场与该公司建立了长期稳定的供销业务关系。

公司通过扶持和孵化农业组织，与农户建立“土地入股、保底分红”的利益链接机制，引导农业种植结构调整，以产业优势创造农民工本地就业、本地创业的新机会，为农业创收、留住人才、引进先进农业技术、提升资源利用价值提供了坚实的产业保障。

【山西鑫霏农业科技股份有限公司】 山西鑫霏农业科技股份有限公司成立于 2015 年，是一家产、加、销、研一体现代化农业高新技术集成企业，是山西省专精特新中小企业，是省级电子商务示范企业、省级农业龙头企业、省级扶贫龙头企业、省市粮食产销衔接先进企业，是“山西小米”品牌联盟理事、首批被授权使用“山西小米”品牌的企业。公司位于山阴县荣乌高速口对面，成立以来，一直致力于农业增效、农民增收，有效带动了当地农业产业发展。

公司拥有 2000 平方米杂粮加工车间和 6000 立方米冷藏库，拥有 1 万吨现代化立式仓 5 座及附属库和 3700 平方米运营中心，还拥有行业领先的日加工 100 吨杂粮的生产线和日烘干能力 300 吨的烘干塔 1 座。公司拥有检化验室、数据中心、产品展示中心和电子商务运营中心。通过建立网络监管和质量追溯平台，在农产品的种植、原料生产、加工、市场流通等各个环节均建立详细的电子档案和网上数据库，便于完善农产品生产、加工、包装、运输、储藏及市场营销等各个环节质量安全档案记录和农产品标签管理制度，实现从田间到餐桌的全程质量监控，积极打造“来源可溯、流向可追、质量可控、责任可查”的农产品质量安全追溯系统。

公司致力于产品研发与山西省功能食品研究院等其他科研院所紧密合作，形成了一支强有力的专业技术研发团队，从原有农产品初加工已走向精深加工，公司向功能食品研究发展，部分产品已出，部分成果已走出研究室。并拥有系统管理、智能终端等6项具有技术领先地位的计算机软件自主知识产权和15项专利。通过集成“科技种植+农场管理+农产品溯源+平台销售”，鑫霏农业不断优化农业数字化管理体系，切实构筑起农产品全产业链。公司注重品牌建设，拥有国内商标“百汇农珍”“雁门香”，同时拥有国外行业商标，并在部分地区已产生品牌效应，提升了产品品牌市场知名度。过硬的产品质量和较强的自主研发能力，与多家国内外知名企业维持稳固的合作，产品远销日、韩等国。2023年公司交易量达28000吨，其中杂粮年产量达16000吨。

林业

【概况】 2023年，山阴县林业局坚持以习近平新时代中国特色社会主义思想为指导，深入贯彻习近平生态文明思想，全面贯彻落实党的二十大会议精神，深入学习贯彻习近平总书记重要讲话重要指示精神，习近平总书记在党的二十大报告中强调：“必须牢固树立和践行绿水青山就是金山银山的理念，站在人与自然和谐共生的高度谋划发展。”全面落实县、乡、村三级林长制，坚持山水林田湖草沙一体化保护和系统治理，协同推进降碳、减污、扩绿、增长，有序碳达峰山西行动，扎实开展“两山七河一流域”生态修复治理。加快建设现代化的塞上绿都决策部署，聚焦县委“三个主体功能区”“九大基地”战略核心，持续打造“灵秀古城”、建设“新韵山阴”。

【造林绿化】 2023年，县林业局完成造林任务6.8万亩。山阴县2023年环京津冀生态安全屏障建设工程（封山育林）1.5万亩；晋北地区朔州高原风沙源生态保护和修复项目4.8万亩（人工乔木林3.3万亩、退化林修复1.5万亩）；2023年中央财政草原生态修复治理项目0.5万亩。

完成县区造林绿化工程道路绿化栽植3.6公里，片植景观林栽植2747.6亩，道路补植绿化9公里。

【林草资源管护】 2023年，县林业局认真落实林长制工作，配合各乡镇做好日常巡查，严厉打击各类涉林草违法行为。通过全面推行林长制，落实森林资源管理各项目标责任，实现保护性指标和建设性指标的同步提升，加强林业资源监管力度，加强与各乡镇、村的联动，加大巡查力度，对破坏森林资源的行为做到“及时发现、及时制止、及时处理”，有力推动全县森林资源的保护与发展。起草山阴县林长令1号令《关于进一步加强森林草原防火工作的令》、2号令《关于加强林草资源管理的令》和《山阴县林长制办公室关于2023年度林长制工作要点的通知》。协助各乡镇完成2023年第一季度、第二季度、第三季度国家森林督查图斑167个并落实整改。

加大执法力度，开展打击毁林毁草专项行动工作。对各乡镇综合执法队开展业务培训，对各乡镇的执法工作进行业务指导，并提供相应的技术支撑。协助乡镇办理行政案件3起，其中广武镇1起、安荣乡1起、马营乡1起。提高营商环境服务质量，帮助自然资源部门以及服务对象完成各类项目用地核查29次。

【森林草原防灭火】 2023年，县林业局切深刻认识林草防火的重要性，连续下发《关于进一步做好春节、元宵节期间森林草原防灭火工作的通知》《关于做好清明期间森林草原防灭火工作的通知》《关于做好五一期间森林草原防灭火工作的通知》，并及时转发《火险预警提醒函》，督促各乡镇及涉林单位切实做到封住山、看住人、护住林，开展常态化防火检查。

严格加强火源管控。各级层层分解责任，抓实隐患排查，抓牢火源管控。严格落实森林草原防火行政首长负责制，县、乡及涉林单位逐级签订防火责任状16份。严格落实网格化巡查和定点责任看护制度，按山头地块划区分片，将管控责任细化量化到人，全县1078名专兼职护林员全部上岗，严控火种入山进林。山阴县及时发布《封山禁火令》，全面推行“防火码”扫码进山，全县174个“防火码”卡口全部启用。同时，各乡镇及涉林单位在重点林区山口、路口、沟口增设临时检查点60多个，坚决将火源火种挡在山下林外。山阴县建立了森林草原防火视频监控系统，监控中心设立在林业局，起到了早预警、早发现、早处置的作用，将火险消灭在萌芽状态。

营造浓厚防火氛围。通过张贴防火宣传标语、设立防火宣传警示牌、散发传单、微信、喇叭等多种宣传方式进学校、进社区、进村庄、进企业、进家庭，做到家喻户晓，营造浓厚的防火氛围，让老百姓认识到森林草原保护的重要性和森林草原火灾的危害性，做到“护林防火人人有责”，树立“护林光荣，毁林可耻”的观念。全县共投入防火资金340万元。发放《封山禁火令》《山阴县人民政府关于禁止野外用火的通知》各500份，并张贴在林区、入林道路、检查站、村庄、旅游景点等地。印发宣传资料10万份，防火宣传旗7600面，宣传帽1000顶，宣传袖章1000个，横幅3000条，发放宣传单3万份，制作大型防火宣传广告牌40块，为全县防火人员配备防火服1000套、棉衣1200套，新开防火隔离带300公里，累计500多公里，防火道路262公里，管护站10座，瞭望塔3座，防火码174个，有林火视频监控17个，坚持24小时领导带班值班制度，发现火情火警及时推送上报。同时对各乡镇、林场、旅游景区等地进行专项督查，督查各乡镇和涉林单位做好日常防火工作，检查防火应急设施，并保障防火工作用车。

持续强化应急保障。按照省市防火物资应急储备要求，全县各乡镇及林业防火办都建立了消防物资储备库，森林消防灭火基本器械配备充足，新购买灭火弹2000枚。并且每个乡镇都组建了20人的森林防灭火专业队。原县森林草原消防队与县矿山救护队合并组建山阴县应急救援队，共117人，同时负责森林草原火情火灾应急处置工作。各乡镇及涉林单位严格执行24小时值班和领导带班制度，认真落实火情归口管理和“有火必报”“报扑同步”制度，全县没有出现一起瞒报、迟报、漏报现象。

加强森林防火督察力度。防火工作是一项长期性任务，务必高度警惕，常态化抓实，克服侥幸和麻痹思想，2023年特别注重夏季的防火工作。进入防火特险期，成立森林草原防火督察组，对全县12个乡镇及涉林单位进行巡查督察，及时发现存在的风险隐患和防灭火各环节的问题，确保应急响应及时到位。共下达整改通知书12份。

【驻村工作】 2023年，县林业局驻村期间，工作队深入学习党的二十大报告和党章，学习习近平总书记在党的二十届一中全会上的重要讲话以及习近平总书记视察山西重要批示精神，学习党的相关方针政策和帮扶措施，坚持自学和集中学习相结合，积极参加村委班子党课和政策的学习，切实提高学习实效，充分认识到做好驻村工作的重大意义，进一步丰富了理论知识和帮扶水平，理清了工作思路，增强了自身素质，为做好驻村工作奠定了坚实基础。

工作队积极配合乡村大力开展护林防火宣传工作，严格落实“山西省关于禁止野外用火”工作要求，帮助双井村完善规章制度和应急预案，排除各类风险隐患。加强森林防火宣传，通过“大喇叭”、发放宣传资料、微信等方式，宣传农村森林防火注意事项，引导村民文明祭奠，坚决禁止村民携带火种、烟花爆竹等易燃易爆物品进入林区；实地查验，与村“两委”在清明期间实地查验护林员在岗在位情况，要求护林员要尽职尽责，不漏死角，查好“五边”，管好“五口”，严查一切火灾隐患。

积极开展入户排查走访工作，特别是对6户监测户进行排查走访；与群众拉近距离，了解他们的实际生活情况；认真测算收入，了解他们主要收入来源、支出情况；深入田间地头，实地查看农作物长势，引导村民加强病虫害防治；宣传防汛抗旱小知识，引导村民注意雷电天气自身安全。为群众解决过剩农产品15000多公斤，得到群众的认可。

【巩固退耕还林成果】 全县已完成2023年变退耕还林前一轮管护抚育补助141.8658万元，完成率74.67%；完成新一轮退耕还林延长期补助资金1.7222万元，完成率62.3%；完成历年退耕还林地块调查316个坐标点，完成群众来访接待2件。

【有害生物防治及安全监测】 2023年，县林业部门责成护林员对管辖林地开展全域性监测巡查，全县林业有害生物叠加监测面积804000亩，全县林业有害生物发生面积12100亩，均为轻度发生，其中油松毛虫发生5000亩、鼠兔害发生2000亩、梨小食心虫发生100亩、杨树烂皮病发生2000亩、光肩星天牛发生3000亩。完成防治面积12100亩，无公害防治12000亩，无公害防治率为99.17%。全县未发现松材线虫病和美国白蛾疫情，林业有害生物成灾率为0。2023年9月20日至10月31日，在全县范围内开展了松材线虫病秋季专项普查工作，60余人参与此次秋季普查及督查工作。该次普查共调查了全县所有乡镇和县国土绿化服务中心范围内的所有松林，调查小班4629个，面积31.53万亩（包括松树纯林、混交林等折合面积），普查任务小班3847个，面积23.40万亩，任务小班普查率100%。开展松材线虫病和美国白蛾疫情的监测工作，按要求全部落实到护林员。60多名护林员对管辖林地全域性监测巡查每月1次，并按要求规范填写监测日志。

县林业局对全县土壤、果品进行安全检测，有效保障食用林产品质量安全管控，助力保障群众“舌尖上的安全”，共进行24批次，保证土壤、林果食品的安全，监测覆盖率100%。

【检疫执法】 2023年，县林业局按照“护松2023”专项整治行动要求，对全县涉松涉木企业进行执法检查，重点排查了运输、加工、经营、使用松木制品的单位和个人，查看了企业松木的进出台账、木材来源、木材运输证、植物检疫证书等内容。对24家涉松木单位和个人开展了检疫执法工作，共出动执法人员65人次、车辆22台次。检查加工经营木材的企业9家，检查木材280立方米，检查使用木质包装企业15家，签订防控松材线虫病承诺书24份。

在开展检疫执法的同时，向相关企业宣传开展林业检疫法律、法规宣传教育，发放松材线虫病防控宣传资料300份，进一步提高了社会公众的依法检疫意识。要求企业严格依法调运松木及其制品，牢固树立防范意识，不到疫区调运松木，不收购来源不明的松木，严防松材线虫病疫情的人为传播。大力宣传林业植物检疫工作对整个经济社会发展的重要性，积极营造全民支持的良好氛围。

现代农业发展服务中心

【概况】 山阴县现代农业发展服务中心（山阴县富硒食品研究中心）为公益一类事业单位，隶属于山阴县农业农村局。内设办公室、农村环境股、植物保护植物检疫股、果蔬药茶股（富硒研究中心）、农业开发与农田建设股、种业服务股、农村经营与产权交易股、土壤肥料股、智慧农业股、培训股、有机旱作股11个机构。2023年，县现代农业发展服务中心以习近平新时代中国特色社会主义思想为指导，全面贯彻落实党的二十大精神，锚定建设农业强国目标，把推进乡村全面振兴作为新时代新征程“三农”工作的总抓手，坚定不移贯彻落实党中央关于“三农”工作的决策部署，紧紧围绕县委农村工作会议精神，为全县实施乡村振兴战略，推进农业农村现代化发展做好服务工作。

【粮食生产】 2023年，现代农业发展服务中心持续巩固提升粮食综合生产能力。深入贯彻落实习近平总书记关于农业“特”“优”战略重要指示精神，落实新形势下国家粮食安全战略，在产量方面稳面积、增单产两手发力，持续提升粮食综合生产能力。全年粮食播种面积87.99万亩，其中玉米播种面积68.26万亩、其他粮食作物播种面积19.73万亩；蔬菜播种面积1.07万亩。开展春耕备耕农资保供服务工作，认真落实全国、全省春季田管暨春耕备耕视频会议精神，全力做好全县春季农业生产所需种子、肥料、地膜等农资调度工作。开展农作物种子经营备案25家门店，共115个玉米品种、1个高粱品种和1个谷子品种，对不符合备案要求的申请及时提出了整改要求。开展粮油单产提升工作，突出粮油规模种植主体这一关键，发挥科技增产支撑作用，组织8家规模种植实施主体，完成实施面积4.8万亩，项目田单产较当地平均水平提高15%以上。通过粮油单产提升行动的实施，规模种植主体科学种田意识显著增强，粮油作物科技增产支撑作用凸显。经初步测算，玉米增产480.78万公斤，杂粮增产28.84万公斤，油料增产2.37万公斤，农户增收1372.5万元。立足“特”“优”战略，在特色农产品高质量发展上下功夫，以千亩谷子绿色增产增效建设和以柴胡为主的千亩中药材（药茶）标准化示范基地为抓手，充分释放特色农业优势，做好杂粮作物及中药材产业的发展，探索形成“良域+良种+良法+良方”的技术模式，优选金米P7、张杂谷5号、19号3个谷子品种，开展新技术试验，亩产比传统种植模式分别增产20.7%、17%和35.8%。通过2000亩中药材标准化基地建设，有效提升了山阴县中药材规范化生产水平和市场竞争力，推动中药材向基地化种植、标准化生产、园区化带动、品牌化培育转变，为做强做大晋北原料药，提高“晋药”市场竞争力和影响力做出积极贡献。加强农作物病虫害防控，受2023年高温干旱少雨气候影响，全县农作物病虫害发生程度为中等，局部中等偏重，全县农作物病虫害防治面积27.68万亩次，总体防效达97.3%以上。在玉米红蜘蛛、双斑萤叶甲等重大病虫害发生关键时期，中心组织农业技术人员深入田间地头，及时掌握虫害发生动态，通过发放药品及器械，指导群众开展防治工作，同时按照上级要求组织专业化服务单位开展统防统治2.37万亩，有效降低病虫害影响，实现“虫口夺粮”保丰收。同时进一步加强对病虫害测报工作，在广武镇、合盛堡乡布置监测点开展苹果蠹蛾、番茄潜夜蛾等农业外来入侵物种开展监测。

【农业经营主体提升培育】2023年，现代农业发展服务中心紧紧围绕创新农村经营体制机制这条主线，开展“千员带万社”行动，建立完善新型农业经营主体辅导员名录库，加强指导服务，强化政策支持，着力培育农业新型经营主体。做好产业经营主体培育，发展多种形式的适度规模经营，实现家庭经营、合作经营、集体经营、企业经营共同发展。2023年合作社新增注册21家，注销87家。全县登记注册合作社1236家，家庭农场742家。中心积极指导农村新型经营主体参与示范创建，努力补齐发展短板，培育完成1家省级农民合作社示范社、1家省级示范家庭农场、2家市级示范合作社、2家市级示范家庭农场，开展国家级示范社监测1家。督促引导家庭农场申请赋码、积极用码，38家家庭农场已完成“一码通”赋码工作，8家家庭农场已开始使用家庭农场记账软件。分三期对63家合作社理事长和财务人员开展了农民合作财务会计制度培训，进一步规范农民合作社财务行为。大力开展农业生产托管，坚持把农业生产托管作为实现小农户和现代农业发展有机衔接的融合器，立足实际，因地制宜。争取中央财政农业生产托管资金475万元，完成秋收环节8.79万亩，完成率30.5%，作物包括玉米、高粱、谷子等，涉及9个乡镇51个村1600多农户。聚焦制约全县农业提质增效和绿色发展的短板，引导小农户自愿接受集中连片全程托管服务，通过对农业生产耕、种、防、收等服务环节的财政补助，支持符合条件且有一定规模，服务能力较强的服务型农民合作社和农业企业等服务组织为农户提供集中连片的农业生产托管服务，在解决小农户规模化生产难题的同时，也壮大了农业服务组织的实力，提升了农业生产托管服务的能力。开展中央农业经营主体能力提升，按照优政策、强主体、促发展，推进乡村产业振兴总要求，抓好规范化和标准化建设，引导创建各级示范社及家庭农场，以惠农政策落实来促进发展提升。2023年对符合条件的1家国家示范社、2家省级示范家庭农场，分别给予政策及资金扶持，共计24万元，用于改善基础设施、开展标准化生产等建设。涉及杂粮及特种养殖等产业，有力地促进了新型经营主体高质量发展。

【农业科技推广】2023年，现代农业发展服务中心聚力畅通农业科技服务“最后一公里”，加速农业先进适用技术推广应用，广泛开展农业科技服务，强化主推技术推广应用，着力培养农业农村人才。开展化肥减量增效，推广测土配方施肥面积81万亩，全县完成取土化验108个，其中中微量元素测试12个。开展主要粮食作物化肥利用率试验2个、经济作物“2+*X*”田间肥效试验1个、新型肥料或施肥新方式田间肥效试验1个、中微量元素或钾肥替代田间肥效试验1个。发放测土配方施肥技术手册400册，发放保护耕地质量宣传资料10000份，完成100户农户施肥调查。加强农业转基因生物安全管理，完成8个乡镇60个村庄1200份大田玉米样本转基因抽检、化验、报送工作，经抽检未发现转基因品种。完成2个农业科技示范展示基地、3个农业社会化服务组织343户示范主体的遴选、申报。组织农技人员开展省市县三级培训，完成招聘6名特聘农技员。按照“需求导向、产业主线、分层实施、全程培育”目标要求，完成2023年高素质农民培育持证工作，培育高素质农民290名，共颁中级证书150人、高级证书140人。坚持“一线工作法”，开展进村入户技术服务，组织农技人员到村到户到田头，送政策送技术送信息，以科技提单产，以服务促增收，以创新添活力，全年开展技术服务128次，推广新品种、新技术31项，为圆满完成全年农业生产任务提供有力的科技支撑。

【队伍建设】2023年，现代农业发展服务中心不断加强作风建设，深入学习贯彻习近平总书记关于作风建设重要论述，树立和发扬好的作风。做好驻村工作，选派政治素质高、工作能力强、热爱农村工作的优秀干部驻村开展帮扶，坚持把用活用好驻村帮扶工作队作为巩固拓展脱贫攻坚成果同乡村振兴有效衔接的重要举措，多措并举加强驻村干部管理，保证驻村干部干劲足、业务精、成效显、能力强。切实加强机关党建和干部队伍建设。聚焦主责主业强党建，打造“服务型”“高效型”机关。深入学习宣传贯彻党的二十大精神，及时跟进学习贯彻习近平总书记最新重要讲话重要指示批示精神，以党的政治建设为引领，全面推进全面从严治党，抓好党员教育管理，组织党员干部深入县红色文化中心开展教育活动1次，观看《布德之路》《遵义会议》等红色文化展播5场次，同时切实加强涉农领域政策技术宣传引导工作力度，加强舆情监测，确保意识形态领域绝对安全。结合基层干部作风建设提升年活动扎实开展不作为、慢作为、乱作为专项整治，在严、实、深、细上齐发力，深入开展干部队伍作风问题大排查、大起底、大整改。找准查实领导班子责任落实、机制建设、班子个人及干部职工在思想作风、学风、工作作风、群众作风、生活作风等方面存在的突出问题，逐一建立问题台账清单。坚持精准高效，高标准严要求，对标问题清单，制定切实可行、务实管用整改措施，落细整改责任，倒排时间，从严从实落实整改。坚持正面引导和反面警示相结合，筑牢拒腐防变思想防线，组织党员干部观看《从不毛之地到塞上绿洲》《走进王家屏》等纪录片，开展以案促教警示教育10次。

水利

【概况】2023年，山阴县水利局深入贯彻党的二十大精神，全面落实习近平总书记“节水优先、空间均衡、系统治理、两手发力”治水思路和考察调研山西重要讲话重要指示精神，以推动水利高质量发展为主题，强力推进水利工程建设，始终坚守水旱灾害防御安全底线，持续提升水资源管理水平，不断提高农村供水保障能力，有效改善河湖水生态面貌，持续强化水利对经济社会高质量发展的支撑，为打造“灵秀古城”、建设“新韵山阴”提供有力保障。

【水利工程】2023年，山阴县水利局坚持“项目为王”理念，以民生水利为重点，以项目建设为支撑，加快谋划推进各类水利重大项目，有效推动了山阴水利现代化进程。强力推进水利项目工程建设。锚定水利项目时序进度和年度目标双达标，着力推进桑干河山阴段河道综合治理续建项目建设进度，年内项目主体工程基本完工。加强水土流失综合治理，完成2022年晋北地区高原风沙源生态保护和修复重点项目续建工程和2023年水土流失综合治理工程。提升农村供水保障水平，完成2023年农村供水工程维修养护项目。突出抓好水库、堤防安全运行，完成木瓜河水库雨水情测报和大坝安全监测设施建设以及维修养护项目、2023年第二批中央水利救灾资金旧广武村护村坝、水峪口村防洪坝工程建设等。全年完成水利投资2500多万元。

重大水利工程项目是推动高质量发展的硬支撑。县水利局利用好中央财政增发1万亿元特别国债，重点用于灾后恢复重建和提升防灾，减灾能力的有利契机，科学谋划水利项目，积极争取国债资金支持。申报项目10个，申报国债资金 4.6 亿元。年内完成了源子河山阴段防洪能力提升、黄水河山阴段防洪能力提升和马营庄村护村坝水毁修复工程可行性研究报告审查批复；农村饮水安全保障项目、神头泉山阴县城乡一体化供水工程、山区引黄供水扩建提升工程通过了技术审查；完成了砷（氟）改水项目管线改造和水质提升工程可行性研究报告批复。

【农村供水工程】 农村饮水安全是实施乡村振兴战略的底线任务，2023 年，山阴县水利局扎实推进农村供水工程建设。紧盯季节性缺水、水质不稳定不达标、工程管理不到位等问题，持续不断查漏补缺，补短强弱。年内落实中省维修养护资金 73 万元，对砷（氟）改水工程供水管线进行维护，维修改造管线 8765 米，新建管线阀门井 19 个，从根本上解决保障能力不足、供水不稳定等问题。对《中国乡村振兴》杂志社记者暗访发现的薛圐圙乡豆庄村入户自来水出现季节性缺水现象进行整改，为豆庄村和周围的农牧场一分场、二分场等 3 个村庄和单位实行专线供水，解决了豆庄村以及一分场、二分场的水量、水压不足的问题。严格落实农村供水“三个责任”和“三项制度”，抓好“责任 、制度、水价、水费、监测、维护”等关键环节，健全完善农村供水问题快速发现和响应机制。完成了省厅布置的以村为单元，以户为对象的农村饮水安全大起底、大排查、大整改、大提升专项行动。进行了运行管护“回头看”行动，对苗头性、潜在性问题早发现、早干预、早整改，全年及时查改农村饮水工程问题 80 处，实现动态清零。

【水土保持】 2023 年，县水利局全面落实黄河流域生态保护和高质量发展战略，统筹山水林田湖草沙综合治理，深入贯彻《关于加强新时代水土保持工作的意见》，按照“系统治理、综合治理、源头治理”的防治理念，扎实推进水土保持和生态环境建设，完成 2022 年晋北地区高原风沙源生态保护和修复重点项目续建工程，完成工程投资 1135 万元；实施 2023 年水土流失综合治理工程，完成投资 930 万元。全年新增水土流失综合治理面积 4.3 万亩。

【水旱灾害防御】 2023 年，县水利局牢牢守住水旱灾害防御防线。积极践行“两个坚持、三个转变”防灾减灾救灾新理念，坚持以“防”为主，强化预报预警预演预案“四预”措施，研判在先、部署在前、关口前移，以确定的防御措施和处置方案有效应对不确定的汛情旱情发展变化。全面开展汛前防洪隐患排查，建立问题台账，扎实进行整改。聘请第三方重新修编了木瓜河二水库、三水库防汛应急预案，在木瓜河三水库组织了 60 余人的水库防汛抢险应急演练，抓好转移避险工作，让群众真正“走一趟”，了解山洪风险，熟记预警信号，熟悉转移路线，确保预警一经发出，就能根据既定方案应转尽转、早转快转，让防御措施跑赢山洪。压紧压实水利生产经营单位、管护单位，特别是水库管理单位的主体责任，落实到岗、到人，层层传导压力，确保防御责任“无缝链接”。对雨水情监测站点、监测预警平台、视频会商系统、乡村预警设施设备进行全方位检查，优化提升监测预警系统功能，科学设置预警阈值，同时依托“三大运营商”，让风险预警信息顺畅直达受影响区域人员。加强汛期水雨情监测预报，注重和应急、气象等部门的会商研判工作，联合推送气象预警信息 7 期。加强山洪灾害、水库监测预警平台建设及设施的日常维修养护，建成木瓜河水库雨水情测报和大坝安全监测设施，完成投资 90 万元。完成山洪灾害防治设施维修养护项目资金 13.4 万元，畅通预警信息“最后一公里”。完成木瓜河水库工程维修养护项目、旧广武村护村坝工程和水峪口村防洪坝工程等，完成投资 83 万元。

【水利安全生产】 2023 年，县水利局时刻绷紧安全生产之弦，切实做好水利安全生产工作。聚焦水利工程建设、水库大坝、溢洪道、穿坝（堤）建筑物以及高空作业、有限空间作业等重点部位和关键环节，落实好各项安全防范措施和应对预案，坚决杜绝各施工企业违法生产经营行为，防范和化解水利工程安全风险。开展水利行业地质灾害隐患排查、重大事故隐患专项排查整治、消防安全大排查大整治、有限空间作业安全排查整治、各类企业生产亡人事故瞒报问题“回头看、大起底、大整治”和农村饮水安全问题排查整改专项行动等，为水利安全生产提供有力保障。

【工程质量安全】 县水利局牢牢守住工程质量安全防线。质量是工程建设的生命所在。持续开展水利工程建设质量提升行动，统筹好质量、安全、进度三者关系，科学合理设置工期，严格执行基本建设程序，严格按照施工流程施工，决不轻易简化或省略施工流程和环节。抽派工作人员参加上级业务部门组织的各类质量安全培训，提高单位从业人员的质量监督能力。加强工程建设全过程管理，压紧压实各方责任，明确责任主体，加强施工现场全员、全过程、全方位的质量控制管理，规范操作流程，强化各环节监督指导，用严格的监督机制，换来过硬的工程质量。加强资金绩效管理，树牢“花钱必问效，无效必问责”理念，每一项水利工程都进行绩效评价，兜住质量和安全底线，让每项水利工程都经得起时间检验，确保资金安全、工程效益充分发挥，让广大人民群众享有兴水治水带来的“稳稳的幸福”。

【水资源节约利用】 县水利局深入推进水资源集约节约利用。严格取水许可管理。持续实施计划用水全覆盖工作，切实加强对全县用水户的计划用水管理。依法履行取用水监管职责，加强与县行政审批服务管理局的协调配合，完成 103 个村的农村灌溉水井的取水许可延续工作。加大取用水监管力度。加强对各行业、各领域全过程取用水行为监管，坚决纠正无序取用水、超量取用水、超采地下水、无计量取用水等行为。强化用水管理，依规查处违规用水行为。在 2022 年完成对全县 42 个未获得取水许可的用水单位取用水问题整改的基础上，持续开展水资源管理检查，地下水专项检查等，对大同煤矿集团同生安平煤业有限公司、山西朔州山阴兰花口前煤业有限公司 2 家取水企业未依照批准的取水许可规定条件取水（超许可水量取水）的问题进行罚款处理，规范了取用水行为。抓节水宣传教育。开展“3・22”世界水日、“中国水周”宣传活动，推进节水护水行动，推动节水进校园、进机关、进社区，引领社会形成珍惜水、节约水和爱护水的良好风尚。坚持依法治水管水，按照“三条红线”控制要求，抓好最严格水资源管理制度指标的完成，扎紧用水制度“笼子”。2023 年，全县用水量 9958 万立方米（全年计划用水总量 1.15 亿立方米）；万元 GDP 用水量降幅 18.0%（全年计划降幅 10%）；万元工业增加值用水量降幅 8.3%（全年计划降幅 2.8%）。加强地下水管理。严控取水总量，加大黄河水利用量，严格地下水取用水审批。年压采地下水 143 万立方米。

【河湖生态保护治理】 2023 年，县水利局强化河湖长制，认真落实《全省河湖建设管理专项行动（2021—2023 年）三年提升方案》要求，扎实推进河湖水域岸线空间管控、河湖突出问题专项整治、幸福河湖创建等项工作。开展县级河流确权登记工作。按照省政府办公厅印发《山西省自然资源统一确权登记总体工作方案的通知》要求，水利局与自然资源局密切协作确权登记工作。持续开展河库“清四乱”常态化规范化。开展清四乱“回头看”“再提升”行动，排查出的河湖“四乱”问题全部整改销号，做到“四乱”清、人水亲。开展妨碍河道行洪突出问题专项整治。县政府对县域内15条流域面积在50平方公里以上的河道妨碍行洪突出问题进行专题研究部署，建立“河长+检察长”工作机制，把检察职能融入山阴生态环境保护中，形成保护合力，全面排查妨碍河道行洪突出问题，核查完成了水利部推送的遥感监测发现的20处碍洪问题。加强河湖生态流量保障。完成生态补水1.99亿立方米，持续恢复河流生态功能，一度断流的永定河再现河道清水奔流、沿岸林草连绵、城乡山川相融的自然山水风貌，有力维护了河湖生态健康。

【水土流失防治】 2023年，县水利局大力推进水土流失综合防治。深入践行绿水青山就是金山银山的理念，坚持保护优先、系统治理，加快实施生态系统保护和修复工程，因地制宜开展小流域综合治理工程等，年内新增水土流失治理面积4.3万亩，进一步蓄厚了绿水青山的生态家底，山区生态环境状况呈现稳中向好态势。同时，始终把人为水土流失监管作为控制人为破坏“增量”的重中之重，积极践行绿色发展理念，坚持用最严格制度、最严密法治保护生态环境，守护绿水青山，依托水利部水土流失遥感监管推送信息，及时查处违法违规行为，依法依规严格监管人为水土流失，核查水利部推送涉嫌违规违法的10家水土保持生产建设项目，催缴回15家企业拖欠水土保持补偿费102.82万元，打好预防保护“控增量”、综合治理“减存量”、强化管理“提质量”组合拳，人为水土流失发生率和人为扰动地块水土流失发生率实现持续下降，较好改善了全县水土流失状况，为生态文明和美丽山阴建设奠定了坚实基础。

【党建工作】 2023年，县水利局以党的政治建设为统领，清醒认识“两个长期存在”“两个永远在路上”，持之以恒深化全面从严治党，以党建“第一责任”引领和保障发展“第一要务”。抓牢政治思想建设。坚持落实好“第一议题”制度，坚持用习近平新时代中国特色社会主义思想凝心铸魂，深入学习习近平总书记“十六字”治水思路和视察山西重要讲话精神，学习贯彻党的二十大精神和省市县委全会精神，坚定政治立场，把稳政治方向，在对表对标中笃行，在学思践悟中实干，确保水利工作始终沿着正确的方向前进。深入开展学习贯彻习近平新时代中国特色社会主义思想主题教育，牢牢把握“学思想、强党性、重实践、建新功”总要求，一体推进理论学习、调查研究、推动发展、检视整改，着力以学铸魂、以学增智、以学正风、以学促干。

抓实组织建设。严格执行民主集中制，坚持集体领导和个人分工负责相结合，实施“三重一大”议事决策程序，严格执行“一把手”五个不直接分管、重大事项请示报告制度等。深入推进党建进工地，开展“我是共产党员，我先来”防汛抗旱主题实践活动，引导广大党员充分发挥先锋模范作用，在水旱灾害防御、重大水利工程建设等急难险重任务中站得出、冲在前。

抓强能力作风建设。经过近半年多的“不作为慢作为乱作为”问题纪律作风专项整治行动洗礼，广大水利干部职工、特别是领导干部的观念、状态、作风进一步转变，发展信心越来越足、观念越来越新、标准越来越高、意志越来越统一。严格落实“13710”工作制度，树牢“今天再晚也是早，明天再早也是晚”理念，用好OA办公系统平台，营造了大抓、快抓、狠抓落实的浓厚氛围，让雷厉风行、立行立效成为水利工作新常态，让夙夜在公、高质高效成为山阴水利新标识。抓严党风廉政建设。坚持严的主基调，树牢“一刻不能停”“永远吹冲锋号”的思想自觉，全面落实党风廉政建设“两个责任”，严格“一岗双责”，把中央八项规定及其实施细则精神作为长期有效的铁规矩、硬杠杠，持之以恒纠“四风”树新风。持续保持反腐败高压态势，紧盯水利工程招投标、工程建设、水行政执法等重点领域，建立健全权力监督机制，一体推进不敢腐、不能腐、不想腐。广大干部职工在作风能力建设提升的同时，结合创建清廉机关的工作要求，用清廉理念强化工作责任落实，用清廉理念指导水利业务工作实践，实现清廉机关建设与水利工作互融共和、互促共进，时常回望初心，强化自我约束，校准价值坐标，筑牢思想防线，慎终如始抓好本职工作，用心用情做好水利工作，让廉政之花在常态中绽放，努力推动水利工作再上台阶。

山阴县草牧畜业发展中心

【概况】 2023年是全面贯彻落实党的二十大精神的开局之年，县草牧畜业发展中心坚持以习近平新时代中国特色社会主义思想为指导，以党的二十大精神为指引，按照“调优结构、以畜定草、草畜均衡发展、农牧共同富裕”的发展思路，持续实施“特”“优”战略，突出发展牛、羊、草三大产业，着力提升优质牧草、优质奶源、优质肉牛三大基地建设，推动粮经饲统筹结合，农林牧融合发展，全县草牧业呈现出稳中向好的发展趋势。

【经济指标】 2023年，全县奶牛存栏76259头，肉牛存栏16388头；生猪存栏6.6万头，其中能繁母猪1.04万头，生猪出栏10.46万头；肉羊存栏20.66万只，出栏13.16万只；蛋鸡存栏52.86万羽，出栏21.64万羽；肉类总产1.2万吨，鲜奶产量30.66万吨，蛋类总产6508吨。

【规模养殖】 全县有规模奶牛养殖园区85座，入园奶牛7.5万头，占到全县存栏奶牛的99%以上，其中存栏奶牛500头以上规模养殖园区有30座，存栏奶牛1000头以上规模养殖园区有15座。肉牛规模养殖场35座，肉羊规模养殖场12座，生猪规模养殖场25座，蛋鸡规模养殖场10座。

【草产业发展】 2023年种植优质牧草20万亩，其中全株青贮玉米16万亩，燕麦草1万亩，苜蓿保有量稳定在3万亩，收贮优质饲草40万吨。全县已建成骏宝宸、隆祥、大农禾牧草加工企业3家，饲草年吞吐量达15万吨，年销售额1亿元以上，饲草交易涉及内蒙、云南、贵州、四川、陕西、河北、安徽等省。骏宝宸有限公司投资建成全省唯一面向全国的晋北草业平台，实现了饲草产品线上线下交易，饲草供需信息共享。

【发展特优产业】 2023年省级农业生产发展特优产业项目为完成12个畜牧转型企业标准化建设，山阴县具体完成了2个生猪场标准化建设、1个蛋鸡场标准化建设、4个肉牛场标准化建设、2个肉羊场标准化建设、3个饲草加工企业标准化建设，共完成投资700万元。

【畜禽粪污资源化利用建设】 按照省市级2023年山阴县畜禽粪污资源化利用建设目标任务，为完成规模养殖场粪污处理，设施装备配套数量1个。截至年底，项目已圆满完工，农业农村部直联直报系统已备案。

【畜禽防疫】2023年春秋两季，共对全县0.98万个养畜场户的6.98万头牛、9.12万头猪、17.8万只羊和46.3万羽家禽进行了强制免疫（免疫种类为口蹄疫、禽流感、猪瘟、小反刍兽疫、布病等）。做到了村不漏畜，畜不漏针，应免尽免，畜禽免疫率达100%，耳标佩戴率达100%，免疫建档率达100%。同时对规模养殖场户每月5日、15日、25日进行集中消毒，完成全方位消毒灭源工作，消杀面积达300多万平方米，有效阻断病源传播。全县未发生重大动物疫病，养殖形势良好。

【安全生产监管】2023年，山阴县草牧畜业发展中心对饲草料、奶业生产、屠宰场进行监管。对屠宰场派驻了3名监管人员和官方兽医，并制定了工作流程和管理制度。严格实行产地检疫和入场隔离观察制度，对每头待宰猪进行非洲猪瘟检测，严把肉品质量关，确保屠宰场生猪产品安全。对生鲜乳生产进行全过程监管。与乳品企业有购销合同的奶牛养殖场，全部安装远程监控，鲜奶运输车安装GPS定位跟踪系统，利用中心“健康奶业”监控平台，对养殖场从生产、收购、储存、运输、销售等各个环节实施监控，无缝对接，有效防范了掺杂使假行为；对3家饲料生产企业定期抽检，确保产品质量。认真开展检疫工作，已办理生猪等产品产地检疫589批次5.3万头。程序合法、办事规矩，服务了养殖企业，保障了畜产品安全。

【畜禽良种繁育】2023年，山阴县草牧畜业发展中心积极开展种质资源普查和畜禽品种引进工作。积极引进先马士、鼎元、赛科星等国内外知名育种公司入驻山阴县，认真组织实施奶牛良种繁育工程，全县奶牛规模养殖场繁育改良水平得到大幅提升。在奶牛育种核心群内开展DHI测定，通过对乳脂率、乳蛋白率、脂蛋比例等指标的测定，为改进饲养管理、提高产奶量、改善牛群品质、增加养殖效益提供了科学依据。全县已有17家牧场开展了DHI测定。全县奶牛禁止使用劣质精液配种，统一使用由农业部指定调运的奶牛优质细管冻精，良种覆盖率达到了100%；2023年全县完成奶牛良种补贴2.63万头，推广三元优种猪3.11万头；全县奶牛良种精液实现全部免费使用。

【助企纾困】2023年，山阴县草牧畜业发展中心为进一步提高全县奶业生产效率，增强奶源供给保障能力，稳定奶牛养殖规模，提升标准化规模养殖水平，聚焦化解奶牛养殖企业面临的“痛点”“堵点”“难点”，县草牧畜业发展中心由4名领导带队，抽调中心干部职工37人，组成4个助企纾困帮扶组深入全县85家奶牛养殖企业，协调解决奶牛养殖企业发展面临的困难，全力以赴助企纾困解难。加强精细化管理实现降本增效。为奶牛养殖企业提供现场技术指导服务，并免费发放消毒液。协调金融机构为25家奶牛养殖场发放贷款10592.23万元，及时为全县奶牛养殖业提供了资金支持。协调生鲜乳收购企业对山阴县的生鲜乳应收尽收，以企业满负荷承载力为山阴奶源销售承担社会责任。切实帮助养殖企业解困纾困，促进全县奶牛养殖业健康快速发展。

山阴农牧场

【概况】山西省山阴农牧场是山西省农业（农垦）产业集团有限公司管辖的国有农垦企业，2023年，在场党委领导班子的带领下，贯彻党的二十大精神和习近平总书记系列重要讲话精神，以“党建引领促发展，产业撑起致富路”为发展理念，本着“改变农牧场形象、为职工谋利益、为企业谋发展”的宗旨，加强管理，改革创新，凝聚全场人心，干事创业，着重打造新型牧草示范基地、推动设施农业基础的建设，做大做强农业板块，把牧草业、设施农业打造成为农业发展的亮点，成为带动企业增效、职工增收的落脚点。经过努力，明显改善基础设施，优化调整产业结构，职工生活有所提高，发展目标基本实现。

【农业技术培训】 2023年，山西省山阴农牧场加强培训，助推农业发展。农业技术是推动农业发展的关键，只有科学合理种植、管理，才能获取更大的经济效益。农牧场多次举办农业技术培训会，并多次邀请山西德育丰农业科技有限公司郝红伟教授授课，郝红伟根据农牧场的土地管理现状、设施优势、经营模式等方面进行了系统的教育培训。通过培训，极大地提高了农业的种植和管理水平，为实践操作提供了很大的帮助和指导。

【发展设施农业】 2023年，山西省山阴农牧场利用中央财政衔接推进乡村振兴建设项目资金296万元，继续发展设施农业，建设4座覆被式拱棚、3座日光温室暖棚及配套设施，该项目进展顺利。

【安全生产】 2023年，山西省山阴农牧场在安全生产工作上，对易发火灾等重点部位进行日常巡查看护，坚持以人为本和谁主管、谁负责的原则，规范管理，确保了全场安全生产无事故。在社会稳定工作上，加大对全场苗头性、倾向性隐患问题的排查力度，从根本上解决问题，保证了全场正常发展。

【党建工作】 2023年，山西省山阴农牧场认真贯彻学习习近平新时代中国特色社会主义思想和党的二十大精神，认真落实新的发展理念，不断提高思想政治素养，立足岗位，恪尽职守，做好思想政治、宣传舆论等工作，把学习宣传贯彻习近平新时代中国特色社会主义思想和党的二十大精神作为当前和今后一个时期的重要政治任务，将精神传达到每个党组织、每名党员干部；开展主题教育，积极按照学习要求进行组织学习。通过深入学习进一步深化对党的性质宗旨的认识，发扬革命精神，始终保持艰苦奋斗的昂扬精神；要求党员干部持续进入“学习强国”“三晋先锋”等学习系统进行学习，进一步增强“四个意识”、坚定“四个自信”、做到“两个维护”，提升自身素养，提高理论和工作水平。

做好廉洁自律，树立牢固的思想堤防，自觉抵制各种腐朽思想的侵蚀。经常对照检查自我的行为，管好自我，管好家属，管好身边的工作人员，真正做到“淡泊名利，无私奉献”，坚持自我正确的人生目标和优秀的人格品德，做到有人明白无人明白一个样，有人管无人管一个样，有监督无监督一个样，里外一致，表里如一。抓好廉政建设职责制，把反腐倡廉任务分解细化，落实到各单位，平时加强监督和考核，2023年全场未发生一起违纪违法案件。

古城乳业

【概况】 2023年，古城乳业公司克服国内乳制品行业上游原料奶阶段过剩导致的价格持续下滑、新生儿数量减少、饲草料成本上增加、消费需求疲软等因素对行业冲击影响带来的困难，借力政策扶持，抓实“五进九销”工作，加大研发投入适应对乳品消费高端化、多元化、个性化趋势，推出“三晋牧场”“醇晋”“S级牧场”牧场奶高端系列产品，引进了康美包OX（夺目瓶）灌装生产线，在国内第二家推出“纸瓶”装牛奶、饮料系列产品，更好地补充和扩大超高端产品组合，顺应高端化市场需求不断增长的趋势；通过丰富多元的产品结构，面向不同群体需求，纳入更多元的用户，从而实现在细分品类赛道的弯道超车，助力渠道下沉、拓展，最终实现山西本土市场稳固拓展、周边市场渗透率快速提升的目标。

【经济指标】 2023年，古城乳业公司销售收入11.06亿元，同比增长4.17%，其中乳制品销售收入9.12亿元，同比增长3.21%，增幅居同行业前列水平；实现利润6813.06万元，同比增长14.36%；上缴各类税金3500余万元，同比增长22.55%。2023年公司利税增长明显，主要得益于：一是晋中工厂整体搬迁升级改造过程中调整了产能布局，生产成本下降明显；二是产品结构进一步优化调整，中高端纯牛奶类产品占比有所增长；三是原料奶价格持续低位运行。

【管理提升】 2023年，古城乳业公司管理提升活动取得重大突破。安全生产保持稳定局面，公司继续保持了生产安全零事故；全面质量管理工作推进方面成绩喜人，按照国家要求，建立健全了首席质量官制度，成立了各部门负责人为成员的全面质量管理领导小组，涵盖除诚信体系之外的六大体系；实现了全年污染物达标排放，环境影响零事故、零投诉，臻源牧业污水处理、环保验收工作推进明显；深入开展习近平新时代中国特色社会主义思想主题教育活动，以“三会一课”为载体，把主题教育贯穿于工作实践中，真正做到了以学增智、以学铸魂、以学促干，进一步坚定了推进学习型企业建设信心和决心。全面优化了产能布局，为了满足市场一线的需求，投资近2000万元引进国内第二条康美包XO（康美包夺目瓶）无菌灌装生产线，康美包夺目瓶是集环保、时尚、便携于一体的“纸瓶”，携手无菌包装巨头康美包近三十年，古城乳业再次在乳品行业率先引进“纸瓶”生产线，这是该公司布局餐饮特通渠道、改善消费体验、提升品牌亲和力的重要举措。

工业

工业和信息化

【概况】山阴县工业和信息化局贯彻执行国家、省、市工业和信息化工作的法律法规和方针政策；提出全县工业高质量发展战略，协调解决工业高质量发展进程中的重大问题；拟定全县工业和信息化行业规划和产业政策，组织实施行业技术规范和标准，指导行业质量管理工作；监测分析工业经济运行态势，进行预测预警等。局党组牢固树立“以知促行、知行合一”的工作理念，始终以理论上的绝对清醒不断校准工作方向，坚决拥护“两个确立”，增强“四个意识”、坚定“四个自信”、做到“两个维护”，坚持不懈用习近平新时代中国特色社会主义思想武装头脑、指导实践、推动工作，以学习贯彻习近平新时代中国特色社会主义思想主题教育为契机，推动各项工作落实落细，有力保障全县工业和信息化工作始终沿着正确方向前行。

【工业指标】2023年全县完成工业总产值352.7亿元，同比下降16.33%；制造业增加值增速277.6%，全省排名第一；规模以上工业战略性新兴产业增加值增长速度6.8%；规模以上工业企业新增户数9户；高新技术企业数8户（年内新增1户）；规模以上工业增加值增长速度4.3%。

【入企纾困】2023年，山阴县工业和信息化局聚焦全县85家规上企业，累计深入企业500余家次，积极争取用电优惠政策，组织指导全县企业积极申报，全力帮助降低企业运行成本，共有7家企业累计享受电价补贴730万元。帮助企业解决水电暖网等问题60余件，特别是积极帮助锦晔复工，重新设计、计划投资4亿元，年处理低阶煤100万吨；积极帮助晋能冶金复产，支持企业引进合作方，投入技术改造资金2000余万元，并实现正式投产，每月可新增产值2000余万元；积极帮助康喜乳业复工，有效增加鲜奶加工量，解决鲜奶过剩问题。

【清理拖欠民营账款】山阴县工业和信息化局按照省、市关于清理拖欠中小企业账款工作的方案及省《关于对“新官不理旧账、政策不兑现、拖欠民营企业账款”开展自查的通知》（晋纪发〔2023〕8号）文件精神和省、市清欠办关于清理拖欠中小企业账款的工作要求，通过摸排、核实、检查等方式，摸清全县底数，建立清欠台账，积极开展治理拖欠账款工作。全年累计清理账款8619.62万元，无分歧欠款清偿比例达到100%。

【推进企业转型升级】2023年，山阴县工业和信息化局持续推进工业和信息化转型升级项目。持续推进山阴智恒泰新材料有限公司新型玻璃纤维防火保温材料项目、山西昱德化工科技有限公司新建30万吨/年纳米碳酸钙（一期工程15万吨/年纳米碳酸钙）项目、山西屹创砂石矿业有限公司20万吨/年纳米碳酸钙生产线建设项目、山西超牌煅烧高岭土有限公司年产20万吨功能型高岭土生产线扩建项目、赢胜（山西）陶瓷纤维有限公司年产10万吨隔热绝音材料项目、山西恒科新材料科技有限公司年产6万吨锂离子电池负极材料项目、山西金琛新材料有限公司50000吨/年煅烧高岭土深加工项目，确保按时投产开工，助力全县经济快速发展。

【数字基础建设】山阴县工业和信息化局立足产业数字化、数字产业化，大力度推进数字基础性建设，积极协调三大通信运行商完成5G基站建设任务，全县已建成并开通使用5G基站

380座，其中，2023年已建成91座，实现县域范围和乡镇主要区域全覆盖。特别是聚焦全县产业集聚区，提前谋划开发区盲点清理、广武镇盲区治理等工作，积极对接铁塔公司和三大运营商，全力治盲区、补盲点，为全县经济发展提供坚实的通信保障。

【专业镇建设】 2023年，山阴县工业和信息化局大力推进专业镇建设，实现产业集群发展。围绕山阴县三大优势产业，聚力市场主体倍增、创新能力提升、质量品牌提升，从顶层设计和服务着手，从提升核心竞争力着眼，从产品供给侧发力，建设产业链完备、分工协作配套、集群效应明显、市场影响力突出、产业辐射带动能力强的专业镇。立足专业化、市场化，及时组建工作专班，积极培育富硒小米、钙基材料、山阴奶牛3个专业镇，并成功申报为市级专业镇，组织参加了首届山西（大同）特色专业镇投资贸易博览会，有效提升了品牌知名度。积极推动山阴奶牛申报省级专业镇。

【培育产业链】 山阴县工业和信息化局积极培育产业链，促进区域发展。结合全县产业发展实际和行业发展趋势，重点在建链、补链、延链、强链上持续用力，年内新增1条产业链，全县3条产业链入选全市重点产业链行列，“链上”企业达到17家、“链主”企业达到4家、“链核”企业达到4家。特别是帮助巨盛广完成直升规，填补了山阴县废钢产业空白，第四季度新增工业产值25亿元，为全县工业经济高质量发展注入了强劲动力。

【队伍建设】 山阴县工业和信息化局持续拓展“第一议题”的广度和深度，及时跟进学习习近平总书记最新重要讲话重要指示重要批示70余篇，常态化听取各支部工作情况汇报，专题研究“三重一大”等重点事项，有效解决日常发现的突出问题。特别是将主题教育作为重大政治任务，高起点谋划、高质量推进，局党组和各支部开展各类学习19次、专题研讨3次，深入开展“四下基层”，切实以主题教育的实际成果赋能工业经济高质量发展。局党组严格落实新时代好干部标准，坚持有位有为鲜明用人导向，积极拓宽干部锻炼渠道，优化干部成长路径，创新干部培养方式，着力锻造一支政治强、善谋划、懂专业、敢担当、作风正的高素质工信干部队伍。坚持党要管党、全面从严治党，坚持实事求是、公道正派，坚持事业为上、人事相宜，坚持依法依规、积极稳妥，着力解决不担当、不作为、乱作为等问题。加强对年轻干部的培养，通过跟班学习，实践练兵，解决“能力不足、本领恐慌”问题，打造懂政策、熟业务、有思路的工信领域专业化干部队伍。坚持一体推进基层干部作风建设提升年专项整治行动、清廉机关和清廉国企建设，对标目标任务，逐项细化措施，聚焦关键岗位、重点人员，常态化开展警示教育、谈心谈话和案例剖析，进一步筑牢拒腐防变的思想防线和行动底线。同时，围绕构建“亲”“清”政商关系，进一步强化思想教育、明确纪律要求，不断增强干部职工的红线意识和底线意识，有力推动工信系统清风常在、正气充盈。

能源

【概况】 山阴县能源局坚持以习近平新时代中国特色社会主义思想为指导，深入学习贯彻习近平总书记视察山西重要讲话重要指示精神，认真贯彻落实党的二十大精神，按照省委省政府、市委市政府、县委县政府工作部署，多措并举，营造和谐氛围，加强能源行业管理，有序扎实推进煤矿智能化建设工作，积极推进煤矿增产保供工作，大力推动重点工程建设进度，为全县经济高质量发展提供强有力保障。

2023年，全县原煤累计生产3978.51万吨，累计产值140.48亿元。规上企业原煤入洗2424.47万吨，累计产值145.19亿元。累计发电量81.65亿千瓦时（火电：59.72亿千瓦时，新能源：21.93亿千瓦时）。累计产值28.45亿元（火电19.30亿元，新能源9.15亿元）。

【煤矿智能化建设】 县能源局聚焦煤炭产业可持续发展，大力推动煤矿智能化建设，2023年内完成8处智能化掘进工作面（台东山煤业、华夏煤业、北祖煤业、辛安煤业、南阳坡煤业、五家沟煤业、水泉煤业、芍药花煤业）和1座智能化煤矿（五家沟煤业）。已全部完成市级评定验收，山阴县煤矿智能化建设走在全市前列。

【洗煤厂标准化建设】 全县洗选煤厂共36座，洗选能力6920万吨，截至2023年底已完成标准化验收共24座。其中一级标准化1家（华昱洗运中心）；二级标准化11家（华汇瑞祥、辛安、北祖、五福、红杉、一生辅、升华、新瑞源、海之源、鑫福鼎、瑞之琦）；三级标准化12家（通盛、恒通利、鑫海、捷茂通、神马、亿卉、周泰、圣峰、金鼎博、海鑫、鑫瑞源、金顺源）。

【稳产保供及产能核增】 县能源局在煤炭增产保供方面圆满完成了各项任务，山西省人力资源和社会保障厅、山西省能源局特授予山阴县能源局“山西省煤炭增产保供先进集体”荣誉奖。2023年山阴县电煤中长期合同供应任务为2505万吨，全县确认保供合同2518.3万吨。县产能核增涉及4座煤矿，新增产能840万吨，安平煤业产能由90万吨/年增至300万吨/年，增能210万吨/年。元宝湾煤业产能由90万吨/年增至300万吨/年，增能210万吨/年；水泉煤业产能由90万吨/年增至300万吨/年，增能210万吨/年；朱和咀煤业产能由90万吨/年增至300万吨/年，增能210万吨/年。

【项目建设】 西宜煤业建设项目预计总投67188.84万元，截至2023年底，共完成投资60238.36万元。井巷工程已完成副斜井（841米）、回风立井（88米）、运输大巷刷扩、辅运大巷刷扩、主水泵房及通路（80米）、管子道（23米）、主变电所及通路（77米）、等候医疗硐室、避难硐室、消防材料库、清理撒煤巷、4煤辅运巷、一采区运输巷、9煤辅运巷、一采区回风巷、一采区变电所、注氮硐室；土建工程已完成换热站、风机房配电室、黄泥灌浆站、日用水泵房及水池、综合楼、职工食堂、单身宿舍、筛分破碎间至上仓栈桥、主斜井井口、生活污水处理站、矿井水处理、机修车间及综采设备库、器材库器材棚联建、35千伏变电所、10千伏配电室、空气压缩机房、主井及管道井空气加热室联建；机电安装工程已完成通风机房机械设备、主变电所设备电气、水泵房设备、换热站设备、10千伏配电室、采区变电所设备、35千伏变电站设备。

积极推动华能山阴2×100万千瓦“上大压小”煤电项目开工。该项目需办理的核准前手续全部完成，2023年7月29日经山西省发展和改革委员会《关于华能山阴2×100万千瓦“上大压小”煤电项目核准的批复》（晋发改审批发〔2023〕285号）同意建设，后续落实煤源和项目接入系统方案，办理林地使用等相关手续。

山阴100兆瓦农光互补光伏储能发电项目，华能山阴光伏项目位于山西省朔州市山阴县马营乡一带，实际利用面积约为3200亩，属于山地光伏电站工程。项目由中国能源建设集团山西电力勘测设计院有限公司开展勘察设计工作。

预计总投资4.45亿元，已完成固定投资3.6亿元。项目已于2024年3月并网48兆瓦。

山阴100兆瓦农光储氢一体化项目地址位于山阴县玉井乡一带，2023年正式取得山西省能源局建设方案批复，规划容量10万千瓦，同步建设储能装置。预计总投资5.8亿元，新建一座110千伏升压站接入马营变电站，截至年底，共完成投资3.05亿元。项目于2023年9月27日实现首批并网3.88兆瓦。

国华能投山阴县100兆瓦采煤沉陷区生态综合治理+光伏储氢基地项目，位于山西省朔州市山阴县，规划利用山阴县北周庄镇一带其他草地和灌木林地进行开发建设，同时由国华投资与山阴县共同设立氢燃料电池车辆运营平台，打造集大数据、实时分析，售后服务、应用示范、氢能减碳认证及交易平台于一体的氢能源推广平台。项目拟建设110千伏升压站一座，以1回110kV线路接入国网公司下石井110千伏变电站的110千伏母线，再送入翠微220千伏变电站的110千伏母线，该项目距离下石井110千伏变电站约3公里，导线选用JL/G1A-300。该项目已列入山西省2022年省级重点工程项目，项目总投资约5.5亿元。

华朔新能源山阴县400兆瓦/800毫瓦时独立储能项目，该项目总占地123亩，总建筑面积9893.22平方米，地址位于山阴经济开发区（合盛堡），项目总投资17.5亿元。截至年底，累计完成投资8580万元。

国家电网

【企业概况】 山阴作为山西北部电网的枢纽县，截至2023年12月，境内拥有1000千伏交流特高压输电线路74公里，±800千伏直流特高压输电线路16公里，500千伏过境线路230公里；拥有220千伏变电站2座/540兆伏安，110千伏变电站6座/560兆伏安，公司管辖运维35千伏变电站6座，主变12台，变电容量105.2兆伏安；10千伏开闭所1座；所有站均实现了双回路供电和综合自动化。山阴电网拥有35千伏公用线路16条，156.29公里；拥有10千伏公用线路64条，1755.42公里。运行配电变压器共计3267台，总容量764.714兆伏安，其中公用配电变压器1449台，330.93兆伏安，用户专变1818台，433.784兆伏安。

【经济指标】 山阴供电公司2023年累计完成供电量10.67亿千瓦时，同比增长1.65亿千瓦时，增长率18.31%；累计完成售电量10.28亿千瓦时，同比增长1.67亿千瓦时，增长率19.24%；综合线损率完成3.62%；累计完成到户售电均价610.89元/千千瓦时；电费回收率100%；综合电压合格率为99.880%，城镇供电可靠率99.945%，农村供电可靠率99.869%；10千伏线路停运次数122次，同比降低55.31%；配变停运时长13091.38小时，同比降低36%。公司未发生人身、电网、设备以及交通火灾事故，未发生误操作、信息安全等负面事件。

【精益运维】 2023年，山阴供电公司全力开展保电工作，利用红外成像技术手段，消除6项缺陷，确保设备安全运行。编制了中高考保电“一点一图一案”，考试期间出动保电人员170人次，车辆40台次，确保了考试期间不发生故障停电，提前安排“两节”保电工作，有效应对保暖保供、负荷高峰和雨雪冰冻等多重考验，确保节日期间电网设备安全运行和可靠供电，保障人民群众度过温暖明亮的冬天。

坚持“一停多用”。提高不停电作业次数和业务覆盖范围，开展不停电作业278次，同比增长341%。线路专项整治取得实效，10千伏公用线路停运次数同比降低55.31%，配变平均停运时长同比降低36%。科学扎实储备项目，持续提升配网水平，强化项目动态储备，完成配网项目储备26项，共8221万元。精益运检持续深化，加强冬季线路运维方案，优先对保暖保供设备开展巡视，再根据设备运行年限、负荷情况，制定设备差异化运维方案。开展设备红外测温工作，及时了解设备运行环境及状况，减少设备故障率，保障冬季供暖用电，累计完成34条线路缺陷巡视，累计发现缺陷192处，已处理18处。

【经营管理】 山阴供电公司扎实开展电能替代、线损治理等工作，创效增利149.8万元；全年累计更换09版电能表3.3万只，HPLC模块4.4万只；治理高损线路不少于32条次、高负损台区不少于3500台次，完成反窃电、违约用电任务共计65.48万元，线路、台区线损得到明显改善；治理三相不平衡、低压及重过载配变715台，低效设备治理效果显著，综合占比降至37.22%。持续优化营商环境。三级服务调度体系初步完善，高效服务客户需求，切实提高工作效率，促请政府出台联合审批政策，小微企业全面实现城乡160千伏安及以下接入，累计节省用户投资1046.83万元。供电服务质量稳步提升。严格落实投诉管控责任，投诉管控管理点前移至运维管理、过程管控，公司上下服务意识从根本上得到提升，营销全年零投诉，并且全年未产生12398投诉，服务工作水平稳步提升。意见工单68件，同比下降13.92%；故障报修量567件，同比减少275件，下降32.54%。

提升供电所基础建设。以百强、星级、红旗供电所创建为契机，加强供电所建设。2023年，用电工作取得重大成果，北周庄供电所荣获国网公司线损管理百强供电所8次，获得五星级供电所及红旗标杆供电所等荣誉称号。

【作风锤炼】 山阴供电公司严格落实党总支主体责任。通过落实“两个”责任，进一步明确了党总支、纪检各自职责，“党总支负总责，班子成员齐抓共管”的机制真正形成，有力促进了党风廉政建设工作任务的落实。领导责任进一步强化。年初山阴公司对党风廉政建设工作进行了专题安排，明确工作任务，并与各中层干部签订了党风廉政建设责任书。选人用人得到进一步规范。在选人用人上，坚持发扬民主，严格按照干部选拔任用条例要求，做到公开、公平、公正。教育监督全面加强。结合群众路线教育活动，通过领导讲廉政党课、干部任前考廉，大力开展廉政教育，加强权力监督，健全完善工作规则，财务管理、车辆管理等管理制度，力争做到把“权力关进制度的笼子”。切实正风肃纪。抓好中央八项规定的贯彻落实，领导班子及成员聚焦“四风”，深刻剖析自身存在的问题，认真加以整改。切实落实纪检监督责任。通过纪检机构“转职能、转方式、转作风”，协助党总支加强党风廉政建设和组织协调反腐败工作，督促检查各部门落实党风廉政建设各项工作任务。

【党建工作】 山阴供电公司坚持贯彻落实党中央决策部署和习近平总书记重要指示批示精神，全年各支部召开支部党员大会12次，开展专题主题党日活动12次。创建党员示范岗，持续深入开展“党员带头保供电”“党员身边无违章”“党员示范优服务”“党员攻关促登高”“党员践诺提质效”五类岗区实践活动，示范带动全体党员锚定“一流目标”当先锋、作表率。2023年度创建安全生产、优质服务、精益管理、重大保电类等多类岗位类型党员示范岗16个。在电力保供、抢险救灾、优质服务等工作中充分发挥先锋模范作用，全年开展“中高考爱心助考”等志愿服务5次，借助“党员进社区”活动，在光明社区为群众办实事6件，通过形式多样的志愿服务活动，受惠居民群众360余人次。大力开展实施“党建+”工程，持续深化“亮旗工程”，完成下设三个支部“亮旗工程”的申报与总结工作。

城镇集体工业联合社

【概况】 2023年，是全面贯彻落实党的二十大精神的开局之年，是实施“十四五”规划承上启下的关键之年。山阴县城镇集体工业联合社以习近平新时代中国特色社会主义思想为指导，以开展主题教育为抓手，完整、准确、全面贯彻新发展理念，认真做好城联社稳定各项工作，加快落实县委打造“灵秀古城”建设“新韵山阴”目标。

【优化营商环境】 山阴县城镇集体工业联合社下辖的龙头企业华夏煤业公司全力克服“后疫情时代”带来的不利影响，尽早恢复生产，在确保环保和安全下投入生产，全年累计实现产量241万吨，完成工业总产值6.46亿元，实现销售收入6.63亿元，工业增加值3.6亿元，上交税金1.8亿元，实现利润0.76亿元。积极引导全县工美骨干企业众福缘工美合作社充分发挥辐射引领作用，在扶贫助残、教育培训、花色品种、电商销售等领域都有更大的突破，取得可喜成绩。全县全年共完成工美产品总产值236万元，销售收入160万元，工业增加值54万元，实现了多出精品、多出人才的目标。这些产业的稳定发展，为全县创造了经济效益，从另一方面也巩固了全县经济繁荣的优质经营环境。

【信访工作】 山阴县城镇集体工业联合社坚持深入企业开展调查研究，注重把理论知识宣讲和工作解决问题相结合，主动倾听职工呼声，提高服务便民意识，积极解决劳资纠纷，加大协调沟通力度，充分合理化解矛盾，扎实推进问题处理，把矛盾解决在萌芽状态。下基层宣传，深入山阴县华夏煤业党支部，宣讲党的二十大报告和开展赠学习资料活动，让党的最新理论飞入“百姓家”；下基层调研，深入所包吴马营乡闫家窑村召开座谈，制定帮扶措施，谋划乡村产业；下基层解决信访问题，结合主题教育活动，针对企业下岗困难职工反映的解决烤火费拖欠问题，及时给予协调落实。

【党建引领】 山阴县城镇集体工业联合社组织全体党员干部开展了“奋进新征程，建功新时代”主题党日活动，参观县马占有红色基地，通过参观先辈们用过的实物、历史图片、塑像、视频，重温红色历史，激发全体参与党员干部牢记初心使命的共识，为开展主题教育奠定了良好的思想基础。在习近平新时代中国特色社会主义思想主题教育展开后，城联社党委又制定了主题活动实施方案，围绕活动规定4篇必读和4篇选读材料制订学习计划，有效运用“学习强国”学习平台、共产党员网、“三晋先锋”等平台，组织党员干部落实好“学思想、强党性”的基本要求，通过开展“四下基层”调研和“党员入社区”志愿活动，主动为企业群众上门宣讲政策，主动深入一线化解信访，主动到企业现场办公解决困难，主动下社区开展志愿服务活动，落实好“重实践、建新功”的要求。这次主题教育活动的开展，增强了城联社全体党员干部对党的创新理论的政治认同、思想认同、理论认同、情感认同，全面推动全社党员干部积极担当作为，不断开创事业发展新局面，进一步树牢贯彻新发展理念、服务和融入新发展格局、推动高质量发展的思想认识。

【党风廉政建设】 山阴县城镇集体工业联合社按照新时代党的建设总要求，以党的政治建设为统领，以宣传贯彻党的二十大精神为主线，以提升基层党支部组织力为重点，推动机关党建、党风廉政建设和意识形态常态化开展。继续巩固清廉机关建设，严格按照县委关于开展清廉机关建设部署要求，扎实推进任务清单管理，加强问题清单整改落实。强化正风肃纪，定期开展警示教育，及时传达学习上级纪委典型案例，警醒全体党员干部。共召开警示教育会6次，进行对照案例检视剖析2次，班子成员全部提交了书面报告，召开党风廉政建设会议2次，全面部署本单位的廉洁从政、全面从严治党等相关工作。此外，联社党委把意识形态工作纳入领导班子目标管理，注意分析研判意识形态工作态势，规范党员意识形态领域管理。

深入开展纪律作风整顿，坚持以习近平新时代中国特色社会主义思想为指导，对标对表党中央及省委、市委、县委有关提升干部作风建设的新部署，加强领导落实责任，要把问题纪律作风整治活动与“内强素质，外树形象”干部作风提升年活动紧密结合，深刻领会，提高责任意识，党委班子成员切实履行“一岗双责”，压实责任链条，积极开展自查自纠，对照“不作为、慢作为、乱作为”问题纪律作风整治重点及省委巡视山阴县问题清单，结合自身工作实际，进一步细化问题清单和整改措施，班子成员主动认领，率先垂范，加强整改，进一步完善管理制度，进一步打造过硬干部队伍，保障专项整治工作的顺畅，推动纪律作风整治取得实效，为全县优化营商环境提供坚强保障。

山阴县城市发展集团有限公司

【概况】 山阴县城市发展集团有限公司（以下简称“城发集团”）是一家集服务城市运营、工程建设、商品贸易、人力资源开发等综合性地方国有企业。截至2023年底，集团资产总额达到了29.56亿元。该公司坚持以习近平新时代中国特色社会主义思想为指导，认真贯彻落实习近平总书记在全国国有企业党的建设工作会议上的重要讲话精神。以党建品牌活动为抓手，聚焦“六坚持六提升”，打造“五大基地”提升“五种服务能力”，不断提升服务生产经营、凝聚职工群众、参与基层治理能力，坚持改革、融资、发展齐头并进，推动城发集团市场化运作、产业化经营、精细化管理，发挥国有资本运营效益，为“建设新韵山阴，打造灵秀古城”做出应有的贡献。

【城乡建设】 城发市政公司2023年重点实施了山阴县广益社区老旧小区改造工程、山阴县中心敬老院和山阴县社会福利中心儿童福利院室外供热工程、山阴县中医医院南侧道路改造工程、山阴县城供热管网老化管道改造工程、山阴县农村生活污水综合利用二期工程（2023）5个村项目和山阴县合盛堡乡、古城镇、薛圐圙乡3个乡镇的和美乡村建设项目，为全县经济“稳增长”夯基聚力、牵引赋能、助力扩大内需战略走深走实做出了重要贡献。城发通畅建设公司面对市场低迷的境遇，积极对内挖潜力、降成本，主动对外拓市场、促销售。2023年共为山阴高铁南站、朔州市技工学校、未来城、县集中供暖扩容二期工程、隔压站及二网工程、和美乡村建设等19个城乡建设工程提供优质商品混凝土、水稳20.3万立方米、沥青5300余吨。城发商贸公司大胆实施“走出去”战略，先后与山西大宗商品交易集团供应链发展有限公司、中国建筑第七工程局山西分公司、宁夏哈纳斯液化天然气有限公司等合作开展了钢材、商砼、液化天然气大宗商品销售，全年实现营收3.1亿元。集团公司购买夏家窑土地、北王庄土地拟建设加油站、标准化仓储项目；办理建筑业总包二级资质（市政、建筑、公路）；城发商贸公司在古城镇高速出口建设加油站项目；城发通畅公司已竞拍取得许家洼砂石资源所有权；城发热力公司更换压力表、温度计20套，改造换热机组、一次网补二次网供水装置13座站；外网铁东高架管道重新保温及部分换热站保温（镀锌铁皮加岩棉）1700平方米；自来水公司新建了纯净水厂。

【**服务民生**】 2023年，城发集团民生保障持续改善。新增供水管网2.9公里，全年实现安全供水390万立方米；新增供热入网面积25.3万平方米，新增供热户2470户。实现了全县131个换热站统一运营管理，确保及时供暖、稳定运行。城发污水处理公司全年累计处理生活污水约240万吨，中水回用约203万吨，各项数值均无超标数据（日均值）。山阴城发热力公司及早谋划，供暖前历时4个月对全县供暖设施全面检查维修，改造86座换热站电气和自控系统，为2.5万余户采暖户加装了远程控制锁闭阀，实现了在线智能化管理，通过一系列有效措施，为温暖过冬打下坚实基础。全县供热系统自9月10日开始管网注水，9月28日开始带压冷运行，10月1日隔压站启动运行，县城内各换热站采取分批分片的方式进行供热。在热力公司正常运作的基础上，城发集团还专门成立了应对供暖问题应急领导组，由集团班子成员包片负责，亲自带队配合供热公司上门入户协调解决供热问题，积极回应供暖用户诉求，1000多名用户供暖问题得到了妥善解决。诚惠物业有限责任公司持续拓展业务领域及范围。新接收吉祥名苑小区、祥和小区、海林家苑小区、铁路小区、兴苑小区、聚源小区6个住宅小区的物业服务与管理；受山阴县卫健体局委托，接管了山阴县体育馆、河阳体育馆、山阴体育场的运营与管理。聚焦小区物业服务管理水平提升，坚守服务最前沿，不断完善公共基础服务、切实解决群众所急所需，努力做到服务重心“沉下去”，服务群众“实起来”。

【**党建引领**】 2023年，城发集团扎实开展主题教育。真正达到以学促干，促进企业高质量发展。重点开展了五项活动，开展了“我为群众办实事”活动，围绕民生服务需求，新增设便民收费点2处，开通了网上收费服务平台等，共为群众办理重大民生服务事项9件；开展了“党员进社区”活动。集团全体党员主动到居住地社区报到，配合社区到包联小区积极参与社区活动；开展了“学习身边榜样”活动。选树一线党员、青年积极分子典型人物2名，带动员工爱岗敬业、无私奉献；开展了“立足岗位做贡献”活动。以“党员先锋岗”“青年突击队”等方式，激发员工工作热情；开展了“我为企业献一计”活动。共征集关于企业管理、发展方向、存在问题等建议22条，为公司改革发展向好注入新的生机。

山阴城发集团压实安全责任，按照党政同责、一岗双责和“三管三必须”的要求，全面落实安全主体责任，层层签订安全目标责任书，让人人讲安全、人人重视安全成为工作常态。强化安全意识，召开安全生产会议10次，下发安全文件38份，组织安全教育培训5次，让安全工作入脑入心。加大隐患排查，结合重大事故隐患专项排查整治2023行动，全年共开展大的安全检查18次，涉及制度建设及现场管理问题、安全隐患共118条已全部完成整改。提升应急救援能力。编制了《安全生产应急预案（试行）》，安全生产月组织了32人参加的消防应急演练，并按要求储备了各类应急物资。通过一系列强有力的措施，实现了全年安全生产无事故的目标。

优化现代企业制度，以制度建设促进依法治企。集团公司（包括子公司）新建了《全面预算管理制度》《借调管理人员管理办法》等，完善细化制度、清单等工作程序性条款 37 条，有效为员工职业操守提供了工作指南。在企业文化建设和提升员工素质方面，坚持把企业文化建设与企业改革发展相结合，以企业文化建设凝聚合力。组织开展了城发集团“众志成城团结奋发”联谊会，通过乒乓球和拔河等比赛，进一步激发团队精神和拼搏精神。采取了“请进来、走出去”的方式，以人才资源推动创新发展，对在职的技术、管理人员进行业务培训或外出参观学习，为公司发展提供了强有力的人才支撑和创新动能。

山阴县小微企业发展服务中心

【概况】 2023 年，山阴县小微企业发展服务中心坚持以习近平新时代中国特色社会主义思想为指导，全面贯彻党的二十大精神和习近平总书记考察山西重要讲话重要指示精神，认真落实省委、市委、县委部署，全体干部职工凝心聚力、开拓创新，使各项工作目标任务顺利推进，为全县经济的高质量发展贡献了力量。

【企业服务】 2023 年，山阴县小微企业发展服务中心聚焦优势企业，推进动态培育监测。根据企业营业收入情况和企业自身实际情况，重点围绕新型材料、陶瓷加工、农副产品加工、乳品业、煤电、风电等产业集群，筛选和挖掘一批市场前景好、创新能力强、发展潜力大、综合效益高、核心竞争力强的企业纳入“小升规”重点培育库，作为重点培育对象，进行跟踪服务。全年，纳入重点企业培育信息库企业 16 家，并在统计平台成功申报 9 家工业企业升规入统。将具有发展潜力的优势企业建立“专精特新”培育库，进行重点动态监测培育，引导企业建立技术中心和科研中心，时刻关注并全力协调企业运营过程中的一切困难和问题，全力做好优势潜力企业的培育壮大，引导和鼓励企业加快产业升级，积极推进全县中小微企业高质量发展。

聚焦政策宣贯，提升入规申报效率。中心经济监测股在入企服务中，积极为企业讲解“小升规”的相关政策、标准和申报程序，激发企业升规热情。联合统计、工信、税务部门，将办公场所下移，开展“一对一”服务，指导“小升规”企业升规入统和“专精特新”申报等事项，进一步提高了申报效率。组织重点培育企业积极参加省市举办的升规业务专项培训，帮助企业了解奖励政策、掌握升规流程、享受税费优惠，着力提升企业的政策知晓率和市场竞争力。全年，组织企业参加各类培训 9 次，服务企业 180 余次，发放宣传资料 3000 余册。

【专精特新】 2023 年，山阴县小微企业发展服务中心聚焦政策支撑，构建梯度培育体系。“专精特新”企业是中小企业群体的中坚力量，是产业链供应链的有力支撑和价值链的高端，是推动经济高质量发展的重要动力源和增长点。为进一步提升中小企业“专业化、精细化、特色化、新颖化”程度，促进企业转型升级，2023 年以来，中心紧紧围绕县委高质量发展战略要求，依托国家惠企政策，从财税政策、金融服务、人才引进、专业指导，争取国家奖补资金等方面，充分发挥专业化、常态化服务职能，提供更具针对性的支持，以全过程培育、全周期服务为工作目标，不断完善工作举措，深入推进优质中小企业培育工作，2023 年培育专精特新企业 8 户，通过省级认定 3 户（朔州市骏宝宸农业科技股份有限公司、山西鑫霏农业科技股份有限公司、山阴县福红贸易股份有限公司），培育创新型企业8户，在全县初步形成了以创新型中小企业、专精特新企业、专精特新“小巨人”企业梯度培育体系，为山阴县经济转型和高质量发展注入新的驱动力。

【优化营商环境】 2023年，山阴县小微企业发展服务中心聚焦服务赋能，做好营商环境优化。优质高效的营商环境是企业高质量发展的有力支撑。中心坚持责任导向、问题导向、强化惠企政策支撑，树立“民呼我办、急事急办”意识，常态化入企服务，开展“三进三送”活动，“一对一”指导企业升规入统和“专精特新”申报等事项。积极帮助拟升规企业到相关部门办理入规手续，切实推动营商环境优化提升。利用主题活动，为企业搭建沟通平台促进企业发展。“6·27”联合国中小微企业日，中心联合金融机构、商会和企业以及相关政府部门，开展集中宣传活动，为企业拓展融资渠道，拓宽产品市场。召开优化营商环境专题会3次，组织银企对接活动2次，协助20家企业成功签订融资意向书。为企业争取各类奖励资金938万元，并已及时发放到位。

【人才培育】 2023年，山阴县小微企业发展服务中心聚焦人才培育，激发企业创新能力。为进一步解决企业创新水平较低、创新能力不足等问题，中心积极引导企业招才引智，与省内外高精尖人才展开合作，以市场方式撬动市场资源，激发市场活力，提升企业创新能力。同时，实施人才素质提升工程，通过创客大赛、职称评审、企业经营者参加培训班等活动的开展，充分挖掘和培育自有人才，从而提升全县中小企业整体创新水平。组织山阴县企业参加了“朔州农商银行杯”2023年“创客中国”朔州市中小企业创新创业大赛，其中，企业组获得三等奖1名、优胜奖1名，创客组获得三等奖1名、优胜奖1名，2家企业获参加省级大赛提名，中心荣获“优秀组织奖”，组织者获“先进工作者”荣誉称号。

【驻村帮扶】 2023年，山阴县小微企业发展服务中心聚焦驻村工作，办好一批实事好事。按照县委、县政府关于开展驻村帮扶工作的要求，中心第一时间召开专题会议，安排部署，积极落实。派驻安荣乡贺家窑村帮扶队员创新思路，强化措施，努力为贺家窑村办好事、做实事、解难事。全力配合驻村工作队入户走访调查，及时了解村民生活、生产状况，开展“我为群众办实事”活动，帮助群众解决身边“鸡毛蒜皮”小事和“急难愁盼”问题。宣传落实党的惠民政策，推动解决上学、就业、看病等群众最关心最直接最现实的利益问题。开展重大节日走访送温暖等活动，提高群众满意度和幸福感。

【培育“小升规”企业】 2023年，山阴县小微企业发展服务中心紧盯目标任务，全体干部职工团结一致，齐心协力，真抓实干，坚持“四下基层”工作法，将办公场所下移，围绕县里推动高质量发展要素，各司其职，扎实开展工作，使年度目标任务圆满完成。培育“小升规”企业16家（成功入规9家），完成上级下达任务，培育“股份制改造”企业3家，培育“专精特新”企业8家（3家通过省级认定），培育“双创”基地2家（通过市级认定1家），培育“公共服务平台”2家（通过市级认定1家）。

【清廉机关】 2023年，山阴县小微企业发展服务中心坚持廉洁从政、主动服务，把优化营商环境作为高质量发展的落脚点，以新时代新理念服务企业发展，无事不扰、有事速到。结合主题教育活动，发扬“四下基层”优良传统，常态化入企服务，开展“三进三送”服务活动，中心与企业建立精准对接、精准施策、精准服务联系制度，帮助企业解决生产经营中存在的困难和问题，收集整理和协调解决企业的诉求和困难，积极宣讲和推动惠企政策落实，深化亲清新型政商关系，让政商关系亲不逾矩、清不远疏，廉洁公正、有为有畏，更好服务县域经济高质量发展。制定了《清廉机关建设实施方案》，在山阴红色纪念馆组织开展了2次主题党日活动，召开4次警示教育专题会议，集中观看《镜鉴》《永远吹冲锋号》等警示教育片，通报了省、市、县纪委查处的多起党员违法违规案例，以案促廉、以案示警。通过各种活动使党员干部更加坚定思想信念、遵纪守法、勇于担当，形成了风清气正的政治风气和积极向上的机关作风。

【党建工作】 2023年，山阴县小微企业发展服务中心加强理论学习，抓实党建工作。利用“三会一课”、每周二集中学习等方式加强政治理论学习，同时组织开展形式新颖的主题党日活动，开好组织生活会、民主生活会。强化主体责任与“一岗双责”、认真落实党要管党、从严治党工作新常态，强化领导班子能力建设，充分发挥在职党员的先锋模范作用。处理好党建和业务的关系，坚持党建工作和业务工作一起谋划、一起部署、一起落实、一起检查，做到党建工作和业务工作同考核、同奖惩，双管齐下、同步发力、同频共振、相得益彰。重新布置党建活动室，加强了党建阵地建设。推进机关作风建设，开展“懒、慢、假、庸、散”等方面作风专项整治，力戒形式主义、官僚主义，推进清廉机关建设，把为企业服务、为群众服务的宗旨落到实处。制定了《基层干部作风整治方案》，召开了廉政建设专题会议4次。按照县委主题教育部署安排，采取集中学习、集中研讨、讲党课、个人自学、线上线下等形式牢牢把握“学思想、强党性、重实践、建新功”总要求，注重抓好“五个目标”、着力解决“六个方面问题”，制订工作计划、学习计划，人人配备必学资料一套，组织党员学习党的二十大报告、《习近平新时代中国特色社会主义思想专题摘编》、《习近平著作选读》上下卷以及习近平总书记考察调研山西重要讲话重要指示精神和对右玉精神的6次重要指示精神，并做好读书笔记，扎实推进主题教育走深走远。集中学习8次，支部书记领学2次，集中研讨2次，支部书记讲党课2次，退休老党员讲党课1次，为退休老党员送必学书籍和资料88册。

【山阴县宏盛活性碳有限责任公司】 山阴县宏盛活性碳有限责任公司是山西省较大的生产活性炭专业厂家，是一家股份制民营企业。公司厂址位于北周庄镇李家窑村南，占地50亩，设计生产能力年产活性炭4000吨（实际生产达8000吨）。公司拥有总资产4100多万元，职工61人。年销售收入近3000万元，实际利税300多万元，上缴税金200多万元。

公司生产的优质活性炭是以低灰、低硫优质煤为原料，并采用先进方法经过炭化、活化精制而成。产品具有孔隙发达、比表面积大、吸附能力强、吸附速度快、机械强度高、使用寿命长、易于再生等优点，广泛用于环保、化工、轻纺能源、食品、医药等领域。产品远销日本、韩国、美国、加拿大、东南亚及西欧等国，深受国外广大用户的好评。公司可根据用户的需要，生产各种粒度、碘值、漂浮和pH值的煤质活性炭。

2023年实现销售收入3052万元，实现利润54万元，完成工业总产值3065万元。2023年上缴各项税金共130万元。

【山西巨盛广再生资源利用有限公司】 山西巨盛广再生资源利用有限公司注册成立于2023年8月28日，注册地址山西省朔州市山阴经济技术开发区合盛堡工业园区。公司专业从事废旧金属回收加工和销售，企业经营范围包括金属废料和碎屑加工处理、再生资源加工、再生资源销售、生产性废旧金属回收、再生资源回收（除生产性废旧金属）。

项目总投资3000万元，项目占地6000平方米，作业面积4500平方米，投资生产线一条，购置安装全自动龙门式废钢断机一台，鳄鱼剪一台，16T电动单梁起重机一台，起重电磁铁两台，100T电子汽车衔一台，在装备水平、生产指标和能耗方面均达到同行业的先进水平。

项目已于9月投产，当月实现产值2169万元，2023年已实现产值18亿元，2023年纳税约2亿元。

【山西兴泰钙业有限公司】 山西兴泰钙业有限公司是朔州市唯一一家纳米级轻质碳酸钙生产厂家，公司位于朔州市山阴县贺家窑村，距离县城10公里，地理位置优越，区位优势明显。

公司经营煤炭及制品生产销售，化工产品生产销售，涂料销售，电线、电缆经营，五金产品零售，建筑材料生产销售，轻质建筑材料销售，机械设备租赁，普通货物仓储服务，机动车维修和维护，汽车配件销售，轮胎销售，润滑油销售。

氧化钙生产车间建设一座双梁式白灰窑和一座ø5.8型环保智能白灰窑，全负荷生产年产量可达35万吨，年产值可达2亿元，利润可达8000万元，安排社会就业120余人。纳米轻质碳酸钙生产车间，占地面积20000平方米，主体厂房已全部建成，投资4700万元。

2023年生产轻质钙12.5万吨，实现销售收入4500余万元，产值达到4000余万元，实现利润350余万元，上缴税收85万元。

【山西宏发橡胶有限公司】 山西宏发橡胶有限公司是一家橡胶制品综合企业，位于山阴县合盛堡新能源工业园区。该公司是一家集研发、生产、制造加工和销售为一体的生产厂家，拥有独立研制开发新产品的市级工程技术中心，曾先后获6项知识产权。企业通过ISO9001：2000国际质量体系认证。山西宏发橡胶有限公司属省内规模最大、占地面积最大、设备最先进、生产技术最完善的一家废橡胶综合利用公司。

2023年生产再生胶8200吨，主营业务收入3084.8万元，就业人员42人，工业产值2345.88万元，上缴利税173万元。

【赢胜（山西）陶瓷纤维有限公司】 赢胜（山西）陶瓷纤维有限公司坐落于山阴经济技术开发区合盛堡工业园区，是一家生产绝热隔音、耐火保温材料的企业，总部位于江苏省泰兴市。公司年产10万吨绝热隔音材料项目计划总投资3.2亿元，一期工程占地119亩，计划投产16条生产线。全部投产后预计年产值可达4亿元，实现利税2000万元，辐射带动地方就业200人。

2023年公司已建成5条生产线投产，实现年产值3200万元，开票收入2800万元，带动地方就业80人。

中煤集团山西华昱能源有限公司

【概况】 中煤集团山西华昱能源有限公司（简称华昱公司）以煤炭生产、销售为主营业务，产业涉及煤电、冶化、建材、房地产、酒店服务及现代农业等多个领域，拥有二级单位17家、业务中心4个、机关职能部门14个。公司有7座生产煤矿（分别为五家沟、南阳坡、元宝湾、水泉、国兴、国强、白芦），设计生产能力1360万吨/年，可采储量5亿吨；同时建成年输煤能力2000万吨的带式输煤专线和年入洗能力1500万吨的煤炭洗运中心；与格盟国际能源有限公司合作建成昱光煤矸石电厂，参股40%，装机容量1300兆瓦。连续多年获得集团公司经营业绩考核A级。截至2023年底，资产总额186.55亿元。

2023年，中煤集团山西华昱能源有限公司（简称华昱公司）面对矿井生产条件变差，成本大幅上涨、市场行情不及预期等多重困难，公司上下扎实开展习近平新时代中国特色社会主义思想主题教育，严格落实集团公司和董事会各项决策部署，迎难而上、主动作为、承压奋进、直面挑战，以“保安全、调接续、提标准、促改革”为重点，调动一切积极因素，争取一切有利条件，采取一系列可行措施，顶住了巨大经营压力，防住了各类隐患风险、提升了经营管理水平、磨炼了队伍意志品质，在逆境中推动生产经营取得积极成效，保持了高质量发展良好态势。

【安全管控】 2023年，华昱公司安全生产工作取得了明显成效，获得了集团公司“特级安全生产标准化企业”称号，安全管理水平显著提升。以集团公司安全专项督导、安全业绩评价和“百日攻坚”等专项活动为契机，努力找差距、抓整改，全力提升安全管理水平。职工避险教育力度不断加大，日常安全检查全部“逢查必考”，重新明确各层级215条安全责任，安全职责更加清晰明确，促进了安全生产责任制有效落实。组建自有矿山救护队，安全应急水平进一步提升。全力整治安全生产领域形式主义、官僚主义，整改问题261条，做到实事求是抓安全。

持续夯实安全生产硬件基础。白芦矿顺利完成辅运系统技改，由轨道运输转为胶轮车运输，辅运安全保障水平明显提升。各煤矿全部建成井下标准化配电点，生产供电更加安全可靠。积极推进自动化减人，井下固定场所全部实现无人值守。增加智能化摄像头配置数量，实现了对顶板变化和探放水作业的在线监测，对“三违”行为和皮带异物能够自动识别抓拍，有效提升了安保管理水平。积极推进“三分离”措施落实，实施改造工程126项，杜绝了非作业人员进入生产区域，现场安全管理水平明显提高。

各类安全风险得到有效管控。建立重大风险定期辨识机制，全年有效管控158项重大安全风险，突出对老空探查治理、积水积气处置、大件安拆等重大安全风险的盯控，严格落实老巷探查“八步工作法”和探放水“六必须”措施，累计安全贯通老巷（空）51条，探查老巷6810米，过地质构造46处，安全疏放积水71.6余万立方米，保证了复杂环境下的安全回采。

2023年，华昱公司生产组织经历了严峻挑战，水泉矿全年陷入大面积风氧化带无法正常生产；平鲁矿区三矿采掘失调问题突出，产能释放受限，一季度国强矿没有产量，3月白芦矿没有产量。面对困难，华昱公司多次召开专题会议，一矿一策优化生产方案，按班组织、按日考核、按月兑现。各煤矿坚持问题导向，严格落实生产计划，千方百计稳定职工队伍，扭转被动局面，保证了矿井安全和生产秩序的稳定。

【提质增效】 2023年，华昱公司实现营业收入76.9亿元，利润总额18.7亿元。面对复杂严峻的经营形势，各单位严格落实公司提质增效工作要求，多措并举综合施策，点点滴滴节支降耗，有效缓解了成本快速上涨带来的经营压力。

推进精细开采，全力提升资源回收率。各煤矿全力开展设计优化，资源回收率明显上升；大力开展采空区充填治理，通过多种技术手段回收老空区残采资源，全年多回收煤炭380万吨。狠抓煤质提升，实行煤质目标日考核、日通报，引入全自动采样机，有效保证了煤质稳定。积极开展节支降耗，通过加强井下材料的回收复用，大力开展技术优化等有效措施，实现降本增效3000多万元。

严控资金成本，财务状况持续改善。坚持“现金为王”，持续推进“降杠杆、减负债”，通过低息借款置换、提前归还高息贷款以及加大与金融机构的沟通力度等多种措施，贷款借款利率创历史最低利率水平。

建设标准成本体系，提升精细化管理水平。全面落实集团公司标准成本定额体系建设要求，积极开展标准成本定额库建设。根据各矿井近三年生产要素变化情况，认真梳理457项业务，形成了公司标准成本定额指标体系，高质量通过集团检查验收，并在托管运营领域得到好评。将定额成本管理与绩效考核相结合，精准制定考核标准和实施方案，进一步促进了岗位工资和激励政策的精准化以及业绩考核的科学化。

【改革创新】 2023年，华昱公司持续推进改革创新，各项改革任务扎实推进。全面贯彻集团公司改革发展决策部署，以“存量提效、增量转型”战略为导向，以提高核心竞争力和增强核心功能为重点，推进各项改革工作走深走实。召开改革专题推进会，成立工作专班，紧紧围绕“机构精简化、人员精干化”，“去科室、去下挂”和“项目制”工作思路，科学合理优化两级机关总部机构，总部管理岗位编制压减9.8%，中层管理岗位压减10.4%，基层管理岗位压减19.2%。通过总部机关改革，科学合理压减总部机构和人员编制数量，总部职能划分更加科学，人员更加精干高效，薪酬分配更加合理，工作效率得到进一步提升。

积极推进采购和自有设备改造，各煤矿实现智能化采煤全覆盖，并有6座煤矿建成智能化掘进工作面，安全保障水平进一步提升。持续加大科技投入，研发投入强度保持增长，重点围绕安全生产重点难点开展技术攻关，全年实施科技项目9项，在保障安全生产的同时取得了可观的经济效益。在中国安全生产协会组织的科技成果评价会上，公司共荣获一等奖2项、三等奖1项，获奖等级和数量创新高。积极推进知识产权获取。围绕煤炭生产效率提升、节支降耗、隐患治理等方面加强创新，不断提升专利质量。2023年公司新增专利受理24件，其中发明专利8件；新增专利授权8件，其中发明专利2件。专利获取质量稳步提升，超额完成集团公司下达指标。

【重点项目建设】 2023年，华昱公司扎实推进逐个攻坚，各项重点工作有序推进。产能核增工作取得积极进展。公司职能部室协同元宝湾、水泉、白芦三矿紧抓政策窗口期，积极推动证照办理和现场验收，产能核增工作取得进展明显。6月7日三矿取得国家矿山安全监察局产能核增批文；9月26日，取得山西省应急厅安全设施设计批复。11月通过安全条件及设施现场核查验收。元宝湾、水泉两矿安全生产许可证已变更完成。

新能源项目取得突破性进展。10月31日，华昱公司与山阴县政府签订了《山阴县光伏项目开发框架协议书》和《土地租赁框架协议》，并上报了100兆瓦光伏项目申报材料，11月4日顺利通过了山西省能源局的专家审查，12月1日通过了山西省能源局官网公示，正式列入山西省风电、光伏发电保障性并网年度建设计划。

“两非”剥离工作取得积极成效。持续压实

企业股权管理主体责任，健全股权管理制度，以“两非”剥离，“两资”清理为抓手，做好参股、控股股权管理，稳步有序退出非主业，提高资源配置效率，提升了盈利水平和抗风险能力。

全力化解环保风险。2023年累计投资3885.2万元用于环保项目，华昱公司各项污染物排放均完成集团公司考核标准。全力做好国资委审计整改工作，从严、从细、从实抓好整改落实，审计问题增量明显下降。

山西昱光发电有限责任公司

【概况】 2023年是全面贯彻落实党的二十大精神的开局之年，是“十四五”规划的关键之年，山西昱光发电有限责任公司（简称“昱光发电公司”）在集团党委的正确领导下，坚持以习近平新时代中国特色社会主义思想为指导，全面贯彻落实党的二十大及全会精神，深入贯彻习近平总书记考察调研山西重要指示精神，坚持稳中求进工作总基调，紧扣推动高质量发展的首要任务，深入思考、主动创新、真抓实干，坚决落实能源保供政治任务，着力提升发展质量和经营效益，积极防范化解各类风险挑战，扎实推动全年各项工作任务落实。

【安全环保】 昱光发电公司深入学习贯彻习近平总书记关于安全生产重要论述，进一步提高安全生产思想意识，以员工安全培训为基础，以提高全员安全能力为目标，以风险分级管控和隐患排查治理为抓手，以规范三票执行和现场作业行为为重点，以实现人身、设备安全为中心，贯彻“安全第一，预防为主，综合治理”方针，严格落实安全生产主体责任和全员安全生产责任制，不断完善隐患排查和风险分级管控制度体系建设，着力健全双重预防机制，做到班组日查、部门周查、公司月查，全年共查出安全隐患741条，及时制定整改措施，限期闭环清零。2023年公司安全生产态势整体稳定，未发生人身和设备事故，未发生误操作和火灾、交通事故，未发生严重社会影响的电力生产事故。

公司全面贯彻落实习近平生态文明思想，坚决扛牢环保主体责任，强化环保设施和设备维护与运行管理的监督，加强对厂内烟气排放指标、CEMS设备维护、固废处置、废水处理等监督管理；及时完成企业自行监测和信息发布，不断完善环保隐患排查和突发环境事件的应急管理；加强厂区运灰车辆及道路卫生治理，加强对灰场的洒水、碾压、绿化的监管工作；完成对灰库和渣仓卸灰渣除尘器技改工作，消除渣仓和灰库卸灰过程中的粉尘污染；逐级完善碳排放工作管理制度，连续第五年碳配额盈余，成为朔州市12家火力发电企业盈余量最大的企业。2023年公司各项环保指标均达标排，全年二氧化硫平均排放浓度16.64毫克/标立方米；氮氧化物平均排放浓度34.21毫克/标立方米，烟尘平均排放浓度2.23毫克/标立方米，全年未发生环境污染事故。

【科技创新】 2023年，昱光发电公司深入学习贯彻习近平总书记关于科技创新的重要论述，把科技创新摆在关系公司战略全局的突出位置，以提高自主创新能力为核心，以体制优化、机制创新和队伍建设为基础，聚焦双碳目标和节能降碳发展需求，全力贯通创新链、产业链、价值链，加强原创技术研发，全方位攻坚破题，充分发挥科技创新在公司高质量发展中的关键作用。2023年公司共申报实用新型专利2项和专利发明2项，其中1项发明专利已授权；公司李锦乾职工创新工作室被山西省电业工会联合会任命为“山西省电业职工创新工作室”；在集团“五小”评比中荣获一等奖成果1项、三等奖成果3项。

【提质增效】 昱光发电公司积极主动落实集团党委关于开展“降本增效、提质增效”工作的决策部署，依托“党建+精细化”管理模式，不断激发员工主人翁意识，持续强化职工经营者思维，从加强机组运行调整、优化设备运维管理等方面入手，不仅在公司掀起了“全员参与、上下联动、齐抓共管、多措并举”的浓厚氛围，也通过实际行动切实将“人人都是经营者”的理念落在实处、做在细处，2023年公司实现同比降本增效、提质增效2867.68万元。降本增效方面，从降低煤耗、降低厂用电率、降低石灰石单耗、降低尿素单耗、降低水耗等多个指标多方面入手，通过优化运行方式等手段，实现同比降低成本1816.25万元。提质增效方面，狠抓检修质量管理提高机组运行可靠性，不断提高运行管理水平、不断深挖机组调峰能力，在双细则考核、容量市场收益、辅助市场服务收益等方面同比提质增效1051.43万元。

深入开展对标挖潜。昱光发电公司严格贯彻落实国有企业深化改革提质增效推进会精神，坚持将“对标挖潜、突破两线”在公司中落地落实，选取晋能国锦电厂、国金电厂、大土河电厂进行对标学习，通过现场走访、观摩、交流等形式，收集了大量值得借鉴的工作举措，并结合公司实际情况，进行逐一论证实施。

【经营指标】 2023年，昱光发电公司依托“党建+精细化管理”之阿米巴模式，持续开展对标管理、节能管理工作，科学控制燃料成本，大力优化燃烧调整，狠抓设备运维质量，合理控制财务费用，不断深挖机组潜能，不断增强企业经营活力。全年完成发电量59.72亿千瓦时，发电厂用电率6.28%，供电标煤耗313克/千瓦时，供热量378.32万吉焦。

【信访工作】 2023年，昱光发电公司坚持以习近平新时代中国特色社会主义思想为指导，全面学习贯彻党的二十大精神，深入贯彻落实习近平总书记关于加强和改进人民信访工作的重要思想，认真贯彻落实省委、省政府，省信访局和省国资委各项工作部署，牢记“为民解难、为党分忧”政治责任，以中央信访联席办、国家信访局“135”施工路线图为工作牵引，坚持政治引领，全面推动健全完善党领导信访工作体制机制，全面贯彻落实《信访工作条例》，扎实推进源头治理，努力为集团发展、国家安全和社会稳定做出积极贡献。

【数智化建设】 2023年，昱光发电公司深入贯彻集团公司“数智化深化年”相关部署，按照数字转型数字产业化、产业数字化、数据价值化、治理数字化“四化”协同的思路要求，紧跟集团公司完成财务共享系统、数字印控系统的上线工作；同时对边界防火墙规则库更新，实施全厂办公客户端云杀毒；优化SIS系统，通过系统架构调整，对问题画面及测点进行整改，新增性能计算管理、运行评估考核、电量数据获取等模块实现数据采集稳定、各功能模块数据准确，使数智化管控贯穿于公司决策与生产经营全过程。

【人才工作】 2023年，昱光发电公司深入贯彻深入学习贯彻习近平总书记关于人才工作的重要论述，始终坚持党管人才原则，不断完善党委统一领导，组织部门牵头抓总，有关部门各司其职、密切配合的人才工作格局，持续完善人才激励体系，深入开展校企合作，不断加大人才引进、培养和使用力度。全年公司7人评为高级工程师，17人评为中级工程师，共引进全日制应届毕业生2名，共引进高水平专业型人才9名，并与山西大学合作建立校企合作创新实践基地，为公司高质量发展提供坚实的人才支撑和智力支持。

【安全生产】昱光发电公司为深入贯彻落实习近平总书记关于安全生产的重要论述，坚持“人民至上、生命至上”，持续加强安全生产宣传引导，强化职工群众安全健康意识，切实增强职工安全法制意识和责任意识，2023年6月，工会联合安环部和发电部共同举办了安全知识技能竞赛和安全知识辩论赛，进一步形成群众性的安全生产活动热潮，着力提高员工的安全生产意识、安全操作技能和应急自救能力，大力营造全公司“人人讲安全 个个会应急”的浓厚氛围。

【新能源建设】2023年，昱光发电公司稳步推进山阴、应县100兆瓦农光储氢项目建设，坚持“安全第一、预防为主、综合治理”方针，全面压实各方安全管理责任，统筹做好生产运维和基建调试相互交叉的管理工作，不断完善风险分级管控和隐患治理双重预防机制，严把项目工程安全、质量、进度关，应县项目已于3月12日并网发电，山阴项目于9月27日并网发电。

【乡村振兴】2023年，昱光发电公司积极落实乡村振兴战略，不断增强推进乡村振兴工作的责任感和使命感，严格落实驻村帮扶工作要求，不断完善帮扶机制，以消费帮扶为抓手，帮助帮扶点河曲县金家沟村解决农产品出村进城难、销售渠道不够畅通问题，助力更多农产品“走得出”“卖得好”，带动了农业增效、农民增收，扎实履行国企帮扶政治责任和社会担当；同时公司着力改善驻村工作队工作和生活环境，对金家沟村党群服务中心进行了全面改造升级，新建了卫生洗浴室，解决了村委会屋顶渗水、外墙保温、冬季取暖及用水等问题，解决驻村队员的后顾之忧，使他们能够全身心地投入推动脱贫攻坚与乡村振兴有效衔接工作之中。2023年公司乡村振兴累计捐赠资金43.25万元，为助推乡村振兴做出了突出贡献。

【固废综合利用】2023年，昱光发电公司持续加大固废综合利用开发力度，不断探索固废综合利用新途径，通过引进战略合作伙伴、开拓外部市场等多项举措，不断提高固废综合利用率，降低固废处置成本，并首次开发了炉渣和石膏综合利用项目，促进固废实现绿色、高效、高质、高值、规模化利用，有力改善了环境质量，实现了经济效益与生态效益双赢。2023年，公司固废综合利用量为10.4万吨，累计节约运费及固废处置费199.3万元。

【党建工作】昱光发电公司党委始终坚持以学习推动思想深化，深入学习贯彻落实习近平总书记考察调研山西重要指示精神和党的二十大精神，深入开展学习贯彻习近平新时代中国特色社会主义思想主题教育，紧紧围绕“学思想、强党性、重实践、建新功”总要求，制订工作计划，成立领导机构和工作机构，指导公司各党支部按照要求制订学习计划，依托中心组学习、支部主题党日等载体，深刻汲取习近平新时代中国特色社会主义思想的理论营养，不断提高政治判断力、政治领悟力、政治执行力。公司党委坚持以党的政治建设为统领，牢牢把握“两个维护”这一最高政治原则和根本政治规矩，时刻关注党中央在关心什么、强调什么，把及时深入学习习近平总书记重要著作、最新重要讲话和指示批示精神作为公司党委会议“第一议题”和规定动作，严格民主集中制、党委前置研究程序，规范权力运行，全年召开党委会50次，其中专题党委会15次，始终聚焦党中央、省委决策部署，聚焦集团高质量发展谋划工作，毫不动摇把党的领导贯穿公司治理全过程、各环节。

昱光发电公司纪委将开展纪检监察干部队伍教育整顿作为当前一项重要政治任务，第一时间成立公司纪检干部队伍教育整顿领导小组，认真落实集团纪委相关指示精神，突出“精、细、严、实”，紧紧围绕学习教育、检视整治、巩固提升三个环节，聚焦铸就政治忠诚、解决突出问题、强化责任落实、务求工作实效，坚持刀刃向内，敢于动真碰硬，全面提升思想自觉和行动规范，持续推进纪检干部队伍教育整顿走深走实、见行见效。全年共开展专题学习67次，检视整改问题70项，切实做到把教育整顿成果转化为改进工作的具体思路举措，提升纪检业务水平，推动公司纪检工作高质量发展。

住房和城乡建设
环境保护

住房和城乡建设

【概况】 山阴县住房和城乡建设管理局是山阴县人民政府序列行政局，正科级建制，同时挂山阴县城市管理综合行政执法局牌子。其下辖山阴县新型城镇化建设事务中心、山阴县智慧城市发展服务中心、山阴县城市管理综合行政执法队3个事业单位。主要规范全县住房和城乡建设秩序，监管全县建筑市场、房地产市场和建筑工程质量，指导并监管全县村镇建设，推进全县住房制度改革以及建筑节能减排，保障全县城镇低收入家庭住房。承担全县重点工程建设的协调服务、监督管理。

【推进项目建设】 2023年，山阴县住房和城乡建设管理局推进项目落地建设，支持全县经济发展。实施项目14个，总投资17亿元。其中续建项目4个，总投资3.1亿元；新建项目8个，总投资1.33亿元；PPP项目2个，总投资12.57亿元。

续建项目：朔州市山阴县长城旧广武村中国历史文化名村建设项目，总投资13268.12万元。城外道路、道路划线、停车场、城外绿化、市政管网、排洪渠及栏杆已全部完成，城内道路铺装全部完成城内主街道立面改造、门窗安装已全部完成，王家南院结构完成50%，马家大院结构完成20%。山阴县县域经三路、经五路道路建设及东环路管网混错接改造工程—东环路一期道路，总投资694.875万元，道路全长326米，宽24米，已完工。朔州市新韵体育公园建设项目，总投资5831万元，项目用地面积115959.6平方米，项目主要活动场所、景点、道路、照明、供水、供电等基础设施已完工，已面向社会开放。山阴县县城集中供热扩容二期工程项目，总投资11263.55万元，涉及供热户数2220户，已完工。

新建项目：2023年老旧小区改造项目，总投资9655.44万元，涉及26个老旧小区，实施5个老旧小区改造项目，分别为山阴县集贤社区老旧小区改造工程、山阴县德望社区老旧小区改造工程、山阴县兴隆社区老旧小区改造工程、山阴县广益社区老旧小区改造工程、山阴县芳园小区老旧小区改造工程，截至年底，所有小区基础设施、外墙保温已完成。山阴县广场路、站前街、中商街智能交通工程建设项目，总投资650.57万元，已完工。荣乌连接线绿化工程项目，总投资1312万元，总绿化面积21639平方米，截至年底，已完成总工程量的60%。山阴县农村生活污水综合利用工程（2023年5个村），总投资2049.2597万元，截至年底，已完成总工程量的90%。

PPP项目：一是基础设施PPP项目，总投资为65729.34万元，包含9个子项目。其中，站前街、中商街、广场路道路改造工程，青年西街立交桥段、广场路两侧建筑街景立面改造工程，岱岳火车站广场及县中医院戏台广场改造工程、山阴县八村一区街巷道路提质（二期）工程、山阴县南站进出站道路工程建设项目已全部完工。山阴县南站站前广场工程，剩余绿化、路灯、强弱电安装工程，其余已全部完工。山阴县河阳大道供水管网建设项目，已完成总工程量的85%。山阴县城供水设施建设及管网改造工程，智慧水务平台已安装试运行，其他管网铺设受PPP核查原因未办理施工许可证，暂未开工。山阴县顺通街至山阴高速连接线工程，因涉及生态红线调整，截至年底，不可避让报告已编制完成，等待省政府出台政策性文件。二是场馆建设PPP项目，总投资59994.58万元，包含2个子项目。山阴县图书馆、档案馆、文化馆建设项目，设计总建筑面积15629平方米；文化馆、图书馆、档案馆主体及二次结构、室外管网全部完成，线性雨水沟完成60%，已进入装饰装修、安装工程阶段。山阴县城市综合应急管理指挥中心、会展中心建设项目，设计总建筑面积32991.2平方米，地下一层，地上三层，会展中心主体及二次结构已全部完成，指挥中心屋面钢结构已全部安装完成，已进入装饰装修、安装工程阶段。

【安全生产监管】 2023年，山阴县住房和城乡建设管理局强化安全生产监管。对23家全县在建工程项目的安全隐患及扬尘治理进行了全面检查，发现隐患111条，其中重大隐患15条，下发安全隐患限期整改通知书56份，扬尘治理通知书17份，停工通知书5份，全部完成整改。燃气安全方面，出台了《山阴县燃气安全专项整治工作专班办公室燃气安全“百日行动”专项整治部门任务分解清单》，对县域内13家燃气经营企业进行全面检查，发现隐患74条，其中重大隐患1条，全部完成整改，保障了燃气使用的安全稳定。积极开展建设单位、施工单位、监理单位、技术审查单位等的监管，对消防材料、器材、设备的质量进行检查，工作前移，做到事前、事中、事后监管到位。

【城乡垃圾污水治理】 2023年，清运县城内生活垃圾4.2万余吨，建筑垃圾5.1万余吨。累计清理乡村生活垃圾3.47万余吨，建筑垃圾1.3万余吨，混合垃圾1.65万余吨。累计处理城市生活污水239.66万吨，中水回用203.26万吨（工业回用118.91万吨，绿化回用84.35万吨）；出水标准达中一级A类，COD、氨氮、总磷执行地表V类，无超标；其中，COD减排1102.53吨，氨氮减排174.98吨。疏通污水管网2760米，更换雨水井盖316个，污水井盖185个。

【建筑市场监管】 2023年，山阴县住房和城乡建设管理局通过山西省建筑工程从业人员实名制管理系统对新建、在建的7个工程项目信息实施动态监管，信息上报率、更新率和准确率达到100%；对山阴县16个建筑业企业开展了治欠保支落实情况的核查，对存在拖欠工资问题或有拖欠苗头的，负责人跟进、督促用人单位想办法筹集资金，采取措施清除隐患，切实维护了农民工的合法权益。

【工程质量监管】 2023年，山阴县住房和城乡建设管理局对取得施工许可的工程进行质量监督，办理建设工程质量监督计划书22项，监管建筑面积39万平方米，工程质量监管100%。竣工验收28项，合格率100%。开展工程质量抽查检查10项，下发《质量监督抽查通知单》3份，在建工程质量全部监管到位。

【城市综合管理】 2023年，山阴县住房和城乡建设管理局加大宣传力度，发放《城市市容环境集中整治的通告》《门前五包责任制内容》8000余份。提升城市烟火气，引导地摊经济健康发展，规范设置夜市摊点，将100余家烧烤摊点移至跨线立交桥下统一管理，全面取缔县城各区域临时烧烤摊点，确保县城市容面貌得到有效改善。整治“城市牛皮癣”，清理小广告和乱涂乱画700余处，铲除玻璃字体500余家，拆除存在安全隐患围栏护栏60处，拆除楼顶大型广告牌3块，规范临街商铺牌匾20处，对县城部分路段外立墙面进行粉刷，粉刷面积约4.6万平方米，粉刷路灯杆454根，粉刷树木1184棵。“弱电入地”效果显著，对县城主要道路“蜘蛛网”全部清除，拔除弱电线路电杆约700根，截除弱电线总长度约1.4万米。加大共享单车整治力度，对县域内乱停乱放的共享单车进行集中整治，规范共享单车1000余辆，清理乱堆放共享单车500余辆，施划停车位200

个，要求单车企业配备安全头盔1000个。监管房屋建筑和市政基础设施工程招投标项目36个，涉及投资4.6亿元。抗震节能“双随机，一公开”检查16次，出具建筑节能专项验收证18份。完成经营性自建房排查2414户，完成鉴定2414户，排查率100%；其中存在安全隐患90户（C级），下达整改通知书90份，已完成整改87户，并全部录入信息归集平台。排查其他自建房144182户，排查完成率100%；其中，存在安全隐患房屋115户，已完成整改56户。

【信访工作】 2023年，山阴县住房和城乡建设管理局处理信访案件及省市县专项信访交办案件2起，办结2起，办结率100%。处置“12345”政务热线问题1150条，涉及7个类别，其中物业投诉210条，收费问题145条，供暖问题150条，老旧小区改造140条，路面硬化161条，退费85条，占道经营259条。

【清廉住建】 2023年，山阴县住房和城乡建设管理局持续加强山阴县住建系统政治作风建设，不断提高全局党员干部的“政治判断力”“政治领悟力”“政治执行力”，不断提高敢担当、善作为的能力，确保住建各项工作，永远同党中央保持高度一致，同省市住建部门和县委县政府的中心工作保持一致。为此，制订《学习宣传贯彻党的二十大精神工作计划》《山阴县住建局关于深入开展学习贯彻习近平新时代中国特色社会主义思想主题教育工作学习计划》，强化党组中心理论组学习，利用每周二、周四学习时间，原原本本学习党的二十大文件，学习《习近平新时代中国特色社会主义思想专题摘编》《论党的自我革命》等理论文章，重新学习了中央“八项规定”及纠正“四风”的精神，以及《中国共产党廉洁自律准则》《中国共产党纪律处分条例》。学习了习近平总书记在中纪委二十届二次全会上的讲话，开展了以案促教，以案促治的警示教育，坚定不移地全面从严治党，确保全局党员干部职工增强“四个意识”，坚定“四个自信”，捍卫“两个确立”，不断提高干部队伍的理论素养、专业水平和依法行政能力。

持续开展清廉住建建设。制定《全面加强清廉机关建设的实施方案》，成立清廉机关建设领导机构，细化步骤，明确责任。制定了2023年党风廉政建设工作计划，签订了党风廉政建设责任状，并将其纳入目标责任考核体系。严格组织生活，从严落实“三会一课”，民主生活会和组织生活会制度。加强警示教育，观看了《镜鉴》《永远吹冲锋号》《王家屏》等警示片。规范权力运行，出台了《关于对贯彻落实“三重一大”决策制度的工作方案》，有效规范了权力运行，清廉住建建设取得阶段性成果。

山阴县智慧城市发展服务中心

【概况】 2023年，县智慧城市发展中心始终围绕打造“灵秀古城”、建设“新韵山阴”工作目标，大力实施环卫保洁、垃圾清运、垃圾处理一体化，道路维护、园林养护、路灯管护一体化，不断提高县城居民生活条件，改善居民生存环境。

【环卫管护】 2023年，县智慧城市发展服务中心加强日常环卫管护，县城环卫保洁面积438万平方米（接管时300万平方米，运行后建成区范围内主次干道新增52万平方米、延伸小街巷86万平方米），县城生活垃圾日产140吨，日产日清，全部转运垃圾处理场进行无公害化处理。该中心接管动车站环境卫生、公厕和贵宾室，组织专门队伍对动车站内外环境进行整修，粉刷了办公楼和铁路前后院墙，绿化铁路护坡，更新出站口墙壁宣传板面，疏通下水管道，修整后的动车站面貌焕然一新。针对居民旧房改造产生的建筑垃圾随意倾倒乱倒现象未能有效遏制，据统计建筑垃圾占总垃圾总数的30%，严重影响市容环境，每月智慧城市发展中心清运的建筑垃圾平均为320立方米。

【垃圾分类】 2023年，县智慧城市发展服务中心以县城洪涛大街为试点，加大垃圾分类减量化投资，以点带面逐一全面推行，设置分类垃圾厅、垃圾箱，对沿街门店、单位及居民投放垃圾进行宣传教育，配专人监督约束，定时分类投放垃圾，并安排两辆垃圾分类收集车定时上门收取垃圾。共开展2次垃圾分类宣传活动，10次走街串巷垃圾分类宣传资料发放与面对面讲解。经过多次、多人的宣传，居民对垃圾分类的重要性有了很高的认识，县城垃圾分类工作有了明显改善。

【园林绿化】 2023年，县智慧城市发展服务中心园林绿化管护面积为81.6万平方米，中心全力做好县城园林、排水设施养护管理工作。4月完成青年街6公里的园林树木补苗、绿化带补栽工作。中心常态化排查整治雨污水管网20.3公里，雨水井1960个，污水检查井980个，应急性抢修维护，全力保障市政设施的正常运行，对破损、缺失井盖及时更换，对全县雨污井和管网进行大排查和全疏通，购置管道疏通车1辆。

【市政道路维护】 2023年，县智慧城市发展服务中心负责市政道路维护面积263万平方米（县城主次干道和已硬化的街巷），对县城道路进行适时维护，发现一处，修复一处，确保道路畅通。重点对市政道路情况进行全面排查，对在排查中发现的主次干道和人行道破损、塌陷、坑洼不平等影响城市面貌和居民出行的问题，集中力量开展维修维护。对同太路、儿童公园附近、南环路、西环路、东环路、北环路、青年路中段等多处塌陷破损路面及人行道进行修复修补，全部采用沥青铺面，道路创可贴封边，共计修复破损路面1200多平方米。中心通过日常巡查、社区申请，以及“12345”政务服务热线反映的主干道路和街巷破损情况，及时完成东环路破损路面修复、府南路人行道、忠州路更新改造，及时消除了安全隐患，确保设施管养快捷高效。

【路灯亮化】 2023年，全县新增灯杆223个，共有3160个，新增双头灯盏132盏，中华灯盏594盏，共有灯盏15176盏，全县管护电缆线约110公里。中心更换了虎山线山阴高速口至刘家岭路灯268盏，完成了该路段的亮化工作。同时洪涛大街所有中华灯进行加装射灯工作，使洪涛大街真正成为县城亮化的标志性大街。对应山路东边、一小、六小门前等多处安装了路灯。对县城路灯设施做到逐日排查，逐一检修，及时维修，确保全线通明，持续保持特色亮化水平。

【垃圾处理】 2023年，县智慧城市发展服务中心接管垃圾处理场后，对沿路及填埋区安装了路灯，推行24小时开门运行，为大地公司和中心垃圾清运提供便利。按市政府要求5月24日起每日为朔州绿动南山环境能源有限公司生活垃圾焚烧发电厂运送生活垃圾50吨。

【应急工作】 2023年，智慧城市发展服务中心制定了全面而实用的雨雪天气应对工作方案，并严格按照方案执行，确保在极端天气条件下保障市民生活和基础设施的安全。12月共清除7530余立方米的积雪，为广大市民提供了安全畅通的城市环境。

【数据平台使用】 智慧城市发展服务中心推动智慧城市数据平台使用，数据涵盖了城市道路维修、园林维护、环卫清洁等多个领域的信息。2023年，在智慧城市建设方面，成功推动了数字基础设施的使用，智能化管理系统的应用覆盖面积扩大。智慧平台的使用督促了城市一线工作人员的工作积极性，进而带动了城市管理效率的提升，有效改善了城市市容环境，得到了社会各界的好评。

生态环境保护

【概况】 2023年，山阴县生态环境保护工作，以习近平新时代中国特色社会主义思想为指导，在党的二十大精神引领下，在上级部门和县委、县政府的正确领导下，朔州市生态环境局山阴分局党组提高政治站位，加强党的政治建设，落实从严治党责任，开展主题教育、不作为、慢作为、乱作为问题纪律作风整治、持续开展基层作风建设提升年专项整治行动、加强"清廉机关"建设，召开高质量主题教育民主生活会，推动全面从严治党向纵深发展。践行绿水青山就是金山银山文明理念，大打污染防治攻坚战，落实落细生态环境保护工作要求，"依法、科学、精准治污"，推动环境质量稳步提升。

【约束性指标】 2023年，山阴县空气质量二级天数达到316天，排名全市第一，全省排名第四十二，改善幅度排名全市第一。山阴县共两个跨界考核断面，分别为河头村、大东庄村，2023年，河头村出境面水质达到地表水IV类标准，大东庄村出境面达到V类标准。环境生态局委托第三方检测公司对山阴县水峪口饮用水源地进行了取样检测，共检验39项，全部达到地下水质量标准Ⅲ类标准。

【环境管理】 朔州市生态环境局山阴分局生态文明建设示范区创建。按照上级部门生态文明建设示范县创建要求，以减污降碳扩绿增长协同推进为引领，推动绿色低碳发展，完成了省级生态文明建设示范县创建文本编制工作。

项目资金规范化管理。为了加强扬尘污染治理，减污降尘，申报中央生态环境专项资金专项补助资金6027万元。推进朔茂通、观音堂、瑞启3家公司全封闭煤棚建设，项目资金的支持为加强大气污染防治奠定了基础。清洁生产审核工作。在2022年完成5家的基础上，2023年在煤炭开采行业山西朔州山阴兰花口前煤业有限公司等5家企业开展清洁生产审核工作，元宝湾、芍药花、兰花口前已上会评审通过。

核与辐射管理工作。为了坚决遏制辐射事故发生，营造安全稳定的核与辐射环境。朔州市生态环境局山阴分局印发《关于山阴县2023年核与辐射安全风险隐患排查整治专项工作方案的通知》，对持证单位进行了现场隐患及手续建设情况进行安全风险隐患排查。中煤集团山西华昱能源有限公司金龙皮带202地面的钢丝绳输送X射线实时在线监测系统（X射线探伤机）因探伤效果下降，无法满足公司使用要求，被终止使用。5月31日由山西戴德测控技术股份有限公司出具的回收证明进行设备回收并处置，6月9日，市行政审批局对该公司辐射安全许可证正副本进行了注销。

推进排污许可证执行报告提交工作。对全县已申领排污许可证的60家企业进行帮扶指导，依托排污许可证管理平台对填报的企业单位开展排污许可证相关内容的完整性和规范性质量核查工作。全县60家领取排污许可证企业按时完成执行报告填报工作，对核查发现问题的18家企业单位完成了整改上报工作。

开展企业自行监测。2023年，企业自行监测方案备案工作开始进行，按照市局下发的名单，要求企业尽快做出2023年自行监测方案备案及信息共享平台上传工作。

统计基础规范化管理。根据“十三五”环境统计制度要求，研究环境统计工作，制订工作计划，确定工作方案，安排审核人员，明确责任，落实专人负责，主要统计范围分为工业、畜禽养殖业和集中式污染治理。3月初，完成34家生产工业企业环境数据统计，科学、客观、真实地反映工业企业排污情况，为全县减排工作打好基础。

【大气污染防治攻坚战】 朔州市生态环境局山阴分局推进扬尘污染治理。开展扬尘污染专项整治，落实行动计划。针对煤企业无组织排放制约山阴县环境质量改善提升的重要因素，为力争山阴县2023年环境质量全面达标，争创生态文明示范县，把涉煤企业违法排放作为攻坚重点，从点、线、面精准发力，全方位推进降尘，努力构建良好的创新生态，为增强打造灵秀古城、建设新韵山阴提供高质量发展驱动力。岩伟峰、朔茂通、观音堂、瑞启全封闭煤棚已建设。

开展夏季臭氧和柴油货车污染治理攻坚行动。为了抓好山阴县臭氧污染防治、柴油货车污染治理、消除重污染天气，县环委办印发了《山阴县深入打好消除攻坚行动实施方案的通知》文件。朔州市生态环境局山阴分局协同公安交警、交通、商务、市场部门开展加油站、柴油货车联合执法检查。重点检查油气排放、柴油货车污染控制装置、车载诊断系统（OBD）、尾气排放达标等情况，严厉打击超标排放等违法行为。同时，配合市局对非道路移动机械进行了4次路检路查、3次走航检查。

【碧水保卫战】 朔州市生态环境局山阴分局开展了桑干河整治。为了全面消除劣Ⅴ类，实现桑干河流域质量改善。县环委办督促水利部门开展桑干河西小河段过水路面连接段、主槽疏浚、主槽防护、堤防填筑、排水涵管施工，年底全部完成整治。同时，县桑干河湿地公园管护中心开展了湿地保护修复与生态效益补偿资金建设项目建设，维护河流生态功能，推进河流治理体系和治理能力现代化，增强人民群众的获得感、幸福感、安全感。完成千人供水工程农村饮用水源地保护区划分报告，向市政府提交水源地划分申请。推进农村黑臭水体整治。联合12个乡镇和职能部门开展辖区内农村黑臭水体排查，要求对新发现的黑臭水体或返黑返臭的水体，要及时纳入相应监管清单有序安排整治。经联合各乡镇排查，未发现涉农村黑臭水体。开展农村生活污水治理。按照市级文件精神，配合住建部门确定了山阴县2023年度农村污水治理5个村庄名单（即古城镇快乐村、安居坊村、东小河村；薛圐圙乡黑圪塔村、罗庄村），主要建设内容为污水管网工程包括管道、检查井、收集池等。截至年底，全部完成治理。

【净土防御战】 朔州市生态环境局山阴分局严格建设用地准入制管理，开展土壤污染状况调查评估，以用途变更为“一住两公”的地块为重点，前期依法开展土壤污染状况调查和风险评估。2023年对山阴县10宗地块建设项目前期进行了土壤污染详查，检测结果均未发现污染物超标，安全利用率100%。

加强危废医废管理工作。根据全国固体废物管理信息系统申报要求，完成了危废医废申报工作。对全县工业危险废物产生单位40家；医疗机构医废产生单位20家，危险废物收集经营单位2家开展网上申报，3月底，全县40家重点工业企业产废单位和20家医疗机构产废单位全部完成固废系统危废申报登记与管理计划备案，2家危废收集经营单位全部完成固废系统申报登记与管理计划备案。申报率和管理计划备案率100%。

【综合治理】 朔州市生态环境局山阴分局持续开展利剑斩污、秋冬季大气污染综合治理攻坚行动。为了切实保障人民群众身体健康，着力消除重污染天气。以减污降碳协同增效为总抓手，减少重污染天气和降低PM2.5浓度为主要目标，结合全省利剑斩污行动，坚持方向不变、力度不减，推进污染防治工作。严厉打击治污设施运行不正常、超标排放、偷排偷放、不落实应急减排措施等违法违规行为，确保全面稳定达标排放。加强现场监督检查力度，依法处理打击违法行为，促进全县秋冬季环境空气质量持续改善。聚焦煤炭洗选行业，落实“物料封闭、场地硬化、洗车设施、运输苫盖、湿法装卸”管理方式，采取抑尘管控措施，开展定时洒水和人工清扫，推进厂区及出入厂道路全天候保洁，确保重点区域不留死角，路面干净湿润，有效降低扬尘污染。在斩污行动和综合治理期间，对物料露天堆放金城煤业处罚3万元、千井煤矿处罚4.2万元、林鑫石料厂处罚4万元、海之源处罚2.7万元，共13.9万元，并对违法处罚进行了双公示。

生态环境综合整治专项行动。6月中旬，环委办印发了《山阴县生态环境综合整治专项行动方案》，要求环委会职能部门深入贯彻党的二十大精神，践行习近平生态文明思想，坚持生态优先、绿色发展，完整准确全面贯彻新发展理念，牢固树立正确的政绩观，认真落实省、市、县决策部署，坚持稳中求进的工作总基调，以改善空气质量为核心，以当前迫切需要解决的大气、水、土壤污染问题为重点，切实把生态环境突出问题综合整治专项行动作为重大政治任务抓紧抓实，以坚决的态度、过硬的作风、有力的行动，守护好绿水青山，为打造“灵秀古城”、建设“新韵山阴”做出贡献。

加强环境网上监控，严防偷排漏排行为发生。对运行的5家在线监控企业进行了自动在线监控设备运行及维护质控检查，确保设备正常运行，数据准确有效。通过实时查看在线监控平台数据，对异常数据突发情况，针对性地到现场检查10次，保障自动在线监控设备正常运行。

【日常监管执法】 朔州市生态环境局山阴分局开展双随机抽查工作。协同市局完成该年度市局对山阴县5家危险废物产生单位的双随机抽查工作，5家单位全部达标。同时，配合省厅开展了2023年危废规范化管理考核评估抽查工作，现场抽查煤炭生产企业、汽修行业、活性炭生产企业、白灰生产企业各1家。抽查结果4家达标。

开展生态环境重大事故隐患专项排查整治行动。按照生态环境重大事故隐患专项排查整治2023专项行动方案要求，朔州市生态环境局山阴分局执法人员对煤炭洗选、高岭土、橡胶制品、耐火材料等30家企业进行检查，检查风险评估，应急物资配备、应急培训和演练等环境风险防范制度和措施落实情况，深入排查可能导致突发环境事件的风险隐患，建立问题台账清单，明确整改措施和时限要求，落实企业主体责任。针对企业制度不健全、应急物资储备不足、应急培训不到位，提出整改要求，限期整改完成。山阴县未发生环境重大事故隐患问题。

【环境信访】 朔州市生态环境局山阴分局消除矛盾隐患，扎实做好环境信访工作。为了消除隐患，强化以人为本、服务民生的理念，把服务群众、促进民生问题，服务大局、促进经济社会协调发展，作为矛盾纠纷调处工作的价值追求。局党组建立了以局信访综合办牵头实施，各股、室、所整体联动的排查调解机制，加大队伍建设力度。安排专人开展矛盾纠纷排查、调解、联络工作，及时化解群众环境信访矛盾纠纷。1—12 月，共收到群众反映问题共 168 件，其中涉气 107 件、涉水 15 件、噪声 10 件、固废 12 件、洒水 22 件、其他 2 件。截至年底，群众反映问题全部按时办结，办结率和回访率 100%。

【生态环保宣传】 6 月 5 日，朔州市生态环境局山阴分局以“建设人与自然和谐共生的现代化”为主题开展环境保护宣传，向过往群众发放宣传资料 4000 份，悬挂宣传标语 10 条，向移动用户发送以“建设人与自然和谐共生的现代化”为主题，发送短信 5 万条。引导全社会深刻把握我国新发展阶段生态文明建设总体要求，动员社会各界积极投身建设美丽中国、实现人与自然和谐共生的现代化的伟大实践。

落实总体国家安全观，保障国家安全。联合退伍退役军人局、应急局、市场局等相关部门和各乡镇在国家安全主题公园进行“贯彻总体国家安全观，增强全民国家安全意识和素养，夯实以新安全格局保障新发展格局的社会基础”为主题的宣传教育活动，大力宣传国家安全法等法律法规和基本知识，向人民群众广泛宣传维护国家安全、环境安全的基本知识，发放宣传手册共 300 份和环境安全知识宣传单 500 份、悬挂横幅标语 4 条。受教育群众达 1000 多人，增强了人民群众防范意识和维护国家安全的能力，增强全县人民尊法学法守法用法、维护国家安全的自觉性。深入企业讲解国家安全的含义、地位以及在日常生活中如何提升防范能力、增强安全防范意识，并发放宣传资料，使企业职工增强了“国家安全人人有责”的意识，提升了依法维护国家安全的自觉性。充分发挥新媒体宣传优势，利用悬挂横幅标语、宣传栏等宣传平台不间断播放“全民国家安全教育日”相关信息等，营造出浓厚的宣传氛围。

落实环境安全责任，开展安全月宣传活动。宣传《生态环境损害赔偿管理规定》《生态保护红线生态环境监督办法（试行）》等，活动现场发放宣传资料 1000 份。通过“安全生产月”宣传活动，形成阶段性宣传热潮，进一步增强了安全影响力、感染力，营造了全社会关心安全生产、参与安全发展的浓厚氛围。

【机关党建】 朔州市生态环境局山阴分局开展学习贯彻习近平新时代中国特色社会主义思想主题教育。2023 年 9 月，朔州市生态环境局山阴分局在县主题教育联络组精心指导下，精心谋划，动员部署，开展主题教育活动，在活动期间，全局干部职工深入学习贯彻习近平总书记关于主题教育重要讲话和重要指示批示精神，牢牢把握“学思想、强党性、重实践、建新功”总要求，坚持科学谋划、示范带动，结合实际、分类指导，突出特色、精准发力，聚焦主题主线、把握重点关键，抓好突出问题整改，办好惠民利民实事，坚持高标准、严要求，紧扣目标任务，有力有序做好各项工作，确保主题教育深入开展、取得实效。贯彻落实党的二十大精神，加强意识形态建设。全局落实落细省市县党风廉政建设和从严治党要求，中央八项规定精神，全局党员干部深刻领悟“两个确立”的决定性意义，坚定“四个自信”，增强“四个意识”，把“两个维护”作为最高的政治原则和根本政治规矩，融入党的政治建设、思想建设、组织建设、作风建设、纪律建设，强化党员干部的廉洁自律意识，推进党风廉政建设和反腐败斗争、清廉机关和权力运行制约体系建设，为深入打好污染防治攻坚战、建设人与自然和谐共生的美丽新韵山阴提供坚强保障。加强作风建设，落实从严治党责任。全局上下筑牢政治忠诚，凝聚全面从严治党强大工作合力，干部职工强化政治担当，切实增强全面从严治党的政治自觉，深化标本兼治，不断推动全面从严治党向纵深推进。切实把推动学习习近平新时代中国特色社会主义思想往深里走、往心里走、往实里走。把学习成果转化为提高政治觉悟、增强党性修养的实际效果，转化为推进全面从严治党的坚定决心，转化为推动新时代生态环境建设的政策措施。开展警示教育，加强廉洁自律。结合主题教育开展全县作风建设提升年专项整治行动，召集股站长党员干部召开6次警示会议，学习警示教育案例，要求各股室股站长以及党员干部在工作中，拒绝收送礼金、红包等，自觉遵守党纪国法、不搞特殊化，推进作风建设常态化长效化。坚守清正廉洁，树社会新风正气。

桑干河湿地公园管护中心

【概况】 山阴桑干河湿地公园是山西省多种珍稀野生动植物的集中分布区，是水鸟的重要迁徙通道和停栖驿站，地表水质达三类标准，有效保障了生态用水。公园环境优美，生物多样性丰富，维管束植物311种，脊椎动物198种，包括国家一级保护动物2种，二级保护动物24种，省重点保护动物72种。桑干河地处海河流域永定河上源，是北京市永定河重要水源涵养地；桑干河两岸的“三北防护林”“京津冀”重要生态屏障。区划为湿地保育区、恢复重建区、合理利用区3个功能区展开建设，突出主题性、自然性、生态性三大特点，实现生态保护、生态旅游、生态教育三大功能的有机结合。

【湿地管护】 2023年，湿地公园管护中心坚决扛起湿地保护的政治责任，坚持以生态保护优先理念协调推进湿地公园管护工作，着力在组织领导、责任落实、资金投入、项目实施、政策保障等方面下功夫、做文章。坚持人与自然和谐共生，践行“绿水青山就是金山银山”的绿色发展理念，加快形成绿色发展方式和生活方式，把湿地公园的生态环境保护与日常工作同谋划、同安排、同落实、同考核，把湿地公园的环境质量“只能变好、不能变坏”作为湿地公园环境保护责任的红线来抓、来落实。

提高工作标准，积极推进申报国家重要湿地。湿地公园管护中心始终坚持问题导向，以实现桑干河综合保护治理和水质提升攻坚协同增效为总抓手，以改善桑干河水质为核心，协同推动桑干河流域综合执法、野生候鸟、野生植物等重点保护工作，促进经济社会全面绿色转型，为申报国家重要湿地打下坚实的生态环境基础。

【林木养护】 2023年，桑干河湿地公园管护中心提高工作效率，全力抓好做好林木养护工作。中心下设有专业的园林养护队伍，聘用季节性劳务人员，对公园的树木进行剪修、浇水、喷药等。有洒水车2辆、喷药车1辆，并在向阳湖畔修建快速加水平台，从3月开始，每天不间断对河阳大道、顺通大街、河阳广场、滨河路段、河阳湖畔、观景台等主要景区的30公里路段的55万平方米的树木进行养护，保证了树木的成活率。

【环境卫生】 湿地公园管护中心提高清扫频次，全力抓好管护区域环境卫生。中心下设环卫队，现有垃圾车2辆、扫地车1辆、电动三轮车4辆，坚持每天对湿地公园内所有道路、广场、景区、河畔、湖畔进行日常清理、维护，保障湿地公园内的干净整洁，给市民及游客一个绿色环保的休闲场所。

【防火防汛】湿地公园管护中心提高防范能力，全力抓好防火防汛工作。调整充实了防火防汛领导小组，明确了各部门工作职责，提升事故预警响应能力、应急处置能力。强化24小时值班制，建立领导干部带班的工作制度，压实值班工作责任，落实工作责任制。春季，为防止火灾发生，在湿地公园周围用机械推路做防火隔离带并做土堆防火墙；为防止火灾，在林木集中的路口做“防火”拦路架，杜绝一切易燃易爆物品进入林地。为防止游人因戏水、垂钓、洗车等因素造成生命财产安全，在存在安全隐患的湖边、河边不断更新和增添警示牌。

【治安管理】湿地公园管护中心提高巡逻效能，全力抓好公园范围治安管理。中心对公园内的日常管理工作，实行日常巡查、定期专查，以及昼夜值班制度，并配备多辆专属监察巡逻车，实行分布巡查，如发现问题和隐患及时上报，并做出相应处理和处罚，如有不服者，移送公安机关。通过强化公园监管，既保证了公园的整洁，又保证了游客的安全。

交通运输
通信

交通

【"四好农村路"】 县交通运输局建制村通双车道及自然村通硬化路改造工程，项目涉及3条道路，全长9.184公里，预算投资787.68万元；黑圪塔1#桥危旧桥梁改造工程，桥梁全长70.06米，引线长210米。桥梁孔跨为5×13米，桥梁总宽8.5米，净宽7.5米，预算投资333.73万元；第二批农村公路改造工程，项目涉及6条道路，全长13.045公里，预算投资2125.28万元。

2023年县乡公路改造工程，项目涉及6条道路，全长21.1公里，预算投资2349.46万元；古城镇—老羊寨（上河西—黑圪塔段）县乡公路改造工程，项目全长10.359公里，预算投资1698.42万元。以上项目已全部完工。

【旅游公路建设】 2022—2023年旅游公路建设项目共5项，续建项目2项、新建项目3项。续建项目：长城一号旅游公路山阴境内G208（新广武）—胡峪口段工程，项目全长34.747公里，预算投资21174万元（含蝴蝶谷支线）。项目路基、桥梁、涵洞、路面已全部完工，实现通车。自2023年3月20日复工以来，先后完成主线排水沟、路缘石、边坡防护、10公里波形护栏、全部护面墙、全部标识标牌等防护工程。佛宿山生态旅游公路（蝴蝶谷），项目为G208（新广武）—胡峪口段工程设计内的支线，全长2.34公里。项目于2023年4月复工，年底已全部完工。

新建项目：河阳大道南延—洗朔线工程，项目全长6公里，预算投资11728.59万元。项目已完成施工、监理招标及环境影响评价审批、水土保持方案报告书审批、土地预审与选址意见书、被征地农民社保补贴缴纳、拟征收土地社会稳定风险评估等前期工作。项目永久性使用林地已组卷上报省林草局。长城一号旅游公路支线旅游路—东察罕铺段工程，项目全长3.437公里，预算投资1406.23万元。项目于2023年9月22日开工，年底已全部完工。长城一号旅游公路（口子梁—吴儿城段）项目，项目全长14.037公里，预算投资6138.65万元。项目涉及山阴县下喇叭乡3个村，由市城发集团组包实施，山阴县负责征地拆迁工作，项目土地及地上附着物征拆、电力改迁、林调批复已完成，林地砍伐证也已办理，涉及的占用一般耕地已落实进出平衡。项目于2023年8月复工，截至年底，完成填方量9800立方米，弃方量29200立方米，涵洞完成3道，浇筑涵洞基础3道。G336山阴段改扩建项目，项目全长26.3公里，途径山阴县3个乡镇（古城镇、薛圐圙乡、安荣乡）11个村，山阴县负责征地拆迁工作。

【安全生产】 县交通运输局认真贯彻落实习近平总书记有关安全生产的重要指示批示精神，抓好顶层设计，建立健全安全生产专题会议制度，全年召开各类安全生产专题会议20次，制定下发安全生产规定性文件，为抓好全年安全生产工作提供了目标遵循。层层签订年度安全生产目标管理承诺书、安全生产承诺书》对交通运输安全生产工作目标进行分解，落实到具体单位，形成上下联动、各负其责、齐抓共管的责任传导格局，确保安全生产工作责任落实到位。县交通运输局聘请北京中晟安评技术服务有限公司权威专家进行安全工作指导，使企业在思想上和总体的角度审视安全生产问题，加强企业安全生产主体责任落实，要求企业对全员职工进行安全教育培训和警示教育，通过警示教育使全体员工居安思危、防患未然。同时，为了防止企业在学习理论上走过场，要求企业写出学习心得，全年监管企业共撰写学习心得230份；对干部进行安全培训和学习40余次；在重要节点充分应用“传统＋新媒体”，对安全生产的法律法规进行宣传，发放宣传资料3000份，展出安全展板180块，切实把责任压实到最小单位，把工作落实到每一个细节，坚决守住安全生产防线。

以开展道路交通专项整治行动为抓手，在全县交通运输领域组织开展了山阴县交通运输重大事故隐患专项排查整治2023行动等专项行动，通过企业自查和单位聘请专家检查相结合的方式，对各环节、各岗位进行全覆盖、无死角的全面检查。共检查运输企业385家，排查出重大隐患2处，一般隐患151处，以上隐患按照有关规定已全部整改完毕。狠抓春运、两会、清明、“五一”、端午、汛期等重要节日、重点时段交通运输安全监管，确保道路安全畅通和运输市场秩序的有序健康。

2023年，县交通运输局联合山阴县蓝天救援队、高速交警、山阴县消防大队分别对客、货、维、驾开展突发事件及防火实战演练各2次，5家道路运输企业完善和修订了应急预案，进一步提高了企业道路交通险情防控能力和实战水平。

【超限超载治理】 县交通运输局联合交警大队等相关执法部门加强对运煤线路常态化执法。依托治超检测站点，坚持固定检测和流动执法相结合，推进联合执法常态化制度化，实行治超执法全覆盖；持续加强路警联合执法，依靠科技创新手段，加强信息网络监管；加大源头企业整治，加强对全县运输车辆管理，对源头企业日常监管常态化；全面落实“一超四罚”，严格追究超限超载企业和个人责任，严厉打击超限超载行为，积极营造良好的道路交通运输环境。2023年，古城镇超限检测站共检测车辆424672辆，其中查处超限车辆21辆，卸载货物415.30吨，罚款14700元，记分47分。超限率低于0.0049%。苑家辛庄超限检测站共检测车辆757714辆，其中查处超限车辆56辆，卸载货物798.62吨，罚款33400元，记分110分。超限率低于0.007%。治超工作联合执法4次，共出动执法车21辆，出动执法人员76人次，检车车辆90辆，罚款31500元。治超办督办案件处理7起，出动执法车34辆，出动执法人员150人次，检车车辆177辆，罚款违法车辆11500元，罚款违法企业20000元。交通运输综合行政执法队全年共出动治超执法人员1896人次，累计巡查源头企业1650次，做出行政处罚案卷87个处罚罚金291000元，卸载货物1157.5吨，记分149分。

【法治建设】 2023年，县交通运输局坚持学法用法，强化法治思维。通过局党组理论学习中心组组织集中学习，系统学习深入领悟习近平法治思想，认真学习宪法、中国共产党章程、行政复议法、行政处罚法等党内外法律法规，以提高自身依法治理意识和依法决策能力，增强交通干部依法履职本领。坚持民主集中，推进依法决策。为确保决策科学化、民主化、法制化，该局推动建立了重大行政决策执法决定法制审核工作机制，明确了法制审核工作机构和审核的范围、程序。

坚持依法行政，提升治理能力。将执法与普法、执法与服务融会结合，组织开展“路政宣传月”“安全生产月”等形式多样的活动，面向企业和群众大力开展普法宣传。坚持依法履职，服务发展大局。围绕“建设交通强县”目标，坚持带头运用法治思维和法治方式推动高质量发展。

【道路运输管理】 2023年，山阴县拥有营运客车56辆1698座，营运货车3582辆11.6万吨，出租车75辆，公交车69辆，维修企业53家，驾驶员培训学校4家。着重完善客运驾驶员的教育培训，确保车辆安全规范运行；完成清明、"五一"、端午等小长假的运输组织及安全监管工作，节日期间无重特大运输安全责任事故发生。规范货运管理工作，加强货运市场发展调查，及时上报货运车辆数统计信息，进一步落实企业安全主体责任。做好机动车维修企业管理工作，对全县二类以上汽车修理厂进行了维修健康档案规范工作，从而优化了车辆维修管理的程序。加强驾培管理人员日常监管，不定期深入驾培学校，对每期培训学员档案作了规范化指导，对教练员理论和实际操作课的授课情况及车辆性能进行检查。

【党建工作】 县交通运输局加强党的建设，深入推进基层干部作风建设，打造"清廉交通""清廉机关"。加强理论武装，夯实思想基础。高标准开展主题教育，以党组为龙头，助力各党支部选好学习主题，用党的理论武装头脑、指导实践、推动工作；组织开展党员参观红色基地主题活动2次，通过丰富多彩的教育，营造积极向上的浓厚氛围；认真落实县委、县政府意识形态工作，将工作任务以更高站位更实举措全面落实意识形态工作责任制。持续巩固党支部规范化标准化建设成果，扎实开展"交通先锋"等党建品牌建设，推动党建和业务的双向融合互促；认真开展"党员到社区"志愿活动4次，做到群众有需求、组织有呼应、党员有响应。坚持全面从严，建设清廉交通。严肃认真对待省委巡察整改工作，围绕巡察反馈共性问题，制定了2条整改措施，并组织党员干部学习正反面警示教育8次，教育党员干部从思想源头上筑牢防线，不踩"红线"，守住"底线"。组织开展党风廉政建设会议3次，让党员干部将党风廉政建设真正做到入脑入心。加强宣传报道，树立交通形象。围绕交通重大项目、重要任务，突出交通党建、为民办实事、安全隐患治理等工作，大力宣传局重点工作，扩大交通好声音，树立交通好形象。

【公路养护】 县交通运输局负责管养道路总里程1317.429公里，其中，县道192.16公里，乡道397.183公里，村道728.086公里。按照"路长制"工作要求，建立农村公路养护管理长效机制，已正式实施。

【主题教育】 县交通运输局紧扣主题主线，突出重点难点，牢牢把握"学思想、强党性、重实践、建新功"总要求，一体推进理论学习、调查研究、推动发展、检视整改等重点措施，全系统党员干部以学铸魂，进一步坚定理想信念；以学促干，进一步将"建新功"落到实处；以学正风，进一步深入践行宗旨，推动主题教育取得明显成果，积累了重要经验和启示。进一步以思想之旗为指引，凝心铸魂筑牢根本。持续全面、系统、深入学习习近平新时代中国特色社会主义思想，深入学习贯彻习近平总书记视察山西重要讲话、重要指示精神和关于交通运输的重要论述精神，确保党中央决策部署不折不扣贯彻落实到交通运输工作的全领域、全方面和全过程。进一步提高政治能力，锤炼品格强化忠诚。做到讲政治和抓业务紧密结合、相互促进，把忠诚拥护"两个确立"、坚决做到"两个维护"体现到交通强县建设的具体工作中，高质量完成各项任务。进一步树牢正确政绩观，践行宗旨为民造福。把为民造福作为交通运输各项工作的出发点和落脚点，全面增强运输服务质量和保障能力，扎实办好民生实事，推动交通发展成果更多更公平惠及全体人民。进一步全面从严治党，廉洁奉公树立新风。坚定不移全面从严治党治交，锻造坚强有力的基层党组织。从严从实抓好党风廉政建设，深化整治形式主义、官僚主义，努力营造风清气正、干事创业的良好氛围。

公路管理段

【概况】 山阴公路管理段管养里程192公里，由机械化养护中心和13个道班负责养护。养护5条主要干线：G208线k561+504—k615+680、大忻线k57+000—k88+000、天神线k555+ 800—k582+643、虎山线k68+000—k122+382、呼北线k131+000—k156+000。

【公路养护】 2023年，公路管理段加强公路养护，不断提升管养水平。养护工作以公路安全为重点，坚持“畅通主导、安全至上、服务为本、创新引领”的十六字方针，狠抓日常养护、季节性养护和预防性养护。养护工作完成情况：虎山线、二淅线、大忻线、呼北线、天神线补坑槽养护，共计1.1368万平方米，翻浆0.504万平方米，车辙0.012万平方米，沉陷0.018万平方米，灌封44.039万米，贴缝15.2万米，刷油0.5216万米，清理“五堆”686吨，增设、维修急流槽、截水沟、边沟等排水设施1487.8立方米，清理排水沟3.06万米，疏通涵洞45道，清晰防撞设施3.61万米，硬化平交口0.006万平方米，维修各种标志227块，维修波形、混凝土防撞设施0.9816万米，补划标线1.0108万平方米。沿线设施完善，改善路容路貌和通行质量。全力加强科学养护，实现养护工作转型跨越发展，大力提高机械化养护力度，降低养护成本，夯实养护基础工作。新建三个功能服务区，使广大司乘人员出行便利，全面提升干线公路的服务水平，构建“畅、安、舒、美”的行车环境。

【陆域环境治理】 2023年，公路管理段加强路域环境治理，有效遏制公路扬尘。对所管辖的国、省道干线192公里的公路出动道路清扫车，每日配合人工进行经常性的清扫。及时清理路面抛洒物，对平交道口进行硬化，对公路两旁的店铺门前进行整理，对过城路段、绕城路段的路面进行人工、机械相结合，加大路面清扫频率和整治力度，路政人员经常进行不间断的巡路，配合机械化养护中心工作，保持路面无垃圾堆积物，减少加水对公路造成的危害，确保所管辖路段路面干净整洁无扬尘。

【应急管理】 2023年，公路管理段加强应急管理工作，切实提高了应急保障能力。进一步完善上级投资新建的“应急保障服务中心”建筑面积1500平方米，采取了实物储备和协议储备相结合的办法，满足了段内所有机械设备的存放、维修和各种应急物资的储备，切实做到有备无患，随急随用。

【基础管理】 2023年，公路管理段以“强管理之基、固发展之本”为主线，以安全管理、机关管理、机养中心管理、养护道班管理等为主要内容，严格执行财政预算，着力解决有章不循、有令不行和管理粗放、监管缺位等问题，认真摸索总结出了一些基层科学、可行的管理制度、措施和方法，大力提升了管理科学化、精细化和信息化水平，为该段的改革和发展夯实了根基。办公、党建以及老干部工作得到了加强。在规范上下班工作纪律、政务值班、提升工作质量和效率等方面树标杆、做表率，充分发挥“龙头”作用。

【平安公路】 2023年，公路管理段强化监管工作，进一步做好安全生产培训工作。将“安全第一，预防为主、综合治理”的生产理念，贯穿在全段各项工作中，不断提高交通运输安全生产水平。加强考核问责，落实安全生产目标责任考核“一票否决制”，继续实施重大隐患和事故挂牌督办制度。严格落实责任。按照“党政同责、一岗双责、失职追责”的要求，逐级落实安全生产监管责任，切实做到管行业必须管安全、管业务必须管安全、管生产必须管安全。严格执行安全生产费用提取和使用规定，保证安全生产投入。把事故预防作为努力发展方向，建立隐患动态监管机制，保证标志标线和各类附属设施随时规范完好。工程施工领域要加强现场管理，及时纠正各类违章指挥、违章操作和违反劳动纪律行为，杜绝发生生产责任事故。

【党建工作】 2023年，公路管理段第一时间组织召开支部学习动员会进行党的二十大精神的学习，采取班子成员领学、个人自学、研讨交流等方式，组织党员原原本本、逐字逐句学党的二十大报告和党章，学习习近平总书记在党的二十届一中全会上的重要讲话精神，全面准确领会党的二十大精神，确保学习教育全覆盖。同时，成立学习教育领导小组，研究制定《山阴公路管理段关于开展党的二十大精神学习教育的实施方案》，明确学习的重点内容和形式，细化各项具体工作安排，切实把党的二十大精神学习教育落到点上、抓在实处。

努力提高班子成员之间的团结协作，不断增强党员干部的政治理论素养和自身素质，结合实际工作，针对性地开展工作。支部严格执行“三会一课”制度，组织党员谈心谈话，注重运用《党的二十大报告学习辅导百问》《二十大党章修正案学习问答》等辅导材料开展学习，从而形成领导班子成员之间精诚团结，严格按照“集体领导、民主集中、个别酝酿、会议决定”的原则，规范议事规则和决策程序，提倡会议争论，反对会后议论，增强工作透明度，“三重一大”事项落实到位，从而使广大党员干部的积极主动性和主观能动性得到了充分发挥。紧密结合公路工作实际，组织全段职工开展“清廉机关建设”“喜迎二十大，奋进新征程”等一系列活动。

岱岳站

【概况】 山阴县岱岳站是三等客货运营业站，主要担负客运、货运、装卸和列车到发、会让等工作。全站干部职工50人，其中行车干部职工共32人、客运职工18人。共有中共党员18人。

【安全方面】 2023年，岱岳站日均接发列车120列，累计接发列车43419列；日均调车作业9.8辆，累计调车3552辆。截至年底，车站实现安全生产14724天。

【客运方面】 岱岳站日常开行旅客4趟，去往大同、运城、岢岚等方向，2023年全年旅客发送89884人，客票张数32711张。岱岳站客运以春运、“五一”、“十一”等小长假为契机，创新服务方法、优化特色服务，不断提升工作标准和服务品质，为旅客提供安全、方便、温馨的出行条件，让旅客在旅途中感受岱岳站客运服务的贴心和暖心。2023年10月6日岱岳站旅客发送553人，创开站以来单日发送历史新高。

【货运方面】 岱岳站运输货物线1条，装车专用线2条，主要担负煤炭、玉米、高粱、高岭土等货物运输工作。2023年累计装车2703车，其中煤炭2205车、白货498车。发送207969吨，运输总收入2864.448万元。

山阴站

【列车运营】2023年，山阴站开行旅客列车共24趟，去往太原、包头、西安北、宜昌东、上海、广州东、杭州等方向，其中动车组15趟（上行7趟，下行8趟），普速车9趟（上行4趟，下行5趟）。旅客发送35.59万人次，运输收入2326.62万元。

【规划部署】山阴站提前规划部署，认真梳理旅客列车开行日期、列车编组、运行时刻等关键信息，制定“一日一图”，利用每日点名会传达到每名职工，确保人人熟知列车信息。按日分析车票预售数据，提前掌握各时段客流情况，有针对性地优化趟车组织方案，围绕售票、进站、乘降组织等方面做好班前安全预想和关键作业提醒。

【运输组织】2023年，山阴站强化运输组织。对D5363、K7801、K891等客流较大列车重点进行布置，在检票口、站台等关键岗位动态调整人员分配，做好宣传引导与乘降组织工作，避免旅客误乘、漏乘。对夜间加开动车安排专人加岗，确保临客开行组织有序。

联通

【概况】山阴县联通公司是县城内三大基础运营商之一，主要经营固定宽带，移动电话，信息应用、信息内容、系统集成，云平台等通信信息服务产品，能够满足客户的各种通信及信息服务需求。山阴县联通公司坚持以党建为统领，以市场为导向，以客户为中心，建立完善了以“内容＋应用＋接入＋服务”为主的综合信息服务产品体系，坚持服务创新，建立完善以客户为中心营销服务体系，面向个人，家庭客户实行标准化服务，面向商务客户实行差异化服务，面向政企客户实行“一站式”服务。坚持管理创新，建立完善的内部控制管理体系，实施精确化管理。坚持服务社会，公司始终热心公益事业，勇于承担社会责任，全力建设农村基础通信网络，快速提供应急通信服务。

【通信网络】山阴联通公司肩负着全县197个行政村的固网、互联网、移动通信任务，为保障全县人民通信畅通，联通公司建成通信主干网、市话网、移动网、瓦斯监控网、平安城市网。国家级干线网有京太西一干网，大同朔州太原二干网，京呼太一干网。市话通信网有城市市话传输网，农村通信支撑网，共计三大环路五条支链。为满足人民群众日益增长的美好生活需求，无线通信建成南环、北环、市内环的移动通信传输网。为保障煤矿安全生产保护人民生命，建成矿区瓦斯监控网53座煤矿接入该网，整合为13个网点。响应县委、县政府要求城市管理智能化，联通公司与交警队合作建成平安城市监控网。

【党建工作】山阴联通公司加强部门作风建设，推进党风廉政建设，坚持党建工作和中心工作一起谋划、一起部署、一起安排，认真做好党建工作，充分发挥了党组织和党员的先进性，强化各项工作的稳步推进。强化党员教育，提升人才素质。山阴分公司党支部全年共组织开展党的二十大精神专题集中学习8次、党的二十大精神学习专题党课1次。坚持落实“三会一课”、主题党日、组织生活会等党内生活制度，引导支部全体党员以实际行动切实增强“四个意识”、坚定“四个自信”、做到“两个维护”，不断提升全体党员政治素养。深入驻村工作队专题研究扶贫工作3次，有针对性地给予帮助，依托“5G+智慧乡村”核心平台为载体，出资为张家庄村搭建智慧综治平台，积极提升“一中心一张网十联户”智能化水平，为加强智慧乡村、美丽乡村、平安乡村建设，持续推进基层社会治理体系和治理能力现代化做出了有益探索。

移动

【概况】中国移动通信集团山西有限公司山阴分公司是中国移动通信集团山西有限公司下设的分支机构，山阴移动公司自成立以来先后实施了村通电话、农村网络文化站、教育网、财政网、森林防火监控网等工程，有力地推动了全县信息化建设步伐。同时，针对社会反映较为强烈的电信诈骗问题，公司联合相关部门加大了用户实名制、伪基站、垃圾短信的治理力度，切实维护了广大消费者的合法权益。

2023年，山阴移动公司对标全市通信行业第一梯队，加快推进新型基础设施建设，积极筑牢数字经济发展底座，全力彰显“政府首信、行业首位、客户首选、创新首行”的四首品牌形象，践行央企社会责任，融入山阴地方发展战略，为谱写中国式现代化山阴篇章积极贡献“移动力量”。

【生产经营】2023年，山阴移动公司电信业务收入累计完成8716万元（全部计入山阴县数字经济），增幅3.2%，云计算、大数据、物联网等新兴业务快速发展，收入占比达到通服营运收入的13%。用户规模不断扩大，通信客户达到13.84万户，份额占据66.52%；宽带客户达到3.46万户（其中千兆用户0.5万户），份额占据47.8%，年增长0.3%；集团服务走深做大，共计为全县131个重点单位及企业提供信息化服务，280多个集团客户提供网络接入服务，行业地位持续保持领先。

【数智化转型】山阴移动以数字产业化、产业数字化、数据价值化、治理数字化“四化”协同为方向，聚焦优势行业，深化信息融合创新。在全县各界的支持下，与县工信局签署5G战略合作协议，推动5G+、云、物联网、人工智能等各类数字化项目落地6个。服务政府方面。先后落地山阴县政府云视讯视频会议系统项目，法院数据办公办案终端服务项目，公安局调度对讲和执法记录项目，19家幼儿园的一键报警项目，人社局、林业局、文旅局等10余家单位的大数据精准宣传，同时在在广武镇、古城镇、北周庄镇、玉井镇、岱岳镇应山路、岱岳镇西环路建设6个乡镇服务中心，更好地贴近和服务了政府。智慧矿山方面。聚焦山西能源革命，联合中泰重工机器人落地玉井腰寨煤业5G智慧矿山项目，完成兰花口前、同生安平等6家煤矿的安全等保建设，芍药花煤业井下万兆环网改造及超融合项目，全县16家煤矿的专用网络建设，华夏煤业等9家煤矿的互联网网络建设，实现了16座煤矿的5G信号及无线网络全覆盖，通过“5G专网＋平台＋应用”的全方位服务提供，助力全县煤矿向安全、高效、绿色、智能化转型升级。智慧城市方面，配合城建部门实施智控路灯升级改造200个及城发自来水公司的智控水表升级改造2650台，通过物联网通道卡链接现有平台，实现数据回传与控制，为山阴县智慧城市建设助力。智慧医疗方面。落地山阴县医疗保障局VPDN项目，完成20余家药店门诊的医保平台搭建，12家乡镇卫生院的医保专网建设，实现新一代信息技术与医疗信息化建设更深层次融合，赋能医疗健康行业高质量发展。数字乡村方面，紧跟“全面巩固拓展脱贫攻坚成效向乡村振兴衔接关键期”的要求，山阴移动早在2021年已开始推动“数字乡村”的建设，截至2023

年，已与104个行政村签署“数字乡村”服务协议，并免费为25个村委上线了智村通平台，形成“智慧党建+平安乡村+视频会议”的融合应用。服务中小企业方面。贯彻落实国资委“提速降费”工作要求，为山阴本地150多家中小企业提供大带宽网络接入、网络巡检和业务优惠，全年共减免通信费8万余元，助力中小企业发展，打造一流营商环境。同时，创新合作模式，省市县生态合作伙伴数量扩充至600余家，做强属地集成能力。

【社会服务】 移动公司扩大智家工程师、社区服务经理、乡村信息员队伍，新增就业岗位160余个。推出特殊行业低资费卡，针对老人推出“孝心卡”、学生推出“助学卡”、教师推出“教工卡”、快递人员推出“骑士卡”、残障人士推出“爱心卡”、煤矿工人推出“工匠卡”，均为标准资费一半以下。清除通信盲点，解决4个偏远农村宽带覆盖和13个偏远村的无线覆盖，达到了农村宽带和无线网络覆盖率100%。开展反电诈专项行动，组织人员参与“网络安全为人民，网络安全靠人民”主题宣传活动和平安建设宣传周活动；联合网警大队，选取周末时间，在山阴繁华商圈开展“警企联动、反诈宣传进商圈活动”，全力助推网信工作扎实开展。派出驻村工作队助力乡村振兴。面向全县开展“服务进万家、巡检进万企”活动，为全县1.4万名用户和95家重点企业提供免费网络诊断和优化服务。践行网络安全为人民的企业使命，顺利完成山阴县六月六庙会、全省政法系统山阴现场观摩会、荣乌高速山阴连接线竣工通车暨朔州市新韵体育公园启动仪式3项应急保障任务。

【网络建设】 山阴移动公司深入推进5G网络建设。新增5G基站221个，其中700M基站127个、2.6G基站94个。提前筹划矿区5G网络覆盖，投资1044万元，建设5G物理站点87个，实现16座大型煤矿5G网络覆盖。截至年末，全县5G站点规模达到2501个，覆盖率达到98.9%。持续加强4G深度覆盖能力。本年内开通70个4G站点，4G覆盖率达到98.8%。快速推进千兆网络建设。完成6个小区千兆入驻，4个农村区域千兆覆盖，新增千兆端口2264个，占到全年新增端口的33.5%。全力打造高标数据机房。山阴移动包括生产楼机房在内共计9个机房，占地共计1150平方米，可进行政府、企事业单位业务上云及数据承载。

【党建工作】 山阴移动公司深入落实集团公司、省市公司党建工作“奋进提升年”重点任务，持续优化“岗、区、队”建设、完成“两和”升级，发挥党员带头作用，年初制定“领题破题 合力攻坚”主题实践项目，截至年末，书记项目共签订政企类信息化项目956.6万元。党员突击队项目完成5G资费办理量2.04万户，全年攻坚区域的宽带发展量2149户，占到新增总量的59.07%，全部高标准完成既定目标，以实际工作检验了党业融合的成效。完善网格党建指导员队伍，按照网格区域人员配置、业务拓展难易程度，进行党员分包，偏远网格由班子成员主动挂帅，网格指导员按季度对分包网格进行党的政策方针宣讲，并参与网格晨会、例会，就网格急难盼愁问题进行帮扶。补充红色资源建设，对公司门牌、内部楼道、党建活动室、会议室等一系列宣传阵地进行了宣传展板补位更新，同时还组织了1次与本地红色基地的合创参观活动。发挥典型示范作用，在支部内选取政治理论丰富、业务能力强的党员树立典型，为其他党员和群众做好示范引导。抓好党员理论武装，年初制订本年党建工作计划和学习计划，引导党员和积极分子通过星火党建

App、纸质党建刊物等方式开展线上线下党史知识学习，促进学习的长效化。利用“三会一课”开展党章党史领学、重要讲话领学及季度党课领讲等，强化支部党员对“学思想、强党性、重实践、建新功”总要求的同频共振，深刻理解和准确把握习近平总书记关于理直气壮做强做优做大国有企业、不断做强做优做大我国数字经济的重要论述精神，进一步统一全体党员干部的思想认识。

电信

【概况】 山阴县电信公司作为综合信息服务提供商，主要经营固定电话、移动通信、卫星通信、互联网接入及应用、信息应用、云平台等综合信息服务。山阴电信牢牢把握人民群众对美好生活的向往，始终围绕用户对信息通信服务的需要，积极顺应信息消费升级和技术变革加速的趋势，致力于为广大用户打造更加便捷高效、更有温度的产品服务，让用户尽情享受智能信息新生活。

【网络建设】 2023 年，山阴县电信公司加快网络升级扩容作为扩大有效投资的重要着力点。按照市公司在通信建设方面的规划部署，结合实际情况，以市场为导向，有步骤有规划地持续优化网络结构，提高网络技术层次，通过市场调查，突出发展重点，充分挖掘现有设备潜力，以适应通信市场高带宽需求。新建宽带端口 680 线，累计建设端口 9875 线，累计覆盖小区（村）33 个。其中县域累计建设端口 30123 线，覆盖小区 153 个，城市小区覆盖率达到 93%。其中农村累计建设端口 6124 线，覆盖行政村 55 个，覆盖率达到 23.5%。

【生产经营】 2023 年，山阴县电信公司落实提速降费要求。全面下调套外流量价格。针对用户担心产生高额套外流量费的情况，全面下调套餐外流量资费至不超过 0.03 元 /MB，推出更加优惠的“达量放心用流量包”。针对套餐流量使用饱和度较高或有溢出的畅享套餐用户，推出“达量放心用流量包”。用户订购后，不达量不收费，达量后直接叠加 5 元 /GB 或 3 元 /GB 流量包，解除大流量用户手机上网的后顾之忧。推广“无忧卡”套餐。面向不喜欢受套餐约束、希望简单消费的用户，推出了“地板价”、阶梯计费、越用越便宜的“无忧卡”套餐。主动以短信形式向用户告知套餐消费情况，重点对套餐使用达量、使用期限、消费账单等情况进行及时提醒，让用户明明白白消费。确保用户知情、敢用、放心用。2023 年全业务累计收入 1660 万元，移动用户到达 24500 户，宽带到达 10450 户。

【党建工作】 2023 年，山阴县电信公司全面贯彻党的十九大精神及十九届历次全会精神，以习近平新时代中国特色社会主义思想和党的十九届历次全会精神为指导，紧紧围绕公司党委工作计划和党建工作目标，扎实推进支部主体责任和党风廉政建设任务的落实。坚持党建统领，深度融合各项工作，开展“四个专项”活动，稳步推进各项工作，不断增强党建工作水平。

财税　金融

财政

【概况】2023年，山阴县财政局坚持以习近平新时代中国特色社会主义思想为指导，深入贯彻学习党的二十大精神，认真贯彻落实习近平总书记视察山西重要讲话重要指示精神，围绕中央、省市和县委决策部署，坚持稳中求进工作总基调，统筹全县经济社会发展与安全，加大资金调控力度，牢固树立过紧日子思想，有保有压、精打细算，严格控制“三公”经费，应对超预期因素冲击，财政政策更加积极有为，预算质量取得新的突破，与人民生活息息相关的民生领域得到有效保障，保持了经济社会大局稳定。

【一般公共预算收支】2023年，山阴县财政局一般公共预算收入210991万元，加转移性收入308997万元，收入总量519988万元；一般公共预算支出383628万元，加转移性支出41871万元，支出总量425499万元；收支总量相抵，年终结转结余94489万元。

一般公共预算收入210991万元，同比下降15.5%，为年初预算的80.0%。其中：税收收入183300万元，同比下降17.3%，为年初预算的77.5%；非税收入27691万元，同比下降1.5%，为年初预算的102.6%。转移性收入308997万元，为年初预算的180.7%，同比增长38.2%。其中：返还性收入3267万元，一般性转移支付收入118438万元，专项转移支付收入15280万元，上年结转收入55494万元，一般债券转贷收入36210万元，动用预算稳定调节基金79600万元，调入资金708万元。

一般公共预算支出383628万元，为年初预算的90.4%，同比增长28.7%。转移性支出41871万元，为年初预算的411.9%，比上年增长165.4%。其中：上解上级支出9674万元，债务还本支出28977万元，调出资金3220万元。

收支总量相抵，年终结转结余94489万元，其中：结转下年的支出34729万元，主要是转移支付资金和债券转贷资金；净结余59760万元全部安排预算稳定调节基金，主要是县本级资金和下达满两年的转移支付资金。

【政府性基金预算收支】2023年，政府性基金预算收入14224万元，加转移性收入28610万元，收入总量42834万元；政府性基金预算支出37596万元，加转移性支出708万元，支出总量38304万元；收支总量相抵，年终结转结余4530万元。

政府性基金预算收入14224万元，为年初预算的71.1 %，比上年增长11.5%。其中：国有土地收益基金收入1342万元，为年初预算的111.8%，比上年增长5.9%；农业土地开发资金收入159万元，为年初预算的63.6%，比上年增长–60.3%；国有土地使用权出让收入11778万元，为年初预算的65.4%，比上年增长12.1%；城市基础设施配套费收入678万元，为年初预算的271.2%，比上年增长172.3%；污水处理费收入267万元，为年初预算的89%，比上年增长–21%。

转移性收入28610万元，为年初预算的505.4%，比上年增长–50.4%。其中：专项转移支付收入459万元，上年结转收入1631万元，专项债券转贷收入23300万元，调入资金3220万元。政府性基金预算支出37596万元，为年初预算的146.5%，比上年增长–28.6%。转移性支出708万元，全部是调出资金（政府性基金预算单项结转超过该项基金当年收入30%的部分调入一般公共预算弥补收支差额或者安排预算稳定调节基金）。

收支总量相抵，年终结转结余4530万元，全部是结转下年的支出，主要是转移支付资金和债券转贷资金，以及政府性基金预算单项结转未超过该项基金当年收入 30% 的部分。

【国有资本经营预算收支】 2023 年，县财政局国有资本经营预算收入 0 万元，加转移性收入 47 万元，收入总量 47 万元。国有资本经营预算支出 46 万元，支出总量为 46 万元。收支总量相抵，年终结转结余 1 万元。

转移性收入项目分别是专项转移支付 26 万元、上年结转收入 21 万元。支出全部用于国有企业退休人员社会化管理补助。

【社会保险基金预算收支】 2023 年，县财政局城乡居民基本养老保险基金收入 14600 万元，支出 8008 万元，本年结余 6592 万元，年末滚存结余 36551 万元；机关事业单位基本养老保险基金收入 42007 万元，支出 29204 万元，本年结余 12803 万元，年末滚存结余 40625 万元。企业职工基本养老、城乡居民基本医疗、职工基本医疗(含生育)、工伤和失业等保险基金由上级统筹。

【资金调控统筹收入】 2023 年，受煤炭价格和产量下降带动，增值税、企业所得税、资源税等主要税种收入降幅较大。税收收入同比下降 17.3%，非税收入同比下降 1.5%。为稳住预期，县财政局积极联动税务部门开展城市维护建设税、耕地占用税、水资源费、矿产资源专项收入、残疾人就业保障金等风险疑点和欠缴清理工作，同时及时调入预算稳定调节基金 52609 万元弥补预算短收缺口，保障支出预算平稳。

对接政策支持，积极争取上级资金 137444 万元、地方政府债券转贷资金 59510 万元。大力培育财源，支持经济技术开发区运转和建设，全年预算下达 14512 万元，支付 13322 万元，支付率 91.8%。盘活财政存量资金 4834 万元，支付 3482 万元，支付率 72%。落实减税降费政策，全年退税 1942 万元，主要是新增政策增值税留底退税 1645 万元。

【保障民生】 2023 年，县财政局落实“三保”政策，助力“三保”工作在保障和救助上应保尽保、兜实兜牢。全年“三保”支出 134879 万元，为调整预算的 92.8%，比上年增长 11.32%。其中保基本民生支出 56786 万元、保工资支出 72292 万元、保运转支出 5801 万元。

保障民生重点项目，助力民生领域提质增效。教育、文化旅游体育与传媒、社会保障和就业、卫生健康、住房保障等民生直接相关支出 162574 万元，比上年增长 15.8%；科学技术、节能环保、城乡社区、农林水、交通运输、商业服务业、自然资源气象、粮油物资储备等民生密切相关支出 163064 万元，比上年增长 48.3%。民生支出占一般公共预算支出比重提升到 84.9%。

【防范财政金融风险】 2023 年，县财政局全年政府债务限额 326685 万元，其中一般债务限额 174985 万元、专项债务限额 151700 万元。全年债务率 66.7%，处于低风险等级，风险可控。

当年举借政府债务 59510 万元，全部是转贷债券，其中：新增一般债券 7410 万元、再融资一般债券 28800 万元，新增专项债券 23300 万元。当年偿还政府债务 28977 万元，全部偿还一般债券到期本金。年末政府债务余额 326685 万元，其中一般债务余额 174985 万元、专项债务余额 151700 万元，债务余额与限额一致。

再融资债券 28800 万元，全部用于偿还到期债券本金，支付率 100%。新增债券 30710 万元，支付 27400 万元，主要支持了市技工学校、职业教育中心校开放型专业化实训基地设备购置、老旧小区改造、集中供热、县城绿化、旅游公路、荣乌高速连接线道路等新建和续建工程。

【支持重点工程建设】2023年，县财政局积极争取转移支付和债券转贷资金，统筹各类县级资金，支持重点项目重点工程（千万元及以上项目）推进和实施。其中，市技工学校建设4215万元、政府购买学位1381万元，开放型专业化实训基地设备购置2900万元，双拥基地1858万元，农村垃圾市场化政府购买服务1109万元、府东街跨线立交桥1145万元，县城和道路绿化6347万元，老旧小区改造7600万元，集大原高铁山阴南站4106万元，长城旧广武村中国历史文化名村4109万元，八村一区道路提质和供热3877万元，高标准农田5911万元，县区造林5289万元，风沙源生态保护和修复1099万元，小流域综合治理1086万元，公路建设28081万元，津鑫城乡公交1184万元，西山矿山生态修复3737万元，奶业生产能力提升2000万元，粮改饲1411万元，和美乡村建设4500万元，马营区域集中供热2000万元，煤台（站）封闭改造4034万元，农业保险保费补贴4717万元，衔接推进乡村振兴4252万元。

【持续强化过紧日子】2023年，县财政局坚持厉行节约，积极压减一般性支出，严格控制“三公”经费。办公费、印刷费等24项一般性支出24156万元，比上年下降30%。“三公”经费预算883万元，较上年884万元略低；支出798万元，为预算的90.4%，比上年744万元增长7.3%。因公出国（境）费用0万元，与上年持平；公务接待费183万元，为预算的92.4%，比上年增长5.8%；公务用车运行维护费333万元，为预算的87.2%，比上年下降7.2%；公务用车购置283万元，为预算的93.4%，比上年增长33.5%。

盘活用好存量资金。落实盘活财政存量资金长效机制，排查、梳理财政资金结余，加强统筹能力，提升财政资金使用效益。2023年，盘活使用的存量资金4834万元，支付3482万元，主要用于支持县乡公路改造、桑干河防汛疏浚固堤、古城节水灌溉、社会足球场、县城城市驿站、农村生活污水综合利用、同太路道路改造、新建第五中学校、义务教育学校改薄等新建、续建和完工项目。

全面实施绩效管理。夯实基础工作，出台事前绩效评估、绩效目标管理、绩效运行监控、评价结果应用等管理办法，以及重点支出绩效评价实施方案等制度性文件。依托预算管理一体化系统，以绩效目标为项目入库前置条件，实现所有支出绩效目标全覆盖，绩效目标和评价同步预决算公开。重点开展千万元以上项目事前绩效评估工作，同步推进重点支出重点领域绩效评价工作。

强化国有资产管理。年末资产总额（账面净值，下同）437889万元，负债总额25531万元，净资产412358万元。重点资产情况：土地账面面积21万平方米，账面原值2820万元，账面净值2820万元；房屋账面面积42万平方米，账面价值81397万元；车辆账面数量308辆，账面原值5318万元，账面净值1931万元；在建工程账面价值99827万元。

发挥财政监管职能。依托代理记账机构管理系统、政务服务事项动态管理系统、“互联网+监管”系统等平台，完善行政许可、检查等体制机制；开展会计信息质量、中介机构从事代理记账业务和政府采购代理机构执业等“双随机一公开”检查工作，对检查对象作出行政指导，财政领域营商环境更加优化；组织机关事业单位开展内部控制报告编制工作，并反馈审计整改意见，对存在的问题要求单位及时全面整改。

推进政府集中采购。对35个部门（单位）的92个项目实行政府采购，涉及预算资金16656万元。积极推进购买脱贫地区农副产品“832平台”采购，39个部门（单位）52万元购买脱贫地区农副产品预留份额全部完成采购。推进信息化系统应用，全年完成订单2719笔，交易额达5616万元，政府采购逐步面向中小企业和小微企业倾斜。

集中公开预算决算。在省财政厅指定网站专栏、县政府门户网站专栏集中统一公开批复的政府和部门预决算信息，预决算信息公开实现“双公开”，公开率均达到100%，公开内容更加全面规范。

税务

【概况】 2023年，是全面贯彻落实党的二十大精神的开局之年。国家税务总局山阴县税务局认真贯彻落实党的二十大精神，扎实开展学习贯彻习近平新时代中国特色社会主义思想主题教育，持续深化政治机关建设，依法依规组织税费收入，全面落实税费优惠政策，稳步推进税收征管改革，大力优化税收营商环境，持续激发干部队伍活力。

【税收】 在煤炭价格大幅下滑的严峻形势下，县税务局始终坚持依法依规组织收入，坚决防止和制止收“过头税费”，确保组织收入“平稳、协调、安全、持续”，较好地完成全年预定的目标任务。2023年县税务局累计完成收入713542万元（中央级247820万元、省级140899万元、市级61537万元、县级263286万元），同比减收185445万元，下降20.63%。其中：税收收入599069万元，同比减收199850万元，下降25.02%；非税收入36045万元，同比增收6988万元，增长24.05%；社会保险基金收入68672万元，同比增收6652万元，增长10.73%；其他收入9756万元，同比增收765万元，增长8.51%。为地方经济社会高质量发展提供了有力的财力支撑。

【税费服务管理】 2023年，县税务局把推进县级局税费服务管理现代化作为全局最重要的一项工作，加强顶层设计、统筹集成。深化办税服务厅，征纳互动系统、晋税通等业务平台建设，加强电子税务局应用管理，为市场主体网上办税提供便利化服务。2023年以党委文件印发推进县级税务局税费服务管理现代化实施意见，明确“税费服务集中处理中心”+“税费征管智控中心”的“双中心”运行模式，在农村推行“2+2=0”网格员税收征管新模式，探索推进业务变革、管理变革、服务变革，着力实现党业融合、管服融合、数智融合。通过扎实细致的工作，收到了较好效果。纳税人普遍反映达到了减环节、减难度、减负担、减问题、减风险的目的，提升了税费管理服务质量和纳税人缴费人的税费遵从度、满意度。

【机关建设】 县税务局始终牢记“税务机关首先是政治机关，政治属性是第一属性”，坚持以党的政治建设为统领，深入开展县级税务局政治机关建设。按照省局、市局关于加强县级局政治机关建设的工作部署，制定落实《加强县局政治机关建设重点工作任务》，全力推动县局政治机关建设提质增效、全面进步、全面过硬。在政治机关建设工作中，县税务局党委树立“加强支部建设，夯实基层基础”的鲜明导向，把各项工作要求延伸和涵盖到每一个党支部、每一位党员，充分发挥了党支部战斗堡垒作用和党员的先锋模范作用，确保政令畅通。

党委以《基层组织工作条例》和《支部工作条例》为指导，从组织设置、队伍建设、组织生活、制度落实、工作保障等方面入手，促进县局党的基层组织提质增效，为税费服务现代化提供扎实的政治保障。

县税务局党委把学习贯彻习近平新时代中国特色社会主义思想主题教育作为重大政治任务来抓，在市局主题办的精心指导下，全面扎实开展主题教育。强化组织领导，把严的要求贯穿始终。按照省市要求，科学制订了主题教育工作计划，成立国家税务总局山阴县税务局学习贯彻习近平新时代中国特色社会主义思想主题教育领导小组及其办公室。领导小组办公室设立综合协调组、材料简报组、整改整治组，做到了任务明确、路线清晰、责任明白、对标对表、跟踪推进。强化理论学习，把以学铸魂贯穿始终。先后通过党委（扩大）会议、局务会议、中心组主题学习会议以及党支部“三会一课”等形式，传达学习习近平总书记关于主题教育的系列重要讲话和重要指示批示精神，通过发挥党委班子和支部班子“关键少数”的带动作用，把全局党员干部的思想和行动统一到了主题教育工作中，提高了党员干部、团员青年的思想认识，进一步坚定理想信念、锤炼党性修养、推动实践工作。深入调查研究，把解决突出问题贯穿始终。局领导班子树牢正确政绩观，坚持“四下基层”，持续走好新时代党的群众路线，持续推动经济高质量发展。科学制定了调研工作方案，确定5个重点调研课题。细化调研任务，制定调研工作任务清单。局领导“走流程”12次，召开纳税人座谈会和基层干部座谈会16次。调研过程中全面建立问题清单，共收集合理化建议74条，发现问题38个，已解决26个，长期推动12个。书写高质量调研报告2篇，向省局推送并采纳合理化建议1个。坚持整改提升，把改进工作作风贯穿始终。坚持边学边改、边查边改、开门整改、合力整改。坚决纠治形式主义、官僚主义；坚持以党建引领税务基层治理，夯实基层基础；坚持“当下改”与“长久立”相结合，在推动问题解决的同时，促进建章立制，注重巩固提升。把制度机制转化为治理效能，实现以制促管、以制促治。

银保监局山阴监管组

【金融服务】 2023年，山阴县银行存贷款和保险保费收入均快速增长，金融运行总体平稳。银行存款余额327.32亿元，较年初增加43.39亿元，增长15.28%；贷款余额132.41亿元，较年初增加18.15亿元，增长15.88%。存贷比40.45%，较年初增加0.45个百分点，有效支持地方经济稳步增长。保险赔付支出0.7亿元，较上年增加0.02亿元，增长2.94%；保费收入2.39亿元，较上年增加0.29亿元，增长13.81%，对地方经济社会稳定发展起到重要作用。

朔州银保监分局山阴监管组做好脱贫人口小额信贷工作，巩固脱贫攻坚成果。超额完成了全年投放计划，完成年度任务4800万元的107.8%。多措并举处置逾期贷款，年末清零。

【涉农信贷】 2023年，朔州银保监分局山阴监管组加大涉农信贷投放力度，助力乡村振兴。银行机构涉农贷款持续增长，支持地方农业“特”“优”发展。涉农贷款累计发放28.5亿元，较上年增长3%。重点持续做好农业发展特色优势产业，特别是全县养殖户发展，为2万多户养殖户累计发放贷款1.3亿元；为60多户畜牧业中小企业累计发放贷款1.5亿元，有效解决畜牧业发展壮大资金需求。

【企业信贷】 2023年，朔州银保监分局山阴监管组加大中小微企业支持力度，增信贷降成本。有效满足信贷需求。银行机构为1600多户中小微企业累计发放贷款达37.29亿元，其中为150多户办理了无还本或展期续贷，金额6.1亿元，基本解决了融资难。降低融资成本。中小微企业贷款利率较上年平均降低0.2个百分点。

【风险防控】 2023年，朔州银保监分局山阴监管组加强法人机构监管，重点关注流动性风险。督导加快处置风险进度，做好舆情监测，开展流动性风险压力测试。督导银行机构控制增量风险，处置存量风险，不良贷款实现“双降”。全年处置不良资产2.63亿元，其中处置不良贷款2.3亿元。不良贷款下降0.16亿元，不良率下降0.81个百分点。督导机构做好案防工作，守住风险底线，下发风险提示13份。

中国农业发展银行山阴县支行

【概况】 中国农业发展银行山阴县支行服务于山阴县地方经济发展。建行以来，中国农业发展银行山阴县支行服从大局、推进创新发展、为保障国家粮食安全、保护农民利益、维护农产品市场稳定、促进城乡一体化做出了重要贡献。

【保障国家粮食安全】 农业发展银行山阴县支行始终把服务保障国家粮食安全作为重大政治责任和政治任务，坚决守住粮食业务“主阵地”，统筹做好粮食政策性收储和市场化收购。2023年累计投放粮食购销储贷款1980万元，持续擦亮“粮食银行”品牌。

【绿色信贷投放】 农业发展银行山阴县支行加大绿色信贷投放。发挥“绿色银行”品牌优势，广泛对接县域内重大基础设施项目，加强对绿色领域重点项目信贷支持。2023年成功投放贷款3.18亿元，支持山阴县场馆建设项目，实现经济效益、民生效益、环保效益的有机统一，持续助力山阴县经济高质量发展。

【助企纾困】 农业发展银行山阴县支行充分发挥政策性金融服务实体经济使命担当，以优化办贷流程、缩短办贷时间、提升服务质效为抓手，2023年累计投放小微企业贷款500万元，支持1户小微企业，助力小微企业稳步发展。

中国工商银行山阴县支行

【概况】 中国工商银行股份有限公司山阴县支行业务经营范围为人民币存款、贷款、结算业务，办理票据贴现、代理发行金融债券、代理发行、代理兑付、销售政府债券、买卖政府债券、代理收付款项等。2023年，工行山阴支行持续优化网点服务环境，不断提升客户厅堂服务体验；积极开展服务群众活动，坚持“群众利益无小事、一枝一叶总关情”的工作理念，践行社会责任，按照上级监管机构的要求开展防范电信网络诈骗、普惠金融等各类金融知识普及宣传活动；不断优化线上服务体验，提升服务能力，提升金融服务便利性。为广大客户提供温暖金融服务，全力建设“人民满意银行”。

【存款】 截至2023年末，工行山阴支行各项存款余额67.88亿元，较年初净增13.66亿元。其中，个人存款余额时点余额45.08亿元，较年初净增5.48亿元；对公存款余额22.8亿元，较年初净增8.17亿元。

【贷款】 截至2023年末，工行山阴支行各项贷款余额11.63亿元，较年初减少0.02亿元。其中，法人客户贷款余额10.83亿元，较年初减少0.05亿元；个人客户贷款余额0.8亿元，较年初增加0.04亿元；普惠贷款余额1.27亿元，较年初增加0.75亿元。

【利润】 2023年，工行山阴支行持续把中间业务作为实现创收的重要渠道，紧密围绕全行中间业务发展战略，深挖增收潜力，2023年实现净利润3773.52万元，中间业务收入730.34万元。

【内控管理】 2023年，工行山阴支行以提升内部管理水平和风险防控能力、遏制各类案件及重大风险事件发生为目标，根据上级行及监管部门的安排部署，按季召开案防会，研究部署行之有效的防控措施，全年实现无案件、无重大风险事件，支行各项业务安全稳健发展。

【党建】 2023年，工行山阴支行深入学习贯彻党的二十大精神及党中央系列重要会议精神，执行党风廉政建设工作责任制，把落实中央政策和总省行党委决策部署作为首要任务；把推动地方经济、社会高质量发展作为根本任务；把服务实体经济、为群众办实事解难题作为金融工作的使命与初心，用实际行动诠释忠诚尽责、敢于担当、勇于奉献的精神，通过定期开展先进文化教育、革命文化教育、廉政文化教育和主题党日活动，把党的理想信念转化为支行发展的凝聚力、战斗力，融入支行工作各方面。

中国农业银行山阴县支行

【概况】 中国农业银行山阴县支行（以下简称农行山阴县支行）主要业务有人民币存款、贷款、结算业务，票据贴现，代理发行金融债券，代理收付款项及代理保险业务以及总行在中国人民银行批准的业务范围授权的业务，经中国人民银行批准的其他业务。该行2023年末，在编员工数55人，4部1室4个营业网点，4个营业网点分别位于县城同太北路、北环路、南环路和火车站对面。

【存款】 截至2023年末，农行山阴县支行各项存款时点余额418995万元，较年初净增80152万元，时点余额市场份额占比24.37%，四大行排名第二；其中个人存款时点余额330910万元，较年初净增54167万元，个人存款时点余额市场份额占比25.49%，四行排名第二；对公存款时点余额88085万元，较年初净增25984万元，对公存款时点余额市场份额占比20.92%，四大行排名第三。

【贷款】 2023年，农行山阴县支行将服务实体经济、助力乡村振兴、支持地方发展作为开拓市场的重要途径，截至12月底，各项贷款余额15.52亿元，较年初净增3.51亿元，四行排名第一。其中，个人贷款余额2.97亿元，较年初净增1.05亿元，四行排名第一，增量市场份额71.04%，四行排名第一；对公贷款余额12.55亿元，较年初净增2.48亿元，四行排名第一，增量市场份额49%，四行排名第二。

【乡村振兴】 2023年，农行山阴县支行始终坚守服务乡村振兴领军银行定位，认真落实上级行党委，县委、县政府关于“三农”和乡村振兴发展的决策部署，加强信贷投放，倾斜资源保障，不断提升金融服务乡村振兴质效。截至年末，该行农户贷款余额达13968万元，较年初净增6636万元，累计投放户数达1000余户，为16家园区投放智慧畜牧贷7406万元，赢得社会各界的一致好评。2023年，该行巩固脱贫成果，包干全县第二大脱贫人口乡镇——广武镇，承接脱贫人口小额贷款任务795万元，按照银监局和上级行要求，逐户对24个村947户完成摸排走访，并投放脱贫人口小额贷款796万元，较年初净增431万元，在巩固脱贫攻坚成果和乡村振兴有效衔接上贡献了农行力量。同时继续为山阴县众福缘合作社续贷60万元，通过为山西古城乳业投放贷款来带动一批脱贫人口增收。

【企业文化】 2023年，农行山阴县支行不断加强企业文化建设，从员工切身利益出发，常态化开展关爱员工活动，用心落实人文关怀。继续做好送温暖、职工体检、生日慰问、爱心帮扶等活动，对生病住院、家庭有重大困难的员工上门探望，给予帮助。积极组织开展内容丰富、形式多样的文体活动，在丰富业余文化生活的同时也进一步增强了员工的认同感、幸福感、归属感，营造了积极向上和谐发展的良好氛围。

【党建】 2023年，农行山阴县支行围绕党中央和行党委的决策部署，扎实开展党建工作，理论学习进一步提高，坚持班子成员带头示范，“关键少数”引领，认真坚持党委理论中心组学习制度，深入学习贯彻习近平新时代中国特色社会主义思想和党的二十大精神。丰富组织生活。组织党员干部前往塞北革命烈士纪念馆实地参观，重温红色记忆，铭记初心使命；扎实做好党员发展管理工作，坚持成熟一个发展一个，从严要求，严把关口，保证发展党员的数量和质量。

中国银行山阴支行

【概况】 中国银行山阴支行（以下简称中国银行山阴支行）始终秉承“为社会谋福利、为国家求富强”的历史使命，深入践行“建设全球一流现代化银行集团”的发展战略，积极履行国有大型银行社会责任，助理普惠金融，构建和谐社会的理念，为山阴县域经济金融发展做出贡献。截至2023年底，为中煤华昱能源有限公司、山西昱光发电有限公司发放长期贷款42500万元，在支持地方经济发展方面做出了巨大贡献。

【银行业务】 中国银行山阴支行办理人民币存款、贷款、结算业务，办理票据贴现；代理发行金融债券；办理发行、代理兑付，销售政府券，买卖政府债券，代理收付款及代理保险业务；外汇存款，外汇贷款，外汇汇款，外币兑换，贸易，非贸易结算；资信调查，咨询，见证业务，其总行在中国银行业监督管理委员会批准的业务范围内授权的业务，经中国银行业监督委员会批准的其他业务。

【业绩】 截至2023年底，中国银行山阴支行各项存款余额432410万元，较上年净增98912万元，其中公司存款余额79009万元，个人储蓄存款余额318106万元，较上年净增53118万元。各项贷款余额114702万元，较上年新增64421万元，其中普惠金融贷款得到新增，扶持各类实体小微企业以及本地养殖类农户，有力支持了当地农业和实体经济的发展。全年各类不良贷款余额为零。

【党建工作】 2023年，中国银行山阴支行党支部全面落实党总支书记“一岗双责”职责，党建业务两手抓。坚决贯彻执行党的路线、方针、政策和金融行业工作的一系列决定、指示，在政治上同省市分行党委保持高度一致。紧紧围绕全行工作重点，把握政治方向和改革发展的大局，坚持将稳定、求发展，从政治上、思想上、工作上、制度上确保党的路线方针全面贯彻执行。

中国建设银行山阴支行

【概况】 2023年是“十四五”规划的第三年，是党的二十大精神贯彻落实之年。一年来，中国建设银行山阴支行（以下简称建行山阴支行）以“优化激励机制，转变发展方式，提高市场份额”为指导思想，精诚团结，奋力赶超，强化管理，改进服务，较好地完成了市行下达的各项业务。银行牢固树立“存款立行，存款兴行”的发展理念，千方百计抓客户、抓服务，负债业务实现了近年来的持续快速增长，当年新增突破亿元。截至12月31日，一般性存款余额达172343万元，较年初新增12097万元。

【中间业务】 2023年，建行山阴支行持续把中间业务作为实现创收的重要渠道，充分调动和发挥客户经理、大堂经理以及外包团队成员的积极性，挖掘部分优质客户的潜在需求，年内通过销售压岁金钞、信用卡专项分期、装修分期等多种途径增加收入，全年实现净利润1450万元，比上年增长84.7%。

【电子银行业务】 2023年，建行山阴支行继续强化管理，多管齐下，大力宣传电子银行业务的优势，加强售后服务，现场对客户进行业务指导，帮助客户激活使用电子银行产品，同时调动前后台人员工作积极性，内外协作，互相联动，实现了电子银行业务同步签约率在年内大幅提升。

【裕农通】 2023年，建行山阴支行积极开展了“裕农通”激活及活跃巡检工作。支行组成“裕农通”激活、巡检工作小分队，深入乡镇、农村开展工作并圆满完成了上级行交给的工作任务，受到市分行的肯定和表扬。

【内控管理】 2023年，建行山阴支行为严格执行各项规章制度，进一步提升全行员工按章操作的自觉性，在全行营造依法合规经营的工作氛围，银行根据上级行和监管部门的安排部署，每半年对各项业务进行全面自查，对检查发现的问题以及内外部审计发现的问题，积极进行整改落实。建行山阴支行根据监管部门及上级行的有关精神，及时调整充实反洗钱工作领导组成员，明确反洗钱信息员，责成会计、个金部门专人严格落实反洗钱相关规定。

【案件防控】 2023年，建行山阴支行加大案件防控和安全消防工作力度。抓好《案防安保工作责任状》的签订和落实工作，抓好案件防控警示教育工作，抓好员工行为日常与集中排查工作，按规定召开了案件风险分析月例会和季度分析会议，做好相关记录并按时上报有关部门。建行山阴支行按照公安银监部门和上级行的要求，做好安全消防工作，在日常工作中勤检查、勤督促，把安全消防的各项要求落到实处，为全行业务健康稳步发展奠定了良好的基础。

【乡村振兴】 2023年，建行山阴支行积极响应各级党委、政府及上级行的号召，保留“巩固脱贫攻坚成果及乡村振兴工作队”，持续开展驻村帮扶工作，收到良好效果。年内按月走访脱贫户、监测户142次，遍访其他村民2次。通过入户走访，宣传“三保障”及巩固衔接相关政策，了解有关政策的落实情况。通过走访，进一步拉近了村民与工作队的距离，密切了干群关系，同时村民幸福指数得到很大提升。工作队积极宣传党的金融政策，为村民普及金融知识以及防范电信诈骗的知识、网络知识等。向有关部门咨询相关政策，诸如慢性病申报办本、报销药费的流程，具体时间，地点等，使有需求的村民少走弯路。为村民联系出售农产品，助农销售8万余元。建起工作队义务理发室，为村民理发16人次。日常开展急难愁盼帮扶工作，免费接送村民到市、县、乡医院看病购药13人次，解决手机死机黑屏问题10次，参加卫生集中清理工作8次。

【党风廉政】2023年，建行山阴支行全行上下认真贯彻执行党风廉政建设工作责任制，坚持标本兼治综合治理的方针，从源头上加大预防和治理腐败的力度，班子成员担负起“一岗双职”的责任，“一把手”认真履行第一责任人的职责，其他班子成员按照“谁主管、谁负责”的原则和“管业务必须管廉洁”的要求，抓好职责范围内的反腐倡廉工作。通过开展主题教育活动，强化党纪法纪教育、廉政教育。领导干部在工作中要率先垂范，以身作则，全行上下风清气正，形成良好的干事创业氛围 。

山西银行山阴支行

【扶贫贷款】山西银行山阴支行积极响应各级党委、政府及上级行的号召，组建专门工作队到吴马营乡开展帮扶工作。截至2023年底，帮扶的脱贫户达68户，共计发放脱贫贷款340万元。该行积极宣传党的各项惠农政策，持续巩固脱贫成果。

【贷款业务】山西银行白领优享贷是一款针对稳定职业、稳定收入自然人发放的、满足个人及家庭综合消费需求的个人信用贷款。适用人群为国家行政机关、事业单位、国企等优质企业在岗正式职工。截至2023年底，山西银行山阴支行共计发放白领优享贷211户，授信4491万元，用信余额1502万元。

【服务提升】2023年，山西银行山阴支行在服务上不断突破，不断提升，深化开展“6S”管理实践活动。按照基础工作求实，内部管理求严，工作标准求高，服务求优的要求，结合上级行的考核内容，创造性地将企业管理理念“6S”管理引入内部管理文化中，切实把“6S”管理引申为“标准确立，程序执行，流程监督、安全运维、素质提升”的五大内部控制环节，通过开展内部制度学习，业务标准优化，业务流程再造，内控监督强化，极大提高了各项业务操作的标准化和内部管理的规范化水平，丰富了内部管理文化内涵。

山阴农商银行

【概况】山西山阴农村商业银行股份有限公司（简称“山阴农商银行”），是由原山阴县联社改制成立的。截至2023年末，全行内设16个职能部门，下设22家网点（其中吴马营分理处和玉井支行合署办公），在编员工293人，其中在岗265人、内退28人。在岗员工学历情况，研究生6人，占比2.26%；本科226人，占比85.28%；大专29人，占比10.94%；中专1人，占比0.38%；高中以下学历3人，占比1.13%。山阴农商银行始终坚持以“服务三农”为宗旨，努力打造山阴人民自己的银行。经营范围包括吸收公众存款，发放短期、中期和长期贷款，办理国内结算，办理票据承兑与贴现，代理发行、代理兑付、承销政府债券，买卖政府债券、金融债券，从事同业拆借；从事银行卡业务，代理收付款项及代理保险业务，代理发放理财业务，经银行业监督管理机构批准的其他业务。

【存款业务】 截至2023年末，山阴农商银行各项存款余额98.39亿元，较年初净增5.72亿元，增幅6.18%，其中对公存款余额17.61亿元，较年初下降2.29亿元，增幅-11.51%；储蓄存款余额80.78亿元，较年初净增8.01亿元，增幅11.01%，一年期（含）以内存款余额44.37亿元，较年初净增0.35亿元、增幅0.79%；存款平均付息率2.38%，存款偏离度2.09%。

【贷款业务】 截至2023年末，实体贷款余额60.73亿元，较年初增加6.80亿元，增幅12.62%，本年实际投放贷款46亿元；涉农及小微企业贷款余额56.20亿元，较年初增加7.57亿元，增幅15.57%；普惠型涉农贷款余额15.02亿元，较年初增加3.30亿元，增幅28.21%；普惠型小微企业贷款余额14.66亿元，较年初增加1.67亿元，增幅12.82%；小微企业授信户数完成158户，农户完成授信12038户，已开展信用评定的新型农业经营主体10户；主推信贷产品新增投放3.54亿元，其中晋享贷系列授信2.52亿元、个人住房按揭贷新增投放3404.9万元、商通贷新增投放3320万元、农企贷新增投放2300万元、随薪系列卡授信贷款产品新增投放1049.15万元、农易贷新增投放189.88万元。推动信贷投放由“脱实向虚”向“回归本源”、由“重大轻小”向“倾力小微”转型；依托三级授信模式，实现前台客户经理只做专职调查，中后台审查、审批人员集中进行“工厂化审批”的专业化经营；初步建立“亲清”信贷文化，强化以客户为中心的信贷服务理念。

【银行卡和电子银行业务】 2023年，山阴农商银行继续加大信用卡业务推进力度，持续快速完成发卡业务扩张。充分利用网上申请平台和移动营销平台，通过将首刷礼变成开卡礼，并且在网点进行大力宣传，深挖山阴县消费领域客户群体，提升用卡客户质效，提升银行信用卡使用率。同时，围绕银行卡营销活动，参加全省组织的“云闪付加油满减”和“农信卡·惠生活”等营销活动，取得不错效果。2023年，个人客户渠道新增绑卡20773户，特约商户净增529户，月活跃收单商户1145户，信用卡发卡5317张，社保卡发卡6288张。

【党建引领】 2023年，山阴农商银行坚持以习近平新时代中国特色社会主义思想为指导，深入学习宣传贯彻党的二十大精神，认真贯彻落实省农商银行、朔州审计中心各项会议精神，继续坚持“1234”工作思路和举措，紧紧围绕“改革、发展、稳定”六字方针，聚焦政治能力、组织建设、发展质效，主题教育取得实绩实效；组成“农信先锋”党员突击队，构筑党建“红色阵地”，深入推进“清廉农信”建设；畅通“信息直通车”，组织开展“心系职工”调研走访活动，架起服务基层“连心桥”；积极开展“我为群众办实事”，把广大员工和人民群众最急迫、最期盼的事情放在心坎上；联动税务局、自然资源局等开展党建共建活动，努力构建“资源共享、优势互补、共同提升”的党建工作新格局，有效促进党建工作与业务经营深度融合。

【乡村振兴】 2023年，山阴农商银行全面聚焦乡村振兴，持续巩固脱贫攻坚成果，“整村授信”达到全覆盖；扎实推动信用工程，全力打造信用乡镇、信用村、信用户；大力开展包联帮扶，助力企业发展；创新“支农支小”信贷产品，提升信贷业务质效；不断改进服务，惠及广大客户和城乡群众；全面实行客户经理等级管理办法，在薪酬上实现了多劳多得，增强了客户经理队伍信贷营销与风险意识，提升了信贷管理水平，优化了信贷资产质量。全行紧紧围绕“增户、扩面、提质、增效”这一主线，全方位开展拓户营销活动，全力实施信贷转型战略，以网格管理为基础，以“名单制”营销为抓手，进行深度辐射，深耕商圈、机关、社区、农村。持续推进“全员营销”，站稳“三农”市场，坚持“做小、做散”的市场定位，拓宽“整村授信、小微作业”等渠道，紧盯基础客群，在营销上实现“农户、居民、个体工商户、小微企业”长期推进。该行帮扶下喇叭乡吴儿城村，驻村工作队持续做好脱贫巩固工作，发挥金融企业优势，致力于普惠金融，助农扶农。

【创新信贷产品】 2023年，山阴农商银行丰富创新信贷产品，规范贷款管理，防范贷款风险，制定了共计五个系列39款信贷产品。分别为富农系列3款，具体是农链贷、农易贷、脱贫人口小额信用贷款；惠民系列2款，具体是晋享贷、创业贷；消费系列12款，随薪贷、随薪白领贷、随薪公职贷、随薪医师贷、随薪园丁贷、蓝领贷、住房按揭贷、商铺按揭贷、二手车住房按揭贷、车位·车库贷、易享家装、便易贷；兴业系列17款，具体是首贷通、简押贷、经营贷（助业贷、兴业贷、富业贷、尊享贷）、科技贷、煤企贷、农企贷、商通贷、陶瓷贷、农民专业合作社贷款、诚商贷、粮油贷、商场上下游合作项目、优企贷、账款质押贷；融合系列3款，具体是银税贷、银担贷、农担贷。

【防控风险】 2023年，山阴农商银行在抓好声誉、流动性、科技、操作等全面风险防控的同时，重点攻坚风险资产清收处置，借助内外合理，清收成效显著；全员发力，风险持续下降；夯基固本，提高拨备减值准备。紧盯结息日关键时点，前移风控关口；紧盯系统性风险，持续保持无聚集、无上访、无挤兑，社会信用环境得到极大改善。

山阴县太行村镇银行

【概况】 山阴县太行村镇银行成立于2011年12月19日，企业实行现代企业管理制度，公司治理结构为股东大会、董事会、监事会、经营管理层。主要为当地“三农”及小微企业提供金融服务的农村新型金融机构。经营许可范围：吸收公众存款，发放短期、中期和长期贷款，办理国内结算，办理票据承兑与贴现，从事同业拆借，从事银行卡业务，代理发行、代理兑付、承销政府债券，代理收付款项及代理保险业务，经银行业监督管理机构批准的其他业务。

【主要指标】 2023年，山阴县太行村镇银行资产总额为268385.15万元，较年初增加16534.42万元，增幅6.57%，各项贷款为91699.47万元。银行负债总额为276315.77万元，较年初增加13087.5万元，增幅4.97%。负债主要集中在各项存款方面，各项存款余额265547.83万元，较年初增加11867.33万元，增幅4.68%。

【信贷投放】 山阴县太行村镇银行坚持“服务三农·服务小微”的市场定位不动摇，领导带头深入一线，以乡村振兴、走万企活动为契机，走村入户、访企入户，全力进行贷款业务营销。年度实现了贷款户数、笔数、金额“三增”。

2023年，山阴县太行村镇银行建立“前后台联动”机制，管理部门根据前台人员市场反馈，经过大量实地市场调研，适时调整出台贷款产品和各类管理制度，先后对“白领通”业务进行升级优化，创新出台了“肉牛养殖贷”“快易烟草贷”；对“小微贷款”“房易贷”“快易贷”“信易贷”等拳头产品进行了适时修订，同时对信贷产品利率定价办法进行调整，为信贷团队业务提供坚强的后勤保障。全员聚焦，紧抓贷款营销主要矛盾，包括中后台人员均下达贷款转介任务，激发和调动全员贷款营销积极性，为全县实体经济贡献力量。

【经营管理】 山阴县太行村镇银行各条线提升精细化管理意识。在成本管理上，提升核算意识，做合理预算，清理不必要支出，资金财务支出分优先紧急重要程度，把钱花在刀刃上，并主动谈判，积极对接服务商，降低服务费支出。在现金管理上，合理设置库存限额管理，及时进行现金清分、上缴，提高资金运用率。在贷款投放上，审时度势，创新产品、服务及调整经营思路，争分夺秒守市场、保业务。

【助力脱贫】 2023年，山阴县太行村镇银行坚持以村为单位的分片包干责任制。各包干团队负责人主动对接县乡村振兴局和包干乡镇干部，获取建档立卡脱贫户基本信息，入户走访，宣讲脱贫人口小额信贷政策，全面摸排、有效对接建档立卡脱贫户的信贷需求，同时对确实不符合贷款条件的做好政策解释工作，基本做到了应贷尽贷。为深入贯彻落实党的二十大精神，以增加农民收入为核心，以改善农民的生产生活条件为切入点，加快乡村振兴战略在帮扶村的步伐。山阴县太行村镇银行响应县政府号召，组建驻村工作队，并制订了《山阴县太行村镇银行2023年马家河驻村工作队帮扶计划》，协助村“两委”积极发展特色产业提质增效，持续提升脱贫户收入和内生动力，防止返贫。

优化服务模式，提供便捷服务。为更好地服务脱贫人口小额信贷需求，山阴县太行村镇银行出台了《山阴县太行村镇银行脱贫人口小额贷款业务操作规程》，对产品的操作流程、审查审批流程进行优化，最大限度缩短决策链条，同时对基层网点涉农业务进行合理授权，为广大客户提供最便捷的金融服务。创新内部信贷管理机制。在考核引导上，明确了对农户贷款的指标考核，制定实施涉农及小微信贷业务的薪酬激励和尽职免责管理办法，调动、保护客户经理拓展支农支小业务的积极性。

2023年该行共计发放脱贫人口小额贷款47户，47笔，金额230万元（225万元投放包干乡镇，5万元投放其他乡镇），圆满完成了既定目标任务。截至年底，该行存量脱贫人口小额贷款共有93户，94笔，余额435.74万元，所有脱贫人口小额贷款均未产生不良情况。

【内控建设】 山阴县太行村镇银行建立了与本行实际相符合的风险合规体系，从董事会、监事会、经营层及员工层层明确了合规及风险内控职责，搭建了内控合规管理机制，建立三道防线，同时从董事会层面建立了全面的风险管理政策，并出台制定了包括信用风险、流动性风险、合规风险等在内的风险管理政策体系，搭建了风险管理专项报告机制，切实加强内控管理，提升风险防控水平。

【党建引领】 山阴县太行村镇银行加强理论学习，学习更有计划性。由党支部牵头，综合办公室承责，制订《2023年党支部学习计划》，通过干部领学、个人自学的方式，深入学习党的二十大精神，习近平新时代中国特色社会主义理论、党纪党规等内容；充分利用三会一课、主题党日等活动方式以及线上“学习强国”学习平台和“山银先锋”平台，开展形式多样的党员教育活动。2023年，山阴县太行村镇银行紧紧围绕年度会议各项工作的部署，以党建与业务深度整合为主线，以党小组为抓手，把思想和行动切实统一到党支部的要求上来，强化深度融合，全面加强党对各项业务的领导，形成完善的党建理论，构建成大党建工作格局，制定了“三重一大”制度，把党建组织工作优势转化为推动业务发展的动力优势，为经营管理提供坚强有力的组织保证，开创业务与党建同频共振、同向发展的良好局面。

【团队建设】山阴县太行村镇银行开展周一大会和条线学习例会，以帮助员工树立正确的人生观、价值观，全年培训共计28节课程，涉及案防风险类、消保类、团队建设类、前台业务类、作风纪律整顿类、服务交流分享类、信息安全类、廉洁教育类、视频教育学习类等课题，在学习形式上也融合了多种方式，包括团队长带头讲，优秀员工分享讲、外聘人员专业讲等，达到以身边人、身边事生动、真实教育的目的和效果；制定《山阴县太行村镇银行运营条线服务质量及风险防控提升方案》，围绕运营重点工作思路，坚持“实际、实用、实效”的原则，建立网点和人员结对帮扶机制，以建立并推行覆盖运营条线各岗位员工、适应人才成长需求和高质量发展的培训体系、服务质量提升体系和风险防控体系。

中国人寿保险股份有限公司山阴县支公司

【业务】中国人寿保险股份有限公司山阴县支公司2023年实现保费收入4230.71万元，同比增长6%。其中，个险业务达成3410.81万元，同比增长2.5%；团体保险业务达成369.71万元，同比增长8.30%；银行保险业务479.09万元，同比增长48.09%；向社会给付满期金、生存金、红利分配及各类赔款共计1068.23万元，同比增长17.52%；其中短期险赔款200.38万元，同比增长17.79%。为山阴县经济发展和社会保障体系的完善做出了积极贡献。

【乡村振兴】2023年中国人寿保险股份有限公司山阴县支公司为全县奋战在乡村振兴一线的第一书记及工作队员（总计147人）承保了国寿绿洲团体意外伤害保险（A型）（2003版），为全县乡村振兴工作起到保驾护航的作用。

【党的建设】2023年，中国人寿保险股份有限公司山阴县支公司坚持以习近平新时代中国特色社会主义思想为指导，坚决贯彻落实党中央各项决策部署，积极服务国家战略及地方经济发展，围绕提高人民幸福感、满意感、安全感，积极贡献国寿力量。公司扎实开展主题教育，认真落实新时代党的组织路线，纵深推进全面从严治党。始终把学习贯彻党的二十大精神作为当前和今后一个时期的首要政治任务，组织党员观看专题教育宣传片，严格落实“三会一课”“组织生活会”制度，通过参观党史文化长廊，观看警示教育、红色教育电影，组织纪律条例学习等方式开展主题党日活动，不断加强党员干部的党风廉政建设学习，使党员干部始终保持清醒的头脑，恪尽职守，廉洁自律。同时该公司党支部开展主题教育读书班，组织全体党员深入学习党的二十大报告等材料文件，围绕以学铸魂、以学增智、以学正风、以学促干等重要论述，进行专题研讨，深入领会主题教育的实质。党员干部认真贯彻执行中央“八项规定”，把持续纠正“四风”问题作为一项重要政治任务，锲而不舍，常抓不懈，并从会议和文件的规范、人寿业务管理风险方面入手开展了自查自纠和扎实整改，形成了风清气正的干事创业环境。

【提升服务】2023年，中国人寿保险股份有限公司山阴县支公司一直以“爱国、奉献、责任、创新”为核心价值观，始终坚持客户至上、服务社会的宗旨。在不断发展的经济环境中，公司秉持服务客户的理念，坚持创新发展路径，为客户提供全方位、多层次的保险产品和服务，满足客户不断增长的需求；秉承“稳健经营、安全保障”的原则，为广大客户提供可靠的保险保障和优质的理赔服务；把“提升服务”作为服务宗旨，关注大众生活，积极为客户分担风险，把客户利益放在首位，做到如实宣传、诚信为本、稳健经营，更好地发挥了保险对社会经济的助推作用及稳定作用。在坚持服务至上、回馈社会的同时，公司坚持一手抓业务发展、一手抓队伍建设，努力打造一支优秀的保险业务拓展团队。2023 年该公司 6 名优秀员工受到市公司表彰。

商务　商贸

商务

【概况】2023年，县商务局紧紧围绕省市商务经济工作会议精神，全面落实朔州市七届人大三次会议明确的各项决策部署，把打好经济翻身仗摆在优先位置，千方百计促消费、拓市场、稳企业，深入谋划全县商务经济各项工作，全力推进全县商务经济高质量发展。

【商务经济指标】全县2023年社会消费品零售总额完成47.12亿元，同比增长5.4%。限额以上企业零售额全年累计完成4.4亿元，同比增长12%。全县外贸进出口全年实现150余万元。

【乡村e镇项目建设】2023年，山阴县商务局打造电子商务公共服务平台，建成山阴古城e镇电商公共服务中心，面积2169平方米，建成600平方米的产品展示中心，展示中心展销山阴县12家特色企业共76款产品，展销山阴县12个乡镇共108款产品。截至年底，公共服务中心共和8家企业签订入驻办公协议，共和11位网红主播签订直播间入驻协议。开设1个“放管服”窗口，为入驻企业和个人提供一站式服务。

建成山阴县古城e镇仓储物流中心。山阴县古城e镇仓储物流中心位于岱岳镇东大滩工业园区内，已建成1个快递集散中心，面积2569平方米，1个综合办公中心，面积500平方米。仓储物流中心基础设施完善，地理位置优越，为快递集散中心配备先进的全自动分拣设备。整合当地快递企业，实现统仓共配，开发寄递物流公共信息服务平台，打通农村“最后一公里”的配送，提升农村寄递物流体系信息化服务能力。

举办5期古城e镇电商专题培训班，共计培训1123人次，储备各岗位人才115人，其中主播、短视频人才56人，孵化粉丝过万网红12人。通过培训和后期的跟踪服务，孵化主播和网红，进行直播带货，助力山阴特色产业。举办了2期古城e镇培训转化网红孵化沙龙，现场指导58位学员开通小黄车，编辑带货话术，进行直播带货，累计带货582单，销售额13260元。从前期培训的学员里筛选出11名优秀学员赴太原、杭州两地进一步深造学习，表现优异，全部取得电子商务培训师证书。

【发展农村电商】2023年，县商务局积极开展农村电商工作，推动农村电商高质量发展。对于电商工作，重点在玉井镇、岱岳镇、吴马营乡、下喇叭乡4个乡镇打造了8个直播间，全部装修完毕并将直播设备配备齐全。通过“电商+直播”的方式，推进“一村一品”建设，发挥特色产业优势，助力乡村振兴。组织县内电商企业及网红达人开展电商直播人才培训活动，为学员传授短视频拍摄、剪辑制作、直播带货等方面的知识，全面提升学员的电商直播能力，此次电商培训学员1050人次。筹备举办山阴县网红之夜技能大赛，以线上线下结合的大型营销活动，宣传品牌带动销售，开展产销对接、直销直供，助力电商氛围营造。

【安全生产】山阴县商贸局高度重视，精心安排，坚持“一切围绕安全稳定干”，把商贸领域安全生产工作作为重中之重，召开了全县商贸领域重大事故隐患专项排查整治2023行动动员部署会，研究并制定了《山阴县商务领域安全生产风险隐患专项排查整治2023行动方案》《山阴县商务局消防安全重大风险隐患专项排查整治2023行动方案》，开展领事保护宣传工作，参加主题为人人讲安全、个个会应急的“安全生产月”宣传活动。在春节、“五一”、国庆等重大节假日前针对商贸企业重点场所、环节由负责人带队进行督导，切实加强商贸领域值班值守和安全防范工作。加强摸排，狠抓督改。扎实做好人员密集场所安全隐患排查治理。牢固树立“隐患就是事故”意识，深入开展安全生产和消防安全隐患排查整治。对商场、超市、再生资源和加油站的安全检查每月不低于3次，发现存在重大事故隐患的，进行重点监管监察，增加检查频次，督促限期整改到位。同时配合住建等多部门开展燃气专项检查和整治，排查餐饮企业400多家，有效解决安全工作的突出问题。促进商场、超市和加油站安全检查主体责任进一步落实，有效消除各类事故隐患，杜绝一般以上生产安全事故的发生，努力促进商贸系统安全生产形势持续稳定好转。

【重点项目建设】 2023年，山阴县中图农旅商贸港一期项目已经完工并招租招商，招商率达到50%左右，待招商率达到80%，筹备整体开业事项，截至年底，已有部分商家开始营业。

【党建工作】 2023年，山阴县商务局认真学习贯彻习近平新时代中国特色社会主义思想，增强“四个意识”、坚定“四个自信”、做到“两个维护”，严守政治纪律和政治规矩。坚持理论学习中心组学习制度，制定学习计划，认真学习贯彻习近平新时代中国特色社会主义思想和对本行业领域的重要指示批示精神、党的二十大和省、市党代会精神。周密安排部署，扎实推进主题教育行动，传达学习中央、省市县主题教育安排部署和工作要求，制定实施方案、学习计划，利用“三会一课”、主题党日活动、集中学习研讨等多种方式加强学习。切实履行全面从严治党和抓基层党建第一责任人职责，把党建工作与业务工作同谋划、同部署、同推进、同考核，以党建引领商务事业高质量发展。严格落实“三会一课”、主题党日等制度。加强党风廉政建设，组织党员干部学习党规党纪，学习干部案件警示录，学习上级纪委下发的通报，做到党风廉政建设学习常态化，进一步筑牢党员干部廉洁从政意识。

供销

【概况】 2023年，山阴县供销社坚持以习近平新时代中国特色社会主义思想为指导，认真学习贯彻习近平新时代中国特色社会主义思想主题教育和党的二十大精神，全面落实习近平总书记关于对供销社工作作出的重要指示批示精神以及省、市供销社的各项决策部署，以服务“三农”为宗旨，以持续深化供销社综合改革为主线，凝心聚力，压实责任，突出重点，彰显特色，各项经济指标稳中有升，年度目标任务圆满完成。

【理论学习】 2023年，县供销社把学习宣传贯彻党的二十大精神作为一项重大政治任务，坚持领导干部带头学，普通党员认真学，老党员由年轻党员帮助学的方式，确保学习领会到位、党员覆盖到位。同时，开展了领导干部带头进基层、进社区、进农村宣传党的二十大精神活动，把“普通话”转化为“地方话”，把“书面语”转化为“口头语”，采取内容丰富、形式多样、群众喜闻乐见的形式，扎实开展党的二十大精神宣传活动，力求贴近群众、引导群众、服务群众，让人民群众听得懂、能领会、可落实，不断推动党的二十大精神家喻户晓、深入人心，落地生根。党委理论学习中心组集中学习7次，党委书记讲党课2次，利用支部“三会一课”、主题党日学习10次，通过反面案例教育4次。强化措施，加强主题教育理论学习。全县主题教育开展以来，县供销社党委严格按照县委主题教育领导小组办公室的要求，把强化全体党员理论学习贯穿主题教育全过程，并结合自身实际，制订了领导班子学习计划和支部学习计划，对支部书记开展了集中轮训培训，支部进行了学习讨论，党委书记和支部书记均以不同课题为党员干部和普通党员上了党课，理论中心组第一时间召开学习会议，传达学习习近平总书记在学习贯彻习近平新时代中国特色社会主义思想主题教育工作会议上的讲话精神和市委、县委主题教育部署会议精神，及时跟进学习习近平总书记最新重要讲话和对供销合作社工作作出的重要指示批示精神。同时，针对流出党员、老弱病残党员参加主题教育难的实际，以“快递寄学、上门送学、活动活学”等形式组织开展主题教育，确保主题教育走深走实和参学党员全覆盖。

【从严治社】 为持续推进从严治社工作走深走实，2023年，县供销社在增强对系统内监督实效上狠下功夫，积极探索实施“上下联动”机制，不断拓展对下属单位监督的深度和广度，以“四廉”入手，全面打造清廉机关，坚持不懈将全面从严治社向纵深推进。将党建工作摆上单位重要议事日程，全面落实党组织在法人治理结构中的法定地位和工作职责，发挥党组织把方向、管大局、促落实的监督作用。定向出招、精准点穴，通过开展谈心谈话、召开警示教育会议等多种形式，引导干部职工不断增强廉洁自律意识，牢记纪律约束，严格依法从业，做到慎独、慎初、慎微、慎欲，切实筑牢廉洁自律思想堤坝，打好廉洁自律预防针，不断增强警示教育的威慑力和针对性。结合工作实际，制定、完善了19项管理制度，印发了《供销社进一步贯彻落实中央八项规定精神实施细则》《供销社党委落实全面从严治党主体责任清单》《供销社2023年全面从严治党主体责任工作安排》《供销社全面从严治社实施方案》等法律法规，把重大事项决策权关进制度的笼子，切实提升了对下属单位的监督效能，营造了风清气正的良好政治生态。通过主要领导上廉政党课和到廉政基地参观学习，教育引导广大党员干部增强不想腐的自觉，将廉洁文化融入干部日常，让干部职工练好思想上的“内功”，守住廉洁自律的“防功”，练就划清公与私的“硬功”，构筑起廉洁自律的坚固防线，算好政治账、经济账、名誉账、家庭账、亲情账、健康账，为推进供销社全面从严治社向纵深发展和综合改革向高质量发展提供了坚强保障。

【综合改革】 山阴县供销社扎实推进综改工作取得实效，认真贯彻落实全国供销合作总社及省、市供销社关于深化供销合作社综合改革的相关会议精神及部署要求，凝心聚力，细化责任，分解任务，明确时限，并根据自身实际，结合目标任务，成立了由单位一把手任组长，班子其他成员为成员，相关股室密切配合的供销社综合改革领导小组，负责整个综改工作的统筹协调，确保各项综改工作有序推进，落到实处，取得实效。县供销社坚持把基层组织作为服务“三农”的前沿阵地，不断强化经营、服务、管理，使基层组织“根基茁壮”，供销合作“枝繁叶茂”。规范提升农民专业合作社1个，新建惠农服务中心1个，新建惠农服务站1个，新建庄稼医院1个，提升惠农服务中心1个，提升惠农服务站1个，改制社有企业1个，并依法依规完善了各项规章制度，充实了工作人员，扩大了经营项目，增加了经营品种，盘活了社有资产，激发了基层社发展活力，初步形成了基层供销社、惠农服务中心、惠农服务站、农民专业合作社多种形式联合共建的新格局。县供销社坚持以惠农服务中心为平台，新增土地托管面积2万亩，农业社会化服务面积

10万亩，面向广大农民开展施肥、耕地、统防统治、收割、收储加工等“菜单式”土地托管服务，实现服务主体多元化，服务链条全程化，服务形式多样化的为农服务新格局。使合作社成为了服务农民生产生活的主力军和综合服务平台，不仅推动了一、二、三产业的融合发展，还为乡村振兴和村集体经济快速发展提供了保障。

烟草

【概况】 2023年，山阴县烟草专卖局始终坚持以习近平新时代中国特色社会主义思想为指导，深入学习贯彻落实党的二十大精神，紧扣推动高质量发展的首要任务，深入贯彻落实国家局、省、市局2023年工作会议精神，坚持稳中求进工作总基调，统筹推进党的建设、卷烟营销、专卖监督管理、综合管理各项工作稳步发展。

【提升客户服务水平】 2023年，山阴县烟草专卖局提升客户服务水平，优化市场状态，全力抓好经济运行。携手工、农、商等银行机构，为零售户量身打造“烟商贷”服务。通过提供上门服务、便捷手续流程，向零售客户详细介绍“烟商贷”金融普惠服务的特点以及办理手续等问题，切实帮助零售客户解决急难愁盼问题。定期开展零售户培训交流会，已开展12场。结合省局“让客户更满意，我们在行动”，通过向零售户宣传烟草法律法规知识、讲解卷烟订货流程、销售技巧、柜台陈列等内容，不断加强专、销、零和工、商、零的信息交流，为卷烟零售客户提供更便利、更周到的服务。积极推进文明吸烟环境建设。通过前期实地走访勘测，与高铁站、县政府、城建局等单位进行多次沟通协调，在高铁站、公园、政府广场等公共场所共安装设置吸烟柱共35个。

对现代终端零售户重新进行摸排，新增现代终端以优先选择农网客户为原则，对所有现代终端客户进行年度运行评价机制，稳步提高现代零售终端建设质量。切实以客户为中心，着力帮助零售客户做好柜台陈列、形象提升等工作。已成功发展了现代零售终端1户。完成全部乡镇所在地零售户的整洁化改造。实时开展扫码枪走访检查工作，扫码枪使用户数为31户，通过云POS工作群，每周对云POS使用情况进行不定期群内通报，实时走访市场进行临时检查，确保扫码数据真实性、上线客户扫码率等指标正常。

【烟草市场管理】 2023年，山阴县烟草专卖局突出专卖管理，稳定市场秩序，优化市场环境。深入开展市场监管工作，规范辖区卷烟经营秩序。积极开展“双随机、一公开”和APCD市场检查。认真贯彻落实市场监管7项制度，与市场监督管理局积极协调，并在6月完成了与市场监督管理局的联合检查，取得了良好的效果，全年通过市场终端检查零售户194户，命中率17.4%，运用随机抽查零售户206户。持续开展“中秋、国庆”“元旦、春节”两个市场清理整顿专项行动。与县公安局、市场监管局分成2组，开展跨部门联合突击检查行动，查获多起涉烟违法大要案件，沉重打击了违法违规经营卷烟行为。积极开展各类普法宣传活动，巩固专卖管理工作的成果。发放宣传资料350份，制作宣传视频1部，美篇5篇，悬挂宣传横幅5条，开展真假烟鉴别宣传2次，举办各类咨询、走访40余次，组织零售户集中培训5次。通过多种形式的宣传活动，营造了良好的执法环境。

坚持依法行政，严格规范行政许可工作。进一步强化零售许可证后续管理。严格审核把关。材料受理、实地审查人员实行责任追究制，保证零售许可证发放质量，对符合办证条件的商户，及时发放许可证，切实提高办事实效，受到广大零售户一致好评。

【内部综合管理】 2023年，山阴县烟草专卖局不断夯实管理基础，改善职工办公、住宿条件。对长期使用、老旧破损、性能落后、运行卡顿的桌椅、电脑等办公器材进行统一更换，提高办公器材质量，提升工作效率；充分考虑职工工作和生活需求，配备了饮水机、乒乓球桌等设备，并对职工宿舍进行合理划分，满足职工住宿需求。

不断推进队伍管理水平再上新台阶。开展多方面教育培训，依托线下内训师培训、线上网络学院提升员工整体素质，使县局全员进一步知识化、专业化，进一步锤炼有素质、有担当、履职尽责的干部队伍。开展多次实景应急演练和防范安全风险专题培训。完成了消防器材及设施的更新工作，形成并完善了食堂、车辆、驾驶员、消防器材、固定闲置资产等安全隐患排查台账，及时对省、市局安全管理科提出的存在安全隐患的部位进行整改落实，切实巩固了日常安全工作的基础。

【党建引领】 2023年，山阴县烟草专卖局认真学习贯彻习近平新时代中国特色社会主义思想，严守政治纪律和政治规矩。坚持理论集中学习和第一议题制度。研究制订每月学习计划，认真学习贯彻习近平新时代中国特色社会主义思想和党的二十大精神。开展集中学习25次，专题研讨5次。严格落实“三会一课”、谈心谈话、主题党日等制度，共召开支委会6次、党员大会11次，开展主题党日12次，讲授党课8次。加强对党员的教育、管理、监督和服务，充分发挥“战斗堡垒”和党员先锋模范作用。从严管党治党，用实际行动维护“两个确立”，严格落实党建工作责任制。坚持把“党建+小组+乡村振兴”模式有机融入各项工作中，向冻牛坡捐赠播种机和米面油慰问品，践行企业担当，展现责任烟草的行业形象；加强调查研究，切实把党建经验做法总结好，打造具有创新性、实效性、典型性的基层党建工作成果。

文化　旅游
广电

文化

【概况】2023年，山阴县文化和旅游局以广武长城国家文化公园建设为引领，突出文化惠民、文物保护、旅游开发、文旅市场监管等重点，持续深入推进文旅康养集聚区创建工作，圆满完成年度各项目标任务。

【文化惠民】2023年，全县以“五个一”文化惠民工程为抓手，在送文化下乡、文艺创作、文艺队伍培育、文创产品开发、地方戏曲发展诸方面持续用力，提升了全县城乡群众的精神文化生活水平。年内超额完成了年度“五个一”文化惠民任务。全县培育了37名乡村文化带头人，完成了文化惠民活动1218场，完成率116%；完成了群众文化辅导546场，完成率123%；完成了文化艺术传承256场，完成率118%；送戏下乡185场，完成率206%。

文化和旅游局紧紧围绕深入宣传贯彻党的二十大精神这条主线，深入开展群众公共文化活动。组织开展了春节“新韵山阴幸福年”、元宵节“百花迎春”群众文艺表演活动，线上线下同步进行，极大地宣传了山阴，提升了山阴县的对外知名度和影响力，深受社会一致好评。举办了山阴县2023年六月二十四传统庙会暨文化旅游节戏曲展演活动，特邀省晋剧院、忻州北路梆子等剧团到山阴县演出。开展了“走进春天”朗诵会、“璀璨梨园”戏曲演唱会、“礼赞二十大”民歌会，以及“桑干河畔春意浓”文艺晚会、“五一”送文化进景区走进旧广武、“5·19”中国旅游日宣传活动、文化和自然遗产日宣传活动，庆祝中国共产党成立102周年文艺会演、新时代婚俗改革试点示范活动、2023年文旅消夏周系列活动、“奋进正当时、聚力谱新篇”桑干新韵群众文化节、国庆群众文艺走进“广武”等活动，全县城乡公共文化活动精品迭出。

全民阅读活动纵深推进。县文化和旅游局重点推动了多层次、多样化“书香山阴”服务体系建设，实施了“1+5+*N*”模式（“1”指一套全民阅读服务体系；“5”指5大阅读平台；“*N*”指一系列的阅读活动），在全县范围内组织开展了“做悦读党员 建书香机关”“阅读伴我成长 书香盈溢山阴”“强化文化内驱建设书香企业”“营造文明乡风助力乡村振兴”“品味书香文化社区”等系列活动，积极推动书香机关、书香校园、书香企业、书香农村、书香社区建设。积极争取上级资金，新增成人书2035册，电子书10000册，电子期刊1000种，听书200集，丰富了全县城乡群众精神文化生活。

文艺创作精品迭出。县文化和旅游局发挥文化文艺创作主阵地作用，引领全社会文化文艺创作繁荣发展。县文化馆创作了实景剧《古城新韵》、快板《夸山阴》、诗歌朗诵《清风润古城》，赞颂全县经济、政治、文化、社会诸方面发展新成就，吟诵打造清廉山阴的新成果、新风貌、新气象；在世界读书日创作了《诗歌里的山阴》，颂扬阅读山阴、书香山阴；喜迎建国74周年之际，创作了歌舞《中国龙》；为传颂“苦豆豆”香包传承人卫红宇的先进事迹，创作了《山花烂漫时》剧目，强化山阴县特色民俗产业传承传播等。

“非遗”文化进一步弘扬传承。强化“非遗”藏品征集。向全社会公开征集文物和“非遗”藏品，丰富博物馆馆藏文物和“非遗”藏品。开展了“非遗”文化进景区景点活动。在节假日期间，组织了非遗文化走进“广武”景区活动，开展了“文化和自然遗产日山阴主题活动”，强化山阴县“非遗”文化传承传播和“广武”旅游品牌宣传。集中展示展销山阴县特色“非遗”产品。国庆期间，县商务、文旅部门组织开展了古城乳品、剪纸、“苦豆豆”香包、富硒小米等“山阴名优特产、非遗产品、文创产品进广武景区集中展示”活动，同步线上线下宣传推广山阴县优质特色农产品、文创产品、非遗产品，引导全社会大力开发文创产品、旅游商品，推动旅游产业提档升级。积极申报“非遗”项目。年内“苦豆豆”香包、山阴戏曲耍孩儿、鼓乐、油果果食品、传统葫芦烙画等5项传统技艺入选市级“非遗”名录，进一步强化了全县“非遗”文化的保护传承。

【文物保护】 2023年，山阴县文化和旅游局深入贯彻习近平总书记关于文物保护工作的重要论述，坚持保护第一、传承优先的原则，管好用好文物保护资金，加强抢救性文物保护修缮工程建设，稳定发展文物保护看护员队伍，强化文物保护宣传教育、活化利用、体制机制创新，有效提升了全县文物保护水平。切实加强文物保护看护员队伍建设。全县文物保护看护员队伍稳定在36人，每名文保员年补助达5000元以上，并解决了每年600元的人身意外伤害保险，有效稳定了文保员队伍。同步加强管理监督，加密巡查频次，严防死守，有效保障了文物安全。年内未发生文物失窃、破损等案件。

有效利用文物保护资金。文化和旅游局文物保护财政预算到位55万元，县文物保护与利用服务中心到位20万元，用于看护员队伍建设、日常巡查、抢救性文物修缮等方面。同时，追加低级别文物保护资金55万元，其中王家屏纪念园20万元，促进了低级别文物的保护修缮。西小河关帝庙、黄巍佛殿庙等文物被社会力量认领认养，进行保护修缮。

文化和旅游局通过板报、标语、展板，散发宣传资料、出动宣传车，播发公益短信、警示教育片，文艺会演，以及微信、快手、短信等多种形式，线上线下集中宣传《山西省实施〈中华人民共和国文物保护法〉办法》等法律法规，深入开展警示教育，全力营造“保护文物、人人有责”的宣传氛围。

全面创新文物保护体制机制。县政府制定出台了《全县“十四五”文物保护利用实施方案》《县委、县政府关于推动新时代全县文物事业高质量发展的实施意见》等纲领性文件，引领全县从文物资源大县向文物保护利用强县迈进。全县各乡镇、县直有关部门严明责任，强化落实，构建了县委、县政府党政齐抓共管、各级各部门齐心协力、同频共振、同向发力、切实加强文物保护工作的强大合力。

全县将低级别文物保护修缮融入乡村振兴规划，结合农村环境治理和“和美乡村”建设，打造文旅融合景区景点，确保“修一处文物，建一处景观”，引领“和美乡村”建设，促进乡村振兴。文旅局申报了西小河关帝庙、来远乐楼、王家堡乐楼、下喇叭榆树洼摩崖石刻等4处文物保护修缮工程，制定了修缮方案。

【文旅融合纵深发展】 2023年，山阴县文化和旅游局以创建市级文旅康养集聚区为目标，加快长城国家文化公园园内项目建设，服务推进园内三产项目，沿长城一号旅游公路推动“和美乡村”和景区景点建设，打造精品旅游线路，构建“旅游+民宿”“旅游+滑雪”“旅游+农业”等农旅、体旅、文旅多业态融合发展新模式，成功创建了市级文旅康养集聚区。

加快推进广武长城国家文化公园园内基础设施项目建设。年内长城遗址遗迹基础设施建设项目、旧广武传统村落保护传承项目、长城博物馆装修改造项目等基本竣工，广武长城国家文化公园园内基础设施更加健全完善，为创建广武AAAA级景区提供了有力保障。

深入推进招商引资项目建设，广武长城国家文化公园园内三产服务进一步提档升级。年内服务引导广武国际滑雪场做强做大，雪场进行了全面改造升级，拓宽了雪道，增加了雪道数量，全新设计建造V–PARK地形公园等，并启动了“雪地广武 心动公益”活动，雪友在广武国际滑雪场累积的滑雪里程将以每公里1元的标准进行捐赠，用于教育和健康福利项目。客房方面，比2022年增加了一倍的客房。能够同时接待200~300人住宿、容纳1000多人同时就餐、接待5000多人滑雪等。滑雪场与万科冰雪强强联合，拓展了华北冰雪市场。年内雪场入选了第三批国家级滑雪旅游度假地，推动冰雪经济全产业链高质量发展，将冰雪这种“冷资源”持续释放“热效应”。积极服务于山西（广武）数字电竞文创园、金瓯集团“月亮湾”风景区两大招商引资项目，形成最大实物量，确保项目顺利进行。

加强“广武长城”品牌宣传营销。县政府组织文化和旅游局等相关单位参加了深圳文博会、全省第九次旅游发展大会等，开展了主题为“内外长城桑干源、清凉朔州辽金韵”的2023广武长城国家文化公园发展论坛，以及“广武长城文化节”，全力打造“广武长城”品牌。

沿长城一号旅游公路打造景区景点和“和美乡村”，构建特色农旅融合新模式。年内沿长城一号旅游公路，打造了化悲岩寺、瑞云寺、南洲书院、蝴蝶谷等十大景区景点，建设了旧广武、辛立庄、苏庄、云水庄、南辛寨等“和美乡村”，构建了“大接杏等瓜果蔬菜采摘+旅游”“广武滑雪+旅游”“民宿体验+旅游”等新业态、新模式，推进县域中南部文旅康养集聚区建设。沿长城一号旅游公路已发展民宿30多家；“瓜果采摘+亲子体验+休闲旅游”等新业态蓬勃发展。

依托三大国家级文物（广武城、汉墓群、明长城）、两大省级文物（沙彦珣墓、王家屏墓）、“中国富硒小米”、桑干河国家级湿地、中国传统村落（燕庄村、故驿村）、山西省历史文化名村（旧广武村）、广武省级风景名胜区、山西古城乳业有限公司省级功勋企业、华昱能源山西首批十大循环经济园区，以及“众福缘”全国首批“美丽工坊”等“国”字号、“省”字号景区景点、名片名牌、产业龙头等优质资源，还有王家屏名人故里、千佛寺等自然、人文优势资源，推进旅游资源集点、连线、成面，高标准、高质量创建文旅康养集聚区。重点加快建设边塞文化、生态康养、名人故里“乡村旅游带”，全力打造“下喇叭乡织女泉村山村民宿—下立羊泉红色文化—榆树洼千佛寺—玉井镇口前村村史馆”“合盛堡富硒谷子产业园—北周庄烟霞洞—循环经济产业园”“桑干河国家级湿地—王家屏纪念园—西山森林公园”等精品旅游线路，发展壮大了集“乡村旅游、休闲农业、采摘农业、亲子体验、体育健身、农产品营销”等于一体的文旅、农旅、体旅融合发展新业态，引领乡村全面振兴。

山阴县文物保护与利用服务中心

【概况】 山阴县境内共有不可移动文物370处。其中国家级重点文物保护单位3处（广武长城、旧广武城、广武汉墓群），省级重点文物保护单位2处（沙彦珣墓、王家屏墓），市级文物保护单位9处（新岱岳关帝庙、白殿沟遗址、瑞云寺遗址、化悲庙遗址、黄巍佛殿庙、来远文昌庙、西双山恒山庙、王宪武墓、榆树洼摩崖石刻），县级文物保护单位29处，未定级的203处；烽火台118个、堡址6个。国有馆藏可移动文物共178件（套），其中二级文物7件（套）、三级文物29件（套）、一般文物142件（套）。

2023年，县文物保护与利用服务中心坚持“保护第一、加强管理、挖掘价值、有效利用、让文物活起来”的二十二字方针，依法加强县文物保护工作。

【文物保护宣传】 县文物保护和利用服务中心加大文物保护知识的宣传，提高全社会的文物保护观念，增强文物保护的法律意识。中心印发了《中华人民共和国文物保护法》（节选）和《长城保护条例》宣传资料，并前往文物保护单位和长城周边地区向公众发放。同时借助全县的平安建设宣传周、安全生产月等活动，向公众发放文物保护宣传资料。倡导全社会做好文物保护工作。

【文物安全】 县文物保护和利用服务中心落实文物安全责任，坚守文物安全底线。中心人员定期对各级文物保护单位进行安全检查，发现安全隐患能整改的及时整改，不能整改的及时上报，确保及时消除安全隐患，保障文物安全。对所有有古建筑的文物保护单位灭火器进行了年检、更换和做了文物安全注意事项版面；对7家火灾风险大的古建筑文物保护单位安装了烟雾报警器；对5家没有消防水源的文物保护单位配备了消防水桶；对来远文昌庙的漏雨现象进行了临时苫盖。及时发现并处理了安全隐患，确保了山阴县文物的安全。落实了文物保护员38名，对县188处不可移动文物进行安全全覆盖。通过建立文物保护员微信群，对文物保护员每日巡查任务进行实时监督，及时了解文物现状。中心人员不定期对文物保护员的巡查情况进行督查，发现有不称职的文物保护员给予警告，对屡教不改的解聘合同，确保文物巡查工作落地落实。积极组织文物工作者文物安全培训，对消防、防爆等安全应急技能进行专题培训，切实强化文物工作人员的专业能力。

【文物维护】 县文物保护和利用服务中心按照轻重缓急协助局机关制定了低级别文物修缮、加固计划。对县级文物保护单位帐头铺寺院的东、西殿和山门进行了瓦面维护。市级文物保护单位化悲岩寺遗址的正殿、偏殿和朵殿等十多个殿的瓦面进行了维护和加固。协助局机关向市文物局推送了玉皇庙和王家堡老爷庙两处县级文物保护的认领、认养。2023年，县文物保护和利用服务中心全力支持山阴县基本建设工程，积极配合县自然资源局、县行政审批局和市考古队做好本区域地上与文物保护单位“两线”的重叠情况勘查和地下考古勘探工作。

文联

【概况】 2023年，县文联坚持以习近平文化思想为指引，坚持文艺为人民服务、为社会主义服务，坚持百花齐放、百家争鸣，坚持创造性转化、创新性发展，围绕培养文艺人才、加强社团组织活动、繁荣文艺创作、服务中心工作、丰富群众文化生活等方面，积极推动山阴县文艺工作高质量发展。

【文学创作】 县文联圆满完成了文联机关刊物《桑干河》2023年全年编印任务。共印发5期，40万字，150篇作品；推出书法、绘画、摄影、篆刻、剪纸等艺术作品50幅。在原有小说、散文、诗歌、戏曲、人物等栏目外，新增“他山之石”“走进乡村”“文艺评论”栏目。经过不断地精选内容、改进版式、提升档次，形成独特的办刊风格，很受读者欢迎。

【文艺活动】 2023年，县文联丰富文艺活动，组织书法老师开展“玉兔呈祥”写春联、送春联文化惠民活动，传承民俗文化，增添节日喜庆氛围。携书画协会共同举办第二届“庆新春”网络书画展，为新春佳节奉献一道文化大餐。7月9日，朔州市文联、朔州市作协和山阴县文联共同组织部分作家赴山阴县合盛堡乡开展以“激活乡村文化 助力乡村振兴”为主题的采风创作活动，作品结集《走进黄花梁》。举办“2023广武长城国家文化公园发展论坛”书画展，县文联组织全县文艺工作者以长城、古城为题材，创作了45幅书法作品、8幅美术作品，在论坛会场展出，受到观众好评。在第22个“安全生产月”活动中，山阴县安全生产委员会办公室、山阴县应急管理局、县文联及下属书画协会等单位，联合举办以“人人讲安全 个个会应急”的主题书画展，作品结集《山阴县安全书画作品集》。

【文艺创新】 2023年，县文联创新思路，开辟文艺工作新局面。县文联坚持推动文艺高质量发展的理念，以主题教育为契机，深入基层调研，充分酝酿沟通、多方考察了解，全力整合资源，在县委宣传部和市文联的指导下，于9月8日组建成立了“山阴县美术家协会”，10月27日组建成立了“山阴县书法家协会”，改变了过去书法、美术混合的局面。这样，既有利于走专业发展的道路，也契合了与上级协会的对接。新成立的美术家、书法家协会，受到了全县广大文艺工作者、爱好者的一致欢迎。在各级各类书法赛事活动中，山阴县选送的作品，无论是数量还是质量均在全市名列前茅，极大地提升了山阴县书画技艺和水平。

组建成立“山阴岱岳镇甘庄村文联”，甘庄村是远近闻名的文化村，文化活动丰富多彩，涌现出很多文艺人才，县文联认真落实《朔州市文联深化改革方案》（朔办字〔2019〕27号）精神，经过两年多时间的筹划，于2023年11月24日正式成立了“山阴县岱岳镇甘庄村文联”，是山阴第一家、全省第二家村级文联。

县文联首次开展送文化进农村、进社区活动。将文联的机关刊物《桑干河》杂志及时送到甘庄村、东双山村及集贤、广益、幸福社区，丰富群众的精神文化生活，推动乡村、社区文化发展。

举办了首期“文学创作能力提升”培训班，特邀全国著名杂文家、高级记者、《母亲词典》作者李建永，三晋文化研究会常务理事、长篇小说《孤独的爱》作者石清礼，朔州市文联党组书记、主席，二级巡视员，中国作协会员李志斌为学员授课，反响很好。

组织县美协老师为山阴县参加抗美援朝健在的13位老兵进行艺术画像，作品既生动形象，又富于艺术魅力，一经出展，受到了各方好评。

【党的建设】 县文联坚持以习近平新时代中国特色社会主义思想为指导，认真学习贯彻党的二十大精神，学习习近平总书记考察调研山西重要讲话重要指示精神以及对右玉精神的6次指示批示精神，通过集中与自学相结合、线上与线下相结合、理论与实际相结合，联系思想、联系工作，读原著、学原文、悟原理。为了方便学习、方便记忆、方便运用，专门编印了党的十八大以来习近平总书记关于文艺工作的历次讲话精神。坚持学以致用、学用结合，确保党的文艺方针政策落地生根，确保文艺工作道路明确、方向正确。

认真落实全面从严治党主体责任。坚持不懈用习近平新时代中国特色社会主义思想凝心铸魂，始终将党的政治建设摆在首位，不断加强党的领导，坚持贯彻落实党的理论和路线方针政策以及党中央和省市县委各项重大决策部署，自觉在政治上、思想上、行动上同以习近平同志为核心的党中央保持高度一致，把坚定捍卫“两个确立”、坚决做到“两个维护”作为最高政治原则和根本政治责任融入高质量发展实践中。认真贯彻落实《党委（党组）落实全面从严治党主体责任规定》。“一把手”坚决扛起“第一责任人”职责，做到重要工作亲自部署、重大问题亲自过问、重点环节亲自协调，班子成员和科室负责人认真落实“一岗双责”形成一级抓一级、层层抓落实的工作机制。以党建为统领，认真完善“三会一课”、谈心谈话、主题党日活动等制度，严格落实民主集中制、“三重一大”集体决策制度、个人事项报告等制度，不断增强支部的凝聚力和战斗力，推动基层干部作风建设和清廉机关建设迈上新台阶。始终把党的政治建设放在首位，坚决贯彻党中央和省市县委的决策部署，切实增强党员干部的政治意识、大局意识、核心意识、看齐意识，自觉扛起全面从严治党这个政治责任，自觉在思想上、政治上、行动上与党中央保持高度一致。强化宣传教育。组织党员干部认真学习习近平新时代中国特色社会主义思想，深入学习贯彻党的二十大和二十届二中全会精神，全面贯彻落实习近平总书记对山西工作的重要讲话重要指示精神，切实把党员干部的思想和行动统一到中央和省、市、县委的决策部署上来。严格遵守党章党规党纪，严格遵守政治纪律和政治规矩，不断增强政治敏锐性和政治鉴别力，切实提高政治判断力、政治领悟力、政治执行力。组织开展警示教育，认真落实县委对巡视反馈意见整改措施，切实维护政治纪律的刚性约束。坚持民主集中制，逐步完善“三会一课”、主题党日、谈心谈话、组织生活等制度，用好批评和自我批评武器，带头落实准则、条例，切实维护党内政治生活的严肃性。

新华书店

【概况】 山西新华书店集团朔州有限公司山阴分公司隶属于山西新华书店集团公司，单位性质为国有企业。公司主要从事政治读物、教材教辅发行和各类图书销售等工作。

【经济指标】 2023 年，公司实现营业总收入 1530.55 万元，实现利润 160.56 万元。研学业务实现了多年来零的突破，集团当年两教、连锁、传媒货款承付率 100%，公司全年无上访、无事故、无案件，连续三届被评为市级精神文明单位。

【社会服务】 山阴县新华书店图书超市本着创新意识，引入了“知阅”绘本馆，成为山阴县首家经营绘本馆的单位。超市还免费为读者提供开水、Wi-Fi、缺书登记等服务，从而为读者营造了耳目一新的读书环境和购物氛围。在经营管理上，公司严格按照“关于加强连锁经营管理的若干规定”“连锁门店配货及退货比例”等规定执行，及时与连锁、传媒公司进行业务数据的传递与处理并严格执行连锁公司的“八统一”原则，从一般图书的购进、拆包、上架、销售、结算等环节上层层加强管理、堵塞业务漏洞，确保一般图书的整个经营管理过程有序、合理、高效，全年营业时间平均不少于 4000 小时。对于不具备实体网点建设条件的乡镇，公司因地制宜、主动出击，开展送书上门活动，全县共 12 个乡镇，流动售书覆盖率达 100%。山阴分公司连续多年中标农家图书采购工程，2023 年又完成山阴一中图书馆图书补充更新工作，有力地服务了用户，彰显了渠道优势及企业担当。山阴分公司共有校园书店 5 所，智能书柜 2 台。公司校园书店的成立及智能书柜的投放极大地满足了学生及社区读者的阅读需求。

【党建工作】 山阴县新华书店从加强政治学习入手，结合主题教育活动、习近平总书记视察山西重要讲话重要指示以及国有企业党建工作会议精神的学习，牢固树立“四个意识”、坚定“四个自信”、做到“两个维护”。坚持班子集中学习制度。新华书店以新《党章》及习近平新时代中国特色社会主义思想为学习重点，要求班子成员撰写学习心得和学习笔记并通过“三会一课”、观看警示教育片、收看专题视频、应用“学习强国”学习平台等形式，切实推动班子成员的思政学习入心入脑，从而指导实际工作。以“第一议题”制度为引领，结合集团公司各类学习资料，撰写学习笔记2万余字、学习心得3篇，讲党课3次，参加主题党日活动4次，有力地推动了学习教育的常态化和长效化。努力践行“清廉新华”建设，全面落实从严治党主体责任，加强对“一把手”和领导班子的监督，营造风清气正的良好政治生态。在“七一”、国庆等重要时间节点分别举办了“奋进新征程 建功新时代”以及“爱国主义读书教育”等主题党日活动，完成主题教育用书的宣传与发行工作，对照主题教育民生实事清单内容，加强主题教育的学习力度，力求主题教育走深走实、见行见效，成为企业高质量发展的强大动力。

山阴县广武风景名胜区

【概况】 2023年，县广武风景名胜区管理委员会坚持以习近平新时代中国特色社会主义思想为指导，深入学习贯彻习近平新时代中国特色社会主义思想和党的二十大精神，认真落实上级决策部署，牢固树立“四个意识”、坚定“四个自信”、拥护“两个确立”、做到“两个维护”，加强教育、完善制度，狠抓全局思想、组织、作风建设，着力解决工作中存在的薄弱环节。

【党建工作】 2023年，县广武风景名胜区管理委员会学习贯彻习近平新时代中国特色社会主义思想主题教育开展以来，广武景区领导班子认真学习习近平总书记在主题教育工作会议上的重要讲话精神，深刻认识开展这次主题教育的重大意义，牢牢把握“学思想、强党性、重实践、建新功”的总要求，落实“第一议题”制度，利用“三会一课”、主题党日活动等，聚焦主题，切实抓好政治理论学习；通过集中学习、个人自学、线上学习等形式，系统深入学习，着力汲取习近平新时代中国特色社会主义思想的精髓和智慧，掌握好蕴含其中的领导方法、思想方法、工作方法，做到知其言更知其义、知其然更知其所以然。努力做到以学铸魂、以学增智、以学正风、以学促干，切实将学习成果转化为推动工作的真招实效，不断提高履职尽责的能力和水平，不断提高运用科学理论指导我们应对重大挑战、抵御重大风险、克服重大阻力、解决重大矛盾的能力。

加强党的建设。坚决服从县委统一领导，重大事项及时向县委汇报，坚决贯彻落实好县委各项决策部署。切实加强党建制度建设，严肃党内政治生活，严格落实双重组织生活会和“三会一课”制度，班子成员带头讲党课，定期参加支部会议。切实增进班子团结，班子成员互相学习、互相包容、互相支持、互相理解，形成了团结干事的强大合力。

抓好意识形态。坚持党管意识形态不动摇，按照“牢牢掌握意识形态工作领导权”的总体要求，健全工作机制，强化责任担当，牢牢掌握意识形态工作的领导权、主动权、话语权，通过积极开展政策解读、理论宣讲、全面建设清廉机关、开展基层干部作风建设提升等有效手段，牢牢把握舆论导向，确保了意识形态领域健康向上，思想舆论环境总体平稳，为广武风景区发展奠定良好的思想基础。

【景区发展】 2023年，县广武风景名胜区管理委员会积极谋划建设广武风景名胜区，推进县域经济向绿色文化旅游业的转型发展。实施广武风景名胜区明长城景点区域内环境整治（铺设护坡、园林绿化等）、流动厕所维修、旅游厕所修缮、安装道路安全设施波形护栏、购置安装垃圾亭、箱等，安装旅游宣传标识标牌、安装维修监控视频等基础设施建设。

加强广武风景名胜区安全生产工作，保证安全无事故。加强区内森林防火工作，聘请专职防火员深入广武汉墓群、广武明长城景点定时巡查，处理堆积落叶，劝阻附近村民携带纸烛焚香上坟，严格控制野外用火。建立节假日和旅游高峰期应急值守制度，实行每日巡查制度，记录巡查日志，发现问题及时整改上报，及时消除安全隐患，保证区内全年旅游安全无事故。

【干部队伍建设】 县广武风景名胜区管理委员会加强领导干部和党员干部的廉政教育。管委会领导班子认真学习贯彻中共中央党风廉政建设有关精神，建立健全惩治和预防反腐败体系，加强党风廉政宣传教育作为党课教育、支部理论学习、领导班子建设和干部队伍作风建设的重要内容，教育党员干部严格执行中央八项规定，遵守《廉政准则》及其他廉洁自律制度、规定。深入开展职工理想信念教育、党章教育、社会主义荣辱观教育、廉洁自律教育和警示教育，夯实党员干部廉洁从政的思想道德基础。加强党的纪律教育尤其是政治纪律教育，促使党员干部严格遵守党章和党内法规，对党忠诚，立场坚定，自觉抵制错误言论和倾向。

全面从严治党，落实中央八项规定。以“干部作风建设提升年专项整治行动”和“清廉山阴建设”为契机，持续加强机关干部队伍建设，将严明纪律作为从严治党的总抓手，严格落实一岗双责、党政同责，坚持立足全面，既突出关键少数又面向全体党员，强化班子成员对各自分管领域党风廉政建设责任，确保管党治党有重点、无盲区。制定、完善机关各项规章制度等规范性文件。力戒官僚主义、形式主义，聚焦四风问题、不担当不作为、违反中央八项规定精神等群众反映强烈的突出问题。精准把握运用监督执纪“四种形态”，加大对重点工作以及涉及群众利益问题监督检查力度，做到问题早发现、早提醒、早处置。

融媒体中心

【概况】 2023年，县融媒体中心坚持以习近平新时代中国特色社会主义思想为指导，全面贯彻党的二十大精神，在县委、县政府的坚强领导下，以“守正创新、踔厉奋发”为主旋律，创新宣传模式，坚持内容为王，强化队伍建设，筑牢安全防线，推进融媒体中心各项工作走深走实，为县域经济社会高质量发展提供了强大的思想舆论保障和精神文化支撑。

【讲好山阴故事】 2023年，县融媒体中心精心策划组织各类主题宣传，科学有效开展热点引导，着力讲好山阴故事，唱响新时代主旋律，不断提升舆论引导水平。在品牌栏目《山阴新闻》中推出《打造灵秀古城、建设新韵山阴》《和美乡村建设山阴在行动》专栏，共播出77期。着力讲好全县经济社会发展故事和群众真切的获得感和幸福感，用有深情、有温度的新闻报道，营造良好舆论氛围。制作播出《山阴新闻》150期，稿件1000件。在做好内宣工作的同时，进一步细化量化外宣任务，外宣工作积极开拓、精心谋划，创作出了一批诸如《枫桥经验乡镇书记访谈》《和美乡村建设山阴在行动》质量优、社会反响好、思想性艺术性强的外宣作品。融媒体中心加强对外宣传，外宣稿件采用量呈稳步上升趋势。在朔州市融媒体中心发稿170条，《直通县市区》栏目上稿136条，向中央媒体推送稿件14条，向省级媒体推送稿件20条，新闻外宣工作再创佳绩，持续扩大山阴的宣传覆盖面和影响力。

【全媒传播】2023年，县融媒体中心打造全媒体传播矩阵。注重内容和形式原创，推陈出新，每日发布原创优质短视频，倾力打造“爆款”。2023年，抖音（山阴）、快手（山阴）、视频号（微信公众号）共发稿1950条。抖音（山阴）官方账号总播放量达到120万次，快手（山阴）官方账号总播放量达到140万次，抖音（山阴）单条短视频最高播放量达到2万次。今日头条发稿1051条，微博发稿958条。开通的三个短视频平台，视频号用户数14429人，快手号粉丝1.3万人，抖音号粉丝8253人，今日头条用户数1.7万人。在客户端上开设专题专栏、活动直播、活动投票等，增粉提质，提升粉丝忠诚度。一次采集，多种生成、多元传播的全媒矩阵初步形成。

推进“融媒+”体系建设。把“爱山阴”App客户端建设作为媒体深度融合发展的“一号工程”，始终保持在要素配置、资金投入、配套服务、资源整合上的“四个优先”，加大力量投入，提供流量支持，鼓励各平台新闻资源向客户端倾斜。坚持以用户为中心，以体验为核心，形成“图、文、音、视”四大内容形态和涵盖咨询服务、政务服务、便民服务在内的全领域功能结构。2023年，“爱山阴”客户端《山阴新闻》等13个板块推送新闻稿件、精彩微视频1.2万条。依托全县智慧城市建设成果，全面推进“爱山阴”客户端为核心的政务服务体系建设，不断完善信息枢纽和便民服务功能，客户端注册用户达4.7万户，综合点击量近14万人次。

【安全播出】2023年，县融媒体中心始终把安全生产、安全播出工作作为一项重要政治任务来抓，对习近平总书记关于安全生产和消防安全的重要批示指示精神以及国家广电总局、省、市、县广电行政部门一系列安全播出工作要求，做到第一时间精准学习、精准落实。进一步压紧压实中心各股室安全生产、安全播出管理责任和主体责任，有效提升了中心全体干部职工的安全防范意识，形成了中心领导亲自抓、分管领导协同抓、股室负责人具体抓、干部职工人人抓安全生产、安全播出的良好工作局面，确保了中心安全生产无事故，安全播出无失误。成立了安全播出领导小组，明确各成员部门分工，健全完善了各项制度。对中心安全播出、安全生产提供了坚强制度保证。同时严把自办节目审校关。所播出的自采节目均严格执行自办节目台内三审制度，《山阴新闻》、“爱山阴”App等平台播出的节目，均经三审播出，确保意识形态领域安全。

强化人防技防。改造供电线路。对四楼有线电视前端机房，一楼、四楼配电机房，楼层供电设备线路进行更新更换，确保中心所有设备用电安全。对四楼有线电视传输系统进行升级改造，确保有线电视信号高效稳定传输。对中心办公楼更换防火屋顶，增加逃生通道、安装逃生指示牌，在重点隐患区域分级警示图示上墙，机房等重要场所安装远程智能温控感应报警设备，更新更换灭火器47个，全面提升中心安全生产、安全播出保障水平。在办公楼一楼配备2名安保人员，24小时不间断值班，对记者部、一楼门厅、四楼机房等重点区域加装人脸设备、指纹识别等安全门锁，加强对外来人员登记管理。

强化安全排查。中心技术人员不定期对重

要岗位、重要设备运行情况进行检查，有效消除安全隐患。机房值班人员24小时值班值守，对节目信号进行监听监看，发现问题，第一时间上报分管领导以及主要领导，确保故障第一时间处置，保证节目的安全传输。同时，加强安全应急演练，使每个值班人员都具备安全播出意识，熟悉操作程序，确保应急处置到位。在重要安保期，主要领导督导、分管领导靠前、播出部主任和技术骨干靠上，以“字字千金、秒秒政治、天天考试”的态度值班值守，实行24小时领导带班值班，严格执行零报告制度，安全播出工作实现了态势平稳。

微波站

【概况】 山阴微波站隶属于山西广播电视无线管理中心，属于公益一类事业单位。是集数字电视发射与微波中继传输于一体的综合性台站，是“京、冀、晋、蒙”山西省内北线数字微波电路的重要中继站，担负着中央和各省卫视及山西卫视、黄河电视台、山西综合新闻广播电台等200多套广播电视节目信号的安全传输任务、还担负着中央地面数字电视覆盖的发射任务。

【安全传输】 山阴微波站圆满完成了2023年“春节”“两会”“成都大运会”“山西省运会”“杭州亚运会、亚残运会”“国庆节”以及第三届“一带一路”国际合作高峰论坛等重要保障期的安全播出任务。2023年1—10月山阴微波站站内零停传。

【设备维护及更新】 山阴微波站加强对设备的维护及更新，确保正常输出。4月，配合发射机厂家更换三工器；配合总局规划院工作人员完成700M单频网测试验收。完成了山阴微波站综合楼（变压器室、机房、控制室）环网地线采购安装项目；完成了山阴微波站发电机房、油料间和配电室绝缘地胶采购安装项目；完成电力安全器具检测；完成灭火器检测；更换50千伏安稳压柜为150千伏安稳压柜，并完成验收。

【日常维护管理】 山阴微波站认真贯彻落实维护管理规程，组织实施本站维护检修计划。二十四小时不间断监视本站设备的运行情况，及时发现并处理设备故障。同时定期对天馈线系统、供配电及生活区等重要设施进行维护，确保不间断、高质量地完成广播电视节目的安全传输任务。

山阴微波站在年初新修改并签订《山阴微波站2023年度消防、治安、安全播出、综合治理》责任书，修改签订《山阴微波站2023年度行车安全协议书》，不断更新相关规章制度及信号流程并及时上墙，加强管理。

【业务培训】 山阴微波站为提高值机员的业务水平，确保安全播出，根据年初制订的学习计划，开展了一系列学习活动，每班组由副站长或机房主任组织职工集中学习5次，学习内容主要侧重机房中的专业理论知识，其余时间自学。每季度开展业务知识应知应会考试，以检查学习效果。同时每月选择两个换班日，人员比较集中的时候，集体学习讨论，学习内容包括政治理论学习和业务知识。6月，山阴微波站指派2名技术骨干参加“京—冀—晋—蒙”微波电路培训，成绩优秀。8月，指派2名技术骨干参加山西广播电视无线管理中心举办的网络安全技术能手竞赛，成绩优异。定期由副站长或机房主任组织职工集中进行各种形式的学习、考核、实践操作等活动。

【党建工作】 2023年，山阴微波站严格执行“三会一课”制度，按程序开展组织生活会及民主评议，进行党支部理论测试，实行季考计划。每季度开展支部书记讲党课、党员讲道德讲堂，组织党员干部和入党积极分子观看爱国主义电影以及公益宣传片、专题学习讲座等活动。并积极组织系列主题党日活动，开展“廉政教育学习宣传”主题活动、开展“缅怀革命先烈、重温入党誓词”主题活动、开展“贯彻总体国家安全观，增强全民国家安全意识和素养，夯实以新安全格局保障新发展格局的社会基础”宣传月主题活动、开展“党的二十大精神”答题竞赛主题活动、积极参加中心举办的主题教育知识竞赛活动和“廉洁奉公树立新风”演讲比赛、开展学习《党支部工作条例（试行）》系列解读节目主题活动等，健全了党的组织生活，提高了党员素质，对增强党组织的凝聚力和战斗力起到十分重要的作用。

党支部按照主题学习教育要求，组织干部职工认真研读党的二十大报告、《党章》、《习近平著作选读》、《习近平新时代中国特色社会主义思想学习纲要》、《习近平新时代中国特色社会主义思想专题摘编》等，要求党员和入党积极分子做好学习笔记、撰写学习心得体会并进行研讨，并结合主题教育要求，开展系列主题活动，深入推进主题教育成果入脑入心。组织开展青年理论学习小组学习活动，集中学习、专题教育学习活动共计10次，70余人次参加学习，切实做到用理论武装头脑、提升素质。山阴微波站开展了“助力文明城市建设、争当文明传播先锋”学雷锋活动。活动以文明城市建设为契机，积极开展山下基地周边垃圾清理志愿服务，为文明城市建设贡献自己的力量。

【精神文明建设】 2023年，山阴微波站全面落实山西广播电视无线管理中心关于开展文明创建活动的各项任务，积极推动和提升精神文明建设工作，开展了一系列丰富多彩的活动。深入开展践行《社会主义核心价值观》活动，引导广大干部职工和群众，遵从社会公德，弘扬传统美德。积极开展“敬老孝亲”“敬业奉献”等评选活动；定期开展“文明宿舍”评比活动；大力倡导绿色健康生活，开展室内室外运动；广泛开展文明风尚宣传教育活动，倡导厉行勤俭节约、反对铺张浪费等移风易俗宣传教育活动；积极开展道德讲堂。这些系列活动的举办，既提高了干部职工的文明素养，又起到了很好的示范带动作用。

教育　科技

教育

【概况】2023年，山阴县教育工作坚持以习近平新时代中国特色社会主义思想为指导，深入贯彻党的二十大精神和党的教育方针以及全国、全省、全市教育会议精神，坚持以人民为中心、以教育兴国、办人民满意教育为理念，紧紧围绕县委、县政府的决策部署和中心工作，以建设教育强县为目标，以深化教育领域综合改革为动力，聚力培养德智体美劳全面发展的社会主义建设者和接班人，着力抓党建强根基、抓公平促普惠、抓内涵提质量、抓改革激活力，推动教育事业高质量发展。

【教学质量】2023年，县教育局紧紧围绕“振兴山阴教育、打造教育强县”这一整体要求，坚持“立德树人”，全面落实“双减”政策，全县教育教学质量明显提升。高考二本及以上达线人数达502人，达线率达到42.3%，比上年增长12个百分点。

提高教育教学质量。推动学前教育发展。坚持学前教育的公益性、普惠性原则，积极开展无证民办幼儿园清理工作，坚决促进学前教育健康发展，提高义务教育质量。全面实施德智体美劳“五育”并举，积极引进一线城市专业教育机构和教学模式，通过建立劳动教育基地、定期召开主题班会、让学生帮助父母做家务、体验农耕、假期实践活动等形式，扎实推进劳动教育。深入贯彻落实“双减”要求，打造“品质课堂”，全面落实“五项管理”，科学合理优化作业作息安排，按照“一校一案”扎实推进“5+2”课后服务全覆盖，利用课后服务时间，充分挖掘校内潜力，统筹用好科普、体育等校外资源，丰富课后服务项目，多元化开设足球、舞蹈、武术等兴趣类活动课程，确保减负不减效。促进高中教育发展。山阴一中积极对接国内一流的高等院校，与北京科技大学等12所知名高校签订共建“优质生源基地”协议，与兰州大学组建教育共同体，不断提高高中教育教学质量。规范民办义务教育发展。通过缩减办学轨制，压减民办学校在校生规模，同时采用政府全部购买民办学校学位的方式，完成了民办学校在校生占比为零的目标。推进职业教育发展。多种方式健全优化教师队伍，实施团队化管理，提升了教学团队的专业实践能力。加大校企合作，实行订单式培养，提高学生就业率。推动课程多样化。设置了计算机、航空服务、机电技术与应用、广告设计与制作、汽车修理、美容美发、会计等多个专业。建设产教融合实训基地。购置实训设施设备，已建成园艺花卉等6个实施车间，可实现学生学习理论的同时开展实践操作，充分形成产教融合的生态系统。

增强教学教研实效。结合教学教研工作安排，参考各学校工作计划，明确工作思路，制订计划开展多种形式的线上线下教学教研活动。分阶段、分批次组织初中教师参加山西省名师在线工作室2023年新中考培训、新中考精准复习指导暨主题教研活动，帮助初中教师深入理解新课程标准理念和核心素养导向，破解“新课标、新课改、新考改”背景下“为什么教”“教什么”“怎么教”“教到什么程度”等实践性难题，使各学校在中考备考中有方向、有路径、有参照、有抓手，进一步提升全县各学科教师专业素养和教育教学能力。学期期末组织并顺利完成了各项教学质量监测工作。

强化教学管理效率。促进教育优质均衡。全县制定了《山阴县2023年秋季学期义务教育学校招生工作方案》，根据生源、学校的数量、分布以及办学规模等情况，确定各学校的招生计划，严禁超计划、超规制招生，坚决消除

"大校额"；班级学生数量严格执行国家标准，班额控制在50人以内；高一、初一、小学一年级全面落实"均衡分班"，以学校为单位，通过随机摇号的方式对学生进行随机编班、均衡分班，进一步推进教育公平公正，建设健康有序、平等和谐的教育发展环境。完善教师考核制度。各学校建立健全了教师考核奖惩机制，充分调动了教师的积极性、主动性和创造性，促进学校教学、管理工作高效有序进行，进一步推动教学质量提升。落实"双减"常规检查。每学期开始，局教研室全体工作人员深入全县各中小学进行检查和指导。

【校园建设】 2023年，县教育局完善基础设施建设。全面落实义务教育薄弱环节改善与能力提升项目，对4所县直初中、9所县直小学以及乡镇学校共23所中小学校的校舍进行了维修改建；第十小学建设有序推进；完成了第三、第四幼儿园基础设施配套工程，2023年秋季学期已实现招生；新建了第三中学餐厅；推进落实"明厨亮灶"工程，全县有食堂的45所中小学、幼儿园全部实现"明厨亮灶"，达标率100%。

改善教育教学环境。为23所学校293间普通教室安装3516套护眼灯，改善了教室采光环境，确保教室光照度始终达到国家标准，有效预防学生视力下降，守护学生视力健康；为12所义务教育阶段学校配置课桌椅4163套，适应学生生长发育变化，推动学生养成良好的学习习惯，守护学生身体健康；为16所学校设立了心理咨询室，招聘专业心理教师16人，为学生进行心理辅导，及时有效预防和干预学生心理问题的发生，守护学生心理健康。

推进智慧校园建设。按照教育信息化2.0行动计划要求，完成山阴一中教室多媒体设施配置工程，打造智慧校园；实施"数字课程教材云平台"助推义务教育优质均衡发展工程，推动信息技术与教育教学深度融合，全面提升师生信息化素养。

优化教师队伍结构。为进一步优化资源配置，切实提高办学效益，2023学年秋季开学对义务教育阶段符合条件的10名校长、175名教师进行了交流轮岗，其中34名农村教师通过选调方式选调至县城中小学校任教。同时2023年新招聘了35名专职教师，补充了新鲜血液。

县教育局与县关工委多次联合组织开展不同题材的主题教育演讲活动。其中组织了2023年"中华魂"（毛泽东伟大精神品格）主题教育演讲和全国、全省关工委"中华魂"（中华好家风）主题教育活动、全市关工委"中华魂"（传承红色基因，争做时代新人）主题教育活动。有2名学生获得了全国一等奖、二等奖，2名学生获得了三等奖，2位老师被评为全国优秀辅导员，6名学生获得了省级奖项等，进一步激发了青少年奋发向上、积极进取的热情。

【校园安全】 2023年，县教育局认真落实"全县学校安全工作会议"精神，全面保障学校师生生命和财产不受损失，自觉提高师生安全意识，形成"人人关心校园安全、人人呵护师生安全"的浓厚氛围。健全校园安全管理制度。实行了局工作人员常态化包校制度，全局97人分35个工作组深入全县各级各类学校协助监督各学校狠抓安全工作和"三零单位"创建工作。全县各级各类学校进一步健全安全管理制度措施，积极推进校园安全防范建设三年行动计划，最大限度减少安全事故发生。同时，加强对教职员工和临聘人员教育管理，及时化解矛盾纠纷。严格落实门卫值守和内部巡查制度，禁止无关人员和爆炸物、管制刀具等危险物品进入校园，严防暴力恐怖事件发生。定期对教室、宿舍、食堂、图书馆等人员密集场所和实验室、锅炉房、配电室、校园内施工现场、老旧房屋等重点区域进行全面排查，对部分学校存在的消防管道年久失修、学校厨房室内墙壁潮湿发霉、学校安全档案资料不完善等，要求立即整改。

加强校园周边综合治理。充分发挥了校园“护学岗”和“警务室”作用。县城各中小学(幼儿园)设立了“护学岗”和“警务室”，农村寄宿制学校成立了“警务室”；全县共配备专、兼职保安135人、执勤教师335人，平安校园志愿者750人，共同协助门卫做好巡逻和保卫工作，并实行安保人员交接班签字制度，做到24小时无间隙管理。

加大安全隐患排查力度。局包校工作人员对所包学校进行了安全隐患大排查，对排查出的一般安全隐患全部造册登记，并建立台账，落实整改时限、整改责任人、整改措施、整改资金和整改预案，逐条消号，整改率为100%，有效地防止了各类安全事故的发生。

加大食品卫生安全整治力度。2023年，联合市场监督管理局对全县45家学校食堂进行了专项检查，重点排查使用变质和超保质期的原料、不规范使用食品添加剂等食品安全隐患。先后对学校食堂“明厨亮灶”“供餐单位”“校园周边餐饮店和食品销售单位”，以及校园周边19个小饭桌进行了全覆盖检查。在检查中共下发安全隐患整改通知书16份，约谈供餐单位2家，取缔小饭桌1家，收到了很好的效果。

开展消防安全隐患专项整治。局包校工作组深入所包学校和幼儿园进行火灾隐患排查，共排查出一般安全隐患12条，全部造册登记，逐条消号，已全部整改，整改率为100%。据统计，全县各学校新购置灭火器960个，新建蓄水池6个，新安装应急灯466个，新配置应急疏散指示标志1025副，维修消防管道16处，整修线路3800延长米，拆除易燃可燃彩钢建筑6处，共计1340平方米。

开展安全事件应急演练。全县严格执行中小学一月一次、幼儿园每季度一次的应急演练制度，做到演练有方案、有应急处置预案、有活动总结、有影像资料。据统计，全年全县进行防震、防火、防恐、防暴等应急演练300余次。

全县各学校深入开展防范中小学生欺凌专项治理行动，按照有关要求，进一步完善工作机制，压实工作责任，细化工作举措，健全教育预防、及时发现、有效处置长效机制，切实防范学生欺凌事件发生。定期开展预防欺凌专题教育，引导学生掌握防范欺凌的基本知识和技能，增强自我保护意识和能力，自觉遵规守纪、知法守法。加强中小学生心理健康教育，对有心理困扰或心理问题的学生开展科学有效的心理辅导，培养学生健全人格和积极心理品质。重点做好家庭经济困难学生、学习困难学生、情感困惑学生、言行异常学生，以及留守儿童、进城务工人员子女、单亲家庭子女等群体的关爱工作，及时做好思想引导、心理疏导和矛盾化解。

各学校紧紧抓住“安全教育”这一主线不放，把安全教育贯穿于课外活动之中，渗透在课堂教学之中，体现在日常生活之中，做到了安全教育课程化、应急演练常态化、安全职责全员化。各学校将安全教育课程纳入义务教育阶段地方课程，并严格落实安全课程教学计划、教材、课时、教师、教研和考核“六到位”；其次是利用“开学第一课”、“3·29”安全教育日、“4·15”国家安全教育日等组织开展安全主题宣传教育活动；2023年以来在全国学校安全教育平台2次学习中，山阴县各中小学教师、学生和家长三个板块的参与率和完成率均达98%以上，在全市名列第一，受到市教育局的通报表扬。全县共配备了兼职法制副校长36

名。法制副校长定期深入学校，以模拟法庭现身说法、开展家长和学生座谈会、个别谈心等形式，帮助有不良行为和心理困扰的青少年走出了阴影。据统计，全县共排查出心理问题学生22人，矫治心理问题学生22人，矫治率为100%。细致排查全县学校自建房和学生自主租住自建房安全隐患。据统计，全县共排查校舍建筑面积369534.3平方米，涉及学校69所，未存在有用地手续的违规建设和改建自建房，未存在未办理用地手续的违法违规自建房。

【党建工作】 2023年，县教育局党组把加强基层党组织建设摆在突出位置，认真履行党建工作职责，严格压实管党治党主体责任和“一岗双责”，推动全面从严治党向纵深发展。局党组坚持把理论武装放在头等重要的位置来抓，开展中心组坚持每月最少开展一次理论学习；每周一、周五组织全局党员干部开展集中学习，深入学习习近平总书记重要讲话指示精神、党的教育方针、政策等；坚持开展党的二十大学习轮训与宣传教育培训活动；结合主题教育，采取集中学与自学的方式，不仅加强必读篇目的学习，还采取讲党课、专题辅导等多形式，强政治化理论学习；多次利用“严正家风”、反思录、警示片等组织开展警示教育活动。同时，把思想政治工作、意识形态工作、教育系统风险研判等纳入基层党建述职评议考核中，各学校党支部严格落实“三会一课”制度，常态化、有计划地开展习近平总书记重要讲话指示精神、党内重要法规学习教育等活动，持之以恒展开正风肃纪反腐活动，持续强化党风廉政教育阵地建设，进一步强化全系统党员干部“两个确立”的思想认同、理论认同、情感认同，提高全系统党员干部的政治意识和政治站位。

县教育工委强化组织引领，稳步提升党支部标准化规范化建设水平。学校逐步落实党组织领导下的校长负责制，明确学校党组织把握重大事项中的政治立场，各学校不断建立健全学校管理决策的各项体制机制，提高学校党建水平。一年来，县教育工委举行了一次述职述廉活动，36个党支部组织开展了“联建共享”活动，对全县教育系统党的建设和教育教学工作起到了极大的指导和推动作用。县教育局进一步推进实施“双头雁”培养计划，选优配强各级各类党组织领导班子，为北周庄镇中心学校等4所学校调换了党组织书记，为党组织领导下的校长负责制提供指导和保障。全局培养了入党积极分子54名，加大从学科带头人、优秀教师中发展党员的工作力度，发展党员4名。

全系统坚持党建“三个融入”工作。一是党建融入立德树人。坚持以党组织为主导，把德育和思想政治工作融入教育教学。二是党建融入教育教学改革。大胆任用青年党员教师引领课改，发挥党员在日常教学、学科竞赛、教研组活动的先锋模范作用，形成党建引领“双减”“教研活动”“五育教学”的良好氛围。三是党建融入“清廉学校”创建工作。引导各学校通过突出党组织建设，加强党对教育的全面领导；建立健全各项制度，实现权利监督约束；突出廉洁从教，培育一批清廉先锋；开展清廉文化教育活动，营造清廉氛围。以“党建联动推进、思政教育引进、强化师德创进、清廉学风带进、特色教育促进”的“清廉五进学校”的思路，培养了一批先进典型。

加强清廉创建，筑牢“三个结合”。局机关制订实施创建清廉机关计划，坚持以“做清正廉洁优秀干部、创群众满意高效机关”为主题，在提升基层干部作风建设的同时，把各种清廉要素融入机关、办学、治校全过程。一是将清廉学校建设与党组织建设相结合。签一份廉洁承诺书，上一节廉政党课，开展一次好家训展播主题党日活动。二是将清廉学校建设与项目管理相结合。落实权力监管，加强重点领域监督。进一步完善学校治理体系，加强重点领域和“小微”权利监管，加强“双减”政策落实指导，加强教育收费专项检查。三是将清廉学校建设与校园文化相结合。思政课以学习清廉、红色文化为主，推动习近平新时代中国特色社会主义思想进课程、进教材、进教案、进学生头脑。开展“廉洁教育进校园”活动，已打造了一批如一中、四中、六小3所“清廉学校文化品牌”学校，进一步营造清廉文明的育人环境，不断为全方位推动教育高质量发展创造风清气正的政治生态和发展环境。

开放大学

【概况】 山阴开放大学是国家开放大学山西分部的一个基层学习中心，业务上受山西开放大学和朔州开放大学指导。山阴开放大学是一所汇聚优质教育资源，以促进终身学习为使命、以现代信息技术为支撑、以“互联网+”为特征、面向社会成员提供学历教育和非学历教育、服务全民终身学习的新型高等学校。学校开设本科专业6个，即法学、金融学、会计学、汉语言文学（师范方向）、公共事业管理（学校管理方向）和“一村一名大学生”工程的农村区域发展；专科专业6个，即行政管理、法律事务、公共事务管理（学校及社会教育方向）、小学教育、工商企业管理和“一村一名大学生”工程的行政管理（村镇管理方向）。2023年学校共招收本专科学员50名，其中春季23名（本科13名、专科10名）、秋季27名（本科12名、专科15名）。春秋两季毕业学员共计87名。

【从严治校】 山阴开放大学认真落实“一岗双责”，带头树立新风、弘扬正气，带头履职尽责、担当作为，带头反腐倡廉整风肃纪，持续推动全面从严治党向纵深发展，为创建清廉学校奠定坚实的基础。强化作风建设，推动担当作为。以“不担当不作为”和微腐败问题专项整治为契机，采取思想引领、理论教育、督促指导、纪律制约等方式，全力营造积极工作、履职尽责、担当作为、遵纪守法的良好氛围，有力地推动了教育教学工作的健康有序开展。引入清风正气，创建清廉学校。坚持自我净化、自我革新、自我完善、自我提高，始终保持从严治校主基调，全面加强党员干部和教职工队伍作风建设，以党风树校风、以校风促教风、以教风带学风，确保校园风清气正。

【教学服务】 2023年，山阴开放大学突出教学服务能力，努力提高办学水平。依托开放教育“互联网+”优势教学方式，组织教职工积极开展全方位服务学生行动，通过线上指引和面授辅导相结合的方式，不断提高教学质量和办学水平，确保了开放教育事业持续健康发展。持续加强招生宣传力度，组织全体教职工深入机关、企事业单位和社区、乡镇、农村宣传开放教育优势和办学特色，并与有关部门建立了联络员机制，长期保持互通协商；学校在县乡主要交通要道、广场和人群聚集场所悬挂张贴招生宣传条幅，通过设立咨询台、出动宣传车、转发微信朋友圈等多种方式，大力宣传群众对开放教育办学质量和服务能力的认可度，进一步增强其社会影响力。

不断拓展服务功能。开放大学以主题教育为契机，主动作为，大力倡导全方面服务学生行动。通过国家开放大学学习平台、QQ、微信、电话等多种方式，进一步加强教师与学生的交流互动，针对学生学习过程中存在的问题，及时答疑解惑、分析指导，认真评阅网上作业、督促完成学习任务，推动开放教育学历提升基础性业务工作高水平高质量运转，确保学生学习成绩稳步提升。全体教职工认真细致地开展课程辅导和教学指导，共回复学员疑难问题670条，指导学生完成实践课题78篇。针对学生上传毕业证照的不规范的问题，专门聘请相关技术人员为62名学生进行了现场拍照，顺利完成了图片采集任务。积极与朔州开放大学沟通协调，为21名学生选定有专业资质的毕业论文指导教师，责成相关教师多次往返朔州市为学生提交论文和征求指导意见，确保了学生毕业论文的合格率，2023年开放大学春秋两期毕业生达到87人。为了方便学生与教师的面对面沟通交流，聘请2名专业教师到校与学生互动，组织首场论文答辩会，15名行政管理专业的本科生得到了现场指导，并顺利通过了毕业论文答辩。

认真落实试卷保密责任。为确保开放教育期末考试真正体现出诚信度和安全性，校领导班子严格落实考前试卷安全保密管理培训制度，组织所有考务人员认真学习国家开放大学、山西开放大学有关试卷保密管理等相关文件，并在考前对试卷安全保密管理全过程进行推演分析，坚决杜绝违规问题的发生和试题泄露。同时，协调考试借用学校，在考前单独设立了符合“三铁”要求的保密室，安装了高质量视频监控设备，配备了安全的试卷保密柜。

【党建引领】 山阴开放大学始终坚持党的全面领导，不折不扣贯彻落实党对教育工作的方针政策，按照育人者先育己的要求，紧紧抓住思想政治教育不放松，不断深化学习增强理论素养，不断锤炼党性提高政治站位，不断厚植情怀推进党的建设，团结带领全校党员干部和教职工高举旗帜、奋勇前进。始终坚持正确的政治方向。坚持学思想、强党性，认真把握习近平新时代中国特色社会主义思想的核心要义和新时期党的建设伟大工程的深刻内涵，不断提高政治站位、增强政治能力，始终做到在党言党、在党忧党、在党为党。

主题教育开展以来，按照“学思想、强党性、重实践、建新功”的总要求，校领导班子带头锤炼党性和强化理论武装，不断推进主题教育走深走实。深入开展思想政治教育，充分发挥“三会一课”和主题党日活动作用，通过支部书记讲党课、设立党员示范岗、参观“红色文化”展、组织党员干部讨论交流学习体会、集中观看教育影片等形式，进一步增强“四个意识”、坚定“四个自信”、做到“两个维护”，深刻领悟“两个确立”的决定性意义。强化理论武装。根据学校开展主题教育制定的学习计划，以集中学习和个人自学相结合的形式，认真组织学习选学材料，深入学习习近平总书记考察调研山西重要讲话重要指示精神和对右玉精神的重要批示精神，坚持带着感情学、带着问题学，不断提升政治理论素养，努力做到以习近平新时代中国特色社会主义思想武装头脑、指导实践、推动工作。切实履行依法治国建设职责。牢固树立法治思维和法治理念，加大普法力度，强化法治教育，充分发挥法治的引领、规范和保障作用。利用集体学习、主题党日活动等形式，深入学习党内法规和宪法等法律法规，并运用典型案例以案说法，进一步增强党员干部和教职工学法、懂法、用法、守法的自觉性。

进修

【概况】 2023年，教师进修学校立足自身的工作职责，结合学校的工作实际，按照上级教师发展总体部署要求，创新工作思路，积极开展培训需求调查，坚持“底数清、思路明、措施硬、方式活”的教师培训培养方针，紧盯新课标宣贯、课程改革、中高考改革适应性培训任务，强化教师常态化研训制度建设，不断优化教师专业发展支持服务体系，增强全员培训的针对性和实效性，进一步强化与中国教师教育网的合作。

【教师培训】 2023年，教师进修学校继续承担全县中小学幼儿园教师全员培训的组织、监督、管理任务，自5月初安排组织以县直各学校、乡镇中心校、幼儿园为单位报名以来，全县共有362名高中教师、123名幼儿园教师、769名初中教师、932名小学教师报名参加远程培训学习，合格率99.32%，学校派出的10名辅导教师参与力、辅导力等综合考核指标均居全市前列。

【校本研修与网络研修整合】 2023年，教师进修学校按照教育部教师发展司的总体规划结合山西省“十四五”教师成长发展计划，利用远程网络教室平台，尝试开展网络环境中的校本研修。提倡教师建立博客，积累教学经验，要求以教研组和师训组为单位分别建立QQ群、微信群，提倡将每项任务的总结反思直接写到群里，不仅促使个人及时反思，而且便于同行之间的业务交流，并定期整理。这种方式对教师自主研修起到巨大的促进作用。

【撤并工作】 2022年9月省教育厅党组安排对全省中职学校进行专项审计，山阴县教师进修学校被确定为抽查单位，由县审计局进行专项审计，并将审计结果报上级审计主管部门。由于历史及现实原因，特别是新时期中小学教师入职条件及学历水平的进一步提高，县级教师培训机构已经无法适宜新的工作需求，鉴于审计结果及省审计厅提出的意见，2023年以来，教师进修学校积极准备学校撤并工作。市委机构编制委员会办公室、市教育局联合下发了《关于撤销各县（市、区）教师进修学校有关事项的通知》（朔编办字〔2023〕48号），中共山阴县委机构编制委员会于2023年11月23日下发《关于撤销山阴县教师进修学校设立山阴县教师发展中心的通知》，明确了山阴县教师进修学校撤销后人、财、物及职能转化等相关事宜，2023年12月8日完成了人员划转、资产移交等工作，在职30名教职工19人划转至县教师发展中心，6人划转至山阴开放大学，2人划转至县五中，2人划转至县六小，1人划转至县一中，账面资产、实物全部移交至县教育局。

山阴县职业教育中心

【概况】 山阴县职业教育中心是山西省教育厅备案，朔州市政府批准，山阴县政府成立的一所公办性质职业技术学校。学校占地面积达73.43亩，建筑面积25388.7平方米。新建校舍全部完工并投入使用。学校配备了先进的计算机室、焊工室、广告图文设计室、多媒体教室、机电数控实习室、汽修维修实习室、电子电工实习室、高铁乘务实习室、无人机操控实习室、智能制造实习室。学校专业设置有计算机应用技术、机电应用技术、音乐、汽车维修与应用、运动、舞蹈美术绘画、美发与形象设计、会计、城市轨道交通运营管理、无人机操控与维护、智能制造等12个应用型专业。学校确定“以高考升学与订单就业培养”为核心的办学思想，因材施教，人尽其才的办学理念，通过产教融合校企合作的主要办学方式，与山阴县鸿雁工艺美术社、山西博昌汽车服务有限公司4S店、吉利集团、太原市惠享印网络科技有限公司、山阴县黄鹂鸟演出策划有限公司、北京商鲲教育集团科技有限公司等签订校企合作，解决了学校学生就业问题。同时提高学生专业技能，为社会培养出既有文化素质又有技术技能的合格人才。自建校以来一直强调以学生为本位，德育优先，技能为主，全面培养学生的认知能力、实践能力、知行合一的综合能力。

山阴县职业教育中心始终坚守为地方经济社会发展培养高素质技术技能人才的初心与使命。2023年，学校在教育教学、校园建设、师资培养和学生活动等多个方面取得了显著成果，为学校的发展注入新的活力。

【教育改革】 面对新的教育形势和市场需求，山阴县职业教育中心审时度势，积极响应国家教育改革政策，对教学内容和教学方法进行了全面深入的改革。通过引入企业实际案例、加强校企合作、优化课程设置等方式，学校有效提高了学生的实践操作能力和就业竞争力。还加强了教师培训，提升了教师的专业素养和教学水平，为学校的教育教学改革提供了坚实的师资保障。为了使学生更好地掌握实际操作技能，学校积极引入企业实际案例，将理论教学与实践操作相结合。学校与企业合作，共同开发了一系列实践课程，让学生在模拟真实的工作环境中进行操作实践，从而更好地掌握实际操作技能。这种教学模式不仅提高了学生的实践能力，同时也为他们未来的就业打下了坚实的基础。积极加强校企合作，与多家企业建立了紧密的合作关系。通过校企合作，为学生提供了更多的实习和就业机会，让他们能够更好地了解市场需求和企业文化。学校也积极邀请企业专家来校开展讲座和培训，为学生提供更多的职业发展指导。为了更好地适应市场需求和学生发展的需求，学校不断优化课程设置，更新教学内容，注重课程的实用性和前瞻性，将最新的科技成果和行业发展趋势引入教学中。

为了更好地推进教学改革，山阴县职业教育中心加强了教师培训，提升了教师的专业素养和教学水平。2023年，学校多次组织教师参加各种培训和学习活动，不断更新教育理念和教学方法。鼓励教师参与科研和项目开发，提升他们的科研能力和实践经验。这些措施的实施，为学校的教育教学改革提供了坚实的师资保障。

【校园建设】 2023年，职业教育中心校在校园建设方面迈出了坚实的步伐。加大投入，改善设施，通过新建和改造，学校的教学楼、实训楼、学生宿舍等基础设施得到了全面升级。新的教学设备、实训器材的购置，使得学校的硬件设施达到了新的高度，为学生提供了更加舒适、便捷的学习和生活条件。为了加强学生的实践能力和职业技能培养，学校新建了多个现代化的实训基地。这些基地不仅配备了先进的设备和技术，还引入了行业内的专家和企业合作，为学生提供了真实的职业环境和实践机会。通过实训基地的建设，学生的实践能力和职业素养得到了显著提升，为未来的就业和职业发展打下了坚实基础。除了硬件设施的提升，学校还注重校园文化的建设。通过举办各种学术讲座、文化活动、体育比赛等，营造了浓厚的学术氛围。同时，学校还加强校园绿化和环境美化工作。

【师资培养】 为了进一步提升教师队伍的整体素质，山阴县职业教育中心在2023年积极引进了一批具有丰富教学经验和实践能力的企业及高校教师。这些教师来自不同的教育学科领域和企业背景，他们不仅在教学方面有着出色的表现，还在学术研究和社会服务等方面有着卓越的成就。他们的加入，为学校的师资队伍注入了新的活力，进一步提升了教师队伍的整体素质和教学水平。除了引进高层次人才外，山阴县职业教育中心还注重加强在职教师的培训和发展。学校定期组织各类培训活动，包括教学技能培训、学科知识更新、教学方法创新等方面的内容，旨在提高教师的教学水平和专业素养。同时，学校还鼓励教师参加各类学术交流和研讨活动，拓宽教师的视野和知识面，激发他们的创新思维和创造力。为了激发教师的工作热情和积极性，山阴县职业教育中心还不断完善激励机制，设立了多种奖励机制，包括教学优秀奖、科研成果奖、社会服务奖等，对在教学、科研和社会服务等方面表现突出的教师进行表彰和奖励。同时，学校还注重为教师提供良好的工作环境和福利待遇，让他们能够全身心地投入教学和科研工作中。通过引进高层次人才、加强在职教师培训、完善激励机制等措施，山阴县职业教育中心在师资队伍建设方面取得了显著成果。学校的教师队伍整体素质得到了明显提升，教师的教学水平和专业素养也得到了进一步提高。

【学生活动】 山阴县职业教育中心校始终坚持以学生为中心的教育理念，积极开展各类学生活动，培养学生的实践能力和创新能力。2023年，学校组织了职业技能竞赛、社会实践、创新创意比赛等一系列丰富多彩的活动，为学生提供了展示才华的平台。学生在这些活动中不仅提升了自身的综合素质，也为学校赢得了荣誉和赞誉。为了提高学生的职业技能水平，学校举办了职业技能竞赛。竞赛涵盖了多个专业领域，包括电工电子、机械加工、烹饪技能等。在省级、市级职业技能竞赛中，该校学生屡获佳绩，为学校争得了荣誉。为了让学生更好地了解社会、融入社会，学校积极组织社会实践活动。学生走进企业、社区、农村，开展志愿服务、实习实训等活动。通过实践，学生深入了解了社会的运行规则，拓展了自己的视野，增强了社会责任感。同时，这些活动也得到了社会各界的广泛认可和好评。为了培养学生的创新意识和创造力，学校举办了创新创意比赛。比赛鼓励学生发挥想象力，提出新颖、实用的创意方案。经过评选，多个优秀项目脱颖而出，充分展现了学校学生的创意潜力和实践能力。这些项目的实施也为学校的教学和科研提供了有力支持。

技工学校

【概况】 朔州市技工学校创建于1977年9月，是朔州市人民政府主办的一所中级技工学校，隶属朔州市人力资源和社会保障局主管。其主要职能是开展技工学历学制教育和职业技能培训工作，为社会各行各业输送专业技术技能人才。学校有电力机车运用与检修、铁道运输管理、计算机等专业在校生279人。学校为正处级建制，全额拨款事业单位。

【校务工作】 2023年秋季，技工学校招收学生119人，在校生共279人。同时，学校认真筹备专业设置改进工作，完成电子商务专业的配置和建设。根据市场和行业发展需求，多次调研、征询专家意见，为提高学生就业能力和综合职业素质、培育德技并修的适用型技能劳动者做了积极贡献。学校致力于建设一支适合当地产业发展的“双师型”教师队伍，公开了招聘6名新教师，切实优化了干部队伍结构，充实了学校教师队伍力量，提振了干部职工树立干事创业的决心和信心。

2023年，学校实行假期家访制度，深入了解学生在学习、生活方面的情况，聆听家长的意见和建议，8月27日召开交流总结座谈会，提升了“家校共育”实效，拓宽育人途径，关注课程标准和学科核心素养，突出新时代技工教育教学新要求，有效提高教育教学质量。教务处建立课堂督导督查制度，及时总结经验、发现问题、督促整改。

【政治建设】2023 年，学校积极适应新时代要求，以主题教育为抓手，重点突破，整体推进，主题教育期间，开展多次党员集中学习、学习研讨和党日活动，建立完善了集中学习和个人自学相结合的学习制度，极大调动了学校党员干部的学习积极性，提高了班子成员和干部的理论涵养和政策水平。学校培养了 2 名入党积极分子，7 月转正了 2 名预备党员，8 月发展了 1 名预备党员，党员队伍力量得到加强，整体结构得到改善，党组织的凝聚力也进一步加强。学校以立德树人作为根本任务，坚持每周二开展学习，推动“大思政课”进校园、进教室、进课堂，多措并举引导学生深入了解和传承中华文化，有效发挥思政课在学生价值观形成过程中的思想引领作用，努力形成全员育人、全过程育人、全方位育人机制。

山阴一中

【概况】山阴一中属于公益一类事业单位。总占地面积 288674 平方米，其中建筑用地面积 223049 平方米，绿地率 35%，总建筑面积 100817 平方米。学校有物、化实验室各 6 个，物、化、生探究室各 1 个，生物准备室 3 个，物理准备室 4 个，化学准备室 5 个，生物观察室 3 个，通用技术设计室 2 个，通用技术实践室 2 个，语音室 4 个，语音准备室 2 个，计算机室 6 个，电子备课室 3 个，阶梯教室 3 个，每间教室配有现代化教学设备，实现了多媒体教学，传统教学与现代信息技术结合有效地促进课堂教学的改革，提高了教育教学质量。2023 年上学期学校共 4100 名学生，有 62 个教学班，平均班额 60 人。全部学生实行分层均衡编班。

2023 年，山阴一中领导班子始终以高度的责任感和使命感，认真履行职责，积极推进学校各项工作；始终坚持以人为本，全面贯彻落实国家教育政策，积极深化教育改革，创新教育理念，为提高教育教学质量奠定坚实基础。

【教学管理】山阴一中积极引入新的教学方法和手段，使学生的学习更具探究性和实践性，提高其动手能力和解决问题的能力，帮助学生更好地理解理论知识，激发学生的学习热情和兴趣。鼓励学生参与各种学科竞赛、科技创新等活动，培养学生的实践能力和创新意识。学校高三年级的姚锦秀斩获“2023 全国中学生数学奥林匹克竞赛（预赛）山西赛区”一等奖。董蓉荣获第 19 届“外研社杯”全国中学生外语素养大赛山西地区决赛一等奖。2023 年，学校领导班子组织校本培训、外出观摩、交流学习共计 13 次，培训总人数 98 人；校内针对家长的专家讲座共计 2 场，参加人数共计 1518 人；校内针对教师的专家讲座共计 8 场，参加人数共计 241 人。

2023 年，学校领导班子组织教师认真研究高考《考试大纲》，指导各学科制定行之有效的备考方案及三轮复习方案，顺利地完成了学年工作任务，高考成绩稳中有升。2023 年高考，山阴一中二本达线 502 人，最高分 619 分被厦门大学录取。

【校园文化】山阴一中注重营造以人为本的管理文化和校园文化氛围，持续加大校园文化建设力度，不断提炼具有学校特色的校风、教风和学风。充分发挥党政工作在学校组织领导中的作用，把党政工作纳入校园文化建设轨道，为校园文化建设做出应有贡献。结合学校管理思路的整合、管理模式的调整，让学生在健康和谐的环境文化中，感受美的氛围、接受美的熏陶，强化了校园文化在素质教育中的功能。创设了各种文化设施，开辟校史馆、图书室、阅览室、书画室、王家屏精神展馆、红色精神展馆、优秀传统文化名人展馆、宣传栏、黑板报等思想文化教育阵地；展出了学生书画作品，使学生随时随地受到文化熏陶，提升校园文化层次。

【德育工作】 山阴一中全面贯彻立德树人的教育目标和以德立校的管理思想，以渐进式、渗透式、系列化的方式，使学生具有较高的社会公德和良好的文明行为习惯，形成了完整的德育体系。学校成立了由校级领导和中层领导组成的督察组，全天候、无死角对学校的教学区、行政楼、餐厅、宿舍、操场、卫生间等各个地方进行督察，同时，学校领导班子十分重视大课间活动，制定出具体的实施方案，责任落实到人。主要内容有操前阅读、操前动员、操后小班会。

学校组织搭建多元展示平台，开展了“清廉学校”征文活动、“中华魂”演讲比赛、“放歌迎国庆，起舞庆华章”师生文艺展演、“中华经典诵读”等丰富多样的文体活动，寓教于乐，提升了学生的综合素质，促进学生全面发展。

【校务公开】 山阴一中学校领导班子维护教职工的合法权益。在校务公开工作中，教代会认真参与了学校的民主管理和监督，并由教代会和学校经审小组成员组成校务公开领导小组，具体负责校务公开工作。学校对2023级新生继续采取阳光均衡编班，让所有学生享受平等受教育的权利，对每位新生和家长负责，充分尊重每一位教师、激发他们的工作积极性。学校在校务公布栏，对收支进行上墙公开。通过看专栏，听领导、会计汇报，教职工深刻感受到了学校校务公开性的加强、透明度的提高、财经纪律的严格。

山阴二中

【概况】 山阴二中是一所全日制公办初级中学，学校有建筑面积31938平方米，其中教学楼一幢五层8140平方米，综合实验楼一幢五层6984.62平方米，学生公寓9076平方米，学生餐厅7014平方米，阶梯教室324平方米，运动场9600平方米。综合实验楼设有图书室3个、阅览室4个。图书有26大类，共43391册，生均22册，各类视听资料、教学软件、模型、挂图等计68件。物理实验室3个，化学实验室2个，生物实验室1个。化学仪器135种8868件，物理仪器143种3524件，生物仪器112种3645件。计算机教室2个，共有学生计算机110台，教师专用机4台。音乐教室2个，美术教室2个，舞蹈教室1个，音、体、美专用教室符合标准。音乐器材11种15件，美术器材30种576件，体育器材51种853件。笔记本电脑160台。每位专任教师都配备专用笔记本电脑一台。班班配置有多媒体。全校所有教室、教研室和办公室全部接入互联网。2023年学校共1123名学生，有22个教学班，平均班额51人，全部学生实行就近入学，均衡编班。

【教育教学】 山阴二中重视常规教学工作、改革课堂教学，推进素质教育。学校常规教学管理突出以制度管人，从校长亲自抓教学做起，坚持每月一次教学“七认真”检查，使教学工作落实到实处；坚持每天早中晚课堂教学巡视，确保教育教学过程监督的时效性；确保教育教学工作有序、高效推进；坚持扎实推进学科常规教研，以研促教，促进青年教师的成长、学科教学水平的整体提升；坚持以“五好导学”平台为依托，纵深推进智慧课堂教学改革，做到课前自学多样化、课中小组讨论常态化、课后巩固练习自主化、教学科研项目化，把智慧课堂教学提升为学校特色。

【教师队伍建设】 山阴二中加强教师干部队伍建设，坚持校长负责制下的集体领导和个人分工相结合的领导工作体制。开展民主评议工作，结合教育教学和学校建设，组织党员开展批评和自我批评；民主治校，依法办学，重大项目均由各部门组织相关教师代表具体实施，组织召开教职工代表大会2次，形成团结务实、公正廉洁、民主亲和、开拓创新的领导作风。群策群力，上下通气，大事共同商量，难事共同处理，化解矛盾，打造了和谐的工作环境；学校党支部坚持每月一次集中学习，保持清醒头脑，提高政策水平，改进工作作风，提升了工作能力。

加强师德师风建设，开展师德讲座，树立典型，加强培训和反思，提升班主任素养；对班主任全员进行心理专项培训。塑造教师队伍优良的集体形象，通过继续教育、校本培训、教师政治业务学习、教学研讨会和公开课等活动，提升了教师的业务水平，充分发挥骨干教师的示范作用，加强了对青年教师的培养，为建设一支素质高、业务精、能吃苦、善协作的师资队伍奠定了基础。

【德育活动】 山阴二中以活动为载体，加强学生思想道德阵地建设。学校坚持“立德树人”的指导思想，坚持“在体验中成长”的德育理念，从常规管理入手，牢固树立教书育人、管理育人、服务育人的思想，确保学校德育工作的常态化、特色化开展。开展“我们的节日”“学雷锋活动月”“文明礼貌月”等一系列活动，围绕“明理 守信 报恩”开展弘扬正能量培育先进活动，有序开展团队活动，学校还被中共朔州市委教育工作领导小组授予“朔州市立德树人模范集体”荣誉称号。学校有针对性地开展心理健康教育活动，活动形式多样，效果明显。一系列德育活动的开展，使得学生的道德觉悟和认识得到提高，道德情感得到陶冶，道德意志得到锻炼，道德信念得以树立，道德品质得以培养，道德习惯得以养成。

【校园安全】 山阴二中加强安全教育工作，打造安定和谐环境。

完善学校的监控系统和带班值班制度，在有关部门的协助下，加大了校园周边环境的治理；学生进出校门时由学校门卫和值班老师共同维护秩序；加强校园内外巡查，及时处置安全隐患；做好校园基础设施和学校周边的安全排查，进行全面整治；学校还争取了交警队在附近值勤，确保师生安全出行；坚持应急疏散演练活动，增强安全防范意识；每次放假，组织全体班主任在学生放学后进行街道执勤，护送学生安全离校。此外，通过网络平台，加强了对家长、学生的消防、校车、交通安全日专题等安全教育。先后开展了“创建平安校园”“反对邪教”“禁毒防艾”“反恐法”“法律进学校”等安全专题教育宣传，制作展板8个，宣传橱窗10块，发放《告家长书》1000份。

【党建带群建】 山阴二中精细党建和工会工作，以党建带群建。

加强对党员经常性教育工作，提高党员素质。开展丰富多彩的主题实践活动，如“一帮一”工作，开学初确立好帮扶对象，党员教师重点帮助学困生，班主任重点帮助“双差生”，教务处重点落实扶“优”保“苗”，德育处重点落实“导师制”，效果良好。深入开展“廉政文化进校园”工作，加强党员干部的廉洁从政教育，教职员工的廉洁从教教育，青少年学生的廉洁修身教育。

发挥工会职能，做好民主监督，构建和谐校园。坚持开好校务会议，组织召开教职工代表大会2次，慰问生育教师4人，慰问直系亲属去世教职工1人，看望生病住院在职教职工3人。组织教职工体检，进行了“逢年过节”慰问数次。举办了首届校园趣味运动会和新年联欢晚会。

山阴三中

【概况】山阴三中总用地面积38628.78平方米，总建筑面积19189.18平方米，新建食堂建筑面积1498.46平方米，绿化率35%。学校按国家规定拥有理化生实验室、音乐教室、计算机教室、美术教室、阅览室等专用教室，并在各班安装了多媒体。

2023年，学校公设16个教学班，858名学生，在编在岗教职工129人，专任教师学历全部合格。学校认真贯彻落实党的教育方针、落实全国“双减”政策，坚持以学生发展为本，落实立德树人根本任务，把“双减”作为一项重要政治任务抓紧抓好，坚持素质教育，深化教育改革，多措并举提升校内教育教学质量，丰富课后服务供给，努力帮助家长解决放学后接送学生的实际困难，办好让人民满意的教育。

【交流学习】山阴三中通过积极筹措，努力取得了与山西省教科院名师工作室的合作，签订了服务协议书，实施教师专业素养提升工程，通过邀请名师进校园、专家讲座课例示范、面对面互动研讨等方式，帮助教师明确课程标准，深化教学实践，提升教师对课程的理解能力、结构能力、执行能力、研究反思能力，不断钻研新教育理念中核心素养环境下的跨学科“教学与命题”的奥秘，改变学生思维模式，培养学生具备现实生活中生产劳动实践能力和科技兴邦素养本领，进一步增强实现新时代“培养有理想、有本领，有担当的时代接班人”的教育底气。

【校园安全】山阴三中为牢固树立“安全第一”的思想，不断增强教师安全防范意识，学校与每个部门、每位教师签订了安全工作责任书，向学生家长发放交通安全责任书、告家长书，加强家校联系，明确安全责任，做到安全教育深入家家户户。同时，推行了教师护导制度，值班教师早上提前半小时进行学生秩序护导，全程跟踪保护学生，避免了校园内安全事故的发生；开展了“消防安全”教育主题周活动，通过全校师生消防安全演练活动、全体教师自救自护培训、安全知识讲座，进一步强化学校安全教育工作，帮助师生树立安全意识，掌握安全知识，提高自我保护能力，确保学生在安全和谐的环境中健康成长。

【政治建设】2023年，山阴三中以党的二十大精神为指导，认真履行全面从严治党主体责任，强化制度建设，严守纪律规矩，履行主体责任，切实推进全系统党风廉政建设，不断提升全面从严治党成效。按照“一岗双责”要求，建立以上率下的责任体系，推动全面从严治党向纵深发展，制定了2023年度全面从严治党主体责任任务分工及责任清单，明确任务、压实责任。严格执行民主集中制，所有“三重一大”事项，必须经校党支集体讨论作出决定，按要求向驻校纪检组长报告。严肃党内组织生活制度，认真落实《关于新形势下党内政治生活的若干准则》，认真落实谈心谈话、重大问题和个人有关事项请示报告等制度，确保党内政治生活严起来、实起来。

抓实党史学习教育，丰富教育活动类型，先后组织开展参观八路军抗战纪念馆、廉政警示教育实践等活动。坚持党管意识形态原则，从严从实落实工作责任制，切实担起意识形态工作的主体责任，加强阵地建设，规范新媒体管理。开展反腐倡廉教育，将加强反腐倡廉教育作为基础工作来抓，按照纪委指示召开警示教育会6次及中层领导班主任廉政谈话1次。

山阴四中

【概况】 山阴四中是一所公办的全日制八轨初级中学，负责实施所在地区九年义务教育初中阶段的教育教学工作。山阴四中编制人数为120人，2023年有在编人员112人。

【教育教学】 山阴四中坚持以德育为主线，教学为中心，教研为先导，师资队伍建设为重点，教育教学为动力，提高学生综合素质为目标的办学宗旨。组织教师参加各级各类培训共计700人次，通过开展校内公开课、示范课、集体备课等教研活动，使学校教师的教育教学观念发生改变，更加重视钻研教材，重视教研活动，重视教学方法，有效促进了集体备课的落实和整体教育教学水平、专业素养的提高。2023年中考取得了优异成绩，其中600分以上43人，全县前50名中有19人。

【德育工作】 德育是实施素质教育的主要途径，山阴县第四中学校坚持“细节育人，过程育人，德育就是质量”的教育思想，要求思品教师认真钻研教材，备好课、上好课，并鼓励教师积极投入思品课的教学研究，努力提高思品课的课堂教学效率。同时要求各科教学要渗透思想品德教育。学校还加强了学生日常常规教育，特别是行为习惯养成教育，帮助学生养成良好的卫生、纪律、生活行为习惯。每周一组织学生举行升旗仪式，并进行国旗下的主题演讲；组织篮球比赛、拔河比赛；举办校园音乐节、“毛泽东同志的伟大品格”主题演讲比赛；学校带领少先队员、共青团员去革命烈士陵园缅怀革命先烈，敬献花篮，增强学生的爱国主义感情，培养学生的集体主义精神。邀请县人民法院人员到学校进行法制宣传活动，预防校园欺凌现象发生，加强安全法制教育。

【校园安全】 山阴四中围绕“以教学为中心，质量是第一要务，以安全为保障，安全是第一责任”的宗旨，强化学校安全工作领导小组的职责，构建安全网络。每学期开学前和平时对校舍设施、教学设施、水电设施、器材设备、校园环境、教学楼梯、围墙等各项安全设备设施进行检查更新，以保证安全工作万无一失，杜绝安全事故的发生。学校通过各种安全演练活动、安全培训、消防知识培训、防震演练和防恐防暴演练、师生急救培训等活动普及安全常识，提高安全防护意识。

【后勤保障】 山阴县第四中学校后勤工作坚持“后勤工作必须服务于教学工作中心”的原则，一切以服务学校、服务师生、服从大局为宗旨，更新观念，转变作风，明确服务意识、全局意识，提高办事效率，及时、热情、周到地为教育服务，为师生服务。开学初，确保教学第一线的教学用品及时发放到位，为学校顺利开展教育教学活动提供有力的保障。平时加强学校巡视，对教室内的教学设施，宿舍水电等进行检查维修，排除危险，减少损失。加强饮食卫生安全教育，严把食品质量关，反对餐饮浪费。进一步美化、绿化校园，创造良好的工作和育人环境。

【党建工作】 山阴县第四中学党支部坚持以党的二十大精神为指导，紧紧围绕“抓好党建促教学，围绕教学抓党建”这个指导思想，把责任目标分解到各个岗位及相关人员，确保党建的各项工作与任务落到实处。党支部坚持把理论武装放在首位，逐步建立和完善有利于终身学习的制度，通过定期召开党员大会，讲党课、主题党日活动，利用讲座、观看录像等多种形式，加强对党员干部世界观、人生观的教育，提升党员的理论素质，满足党员教师终身学习的需要。所有在职党员走进社区，服务社区群众，加强了党员干部为民服务、密切联系群众的思想，建立长效工作机制，认真落实党风廉政建设责任制、领导干部廉洁自律制度。

【清廉学校】 山阴县第四中学校以立德树人为根本要务，抓住“三个群体”，做到“三个结合”，开展三大主题教育活动，营造崇廉尚廉、学廉践廉的浓厚校园文化氛围，努力建设“政治清明、干部清廉，教风清正、学风清新、校风清朗”的“清廉学校”。在学校党员干部中开展了“崇廉”主题活动。以“正面引领、反面警示”为主题，先后进行了领导班子带头讲学纪法、参观廉政教育警示展厅、廉洁文化教育、清廉主题党日、召开家风座谈会等“五个一”系列活动，进一步强化廉洁教育正教风，推动学校党组织落实全面从严治党主体责任和党风廉政责任制；在全体教职工中开展“奉廉”主题活动。严格思政课堂文化阵地建设，充分发挥教师在“清廉学校”建设中的示范作用。把清白、廉洁、正直、奉献作为师德师风建设的重要标准，做到不接受家长宴请、不参与有偿补课、不收受学生及家长的礼品礼金、不到校外培训机构兼职、不利用家长资源谋取私利；在学生群体中开展“知廉”主题活动。通过手抄报、黑板报等形式，把清廉文化建设和清廉教育渗透到学生学习生活的各个环节中。先后开展了“书画寓清廉，翰墨传廉韵”清廉书画展和清廉歌唱比赛，不断加强和改进学生诚信守纪品德的形成和行为习惯养成。

山阴五中

【概况】 山阴五中为全额事业拨款的初级中学。学校占地面积 101 亩（67333 平方米），建筑面积 36000 平方米，操场面积 1300 平方米，绿化面积 22900 平方米。各类实验室 20 个（化学 5 个、物理 5 个、生物 5 个、地理 1 个、语音 4 个），专用教室 7 个（音乐 2 个、美术 2 个、计算机 3 个），多媒体阶梯教室 1 个，教学用计算机 130 台，其中笔记本 60 台、台式机 70 台，图书阅览室藏书 55000 册。学校信息化建设达到了班班通，校园监控实现了全覆盖。学校周边 200 米范围内没有歌厅、舞厅、网吧等经营性娱乐场所。

【管理立校】 山阴五中狠抓教室、宿舍、餐厅、“两操一活动”的标准化管理。对全体学生进行了心理教育，分班级对每个学生进行了心理测试、心理咨询，就学生的心理情况以班为单位建立了台账，并开展了专题讲座活动。大力开展了养成教育活动，从基本的文明用语对学生进行了强化教育，收到了较好效果。进行学习习惯教育，从每天写一篇日记、每天看十页课外书籍、每天摘抄一句名人名言开始，对学生进行自觉学习、自我反思的学习习惯教育。

紧紧围绕提高教学质量一个中心，按照以常规管理促教学规范、以教育科研促教学发展两条轨迹，从备课、上课、作业、听课、评课、教研六个立足点整体推进。进一步明确和规范了各项教学常规制度，修订和完善了“教师业务量化考评”制度、“备课及作业批改”制度，建立教师教学评价机制，使学校教学管理越来越规范。建立教师终身学习制度，向教师提出每月读一本书的倡议，加强青年教师队伍建设，培养青年教师，使之迅速成长。学校实行“师徒对接”制度。平时在教学中共同研讨，共同设计教案，以老代新，以新促老，提高了教师的整体素质，使一批青年教师脱颖而出。开展教学基本功竞赛、学科教师“微型课、公开课、课例设计”评比活动等，给青年教师提供学习、展示的平台。

加强餐厅管理，注重一日三餐的营养搭配，错峰安排就餐时间。改善餐厅卫生状况，强化食品安全监督管理。加强宿舍楼住宿管理，修缮了宿舍楼的卫生间、窗户、床铺，改善了宿舍楼的卫生状况，对各个楼的漏水现象进行了修缮，对实验楼各个教室进行了卫生清理，极大地改善了教学和生活环境。

【文化兴校】 山阴五中注重均衡编班、全员考核，严格奖惩，形成了人人负责、个个争先的良好氛围，改变了初中学校只靠名优班主任一人负责的局面。学校注重资源共享，一个班发现优质的教案、试题，及时通过文印室全校印发推广应用，收到较好的效果。召开期中表彰大会暨中考冲刺大会，邀请关工委、教育局相关领导参加会议，进行学生宣誓、初三中考指导讲座，调动了学生和老师的积极性。开展读书活动，倡议每个教师每年读一本好书，每个学生每两个月读一本好书，读书活动对师生的教育逐渐显现。初一开学进行了为期一周的军训活动，并及时进行了总结和表彰。开展了多种多样的活动，丰富了校园文化，进行了拔河、跳绳、演讲、书画比赛，并带领学生和教师到广武滑雪场进行滑雪体验活动。

【科研强校】 山阴五中利用每周四下午进行集中的教学研究活动，各教研组由组长主持进行集中教研活动，对近期教育改革的前沿问题进行传达，对自身出现的问题进行总结和探讨。请教育局教研室每月到校进行一次教学研究指导工作；对教育教学中存在的问题进行指导，对下一步的研究计划进行培训。每月组织教师开展一次名师在线网络视频学习活动，会后每位教师都写出两点收获和两点反思。每月聘请一中名师到校联合开展教学研究活动，为学校的教研活动增添了新的动力和活力。根据新中考、“双减”、中考分流政策，学校采取分层教学，按照50%普高、50%职高进行分层教学。学校积极举办家长学校，每月按年级召开一次家长会，对广大家长宣传新的中考制度和国家的“双减”政策。针对生物、地理进入考试科目，加大了生物、地理的教学力度。对生物、地理教师按考试科目进行全面考评。强化音乐、体育、美术三科的教学活动，成立兴趣班和课外社团，培养学生的特长。

山阴一小

【概况】 山阴一小是一所公办全日宿制小学。有16个教学班，在校学生828人，专任教师68人，大专及以上学历67名。其中，中小学高级教师1人，中小学一级教师20人，中小学二级教师29人，省市县优秀教师26人，优秀班主任11人。学校占地面积11000平方米，建有2栋教学楼以及公寓楼、艺术综合楼，学生普通教室16个，书法室、图书阅览室、微机室、体育活动室、音乐室、舞蹈室、美术室、实验器材室等专用教室18个。

2023年，山阴一小在上级教育部门的正确领导下，全面贯彻党的教育方针，坚持以教育教学质量为中心，强化教育教学常规管理，加强教师队伍建设。

【教学管理】 山阴一小加强学校管理，全面提高管理水平，将各项工作抓实抓细。认真梳理特殊家庭学生、特异体质和心理问题学生，建立档案，与各科任教师和住宿部对接，分别制定不同的教育和管理方案，确保学生身心健康成长；每周每班一节安全教育课，由班主任写好安全教案，上好安全教育课。与交警、消防、卫生等部门积极配合，开展各种安全教育活动，宣传安全知识、提高安全、文明意识，要时时想安全，事事讲安全，牢固树立自我安全意识。认真上好心理健康课，教育学生树立正确的人生观，确保学生每日阳光体育活动一小时。

食品安全重于泰山。学校制定和完善了食品卫生安全管理规章制度和工作职责。做到了食品卫生安全工作有法可依，管理工作有章可循。确保落实，监督到位。从食堂工作人员的身体健康、着装、工作职责等都做了详细规范要求，每学期初与工作人员签定责任书，与供货商签订《学校食品卫生安全责任书》，明确责任。严把食品关，食品从采购、入库、制作、供应，做到层层有人管，人人有责任，更加有效的保证了学校食品卫生安全管理管理工作的有效进行。

学校要求教师和家长经常沟通联系，取得家长的大力支持和配合，每学期定期召开家长会，就学校教育教学工作与家长零距离沟通；每个学期会定期不定期发放《山阴一小告家长的一封信》，让家长与学校有效配合，确保学生身心健康，促进学校安全快速有序发展。

【提高教学质量】 山阴一小不断优化教师队伍，全面提高教学质量。

每学期初学校召开师德师风整顿会，与教师签订《师德师风承诺书》，建立教师师德师风档案，按学年记载教师师德表现和业务表现，教师每学年结束反思自己在教育教学过程中的师德规范行为，将师德表现纳入教师考核的内容体系，年终考核增加师德考核内容；以“师德规范”为依托，通过家长会发放调查问卷征求意见、校门口设立校长信箱，接受家长和社会监督。加强师德师风教育，严格规范教师师德行为和品行操守，不断优化教师队伍，老中青相结合，每学期按教学安排，切实开展多种形式培训学习，名师工作室培训，学校校本教研培训，教师外出培训返校再培训，每学期初进行教师教学培训等，提高教师的思想认识和教学水平，相互促进，相互学习，不断改革创新，全面提升教师整体文化素养和教学水平。

狠抓教学常规管理、全面提升教学水平。教学常规管理是学校管理中最基础、最重要的工作。继续加强教学常规管理是实施素质教育、提高教学质量的基本保证。每日进行听评课活动，要求分学段、分科目教师全体参与；每周进行一个年级的集体备课；每月进行教学常规检查，对学生作业本、练习册、日记、作文，教师教案等进行全覆盖细致检查，并记录在册，与教师绩效挂钩；每月进行月考，期中、期末全面测试。建立教学考评制度，严格考核办法，把教师教学常规工作业绩与年度考核、评优、评模、评职等挂钩。

注重学生养成教育，促进学生全面发展。培养学生良好行为习惯、学习习惯、生活习惯、文明礼貌习惯等，做好学生思想品德教育工作，并贯穿教育教学管理工作始终；继续抓好学生规范书写，要求学生每日一帖；校内开设了书法、美术、舞蹈、管乐、跆拳道、拉丁、民族、口才等各种兴趣社团活动，让学生根据自己喜欢的兴趣爱好选择自己喜欢的特色课程，从而促进学生德、智、体、美、劳全面发展，为祖国培养全面发展的创新性人才。

【书香校园】 山阴一小继续打造“墨韵一小，书香满园”书法特色小学，有教师33人参与书法，学生3—6年级全部开设软笔书法课，并有130多名学生参加书法兴趣社团，系统学习书法，并带动了部分家长的大力参与，有26名家长参与。师生多次参加国家、省、市、县各级书展和书法比赛，并多次获奖，学校两次大型书画展，共展出作品约600多幅，取得了一系列可喜的成绩。

“倡导全民阅读，建设书香一小”，加强师生阅读，山阴一小与县新华书店联手共建校园书店，并签定合同，由书店为师生提供各种图书，要求学生每日阅读打卡，每学期中，寒暑假，从不间断，学生阅读笔记纳入教学考核。并对寒暑假学生阅读笔记和坚持书法书写的优秀学生进行表彰。以全力打造书法、阅读特色教育，提升学校的办学品位。

【党建工作】 山阴一小在党的组织建设过程中努力抓好党组织活动阵地建设，在时间、精力和资金上加大投入，给予保障。严格贯彻落实“三会一课”制度，研究制定了党小组的各项规章制度，深入学习党和国家的各项方针政策，认真撰写各种学习笔记和心得体会。积极参加各级党组织和教育行政部组织的学习培训活动。做好向校内优秀党员、优秀教师学习活动，不断增强履行党建工作职责的能力和教育教学管理水平。同时，师德师风建设也与党风廉政建设相融合。组织党员深入学习教育法、教师法、和中小学教师职业道德等法律法规，全体教师认真学习“学习强国”“三晋先锋”，课程开全开足，班班开设学生思想政治课。

学校德育工作与党建工作相融合。充分利用每周的升国旗仪式，认真做好“国旗下讲话”活动，对学生进行思想政治教育、理论道德教育和爱国主义教育。结合各种纪念日开展一系列丰富多彩的德育活动，包括专题报告会、主题班会、各种演讲比赛等，坚定了广大师生热爱党，热爱祖国的信念。

校园文化建设与党的精神文明建设相融合。在校园文化的建设中，山阴一小结合学校特色文化建设、对校园进行布局调整，美化绿化校园，建设校园文化长廊，走进学校特色文化，学生教师的书法、绘画作品，展示了学校素质教育的成果。喜迎二十大召开之际，积极响应党中央和省、市、县要求，认真组织全校党员、管理人员、教师和学生，通过多种形式的教育活动，认真参加党史学习教育，努力把学习成果转化成促进学校发展的实际成效。

山阴二小

【概况】 山阴二小座落于山阴县城北环路，始建于1989年。占地面积16900平方米，建筑面积7102平方米，2023年有教职员工140人，35个教学班，在校学生1600多名。拥有科学实验室2个、图书室2个、阅览室2个，计算机室2个，语音室2个、录播室1个、书法室2个、音乐教室2个、舞蹈室2个、跆拳道室2个。

2023年，山阴二小在县教育局的正确领导下，以习近平新时代中国特色社会主义思想和二十大精神为指导，按照“特色办学，科研兴校”的工作思路，坚持“让每一个学生明理、立德，激励每一个学生自主发展，帮助每一个学生获得成功，学校紧盯“办学理念一流，教学设备一流，校园环境一流，校风学风一流，教师素质一流，教育教学质量一流”六个一流的办学目标。以“崇德、尚文、勤朴、博学”为校训，大力实施校委引领、文化育人、活动育人、立德树人、质量强校工程。

【教师团队】 2023年，山阴二小专任教师配备及学历结构：学校有专任教师105名，其中女教师100人，男教师5人。在校学生1631名，师生比 1:16。其中，本科学历 83 人，占专任教师人数的 79%；专科学历 21 人，占专任教师人数的 21%。专任教师学科结构：专任教师 105 人，其中语文教师 31 人，数学教师 31 人，英语教师 8 人，体育教师 7 人，信息技术教师 1 人，心理健康教师 2 人，思政教师 6 人，科学教师 6 人，音乐教师 6 人，美术教师 6 人。专任教师职称结构：高级职称 2 人，占总人数比例为 1.9%，中级职称 49 人，占总人数比例为 32.9%；初职称 83 人，占总人数比例为 55.7%。专任教年龄结构：30 周岁以下 2 人，30~40 周 岁 21 人，40~50 周 岁 57 人，50~60 周 岁 24 人。

【五育并举】 山阴二小以做一个有道德的人主题实践活动为主线，以学生行为规范养成教育为主要内容，以学校少先队活动为载体，以重大节日、纪念日为契机，开展生动活泼的德育教育活动，加强对学生进行爱国主义、集体主义、社会主义思想教育和道德规范教育。

深入开展“筑梦新年、同心同行”辞旧迎新活动、“学习党的二十大、唱响红色主旋律”主题班队会、“安全在心、教育在行”安全教育活动、“浓情清明、清润童心”清明节系列活动、“奋进新时代、筑梦新国安”国家安全教育日系列活动、“全力奔跑、足够精彩”首届足球班级联赛、“学习二十大、争做好队员”一年级少先队员入队仪式、“礼赞新时代、童心向未来”庆六一文艺会演、“筑梦启航、一路生花”开学典礼、“举国同庆、情满月圆”文艺会演、“争做新时代好队员”少先队建队日系列活动等，让学生接受教育，形成良好品德。

学校积极响应阳光体育运动号召，认真实施并完成《国家学生体质健康标准》的测试和上报工作，学生体质健康达标率 98%。大课间体育活动和眼保健操坚持不懈，扩大学生足球队、篮球队、田径队规模，保证学生每天锻炼一小时。加强三队、三组的训练，卓见成效。以六一儿童节为契机，举办山阴县第二小学校体育艺术节，融体育与艺术为一体，锻炼学生体质，发展学生特长，展示学生才华。

【教学管理】 山阴二小着力优化师资队伍，师资结构合理，教师资源均衡配置，“老中青”三结合的模式，形成了以老带新，以新促老的良性发展格局。在教学管理上，学校经常组织开展各类教研活动，形成了独特的办学风格，建立并完善了一整套科学、严谨的管理制度和严明的奖惩制度，得到了广大家长的一致认可和好评。学校定期召开学生、家长座谈会，向学生和家长发放调查问卷，注重听取学生、家长意见与建议。

加强常规教学，深入开展兼职教研员、骨干教师公开课展示活动。期末照例举行年级组集体备课展示活动，为青年教师提供了一个学习和交流的平台，有力地促进了全体教师的专业化成长，切实促进了学校的跨越式发展。

【安全保障】 山阴二小始终坚持安全第一，预防为主的原则，切实加强安全防范工作。利用电子滚动屏、板报、安全宣传展示板、校园小广播、国旗下讲话、班队会等，宣传安全知识，做到安全天天讲，安全时时记。将生命教育有机地渗透在各门学科、各种形式的专题教育和课外活动之中。开学初，向每位学生家长都发放了《致家长的一封信》，并要求在回执上签字。学校也与教职工、特别是班主任老师签订了安全目标责任书。进一步完善了各项安全制度和应急预案。认真落实了安全课进课堂，组织了 9 次安全疏散演练。使学生的安全意识得到了很大的提高。安全排查常态化，对学校教学设施、体育设施、电路等，不定期进行了检查，发现问题，及时整改。加强学校内保工作，严格执行学校各项管理制度，把领导带班、教师值班制度落到实处，认真履行职责，严禁闲杂人等进入校园，确保校园安全。积极创建平安校园，为师生营造安全、和谐校园氛围。

【党建工作】 山阴二小党支部采取集中学习和个人自学相结合的方法，结合“学习贯彻习近平新时代中国特色社会主义思想”主题教育活动，学习二十大精神、学习习近平总书记的系列讲话、学习“改革创新、奋发有为”的思想精髓，党员之间开展学习心得交流，畅谈学习所得，提升思想认识，不断增强学习效果。校党支部通过深化理论学习，明确以“为学生服务”为使命，全体党员以高度的政治责任感和使命感奋斗在工作一线。以身作则，发挥党员榜样作用，使党员和教师对学校教育的发展充满信心。党支部组织全体党员为学生家长免费开设了3期“公益大课堂”，受到了社会各界的一致好评。支部6名党员教师连续5年积极为40多名贫困学生“点亮微心愿”、上门慰问，使贫困家庭真正感受到党的关怀和温暖，同时也使广大党员教师从中得到了锻炼，受到了教育，进一步增强了党员的先进性和纯洁性，进一步促进了党员与人民群众的密切联系。

山阴三小

【概况】 山阴县第三小学（以下简称“山阴三小”）为一所县直属的六轨制完全小学。有教学班31个，学生1570名，学校有在编教师88名，临时聘用教师33名，其中副高1人、中小学一级教师31人、中小学二级教师58人，未定级1人。省、市、县优秀教学能手68人。2023年，山阴三小按照制定的工作思路与工作重点，落实“双减”政策，紧紧依靠全体教职工，积极进取，努力探索，狠抓学校内部管理，校园工作取得了良好的效果。

【教育教学】 山阴三小通过“名师在线”名师讲座、线下同课异构形式，观摩教学、经验交流、信息反馈、评议总结等活动形式，鼓励并推荐教师参加教学竞赛活动，为他们提供展示教改成果的舞台，营造积极向上的竞争氛围，促使教师在实践中得到锻炼。2023学年主要以加强“五项管理”、落实“十项举措”为重点，以学校举措、家长协同学生行动的方式落实各项任务。尊重孩子成长规律、遵循教育规律，严格按照课程标准和教学计划，落实一年级零起点教学。执行作业公示制，科学分层布置作业，严格把控作业量，教师督促学生校内完成各学科作业，书面家庭作业教师全部批改。认真教研、备课，提高常态课教学质量。

【德育工作】 山阴三小注重加强德育队伍建设，特别是班主任队伍建设。

坚持每周一次主题班队会，每月一次班主任会议，每学期一次班主任经验交流会。重视对教师的培训，加强师德教育，签订师德承诺书，通过学习提高了教师的管理水平。抓好学生行为规范教育，以《小学生日常行为规范》《小学生守则》为重点，开展以“纪律、两操、卫生、礼仪”为内容的常规活动，工作中加强对学生指导，利用班会、升旗、广播、板报、队会等进行强化教育，扎实有效地促进学生良好行为习惯的养成。结合重要节庆日、纪念日组织宣传教育和实践活动。通过宣传橱窗、校园广播站、班队会等方式，将少先队、党建放大工作，辐射全校。红领巾宣讲团积极进行宣传“强国有我，薪火相传”、“路在脚下，法在心中”宪法进校园活动、“学子读史，爷爷听”专题活动、“红领巾争章”活动以及全体中队辅导员学习《新时代加强少先队工作意见》《实施方案》的交流研讨会。

【校园安全】 山阴三小围绕“以教学为第一要务，以安全为第一责任”的宗旨，强化学校安全工作领导小组的职责，构建安全网络。每学期开学前和平时对教学设施、水电设施、器材设备、校园环境、教学楼梯、围墙等各项安全设备设施进行检查更新，以保证安全工作万无一失，杜绝安全事故的发生。学校通过各种安全演练活动、安全培训、消防知识培训、防震演练和防恐防暴演练、师生急救培训等活动普及安全常识，提高安全防护意识。

【党建工作】 山阴三小认真落实“三会一课”、组织生活会等党的组织生活制度，定期召开党员大会，每月各党小组召开党小组会议、每月开展党日活动，按时足额收缴党费。学习内容包括习近平新时代中国特色社会主义思想、习近平总书记关于主题教育工作部署讲话会议精神、党章党规等。充分利用“三会一课”、党课、党日活动的方式以及“学习强国”等平台，形式多样开展党员教育活动，加强党性党风教育，加强法律法规、党章党规知识普及，使广大党员全面了解和掌握当前各项方针政策，全面提高党员整体素质。

落实党风廉政建设责任制，学校支部签订责任状，并做到了上半年督促党风廉政建设目标责任和各项规章制度的落实，年末进行了检查考核。开展以《中国共产党纪律处分条例》和《中国共产党党员监督条例》为主要内容的党风廉政建设法律法规教育，人人有学习笔记，个个有心得体会。纠风治乱工作落到实处，杜绝乱收费现象，教师无违法违纪行为。源头治腐工作到位，坚持政务公开，校务公开。做到廉洁自律，基层广大党员干部都能按两个条例的要求严格要求自己。凡是要求做到的都能做到，凡是明令不准做的，没有闯红灯。全校无一人受党纪政纪处分，没有一例党风廉政建设方面的举报。

山阴四小

【概况】 山阴四小位于山阴县旧城南大道。学校占地面积3579平方米，建筑面积2273平方米。学校坚持党的教育方针政策，因材施教，形成了快乐学习、健康成长的浓郁氛围。学校一校两部，小学部教学班级6个，学生78人。幼儿部学生34人。学校有教师共计23人，其中本科学历17人、大专学历6人，小学高级教师1人，小学一级教师14人，小学二级教师8人，省、市、县优秀教师和教学能手12人。学校坚持人尽其才，协调发展的工作原则，着力抓好人才队伍建设，为教学质量的提升奠定基石。

【教育教学】 山阴四小全面贯彻教育方针，积极实施素质教育，深化课堂教学改革，教育教学质量不断提升，受到了社会各界的广泛赞誉。学校先后被评为“朔州市平安校园”、“书法五进”优秀教学基地、“山阴县少先队红旗大队”、“朔州市少先队红领巾社团”，获得2023年义务教育贡献奖“中华魂”（爱我中华——新中国成立70周年）主题教育活动优秀组织奖、“中华魂”（科技托起强国梦）优秀组织奖、“庆祝新中国成立70周年书画展”优秀组织奖、“山阴县少儿魔法还原大赛”优秀组织奖。

学校文化是学校综合实力的体现，学校让学生诵读诗词，将《三字经》《弟子规》《百家姓》《千字文》等国学经典融入其中，不断丰富、拓展诵读内容。引领学生专心诵读，营造经典诵读环境。学校免费为学生们开设了线描、国画、武术、舞蹈、葫芦丝、古筝、书法等社团，给学生搭建了培养兴趣爱好的良好平台，极大地丰富了学校的文化底蕴。

山阴五小

【概况】 2023年，山阴五小遵照“为学生终身进展奠基”的办学思想，以争创“文明校内、平安校内”为工作目标，以教师队伍建设为抓手，以现代训练手段为支撑，加强学校管理，不断提高训练教学质量。

【德育工作】 山阴五小坚持育人为本、德育为先，把立德树人作为学校训练的根本任务，以创建“温馨校内、温馨班级”为基点，加强老师队伍建设和学生教学工作。紧紧围绕学校规划，不断改进工作方法，扎实开展德育工作。健全和强化德育领导机构。成立德育领导机构并夯实各负责人的职责要求，加强考核，促进德育工作的支配与落实，使工作扎实有效开展。同时，成立了工作领导小组，对困难同学进行帮扶，并走进他们的家庭进行训练指导，使他们感受到学校的关爱，实现德育训练多渠道并施。充分发挥班主任在德育工作中的主力军作用。2023年多次召开班主任例会，班主任业务得到进一步提高，管理班级的方式明显转变，学习得到了提高。坚持日检查周评比工作。学校始终把“值日检查”作为学校德育管理的一项重要内容，做到责任到人，分工明确，要求值周领导、老师切实履行好值周职责，对课间纪律、校内卫生、值勤巡查、放学路队和同学到校状况等方面加强检查，发觉问题准时处理，促进同学文明行为习惯的养成。每周班务主题，开展各项班级活动，在班内以板报、演讲、召开主题班队会等做好宣布传达训练工作，转变了班风，促进了学风。

强化落实德育考评工作。以卫生先进、文明班集体的评比为抓手，认真检查，严格考核，从而强化了班级管理，促进了班级进步，为同学的进展营造良好的氛围。加强老师师德的考评，学校通过家长、老师、同学、校委会等民意测评来考核老师，促使学校老师道德修养不断提高。组织同学活动，坚持每天同学老师体育锻炼一小时制度，丰富校内生活。

【教育教学】 山阴五小从常规教学抓起。规范教案，定期抽查，坚持提前一周备课。始终要求老师对同学作业全批全改，一月一检查一公布，对不认真负责的老师在全体老师会上通报批判。提升教研教改理论修养，拓宽老师教学视野。连续推行走出去，请进来的方法，加强业务学习和阅历相互沟通。围绕课堂深化教研，依托教研优化课堂。组织教学能手上观摩课，其余老师上公开课。组织进行了语文组、数学组的课堂竞赛活动。

强化师德师风建设。组织老师学习上级部门的“老师十不准”等师德若干规定，加强老师职业道德建设。确定“四条高压线”：严禁老师从事各种形式的有偿家教，严禁老师利用双休日、节假日等组织、参与或发动学生参与各种形式的补习班，严禁老师向学生推销或变相推销各种教辅资料，严禁老师体罚或变相体罚学生等。

【平安校园】 2023年，山阴五小学校成立了以校长为组长的创建“平安校园”工作领导小组，形成了学校领导总体调控，分管部门各司其职，全体学生教师齐抓共管的安全责任体系。学校充分发挥法制副校长的作用，适时排查校内、校外的矛盾。不定期给学生举行安全法制讲座，收到了较好的效果。学校发挥有经验的班主任的传、帮、带作用，提升年轻班主任工作的针对性和实效性。开展德育研讨，要求年级主任、班主任要经常找学生了解情形，对特殊学生要个别谈心，杜绝不安全事故的发生。每学期初组织学生学习学校的有关安全规定，通过主题班会、板报、国旗下的讲话、安全演练、观看安全教育录像、撰写观后感、发放《交通安全法规》等形式开展安全教育活动，强调学生上学和放学、横穿马路、骑自行车、乘坐机动车、乘坐火车等安全常识。寒、暑假都印发须知，“五一”、“十一”长假致家长的公开信。山阴五小开展了禁毒教育，发放宣传单，举行禁毒知识测试等，强调安全问题。全校每班选出两名责任心强的学生做安全员，经常召开安全员会议，适时把班级有关情形向班主任和学校汇报，向全班同学传达会议精神，把不安全的问题消灭在萌芽状态。

山阴六小

【概况】 山阴六小为县教育局直属的一所六轨制完全小学。学校占地面积26900平方米，建筑面积9426平方米，有45个教学班，学生2478人，教师128人。教师有本科学历84人，大专学历44人，小学高级教师5名，小学一级教师66名，小学二级教师56人，三级教师1名，省、市、县优秀教师和教学能手58名。学校全面贯彻教育方针，坚持“德育为首、教育为本、育人为本”的办学宗旨。以“博学笃志、切问近思”为校训，积极实施素质教育，深化课堂教学改革，教育教学质量不断提升，受到了社会各界的广泛赞誉。

【教师队伍建设】 山阴六小重视教师素质提升工程，制定实施教师素质提升方案、教师读书方案与教师培训计划并贯彻实施；建立青年教师、骨干教师、新教师成长档案，以老带新，结对互助；认真组织校本培训与校本教研，号召全体教师大练基本功，提升教师理论水平、专业素质与道德水平。组织1名县级骨干教师参加朔州市教师进修培训，部分教师参加各级各类培训、教研活动。

【学校管理】 山阴六小学校管理制度化、民主化、科学化。贯彻落实《中国教育与改革发展纲要》、义务教育法、教师法、未成年人保护法等有关教育法律、法规，认真学习与贯彻《朔州市中小学管理工作基本规定》，严格执行课程标准，落实三级课程，开展丰富多彩的课内外活动；严格执行作息时间，严肃工作纪律，规范教师行为，重视师德师风建设。坚持“德育为先，五育并举”，开展内容丰富的德育教育活动，重视未成年人思想道德建设。

【德育工作】 山阴六小以“做一个有道德的人”主题实践活动为主线，以学生行为规范养成教育为主要内容，以学校少先队活动为载体，以重大节日、纪念日为契机，开展生动活泼的德育教育活动，加强对学生进行爱国主义、集体主义、社会主义思想教育与道德规范教育，深入开展“寻找雷锋足迹，弘扬雷锋精神”学雷锋系列活动、“缅怀革命先烈，争当四好少年”清明节祭扫烈士墓活动、“同在蓝天下”全国助残日捐款活动，让学生在丰富多彩的德育活动中愉快地接受教育，形成良好品德。

【教学工作】 山阴六小组建了学校教学管理领导小组，构建“校长室—教导处、政教处—教研组—教师”四级管理，明确工作职责。对教材钻研、备课、上课、作业批改、学生辅导以及单元检测与分析进行督促与检查；实施集体备课，常规教学的各项环节得到了落实。学校成立教研指导中心，定时开展教学指导活动，促进教师提升课堂教学能力与水平。学校在课堂教学效率与质量上下功夫，建立了课堂教学常规制度加强监控管理，促进了教师课堂教学改进。学校紧紧围绕办学理念，逐步构建具有学校特色的校本课程、开设多个兴趣活动课，其中“写字教学”“分级阅读”“阳光大课间”课程已经全面推开，实现了第一课堂普及与第二课堂提高相结合的课程目标、阳光课程体系已逐渐成为学校的品牌，阳光教育课程分年级得到有效落实。

【校园安全】 山阴六小始终把学校安全工作放在重中之重的位置，坚持“安全第一，预防为主”的原则，切实加强安全防范工作。利用板报、安全宣传展示板、校园小广播、晨会、班会等宣传安全知识，做到“安全天天讲，安全时时记”。将生命教育有机地渗透在各门学科、各种形式的专题教育与课外活动之中，组织多次安全演练。积极创建平安校园，为师生营造安全、和谐的校园氛围。

山阴七小

【概况】 山阴七小学校占地面积24159平方米，建筑面积6821.74平方米，体育运动场地面积8000平方米。在校学生628人，共16个教学班，辖区适龄儿童入学率达100%。学校为寄宿制学校，为家长解决接送孩子困难问题。学校配备多媒体教学设备，以及实验室、计算机室、多媒体教室、卫星接收室、卫生室、图书室、阅览室、档案室、广播室、音乐教室、美术教室、体育器材室、多功能会议室。多功能教室配备设施基本达到规范化的标准。各种辅助教室功能齐全，教学区、活动区、生活区分区明确，布局合理，消防通道畅通，配足配齐符合要求的消防设施，供电系统安全正常。体育设施齐全，有符合要求的足球场、篮球场、排球场。校园文化浓厚，布置新颖。每学期定期举办一些有利于学生健康成长的文化活动。学校周边环境有利于学生的身心健康，周边200米范围内无歌厅、舞厅、网吧等经营性娱乐场所。校门前人行道与机动车道分离。校内设置监控摄像头，师生安全有保障。

山阴七小坚持“德育为首，以人为本，质量强校”的办学思想，以教学常规管理为切入点，强化教育教学管理，深化教育教学改革，扎实推进教育教学工作。依法治校，努力构建和谐校园、平安校园。

【教师队伍建设】 领导重视教师队伍的作风建设。利用每周一次的例会，加强教师职业道德教育，着重解决教师队伍中违背职业道德要求的不良现象，定期对存在的问题进行排查和整改，增强师德教育的针对性和实效性。开展教师职业道德教育全员培训、宣传师德建设先进典型等活动，使广大教师不断增强事业心、责任感和敬业精神，真正做到依法执教，爱岗敬业，热爱学生，严谨治学，团结协作，廉洁从教，教书育人，为人师表。

【德育工作】 山阴七小强化德育工作，注重养成教育，提升学生思想素质。建立健全了学校德育工作网络，学校德育领导小组、班主任构成一个庞大的学校德育工作网，通过开展各项活动，与班主任一起探讨学校德育工作的方式方法。通过家长会、家校联系卡、校讯通、微信等方法搭建家校互动平台，让家长了解到其子女在校的学习情况和行为习惯的养成情况，家庭教育与学校德育工作密切配合，起到了很好的育人效果。学校进行了流动红旗班的评比工作，全校上下呈现“比学赶帮超”的良好氛围，促进了学生良好行为规范与学习习惯的养成，使班风学风校风得到进一步加强。

【教学工作】 课堂教学是整个教学工作的中心环节，上好课是提高教学质量的关键。山阴七小开展了教师全员参与的听课评课活动，努力提升教师教育教学水平。在听评课时，评价侧重上课教师教学是否渗透新课标理念，是否有创新性的开展教学，是否精心制作课件，学生是否能快乐轻松地享受课堂，教学效果如何，等等。

学校积极开展帮教活动，每周都安排公开示范课，发挥骨干教师、教学能手的示范和引领作用。并多次组织各科老师参加外出听课、讲课、评课活动。学校每周开展一次教研活动，促使教师学习课改新理念，积极钻研新教材。

学校对教师的备课、作业批改等教学常规的各个环节提出了明确的要求，并进行跟踪管和监督检查，以此来促进教师认真搞好教学，提高教学质量。学校还进行了双减教学活动，在保证各学科的课堂教学质量的同时为学生真正减负做到实处。

【校园活动】 山阴七小开展丰富多彩的活动，全面实施素质教育。坚持每周一升旗。精心准备升旗仪式，利用国旗下讲话、校会、班队等活动等对学生进行文明礼貌、行为习惯等教育。开展了丰富多彩的学生课外活动，如古诗文诵读比赛、中华魂演讲比赛，六一儿童节庆祝活动、我是小厨师、乒乓球、扑克快速计算比赛等，为学生提供展示才华的平台。

【校园安全】 山阴七小强化校园管理，打造安全文明和谐校园。严格门卫制度，坚持出入人员的登记、出示假条制度。严厉打击闲散人员进入校园，维护校园安全、稳定。学校保安尽职尽责，经常与当地派出所密切联系，取得他们的支持，积极创建“和谐平安学校”。学校牢固树立“安全第一”的思想，居安思危、警钟长鸣，把安全教育放在首位，狠抓安全教育。每个月都有安全演练，内容涉及防火、防踩踏、地震、安全逃生、食品安全等，学生的安全意识得到了大幅度提高。学校还与家长签订了安全状况责任书，进行了班级安全板报的评比和安全知识竞赛。完善的安全工作制度，持续性的安全演练，切实保障了师生安全，维护了学校正常的教育、教学秩序。

山阴八小

【概况】 山阴八小坐落在山阴县岱岳镇七里沟村东，是一所全封闭寄宿制公办小学，校园占地面积20000平方米，建筑面积6212平方米。学校始终以“办人民满意的教育”为宗旨，秉承“一切为了学生，健康生活，快乐学习，全面发展”的办学理念，在学校抓教学常规、抓师德师风、抓学生养成教育的同时，以“严中有爱，懂得感恩，持之以恒，言而有信，率先垂范”的指导思想对学生进行管理，努力把学生培养成“学会生活，学会学习，学会做人，学会创造”的新时代社会主义建设者和接班人。

【师资队伍建设】 山阴八小重视师资队伍建设，提升教师师德修养，促进教师素质的整体提高。2023年，学校组织教师开展了各种校本培训，为教师搭建学习的平台，组织教师参加国培计划示范性项目的远程研修培训，组织教师进行了名师工作室培训并进行与名师同课异构、同乐同构活动，进行二次培训，谈体会、谈感受，使教师开阔了眼界，增长了学识，更重要的是更新了教师的教育教学理念，促进了教师素质的整体提高。

加强德育队伍建设，加强班主任管理，加强学生的思想道德教育和基础礼貌养成教育。加强班风建设，培养学生的良好习惯。班主任用心思考加强班级制度建设、班风和学风建设，营造良好的班级氛围，树立班级形象，争创班级特色，争创“礼貌班级”。学生们从“上好一堂课，做好一节操，扫好一次地”这样的细节做起，逐渐养成良好习惯。加强后进生的教育与转化，各班对后进生转化工作做到了有计划、有措施，并比较及时地了解掌握有关状况，协助班主任做好个别学生的帮教工作。

加强学风建设。学校继续加强学生养成教育的培养，通过每周一的班队活动和升旗仪式，集中对学生进行德育教育，少先队部还进行了“礼貌礼仪从我做起”等主题队会，对学生构成健康的道德观念和良好行为习惯起到了很大促进作用。

【教育教学】 山阴八小以教学为核心，提升教育教学质量。把优化课堂教学，重视教学过程，提高教学质量，突出课堂教学实效性作为重点工作。对全体一线教师听常态课活动，并在听课后对任课教师进行及时点评，随堂指导，互提意见和推荐，切实对教师提高教学质量起到了用心的指导和促进作用。

认真落实教师备课制度，认真备课、上课，做到不备课不上课，根据学生实际状况和自己的教学风格进行个性化的修改，努力提高教案的质量。认真上好每一节课，并发挥学生的主体作用，努力提高课堂的实效性。课后及时写好教学反思。在质量提升的过程中，提高教师的教学质量。

【双减+课后服务】 山阴八小为确保“双减”工作落到实处，根据县教育局有关文件精神要求，召开《山阴县岱岳镇第八小学校“双减”工作推进会》《“双减”工作再培训》，传达、培训、学习、研讨，落实“五项管理”和“十项措施”。教师们时刻从学生层面、教师层面解读“双减”。

提质在行动。学校教研活动增加了说课环节。只有弄懂了课程标准的要求和意义才能精准落实教学任务，才会设计有目的的教学环节，为“双减”工作提供保障。山阴八小教师还积极投入研课、磨课、课堂展示的各个环节，从教学主阵地“减负增效”。

作业设计再增效。学校教师认真分析本班学生学情，努力提高作业设计质量，合理布置分层、弹性和个性化的作业，加强对作业的指导，加强对学生进行面批讲解。教师还充分利用课后服务时间，有效指导学生认真完成作业，对学习有困难的学生进行辅导与答疑，为学有余力的学生拓展学习空间。

通过“双减”的学习和落实，教师驾驭课堂的能力稳步提升，在教师技能大赛和教师课堂展示活动中获得二等奖3人，三等奖2人，优秀奖1人。学生在质量监测素质测评中成绩优异。

【平安校园】 山阴八小加强法制安全教育，构建平安和谐校园。建立安全保卫工作领导职责制和职责追究制，将安全保卫工作列入目标考核资料，并进行严格考核，严格执行职责追究制度，对造成重大安全事故的要严肃追究有关领导及直接职责人的职责，签订职责书。学校政教处和班主任层层签订职责书，明确各自的职责。学校还与学生家长签订了安全责任书，明确了家长应做的工作和应负的职责。

促进自护。要确保安全，根本在于提高安全意识、自我防范和自护自救潜力，抓好安全教育。山阴八小以安全教育为载体，开展丰富多彩的教育活动。利用国旗下的讲话、安全课、学校广播、黑板报等途径，通过讲解、安全演练，对学生开展安全预防教育，使学生理解比较系统的防溺水、防交通事故、防触电、防食物中毒、防火、防震、防煤气中毒等安全知识和技能教育。

【后勤服务】 山阴八小认真做好后勤保障工作，后勤人员、以及中层以上领导，努力服务好一线教师。管理校产校具、公共财物管理工作，日常工作中督促班主任对学生进行爱护公物的教育，使校产损失降低到最低限度。加强财务的管理，严格财务制度，学校支出，定期对财务运行状况分析，坚持把有限的资金用在提高教育教学质量上，教学仪器配套设施齐全，并投入使用，收到良好效果。继续加强图书室等教学资源的使用和管理，充分发挥它们在教育教学中的作用，及时做好电教设备的使用记载。

第一幼儿园

【概况】 山阴县第一幼儿园占地面积 8143.63 平方米，总建筑面积约 5900.89 平方米，园所可容纳 540 名幼儿。2023 年秋季学期共计 509 名幼儿，有教职工 88 人，其中公办教师 17 人。每个班级配备 3 名教师(2 名教师、1 名保育员)，每个多功能室均配有专任教师 1 名。全园专任教师持证上岗率达 100%，教职工队伍年轻化，充满生机与活力。

【硬件设施】 第一幼儿园育人环境优美，配套设施齐全。幼儿园每个班级都设有独立的衣帽间、活动室、盥洗室；户外前后院配有大型游乐设施，有滑梯、大型迷宫等，针对幼儿室外活动需要，又开辟了大块幼儿“沙水池”，购置大量户外运动器械如平衡车、三轮车、户外运动组合套装等；综合功能设施配备完善，设有多功能表演厅、感统训练室、蒙台梭利数学室、奥尔夫音乐室、科学探索室、绘本阅览室、淘气堡、大型建构室等多个功能室，室内设备齐全；教师办公室配置了电脑、打印机、塑封机等现代化办公设备，无线网络覆盖整个幼儿园。室内外安装视频监控，校门口安置一键报警装置，确保幼儿全程安全健康。

【课程设置】 第一幼儿园遵循先进、科学的教育理念与教学方法，科学合理的安排一日活动。依据教育部《幼儿园教育指导纲要》《3~6 岁儿童学习与发展指南》《幼儿园保育教育质量评估指南》等法律法规，坚持保教合一，对幼儿进行规范、系统的学前教育，“一日流程兼课程”，确保幼儿每天户外活动时间不低于 2 小时，促进幼儿身心全面健康发展。根据幼儿年龄特点，以兴趣引导开设健康、语言、社会、科学、数学、音乐、美术等五大领域综合课程。在此基础上，还设有多门加强学科，设有幼小衔接课程、微型课程、潜课程、安全课程、大型活动课程，旨在培养孩子健全的人格品质，让孩子从小学会做人、学会做事、学会生活、学会学习，幼儿园努力营造轻松愉悦的精神氛围，让幼儿在爱心的呵护下健康快乐的成长。

【教研活动】 第一幼儿园以创设良好温馨的文化氛围为教研最终目标。重视教师的心理疏导工作，杜绝在幼儿园教育中出现体罚和变相体罚。设立每个年龄段的教研组长，由业务能力强的组长牵头，各年龄段教研活动同时开展，既有利于教师教学水平的提高，又节约出一部分时间，使得教研效率提升，给足教师备课、休息调整的时间。教研活动形式多样，有观摩(集体活动、区域活动、半日流程等)、集体备课、分组研讨、听讲座、竞赛展示以及心理聚会、读书会与看电影日等形式，使得教师从认知、情感、行为多种方面都不断提高。坚持开展系列教育教学考评，如各班户外活动出勤考核、区域特色材料展示、手工制作、教师优质集体活动评比等。促使教师切实加强研讨，提高保教质量，极力为幼儿创造自由、开放、探索、求知、交往、合作的机会和平台。

【家园共育】 第一幼儿园建立了一系列家园合作制度，开展形式多样的家长活动。定期把周计划、周目标贴上墙，及时公布每周活动内容及家长配合指导的方法内容。每学期召开幼儿园班级家长会。在“六一”儿童节、新年等重大节日均举行亲子活动。每学期设立家长开放周，邀请家长走进班级，了解幼儿园的生活和学习，形成了家园沟通工作经常化、规范化。

【校园安全】 第一幼儿园安排每日值班人员兼职安全员，警务室配备专业安保人员，安保器械齐全、视频全程、全天监控，确保了无一例安全事故发生。园所不间断强化幼儿、教师安全在前、卫生在前、疾病预防在前的保教意识，经常化开展安全教育、观看安全保健视频，对幼儿园各种设施定期例行检查、及时修缮。每天对活动室内设施进行消毒。幼儿凭卡接送、填报晨午检记录，幼儿园与家长签订责任协议书，与全体教职工签订安全责任书，节假日加强对幼儿和家长的安全教育，为幼儿园创建了和谐安全的育人环境。

第二幼儿园

【概况】 山阴县第二幼儿园占地面积7148平方米，建筑面积4940平方米，户外活动场地2207平方米。2023年有在园幼儿581名。16个教学班，在编教师29人，雇用代课教师42人，其他工勤人员16人，共计87人。山阴第二幼儿园始终坚持正确的办园方向，以管理促规范，以教研求发展。

【校园安全】 第二幼儿园坚持每天午检，防止幼儿带异物入寝室，防止异物进入耳、鼻、口的现象发生。中午值班，加倍照看好幼儿，尤其是服药幼儿和体弱幼儿。巡视幼儿是否有不良的睡眠习惯、是否生病等，并及时给予妥善处理。把好幼儿离园关，严格执行幼儿接送卡制度，做到人卡分离。不认识的人接幼儿，老师必须问清情况或者是与孩子父母取得联系确认无误后再放人。防止幼儿走失和拐骗幼儿现象发生。严格执行卫生安全消毒制度，预防传染病的发生。户外活动时，认真检查活动场地的安全性，及时排除不安全因素，确保幼儿安全，加强安全教育、提高安全意识。培养幼儿的自我保护能力，加强防范意识，让幼儿在有安全意识的基础上，时时提醒自己或他人注意安全。

召开安全宣传工作家长会，提醒家长注意幼儿的各类安全教育问题。在园内不定期张贴各类安全教育挂图，提醒教育引导幼儿注意各类安全问题。

【教学教研】 第二幼儿园加强理论培训，转变教师观念，统一教育思想。坚持外学习、内研究的方法，结合幼儿园的实际情况，加强研究，从转变观念入手，提高教师的整体水平。在理论培训方面，学校借助外出学习、网络、书刊的先进经验对教师进行各方面的理论培训。2023年全园执教教师均有到各个姐妹园或是教委开展的各类培训活动参观学习，将先进的知识带回来，与大家共同学习分享。

【幼儿保健】 第二幼儿园幼儿所使用的所有餐

具，包括碗筷、调羹，每天都经过消毒柜消毒。各班每天做好本班幼儿的晨检登记，全年各班幼儿出勤率都较高。幼儿园定期对厨房人员进行消毒意识的培训。

山阴县新洋学校

【概况】 山阴县新洋学校是经上级政府批准成立的一所全封闭、寄宿制新型民办学校。学校总投资3000多万元。有教学班29个，教职工130名，在校学生1256名。学校通过狠抓内部管理，强化教师队伍，丰富学校活动，使学生得到全面发展，各项工作取得了丰硕成果，得到了社会各界的广泛好评。

【办学理念】 新洋学校坚持开放式办学理念，学校主要以“137·快乐课堂教学法”课堂教学模式授课，尊重学生个性发展，分层互助教学，让每个学生乐学、好学、会学、善学。学校围绕“一校一品、一校多品”的特色学校发展格局，开设了神笔书写中国练字、国学启蒙教育、小荷作文，丰富了校园文化内涵。学校还开设了口才、奥数、美术、舞蹈、书法、器乐、武术、棋艺等各种兴趣班，做原生态教学还学生自由，张扬学生个性，促进学生全面发展。

【教研活动】 新洋学校组织开展了公开课教研活动，进一步提高教师的专业素养和教学能力，夯实教师驾驭课堂的基础。学校进行了三轮全校教师听课、评课学习活动，进一步提高教师的教学水平以及相关的业务能力。按照工作计划开展了学期教学研讨活动，并分年级、分学科进行了教学质量分析。

召开全校教师大会，旨在做好期末各项工作，提高复习效率，促进学生全面发展。开展了2023年秋季学期第一轮教研课——组长示范课，并组织了课后反思总结会，旨在落实新课标精神。新洋学校进行了两场教师经验交流活动，进一步加强校本教育教学培训工作，总结先进教育经验，推进学校教学改革继续深化。学校实行了各年级各科目“同课异构”教研活动。旨在让老师们大胆创新，积极转变个人教学理念，打开自己教学的新思路。

【安全教育】 新洋学校全体师生开展了消防演练活动，进一步普及消防安全知识，掌握在火场中迅速逃生、自救、互救的基本技能，提高师生应对紧急突发事件的能力。学校重视校园安全和食品安全工作。县市场管理局、县教育局、消防队等多部门工作人员深入新洋学校进行安全联合检查。学校在多功能室对餐厅工作人员进行“个人健康”和“食品安全”培训，并做了相关业务考核，确保学校食堂工作人员了解并遵循食品安全规定。开展交通安全主题教育活动。

【德育文化活动】 新洋学校开展学习《大梦想家》体操的活动，旨在培养学生集体意识，增强班级荣誉感和凝聚力，促进学生德、智、体全面发展。全体师生观看雷锋事迹相关报道和直播，传承和弘扬雷锋精神。举办第三届“书写中国·英才杯”硬笔书法赛。开展人工智能教育科创大讲堂，激发学生好奇心、想象力和探求欲，培养小学生科学精神，增强科技自信自立、厚植家国的情怀。学校进行了口才、科学实验、阅读与写作等兴趣班展示课活动。进一步贯彻落实“双减”素质教育理念，提高学校的综合教育水平，加强学生动手动脑的能力。

新洋学校组织了“学雷锋”社会实践活动，带领五六年级师生走进山阴县洪涛山庄敬老院开展“学雷锋、送温暖”活动。深入老人的实际生活，为老人送去牛奶、蛋糕、水果、鲜花等慰问品。组织学雷锋志愿者共计216名师生开展“与文明握手，共建美好家园”的活动。学生在老师的带领下深入公共场所、街道，进行清扫城市卫生死角，清除白色垃圾，践行文明城市的号召。

山阴县平泽苑学校

【概况】山阴县平泽苑学校是一所由个人投资兴建的九年一贯寄宿制民办学校。学校占地面积5.53万平方米，总建筑面积3.2万平方米。有31个教学班，164名教职工。学校拥有现代化的教学设施，开放式的现代化办公区，全部教室配备有多功能教学一体机，可调节环保桌椅，以及标准的理化实验室、微机室、录播室。

2023年，全校上下狠抓教育教学管理工作，学校响应国家号召，抓规范、减体量，顺利实现由看数量到重质量的转变。

【师资队伍】平泽苑学校通过管理团队引领、吸纳优秀人才、引入竞争机制、完善管理制度、提高教师待遇等一系列强有力的措施，转变了教师观念、提升了教师品质，使学校拥有了一支专业性强、爱岗敬业的教师队伍。

【教学管理】平泽苑学校秉承“学生至上、质量为本”的教学管理理念，除强化常规教学管理外，大力开展课堂教学改革，实施“和谐互助”的课堂教学模式，学生互助结对，师徒和谐并进，教师、学生之间和谐统一。在课堂上教师把时间权、学习权、话语权、探究权还给学生，让课堂充满生命力。该模式体现了学生自主探究、合作学习、师生互动的和谐教学理念，2023年继续实施“精讲精练、讲练结合、当堂消化”的课堂教学模式，提高课堂教学效率。课改的实施使学生的主体地位得到了落实，学生的学习积极性越来越高，其学习、表达、思维、合作、交流等能力得到了提高。让教师不仅成为课堂的组织者和调控者，而且成为智慧的引导者、点拨者，教师的教学观发生了根本性的转变，教学素养得到长远的发展。

【办学特色】平泽苑学校坚持规范化办学，构建特色化精品课堂，让教师享受讲台、学生享受课堂。学校以养成教育为抓手，从文化课学习、饮食起居、日常生活、学做家务等各个方面培养学生的自理、自立能力，让学生从小养成良好的行为习惯。通过德育系列活动，弘扬社会主义核心价值观。学校还重视学生的心理健康教育和学生特长的培养，创办心理咨询、矫正室，开设音乐、舞蹈、美术、书法、绘画等20多种特长班，把全面育人渗透到学校日常活动的方方面面、各个环节、各个角落。

气象

【概况】山阴县气象局作为公共气象服务的前沿阵地，以习近平新时代中国特色社会主义思想为指引，深入学习党的二十大精神，认真贯彻习近平总书记关于气象工作重要指示和考察调研山西重要指示精神，全方位筑牢气象防灾减灾第一道防线，为建设“灵秀古城、新韵山阴”贡献气象力量。

【气象观测自动化业务改革】山阴县气象局按照朔州市气象局年初下发的2023年目标任务中加强在推进气象现代化方面有显著进展，按照《地面气象自动观测规范》2019版标准对观测场小路及围栏进行整改。按照综合气象观测业务发展“十四五”规划和补短板工程建设要求，山阴气象局于4月25日成功安装了视程障碍现象仪，并于7月1日对天气现象视频智能观测仪、视程障碍现象仪开展业务化运行应用，同时对地面综合观测业务软件（ISOS）进行升级，2023年1月1日山阴国家气象观测站升级为山阴国家基本气象站。

【气象防灾减灾】 山阴县气象局为做好防灾减灾工作，建立预警信息发布“一张网”，面向基层乡村确保预警全覆盖。推动与国土、水利、农业等部门的信息实时共享。推动气象灾害预警传播功能配置在乡镇（街道）、建制村（社区）落地，该局都提前制作各类气象服务产品。重要气象信息、预警信息，向县政府报送重要气象报告卡，共制作发布重要气象信息31期，春耕春播和秋收秋种气象服务产品20期，各类预警信号175期，在重大气象灾害天气过程到来时，根据研判启动《重大气象灾害应急响应》5期，制作每周气象要讯51期，森林草原火险51期，提醒公众随时观注天气变化，采取响应措施应对天气。利用3月23日、5月12日、5月20—31日气象科技周，9月全国科普日，将气象防灾减灾读本、气象防灾减灾防御手册、气象预警宣传彩页、防灾减灾明白卡等防灾减灾科普图书和各类科普宣传资料发放到群众手中，让群众对气象防灾减灾知识的了解更加深刻，提高大众对气象灾害的防灾避灾能力。

全县已建成12个乡镇气象信息工作站，建立了由211人组成的气象信息员队伍。山阴局每年对信息员队伍进行及时更新，并组织业务骨干对全县信息员开展专题培训。

【气象服务】 山阴县气象局气象服务体系逐步完善，建立了规范的决策气象服务流程，决策服务内容涵盖短临天气过程、中长期气候、人工影响天气。公共气象服务日益完善，服务产品不断丰富。面向重要部门、重点人群及社会公众发布日、旬、月天气预报，重要气象报告、雨情快报、气候趋势预测、天气专报、重要农事季节专题预报等各类气象服务产品，气象信息短信用户达1700人。利用气象科技周组织业务人员到北周庄镇大棚蔬菜标准化生产基地进行调研，了解种植户气象服务需求。为菜农送上了天气预报信息，《气象灾害防御手册》《农村气象灾害防御》等宣传手册及科普读物，并结合天气气候预测，建议菜农加强大棚光、温、水等管理，农业气象服务针对性不断增强。

通过抖音、微信、手机短信等新媒体服务途径不断扩大气象影响力和覆盖面，不断提升精准气象服务水平。此外成功保障“农民丰收节”、山阴首届桑干河湿地公园自行车公开赛、第16届省运会羽毛球赛等重大社会活动举行，气象服务的经济社会效益显著。

【人影作业】 山阴县气象局充分发挥人影“保丰、增绿、减灾”作用，2023年，有人影装备3台，型号LF-3三管落地发射架2台，在县政府财政支持下，新增BFJCZ4-1型56毫米增雨防雹火箭弹车载自动4轨发射架1台。在增强硬件建设的同时，不断提升人影指挥作业智慧化水平，强化人影安全管理平台、人影综合业务系统、物联网等业务系统的应用。

2023年，山阴气象局人影待命18次，开展地面增雨作业11次，发射增雨火箭弹120枚，地面作业连同增雨飞机协同作业，有效地缓解了本地旱情，降低森林火险隐患，“保丰、增绿、减灾”效果显著。

【“气象+”赋能地方高发展】 2023年，气象局领导班子将推进山阴县经济开发区气候可行性论证工作列为2023年重点任务之一，单位负责人与分管县领导、开发区管委会负责人平均每周进行1次面对面汇报沟通，多次邀请省局服务中心专家赴山阴进行技术指导。11月8日，山阴开发区管委会将区域性可行性论证报告采购项目列入2023年11—12月政府采购意向挂网公示，并于12月1日进行招投标，气候可行性论证工作取得阶段成果。

富硒小米是山阴本地的知名“特”“优”农产品，但因品牌意识缺乏，富硒小米一直处于“养在深闺人未识”状态，很大程度上制约着小米的产销。山阴气象局在省、市两级服务中心的大力支持下，多次深入惠牧源农牧合作社等生产企业开展富硒小米品质认证气象服务调研，提供特色气象服务，成功签订“塞外火山土富硒小米”气候品质认证协议，为“特”“优”农业发展提供气象支撑。

不断深化与水利、应急、自然资源、林业、能源、消防等部门交流合作，通过联动微信群及时发布气象信息，强化部门间信息联动共享，为生态环境治理、森林防火、地质灾害防治提供气象保障。与山阴县农业技术推广中心签订挂职交流项目合作协议，与山西农业大学农牧生态研究所签订合作协议，与高速交警二支队二大队签订合作协议，与山阴县消防救援支队签订合作框架。建立区域联防工作机制，与朔城区气象局、平鲁区气象局签订《两区一县气象灾害区域联防合作协议》，加强信息共享、联合会商、联防服务合作。

【安全监管】 山阴县气象局履行防雷和升放气球安全监管职责，进一步强化防雷和升放气球安全监管的领导责任，认真做好防雷安全监管工作，监管重点单位43家，继续完善防雷领域安全生产部门联合执法检查工作机制，通过“双随机一公开”的形式联合市场局和应急局抽查5家重点单位。指导重点单位登录全国防雷减灾综合管理平台及时录入信息并更新本单位相关信息。要求重点单位建立健全和落实各单位防雷安全管理制度，加强雷电防护装置的日常巡查和维护，及时消除雷电防护装置隐患。

【党建】 山阴县气象局强化组织领导，制定党建工作要点，召开党组会议专题研究党建工作，进一步理清党建工作思路。严格落实“三会一课”、谈心谈话、主题党日等制度，党员大会4次、开展主题党日活动12次、讲授党课5次，定期召开专题组织生活会和民主生活会，深入开展批评和自我批评。持续推进“党建+机关文化”建设。加强对党员的教育、管理、监督和服务，充分发挥“战斗堡垒”和党员先锋模范作用。

制定党风廉政建设工作要点，建立责任清单，细化党支部、主要负责人和班子成员责任；逐级签订党风廉政建设责任书，全体人员签订廉洁自律承诺书。组织开展警示教育9次，组织全体干部职工阅读廉政警示信息，用身边人、身边事教育党员干部。紧盯节假日等重要时间节点，通过典型案例警示教育，防止“四风”问题回潮反弹。结合纪法教育的开展，使党规党纪深入每位党员干部的心中，筑牢遵纪守法的思想防线，不断增强党员的政治意识、大局意识、核心意识、看齐意识。

卫生　体育

卫生健康·体育

【概况】 2023年，为贯彻落实上级关于疾控体系改革决策部署和县委、县政府工作要求的具体举措，5月29日，山阴县疾病预防控制局正式挂牌成立。年底，根据省市疾控体系改革要求，整合山阴县疾病预防控制中心与山阴县卫生健康综合行政执法队，重新组建山阴县疾病预防控制中心，加挂山阴县卫生监督所牌子，由山阴县疾病预防控制局管理，不再保留山阴县卫生健康综合行政执法队。7月20日，设立山阴县示范综合托育园，财政拨款事业单位，股级建制，隶属于山阴县卫生健康和体育局，主要职责是为3周岁以下婴幼儿提供照护服务，打造标准化公立示范性普惠托育机构。

2023年，全县共有各级各类医疗卫生机构376个，其中公立医疗机构3个（朔州市中医精神病医院、县医疗集团人民医院、县中医医院）、民营医院3个（山阴现代医院、山阴益康中西医结合医院、山阴众康医院）、建制乡镇卫生院12个、乡镇卫生院分院8个、村卫生室197个、小区卫生室29个、村级卫生所37个、个体诊所54个、专业卫生机构3个（县疾病预防控制中心、县全民健康保障中心、县卫生健康综合行政执法队）。医疗机构编制床位总数1274张，开放床位1520张。全县执业（助理）医师682人。

【提升医疗技术】 县卫生健康和体育局统筹医疗发展，全力提升医疗卫生综合实力。县医疗集团人民医院顺利通过2023年二级甲等医院复评工作；成功通过房颤中心再认证，被授予“基层房颤中心”；推进“五大中心”建设，其中卒中中心、创伤中心、胸痛中心、危重孕产妇救治中心等四个中心通过省卫健委的审核验收，为全市最多。全年住院患者达1.38万余人次，手术例数达到1235台次。县中医医院完成新建中医院医养结合建设项目可研立项及用地预审与选址，成立国家级名中医冯五金工作室，省级名中医赵杰扶阳经方工作室、投资300万元完善病案首页信息工程。

【基层卫生服务】 2023年，县卫生健康和体育局抓实乡村两级，不断强化基层卫生服务支撑。县内二级及以上公立医院建立与乡镇卫生院对口联系帮扶机制，提高基层服务能力和群众健康水平。县人民医院与各乡镇卫生院组成签约团队，开展了一系列的宣传和签约工作。派出下乡专家23人次，接诊患者582人次，开展健康讲座15场次，培训基层医疗卫生人员378人次，积极开展家庭医生签约履约服务，极大地方便了农村群众的就医。县中医院有计划地选配11名专业技术人员，深入乡镇卫生院开展技术指导、业务培训、健康教育活动，拓展各乡镇卫生院业务范围，显著提高服务能力。农村全部实现一村一医或者一室多医，支持岱岳镇卫生院开展医养结合工作，与县级医疗机构形成功能互补、协同推进、差异化发展；家庭医生签约、履约14515人；大病专项救治501人。推进医保信息化。实现基层定点医疗机构医保骨干网全覆盖，推进全县156家村卫生室医保骨干网接入工作圆满完成。5名农村订单定向医学生录取签约。加强医疗物资储备供应。全县村卫生室共配备474个指氧夹（每个村卫生室配备2个指氧夹），各乡镇卫生院共配备20个制氧机（每个乡镇卫生院有1台制氧机）。12个乡镇卫生院配备救护车。提高乡村医生岗位待遇。全面落实在岗村医岗位补助和乡村医生收入补偿政策，累计为全县234名村医发放补贴236.33万元。

【发展中医药】2023年，不断完善中医药服务体系。县中医医院顺利通过二甲复审。成功创建全国基层中医药工作示范县，打造了全市县域基层中医药事业高质量发展的样板。持续推动县中医医院中医康复科和中医药特色健康管理中心建设，顺利完成灸疗科建设。不断加强中医馆服务建设。完善了2家卫生院的中医馆建设，完成12家村级卫生室中医阁建设，推进基层中医馆建设全覆盖，合格率为100%，建立起覆盖县、乡、村三级中医服务体系。在市卫健委的指导下山阴县人民医院积极申报创建综合医院中医药工作示范单位。不断壮大中医药人才队伍。县中医医院公开招聘16名医务人员，开展中医药适宜技术培训2次，培训200人次，对23名基层卫生人员进行中医能力提升集中培训。不断激发中医药文化活力。成立中医药文化宣传基地，县中医医院与县教育局及多所中小学合作，共同把宣传中医药文化传承作为一项重大使命。

【惠民服务】2023年，县卫生健康和体育局落实惠民举措，织牢织密卫生健康保障网络。提升“一老一小”服务，启动山阴县岱岳镇卫生院示范项目。洪涛山老年颐养家园被省民政厅授予“山西省五级养老机构”。完成1所100个托位的示范性公办综合托育机构改建项目，划转编制7人，招聘6名托育老师，设施设备安装全部完成，成为全省首家解决了机构、编制、人员和经费的托育机构。保障妇幼母婴安全。免费婚前医学检查、妇女“两癌”筛查和新生儿遗传代谢性疾病筛查工作均完成省定考核指标。完善公共场所急救体系。在部分社区和学校等人流密集场所共投放自动体外除颤器（AED）7台，培训357名红十字救护员。落实计划生育家庭特别扶助政策。扶助独生子女死亡家庭8人，发放扶助金8.16万元，扶助独生子女伤残家庭2人，发放扶助金1.728万元。加强重点项目建设。完成县人民医院肿瘤中心、中医医院医养结合项目、妇幼保健院、疾控中心新址建设等4个项目建设前期准备工作。稳步推进全省健康促进县创建工作。实施“将健康融入所有政策”策略，完成健康单位、社区（村）、学校、医院、企业建设，全县居民健康素养水平达23.11%。深化爱国卫生运动。通过广泛开展爱国卫生月宣传活动，引导广大群众提高健康意识；开展控烟行动，督促检查9家机关和2家二级以上医疗机构；推动薛圐圙乡创建国家卫生乡镇，开展脏乱差集中整治，评选“卫生户”，建立健全村庄管护长效机制，人居环境卫生得到明显改善，在全乡范围内形成“人人爱卫生、个个讲文明”的良好氛围。实施职业健康保护行动。山阴县已连续5年未报告工龄不足5年的劳动者新发尘肺病病例。

【综合监管】2023年，县卫生健康和体育局强化综合监管，全力推进卫生健康综合监督到边到角。做好医疗机构日常监管。开展打击非法行医专项行动，加大行业乱象治理力度，严厉打击各类违法行为。对全县358家医疗机构开展了日常监督检查，共查处8家医疗机构，罚款累计57500元。通过强化监管，营商环境持续优化。开展公共场所监督检查工作。2023年共出动执法车辆210台次，执法人员400多人次，对公共场所重点区域、重点行业进行监督检查。开展公共场所日常监督检查，现场检查公共场所91家，下达监督意见书91份。组织实施公共场所国家“双随机”监督抽检工作，抽查公共场所16家，供水单位2家，监督完成率100%。开展供水单位水质检测，委托山西钰安康环境科技有限公司对福民供水站和1家水厂进行抽检，对28家学校进行环境及水质检测并出具相关报告。开展公共场所卫生检测，对

87家公共场所进行了检测并出具卫生检测报告。开展安全生产检查工作。县卫生健康和体育局严格按照县安委办及市卫健委的工作部署，认真落实习近平总书记关于安全生产重要论述，完善安全生产工作领导小组。局机关分别与各单位签订安全生产责任书，压实安全生产主体责任。建立安全生产权责清单，严格落实“三管三必须”原则，进一步完善了安全生产责任体系。领导小组对26家医疗机构和17家体育场所开展了消防安全重大风险隐患专项排查工作；对5家医院运行的HIS系统进行了全面检查，对18家乡镇卫生院及分院的杀毒软件、入侵防御系统设备、网御防火墙、上网行为是否规范等都进行了检查。

【体育】 2023年，县卫生健康和体育局发展群众体育，努力夯实全民健身事业根基。加强全民健身指导培训。组织大型培训活动4次，加强全民健身指导培训，为125位学员颁发“国家三级社会体育指导员”证书。开展群众性体育活动。圆满完成山西省第十六届运动会羽毛球比赛和山西省跆拳道俱乐部联赛（北部赛区）的承办任务，成功举办第二届环河阳湖自行车公开赛等大型赛事活动。广泛开展群众身边的健身活动，大力发展篮球、足球、羽毛球、乒乓球、自行车、台球等群众喜闻乐见的运动项目，通过多种体育类项目比赛丰富了人民群众体育文化生活，推动全县体育事业蓬勃发展。推进体育场地和设施建设。建成7块社会足球场地，激发群众对足球运动的热情，高标准改建县体育场，升级改造方舱医院为河阳体育馆并对社会开放，逐步更新农村健身器材，共完成12个村的健身路径更新，为广大群众健身提供便利条件。推进全民健身信息化建设。为拓展智慧化全民健身公共服务供给体系，实时汇聚各类全民健身讯息、整合群众体育相关资源，山阴县一场两馆（体育场、山阴县体育馆、河阳体育馆）都已接入国家全民健身信息服务平台，为群众健身提供便利。

【党建工作】 2023年，县卫生健康和体育局紧抓组织建设，有效落实主体责任，开展正风肃纪警示教育大会2次；颁发“光荣在党50周年”奖章6名。紧抓理论学习，严格执行“第一议题”学习制度，以巩固深化“学习贯彻习近平新时代中国特色社会主义思想主题教育”成果为契机，利用党组理论学习中心组、党支部“三会一课”、干部职工大会等会议，结合党风廉政建设工作要求，重点学习《中国共产党章程》等党内法规，做到学深悟透，确保学习入脑入心。紧抓制度建设，积极构建防腐体系，聚焦医疗领域腐败问题，持续纠治医疗领域不正之风，健全完善药品产销用、规范医疗器械耗材采购、强化医疗机构内部监管等制度机制；紧盯重点部门、关键岗位，全面排查廉政风险点，建立健全廉政风险防范机制，落实落细《医疗机构工作人员廉洁从业九项准则》，深入开展医疗领域“红包”回扣等整治工作。统筹推进医药领域反腐败工作，对照6方面30类整治重点，个人自查自纠对照检查已完成1317人，谈心谈话完成120人，分别在县中两院、疾控中心和3家民营医院设置举报箱，公布举报电话、电子邮箱，建立地址清退账户。

防疫

【概况】 2023年，山阴县疾病预防控制中心加强疾病预防机构的服务能力和卫生应急能力建设，以“塑造疾控文化，创建和谐中心”为目标，促进疾病预防控制事业全面可持续发展，为全面建设小康社会，打造灵秀古城，建设新韵山阴保驾护航。

【免疫接种】2023年扩大国家免疫规划疫苗接种情况实行按月预防接种统计报告。截至年底，以月为单位应报告11次，实报告11次，报告完整率100%。各疫苗接种率均以乡为单位达到90%以上。全县13个乡镇共20个接种门诊全部使用沈苏公司金苗客户端，开展儿童预防接种信息管理。全部实现疫苗流动全程追溯。全县2家数字化门诊已开展工作（岱岳镇卫生院预防接种门诊、山阴县人民医院数字化预防接种门诊）。7月疾控中心开展完成冷链设备年检及冷库维护保养，完成对冷链温湿度监测设备进行更新。2023年疾控中心冷链运转达到250余次，技术指导2次，覆盖乡镇达到100%。组织培训8次（脊髓灰质炎灭活疫苗查漏补种工作1次，预防接种证查验工作培训1次，预防接种资格培训1次，例会5次），培训400余人次。脊髓灰质炎灭活疫苗查漏补种工作已基本完成，共补种2463针次。全县中小学幼儿园共39家全部覆盖开展儿童预防接种证查验工作。2023年全县流感疫苗接种5100剂次。

【传染病防治】2023年，山阴县疾病预防控制中心继续完善和健全传染病防治相关制度，使传染病防治工作正规化、制度化。

有专门负责传染病浏览审核和处理传染病自动预警信息的工作人员，每天6次浏览审核各级医疗卫生单位录入的传染病卡片，并对传染病信息报告管理系统发出的预警信息及时处理。对山阴县传染病报告信息管理系统管理员、业务管理员、本级用户、直报用户进行备案。并在10月对全县网络直报系统基础编码进行核查和验证，确保网络直报单位的信息系统的正常运行。7月进行了突发急性传染病应急处置业务培训，并按要求对各医疗机构进行了督导。

全年共报告乙丙类传染病2139例，发病率1072.1535/10万，其中，流行性感冒298例、肝炎241例（甲肝3例、乙肝209例、丙肝14例、未分型15例）；其他感染性腹泻病119例；梅毒120例；布病71例；肺结核92例，猩红热13例；流行性腮腺炎10例；HIV9例，水痘3例；手足口6例，细菌性痢疾1例。共监测AFP540次、麻疹180次、不明原因肺炎病例48次，处理传染病自动预警信息71条。

【地方病防治】2023年，山阴县疾病预防控制中心地方病防治成效显著。做好碘缺乏病监测工作，选取山阴一小、山阴八小、山阴三小、北周庄小学、白访村小学，五所学校作为儿童碘缺乏病的监测地。采集学生食用的碘盐200份、采集学生尿样200份，测定学生食用盐碘及尿碘含量。收集各乡镇孕妇尿样，共100份。测定孕妇盐碘及尿碘含量。之后完成碘缺乏病数据的汇总及上报，完成碘缺乏病的监测工作。“碘缺乏病日”悬挂宣传横幅、打印宣传彩页，向公民宣传碘缺乏病相关知识，增进公民对碘缺乏病的了解，提高防治效果。

以村为单位开展地方性砷中毒监测工作，开展饮水型砷中毒病区水砷含量扩展调查，筛查病区村。以44个病区村（高砷村）所在村为单位，每村按东、西、南、北、中5个方位随机抽取水样，每个方位采集2份居民户家中饮用水样，测定水砷含量。促进科学防控。走访440户村民抽取水样，进行水砷检测。根据检测结果显示：水砷含量平均为0.00027毫克/升。同时，科学开展砷中毒患者的管理和随访工作。收集各项基础信息，掌握了防治措施落实进度及病情的变化趋势。

以村为单位开展地方性氟中毒监测工作，采集1份末梢水水样测定水氟含量，确定饮水型地方性氟中毒监测村共89个。根据监测方案，科学收集信息。在采集水样的过程中查看氟骨症患者的体征询问临床症状并做好记录。

为方便后期为氟骨症患者建立治疗档案。陆续开展了氟骨症现症患者的管理与随访，为适宜治疗且有治疗意愿的氟骨症患者提供药物治疗服务，缓解患者临床症状，改善生活质量。根据国家卫生健康委印发的《地方病患者管理服务规范和治疗管理办法》，科学收集氟骨症患者随访、治疗管理、签约服务等资料信息。查看现症患者的症状和体征，并进行信息汇总。同时，分析治疗情况，评估治疗效果，建立档案，并逐级上报。完善实验设备，提高能力建设。按照山西省2023年基本公共卫生服务地方病防治项目管理方案的相关要求，合理使用项目资金，采用公开招标的方式购买了碘元素智能分析仪。用于提升中心地方病防治能力建设。同时，继续盘活历史沉积资金，做到专款专用，合理使用。

【慢性病防治】 中国居民心脑血管监测，按省疾控要求全年任务为829例，已上报1201例，超额完成任务。农村癫痫防治管理，2023年3月份县疾控中心进行入村入户走访进行筛查宣传癫痫防治的政策共计174个行政村，管理癫痫病人180人，管理任务量为200人，鼓励各乡镇卫生院宣传相关政策，尽快达到任务数量。每三个月给乡镇卫生院发放丙戊酸钠片和苯巴比妥片一次，保证每月发放药品和随访一次。公共卫生老年人、高血压、糖尿病健康管理，共下乡技术指导4次。健康素养监测，2023年8—10月共计三个月完成对3个乡镇6个村的常住居民健康素养检测，分绘图列表和入户调查两个阶段，完成270个家庭户的问卷调查，按时完成任务。肿瘤登记项目，按省肿瘤医院要求全年任务为491例，已登记335例。

【结核病防治】 3月24日是世界防治结核病日，山阴县疾病预防控制中心采用不同方式在电视电子屏幕宣传，发放宣传单、宣传册。县城街道悬挂条幅、出动宣传车电子音响宣传结核病防治知识，各乡镇卫生院以不同形式宣传结核病防治知识，使群众对肺结核的认识，做到早发现、早治疗，促进健康教育的宣传。对乡镇卫生院结核病防治技术常规督导管理指导2次。对结核网络直报系统定期浏览，将病人所属辖区卫生院纳入管理，对乡镇结核防治培训2次，中小学校结核病防治培训1次。

8月12日疾控中心通过国家专网预警接到结核定点医疗机构出现学校疑似肺结核患者的通知。经电话询问，该生为平泽苑学校学生，胸片显示空洞型肺结核，疾控中心在6小时内到达现场开展流行病学调查，同时建议该生到结核病定点医院诊断治疗住院，治愈出院开具医学证明方可入校，同时建议对该生的密切接触者同学、各代课老师及同宿舍学生进行PPD筛查。截至9月5日，密切接触者共52人，筛查43人，结果为阴性，筛查率为83%，有效控制肺结核患者的传播，严格按照国家学校结核病防控规范指南实施；开展结核病防治知识健康教育，培养教职员工和学生良好卫生习惯，全面开展学校校园环境卫生，进一步加强疫情监测。对县城范围内18所中小学校进行结核病筛查，其中教职2429人、学生5128人。

【监测检验】 2023年，山阴县疾病预防控制中心按照《生活饮用水卫生标准（GB 5749—2006）》进行水质常规指标和氨氮指标监测，每个乡镇设3个监测点，县城设6个监测点，各监测点于枯水期和丰水期各检测1次，枯水期共监测水质52份，每份监测28项，丰水期同上。完成省地方病研究所下发的各种检测任务，各种盲样检测10份，结果合格。配合艾滋病科室进行采样及检测，完成自愿咨询600份的检测任务，并定期对艾滋病人进行采样，送市疾控中心进行检测，完成省疾控中心下发的盲样考核任务，并准备各种资料。每月5号前报表。每月定期对医院疟疾片进行复核，并对省疾控中心上送复核片。完成省疾控中心下发的食源性盲样监测，结果合格。并对一食物中毒病人进行食品采样并送检。对广武镇古城镇合盛堡乡的十个村庄的职业人群进行流行病答调查，发放布病干预包369份，对其中的293人进行血清学初筛实验，阳性48人，阳性率16.4%，对初筛阳性病人进行试管凝集试验，阳性数29人，阳性率60.4%，新患17人，老患12人，对确证试验阳性的12人进行病原培养，均为阴性。对广武镇后所村前庄堡及西沙堆从事牛羊养殖共60人进行布病防治知识以及布病防护行为调查。进行个案流行病学调查，建立布病档案70人，当面督导治疗人数54人，当面督导治疗人次数432次。完成省疾控中心的10份布病试管凝集复核样品，结果优秀。8月24日，11月10日，分别对各乡镇共102名村医及各牧厂70名养殖户进行了布病流行病学、临床表现、消毒及疫情防控案例等的培训，使他们对布病有更清晰的认识，以便更好地预防和控制布病的发生，保护人民健康。

【精神病防治】 2023年，山阴县精神障碍患者人数为987人，报告患病率0.537%，管理率为91.3%，服药率88.28%，规范管理率90.83%，面访率91.12%，规律服药率83.27%，精神分裂症服药率89.75%。山阴县疾控中心于8月25日开展关于山阴县社会心理服务体系建设暨严重精神障碍患者管理服务工作培训，10月11日举办关于山阴县严重精神障碍患者管理服务工作培训。2023年下乡镇卫生院专业技术指导共4次。开展世界精神卫生日宣传活动，受益群众1000人。通过宣传活动，使社会大众对精神卫生知识有了进一步的了解。

医疗保障

【医疗保险】 2023年度山阴县城乡居民累计参保168135人，参保率为95.6%。其中脱贫户、特困人员、低保对象、监测对象等特殊人群26771人全部参保，参保率均达到100%。居民医保统筹支付8543.35万元，其中，支付住院6475.35万元，门诊总支付2068万元。

【基金监管】 2023年，山阴县医疗保障局坚持以人民为中心的思想，按照“堵漏洞、强监管、重惩处、严震慑”的要求，强力推进全县医保基金监管，确保医保基金运行安全。开展了进医院、进药店、进农村活动，印发医保知识问答、宣传折页、海报彩图1万份，利用融媒体抖音平台、广场电子屏幕、两定机构电子显示屏滚动播放宣传标语和举报奖励方法，动员群众参与监督，发挥社会监管作用，在全社会营造了打击欺诈骗保的浓厚氛围；利用智能审核系统，筛查违规线索346条，扣付违规费用34万元；探索开发药店“进销存”智能监控系统，在4家综合大型连锁药店运行。积极开展自查自纠，全年各两定机构主动申报退回医保基金16.6万元。以专项整治为契机，将基金监管推向深入。年内累计检查定点机构121家，处理65家，检查占比100%，处理占比53.7%，共扣付本金及违约金139.1万元。

【待遇保障】 2023年，山阴县医疗保障局完善医保待遇保障机制。落实门诊统筹制度。全县5家医院、24家诊所、18家乡镇卫生院已全部开通职工门诊统筹业务，城镇职工门诊统筹支出249.97万元，个人账户支出565.91万元；城乡居民门诊统筹支出97.32万元。县域内定点医疗机构全面实现“一站式结算”。县外实现了数据互联互通，患者只需提供身份证和银行卡复印件等必需的信息材料，以“信息跑腿”代替“群众跑路”，简化经办程序。加快门诊慢特病认定。将45种门诊慢特病的认定全部下放到县、中两院，办理时限从一个月缩短到当日办。全年累计办理1325个门诊慢性病证，其中脱贫人口和其他特殊人群办理135人，确保慢病患者及时享受门诊慢性病待遇政策。发挥医疗救助兜底作用。制定出台了《关于健全重特大疾病医疗保险和救助制度医疗救助实施细则》，将原来20%～40%的救助标准提高到了60%～70%，将重度残疾人纳入救助范围。全年累计救助2758人次，发放医疗救助金额582万元。

【集中带量采购】 2023年，山阴县医疗保障局督促县中两院通过带量采购，以量换价，确保药品质量及供应，减轻患者负担，节约医保基金支出，提升医保基金使用效率。积极配合市局合理制定全年带量采购目标，全年各医疗机构参与药品集采323个品种，采购金额986万元；参与医用耗材集采52个类别，采购金额312万元。督促县、中两院机构加快采购进度，确保如期完成年度任务。截至年底，已完成带量采购139个品种，采购金额365万元。组织完成国采、省采结余留用考核奖励工作，拨付奖励资金29万元。

【信息化建设】 2023年，县医疗保障局坚持以人为本的发展思路，开拓创新，夯实服务，不断提升医疗保障经办服务水平。继续提升医保电子凭证激活应用率，通过要求参保职工必须实时注册医保电子凭证、在医保服务经办窗口显眼位置张贴二维码、各定点医药机构派专人引导住院购药患者进行实时注册等，促使医保电子凭证的应用更加广泛，确保年底前达到90%以上的激活率与30%以上的结算率。全力推动定点医药机构移动支付应用。县内47家定点医疗机构、78家定点零售药店已全部实现医保移动支付，覆盖率为100%，进一步提升了参保群众看病就医体验。持续加大对医保专项网络的安全管理监督，深入排查隐患漏洞，进一步规范网络安全和数据安全。对抽查过程中发现的3家接入终端存在有插入U盘或移动硬盘等的问题责令其进行限期整改并已全部整改完成。全覆盖接通中心村卫生室医保网络。全县156家村卫生室全部接入医保网络并产生结算数据，覆盖率达到100%，为群众门诊、慢性病报销提供了极大方便。

【服务能力提升】 2023年，县医疗保障局为进一步提升医保经办人员的医保政策水平和业务知识能力，提高医疗保障服务的质量和效率，不断扩大医保正面形象。组织全县两定机构医保负责人、经办人员以及各村卫生室村医等共计400人次，集中2批次开设医疗保障政策和业务能力提升培训班。通过培训和学习，更好地提升了全县医保系统业务人员的业务素质和服务意识，以及为群众服务的责任心，为全县参保群众提供更加优质的医保服务奠定了坚实的基础。

【党风廉政建设】 2023年，县医疗保障局始终坚持以习近平新时代中国特色社会主义思想为指导，全面落实中央和省市县纪委全会精神要求，坚持“严”字当头、“实”处着力，坚持将政治建设摆在首位，使党风廉政建设与医保领域各项工作紧密融合。严格执行民主集中制，落实“三重一大”集体决策，制定领导班子、领导班子成员党风廉政建设责任清单，明确党风廉政建设责任和重点任务目标，形成人人有责、人人负责的责任链条。通过组织针对性的专题学习、和股级干部谈心谈话、人人签订“清廉医保”个人承诺书等方式，持续推进业务窗口行风建设，提升服务效能，推进工作成效进一步提升，政风行风得到进一步好转。

山阴县医疗集团人民医院

【概况】 山阴县医疗集团人民医院是全县唯一一所综合性二级甲等医院。占地面积53400平方米、建筑面积54000平方米。医院有总人数678人，编制人数338人，在编职工292人，编外职工386人，研究生4名，其中正高职称16人、副高职称72人、中级职称106人，编制床位320张，开放床位500张。

山阴县医疗集团人民医院下设两个住院部，全院有以下部门、科室及中心：护理部、住院处、外科门诊、妇科门诊、内科、普外科、急诊科、中医科、老年科、儿科、心内科、重症医学科、妇科、妇产科、神经外科、骨科、呼吸消化肿瘤科、肾内科、神经内科、感染科、眼科、口腔科、耳鼻喉科、皮肤科、康复医学科、放射科、药械科、输血科、院感科、医务科；审计科、财务科、信息科、防保科、科教科、公卫科、消防科、统计科、设备科；B超室、核磁室、心电图、检验室、CT室、胃镜室、多普勒室、手术室、导管室、卫材室、图书室、档案室；收费大厅、采血大厅、120急救中心、碎石中心、体检中心消毒供应中心、驾驶员体检中心、高压氧舱、中药房、西药房、住院药房、导诊台、医保办、后勤。

【急诊门诊】 山阴县医疗集团人民医院急诊科实行24小时值班，大夫及护士实行三班倒制度，每班配置内科大夫1人、外科大夫1人，护士1人。急诊在接到诊疗任务后视患者病情进行查体、检查等诊治工作。如患者无大碍，待治疗后病情平稳患者方可离院，如患者病情较重，责转至住院科室进一步诊治。山阴县医疗集团人民医院2023年度门急诊人数194755人、住院人数13882人、出院13478人、收治危重症患者120人。完成各类手术1235台次，其中一级手术148台次、二级手术674台次、三级手术343台次、四级手术61台次、介入手术420台次。

山阴县医疗集团人民医院门诊设内科、外科、妇科、儿科、皮肤科、五官科。患者到院就诊先在挂号处缴费挂号，然后去相应诊室排队就诊，经过医院门诊诊治，病情轻微者医生开具药方到药房抓药，回家吃药；需打点滴的在门诊处置室进行输液治疗；病情严重需要住院治疗者，医生开具住院处方，进行住院治疗；病情特别严重者，可进行远程诊疗，会诊结果需转院治疗者，医生建议转到更高一级医院治疗，医院开具转院手续协助患者治疗。

【120急救中心】 山阴县医疗集团人民医院120急救中心承接县域内所有急救任务，接到报警后3分钟内发车，以最快速度到达案发现场进行抢救任务，120急救大夫到达现场后将现场患者情况反馈至急诊，并做简单处置后以最快速度返回医院急诊。

【药房医械】 山阴县医疗集团人民医院设有四个药房，分别为中药房、西药房、住院药房以及器械药房。门诊患者在诊室就诊后大夫开具药品、器械可直接在中、西药房缴费领取，住院患者无需自行领取药品，医院派有专人，24小时为住院患者送药。

【重点专科】 山阴县医疗集团人民医院先后成立创伤救治中心、胸痛中心、卒中中心、房颤中心、危重孕产妇救治中心、危重儿童和新生儿救治中心“六大中心”。在朔州市市委、市政府的扶持建设下，骨科、心内科、呼吸内科、神经内分泌科先后评为市级重点专科并授予专科联盟理事长单位。

【住院转院】 山阴县医疗集团人民医院患者可在住院部办理住院手续，然后可在对应科室进行住院治疗。如患者病情较重，责转至住院科室进一步诊治，医生开具住院处方，进行住院治疗；病情特别严重者，可进行远程诊疗，会诊结果需转院治疗者，医生建议转到更高一级医院治疗，医院开具转院手续协助患者治疗。如有患者特别需求，可在住院处办理转院手续。

【乡镇卫生院】 2023年，山阴县医疗集团人民医院与各乡镇卫生院组成签约团队，开展了一系列的宣传和签约工作，将县级医院的优质医疗服务和乡村医生贴心的公共卫生服务打包给群众；2023年度，共派出下乡专家23人次，接诊患者582人次，培训基层医疗卫生人员378人次，开展健康讲座15场次，完成家庭医生签约人数135033人，签约重点人群服务人次数48043人。通过集中与入户相结合的签约方式，使县域内老百姓了解到国家的惠民政策，各乡镇卫生院业务范围明显拓展，服务能力显著提高，方便了农村群众的就医，有效降低了医疗费用，获得了基层群众的一致好评。

山阴县医疗集团下设12家乡镇卫生院；岱岳镇卫生院及甘庄分院编制人员47人、编外人员45，北周庄镇中心卫生院编制人员21人、编外人员6人，古城镇中心卫生院编制人员23人、编外人员1人，广武镇中心卫生院及张家庄分院编制人员36人、编外人员5人，玉井镇中心卫生院及史家屯分院编制人员20人、编外人员5人，薛圐圙乡卫生院及黑圪塔分院编制人员17人、编外人员7人，合盛堡乡卫生院编制人员15人、编外2人，下喇叭乡卫生院编制人员12人、编外4人，马营乡卫生院及偏岭分院编制人员14人、编外1人，马营庄乡卫生院编制人员16人、编外3人，吴马营乡卫生院编制人员11人、编外4人，安荣乡卫生院及泥河分院编制人员13人、编外人员2人。

【党风廉政】 2023年，医疗集团人民医院认真组织学习上级党委党风廉政建设工作相关文件会议精神，严格贯彻执行《医疗机构工作人员廉洁从业九项准则》，大力推进专项整治工作，使广大职工积极参与到党风廉政建设当中，定期召开廉政谈话，分别在端午节、中秋节、国庆节组织集体廉政谈话6次，进一步增强职工对自身思想道德的培养，提高全院干部职工的党政廉洁之风。严格执行医院制度、遵守工作纪律，加强领导干部思想作风、工作作风和生活作风情况的监督，集中组织开展了2023年春节后纪律作风教育整顿工作，进一步严明工作纪律、改进工作作风，推动医院党风廉政建设顺利开展。以保障人民身体健康为中心，积极创建“党风清正、院风清朗、作风清明、医风清廉、群众满意”的清廉医院。制定《2023年山阴县医疗集团清廉医院建设工作方案》，成立以党总支书记为组长的清廉医院创建领导小组，压实创建工作责任。设立清廉文化阵地，开展了“廉政文化进医院”活动，制作清廉宣传展板150块，营造浓厚打造清廉文化墙，提升清廉医院的文化内涵，营造“处处是课堂，时时受教育”的浓厚氛围。与全体职工签订廉洁承诺书150份，党风廉政建设责任书150份，领导班子、科主任撰写廉政档案181份。完善医务人员收受“红包”“回扣”管理制度，细化廉政风险防范制度，通过“自己查、科室帮、组织评”的方式，梳理小微权力风险清单汇总。

中医院

【概况】 2023年，山阴县中医医院（简称中医医院）以习近平新时代中国特色社会主义思想和党的二十大精神为指导，围绕全国基层中医药工作示范县创建、全国二级公立中医医院绩效考核、二级甲等中医医院复审、清廉医院、平安医院等目标任务，以服务病人为中心，以提高医疗服务质量和保证医疗安全为重点，全院干部职工与时俱进、开拓创新，主动承担政府、社会的健康职能和职责，全面贯彻落实党和政府的各项方针政策，全面落实医疗卫生行业的各项法律法规以及医院的各项规章制度和岗位责任。全年业务收入1802万元，门急诊35608人次，住院1649人次，手术238台次。

【管理与服务】 2023年，县中医医院认真落实党和国家有关中医药政策，坚持以中医为主的办院方向，落实了医院中长期发展规划、年度计划。医院建立健全了各项规章制度，并坚持督促执行落实。建立院内事件请示报告制度和突发事件处理预案，有效应对各类紧急、突发情况。建立投诉制度，热情接待投诉人员，详细记录投诉内容、处理结果。通过意见箱、征询表或电话回访，广泛收取社会的建议和批评，并及时落实整改。根据上级主管部门的安排，加大对基层中医药的扶持力度。多次组织下乡巡回义诊，对乡村医师进行中医药适宜技术推广指导，接纳乡村医师来院培训、进修等。充分发挥信息管理优势。医院完善信息管理系统HIS、LIS、PACS，大大提升了各环节工作效率，电子病历系统应用水平分级评价达到3级。做好河阳堡村的乡村振兴工作，开展落实健康扶贫及特殊人群先诊疗后付费惠民政策。

创优服务。强化医疗管理力度。建立完善会诊管理、技术准入、医患沟通等制度，严格审查各项制度的执行情况及效果。严格医疗质量管理。医院医疗质量管理组织人员结构合理，院、科二级质量管理组织分工明确，协调机制健全，定期对各科病历进行检查、评价和反馈。加强医疗和消防安全管理。医院不定期组织医院职工进行医疗服务安全教育培训，晨会及时反馈医院安全情况，提高职工医疗安全意识。年内未发生医疗事故，也未发生重大医疗纠纷事件。做好医院消防安全，确保平安医院落到实处。全年开展消防培训4次。狠抓医技人员的三基考核培训工作。医务科、护理部切实按照临床需求制定培训计划、考核措施，并负责组织实施，保证培训不走过场。通过考核培训，医技人员的操作水平、诊疗质量、医疗文书书写等更加规范。全年开展培训20余次。

加大医院建设投入。加强医院基础设施建设，改善医院的医疗环境，添置必要的医疗设备。全年争取得到国家和省级多个专项资金项目，加强和改善中医医院的中医特色管理中心、老年病科、康复科的环境和设施设备。借助县级医院建设项目，山阴县中医医院新建医养结合建设项目于2023年2月立项，建筑面积6万平方米，投资4.67亿元，建设综合楼、医技楼、康养中心等。

【创建基层中医药示范县】 为了切实做好全国基层中医药示范县创建和二甲等级复审工作，中医医院加强重点专科建设，提升中医药服务能力，大力推广中医药适宜技术、中医药文化宣传，充分发挥县中医医院龙头带动作用和组建医联体发挥中医药辐射作用。中医养生保健深入民心，通过中医药文化的宣传推广，送医送药下乡活动，人民群众对中医药养生保健、中药饮食调理、针灸推拿理疗认知普遍提高。全年下乡镇知识讲座13次、送医送药活动4次，惠及全县2000名群众。组建中医医疗联合体，充分发挥中医药龙头带动作用。制定《山阴县中医医院医疗联合体管理工作方案》，与乡镇卫生院、中医医疗机构、中医诊所签订医联体协议书，发放中医医疗联合体牌匾，定期派专家开展带教、培训。全年开展带教培训10次。加强重点专科建设。4月成立中医特色健康管理中心，充分发挥传统中医的简、便、廉、验的独特魅力，更好地为山阴县百姓的健康保驾护航，中医特色健康管理中心处在全市领先水平，共接诊7018人次。成立全国名中医冯五金工作室，山西名医赵杰传承工作室、省中医院张晓园博士，省眼科医院孔淼、郑东萍，以及省中医药大学附属医院魏峰明、董岩平常年在中医院坐诊，为山阴县群众提供了优质便利的医疗服务。全年为2000名患者提供省级医院的医疗服务，切实解决看病难的问题。重点专科眼科拥有国内外先进的诊疗设备，超前的管理理念，技术力量雄厚。微切口超声乳化手术治疗白内障技术，朔州市域内遥遥领先。眼底病、小儿眼科诊疗水平发展突飞猛进。长年累月赴乡村、学校开展义诊活动，全年下乡检查180次，完成手术200台次。

2023年5月，县中医医院积极配合县委、县政府及卫体局共同完成全国中医示范县创建工作，6月进行二级甲等中医医院等级复审，得到了评审专家组的充分肯定，为山阴县中医药事业的发展奠定坚实基础。

【党建工作】 山阴县中医医院始终坚持将党风廉政建设和反腐败工作作为一项重大政治任务来抓。坚持以学习贯彻习近平新时代中国特色社会主义思想为指导，严格执行“第一议题”学习制度，深入学习党的二十大精神，以学习贯彻习近平新时代中国特色社会主义思想主题教育为契机，利用党员集体学习、党支部“三会一课”，结合党风廉政建设工作要求，重点学习《中国共产党章程》《中国共产党廉洁自律准则》《中国共产党纪律处分条例》等党内法规，做到学深悟透，确保学习入脑入心。开展党风廉政建设专题会议2次、意识形态分析研判会议2次、医药领域腐败问题集中整治工作相关会议4次，进一步加强干部职工的“三腐”意识。

学习习近平新时代中国特色社会主义思想主题教育。每个月坚持4次集中学习，坚持书记带头学。“四下基层”作为第二批主题教育的重要抓手，中医医院在旧街广场义诊2次，并在广场现场办公，征求群众意见。严格落实“三会一课”、主题党日等制度。开展主题党日活动12次、全体党员大会12次、专题党课4次。组织全体党员到红色革命基地平型关去参观，接受红色洗礼，并开展主题党日活动。开展警示教育。组织党员干部职工集中观看《镜鉴》《永远吹冲锋号》党风廉政教育专题片、开展“不作为、慢作为、乱作为”专项整治工作，教育全院党员干部职工将警示记于心、教训刻进脑、责任压在肩，进一步持续坚守底线、远离红线、不碰高线，达到以案促教、以案促改，举一反三的作用。

中医精神病医院

【概况】 朔州市中医精神病医院是朔州市唯一以传统中医中药为主治疗精神疾病和内科其他杂病的中医特色专科医院，是国家卫健委、公安部、民政部、中残联等有关部门确定的全国精神疾病防治康复试点医院和朔州市医保定点医院，医院专家荟萃，治疗方法独特，以其祖传师传、中医中药、开放护理、心理疏导等特有的专业优势、服务优势和环境优势，确立了在全国中医行业中的品牌地位。医院占地面积31960平方米，建筑面积18100平方米，其中业务用房面积17200平方米，可使用病床220张，编制病床100张，实际开放床位175张。医院承担着全市精神疾病的防治〔重性精神疾病的管理治疗（686项目）〕、康复、残疾鉴定，以及中医中药、心理卫生的临床、教学、科研、专业培训等任务。

医院技术力量雄厚，具有收治肇事肇祸精神障碍患者的能力，解决精神科和内科杂病急、重、难病例的诊疗能力及心理卫生综合服务功能。诊疗范围主要有各类精神疾病以及各型高血压、胃肠消化系统疾病、妇科疾病等内科杂病。2023年度，医院门诊总诊疗人次数32236人次，出院人次数为975人次。

【特色治疗】 朔州市中医精神病医院治疗精神疾病方法独特，特色突出，以祖传师传、中医中药、开放护理、心理治疗等优势而闻名全国，并确立了在中医药行业治疗精神疾病的品牌地位。根据医院特点、优势和条件，因地制宜，按照突出特色、救治精神障碍患者的思路，基本形成了“院是专科、科是专病、病有专药、人有专长”的格局。其中输送内蒙包头，山西大同、偏关、保德，陕西府谷等偏远地区30人。这种从临床到理论，再从理论到实践的培养方式有利于中医药事业的发展。

【特色科研】 朔州市中医精神病医院在中医药治疗精神疾病的科研、诊断、治疗、护理、预防、康复等方面不断创新，成效卓著。在享受政府特殊津贴的专家、主任医师李清福等先辈的基础上医院科研组先后发表论文60篇，所撰写的《〈易〉·〈医〉心语》《中医中药在治疗精神分裂症中的作用》和《中医中药治疗老年性精神病便秘浅谈》拓宽了精神病的治疗、诊断范围，证实了中医中药在治疗精神病中的重大作用。所编写的《中医精神病学》《中医精神病护理与治疗学》《用唯物辩证法指导治疗精神病》等四部医学专著挖掘和整理了中医中药治疗精神病悠久的历史、科学的理论、独特的方法、良好的疗效，填补了中医药治疗精神病与护理的空白，对精神病学科发展起到了重要作用，并且获天津市优秀图书奖和晋康基金会特别奖励。研制出各种治疗精神病的丸、散、膏、丹33种，筛选出协定处方67个；在治疗精神病的方法上创用了“先疏达气机、再排有害因素、然后调理善后”的三步疗法，疗效颇著。使众多的精神心理疾病患者，尤其是那些久治不愈的慢性精神病患者，见到希望的曙光，走出疾病的阴影，博得社会和广大陪患人员的广泛赞誉，受到各级政府的多种奖励与表彰。医院始终坚持以传承中医国粹和人民群众的需求为导向，以患者满意共享健康、和谐为目标，立足中医药治疗精神病和内科杂病为主体，坚持科教兴院，不断完善服务功能，提高服务水平，为社会提供了全方位、多层次、高效优质的中医药预防、治疗、护理等服务。

【精防工作】 朔州市中医精神病医院受朔州市卫生健康委员会委托，承担着全市高达17%人群的心理卫生服务。2023年全市严重精神障碍患者登记在册管理患者7484人，其中在管患者7009人，患者管理率93.05%；在册患者规范管理率92.58%；严重精神障碍患者体检率78.15%；患者居家服药率89.58%；患者规律服药率80.24%；面访率92.6%；各项指标均达省年初下达指标。为进一步推进朔州市社会心理服务体系建设，不断提高社会心理服务能力，加快平安朔州、健康朔州建设，促进市民身心健康，维护社会稳定。医院精防办始终坚持“以人为本、服务优先、真诚关爱、预防为主”的理念服务于广大患者。其中为全市506名患者提供免费上门诊疗指导与送药服务，并为71名易肇事肇祸患者通过精防服务平台提供了免费治疗。

社会生活

人力资源和社会保障

【概况】2023年，山阴县人力资源和社会保障局贯彻执行国家、省、市人力资源和社会保障事业发展规划和政策法规，拟定全县人力资源和社会保障事业发展规划，并组织实施和监督检查。拟定全县人力资源市场发展规划，指导全县人力资源市场建设，建设统一规范的人力资源市场，促进人力资源合理流动、有效配置。负责全县促进就业工作，拟定统筹城乡的就业发展规划，完善公共就业服务体系，拟定就业援助制度，完善职业资格制度，统筹建立面向城乡劳动者的职业培训制度，牵头落实高校毕业生就业政策，会同有关部门落实高技能人才、农村实用人才培养和激励政策。统筹建立覆盖城乡的社会保障体系，组织实施城乡社会保险及其补充保险政策和标准，会同有关部门拟订社会保险及其补充保险基金管理和监督办法，编制全县社会保险基金预决算草案。负责全县就业、失业、社会保险基金预测预警和信息引导，拟订应对预案，实施预防、调节和控制，保持就业形势稳定和社会保险基金总体收支平衡。负责统筹全县机关企事业单位人员管理工作，会同有关部门拟订机关、事业单位人员工资收入分配政策，建立机关企事业单位人员工资正常增长和支付保障机制，落实机关企事业单位人员福利和离退休政策，指导和监督国有企业工资总额管理和企业负责人工资收入分配。会同有关部门指导事业单位人事制度改革，拟订全县事业单位人员和机关工勤人员管理办法，参与人才管理工作，建立完善专业技术人员管理和继续教育制度，牵头推进深化职称制度改革工作，负责高层次专业技术人才选拔和培养工作。推动劳动用工相关政策的落实，协调解决重点难点问题，维护劳动者合法权益。落实劳动人事争议调解仲裁制度和劳动关系政策，完善劳动关系协调机制，监督落实消除非法使用童工政策和女工、未成年工的特殊劳动保护政策，组织实施劳动监察，协调劳动者维权工作，依法查处重大案件，受理劳动人事信访事项，会同有关部门协调处理突发事件等。

【促稳岗就业】2023年，县人社局促进劳动力转移就业，扎实开展劳务输出工作。迅速开展“点对点”一站式转移输出。积极开展线上线下招聘活动，累计开展春风行动、直播带岗等专项招聘活动400余场次；对多家企业进行摸底，充分掌握辖区企业缺工、用工情况，针对摸底情况，以“岗位介绍+直播选岗”的形式，通过快手、抖音等平台不间断开展直播带岗活动，截至年底，组织开展线上招聘活动100余场次，提供就业岗位1万余个，为112家企业解决用工500余人，线上浏览人数达818万余人次。

【人才人事管理】山阴县人力资源和社会保障局全力抓好人事人才招聘工作，2023年招聘到村（社区）工作大学生和事业单位人员105人，其中教师35人、村干部5人、事业单位15人、卫生技术人员50人，已全部到岗。

【创业就业】2023年，城镇新增就业3719人，完成年度任务2900人的128%；失业人员再就业1657人，完成年度任务1000人的164%；就业困难人员再就业407人，完成年度任务380人的107%。将农村劳动力返岗就业需求与企业用工需求无缝对接，畅通群众“从家门到厂门”返岗就业通道，促进山阴县城乡劳动力转移就业提质增效，于2月、3月、6月、9月分别向内蒙古、陕西和山西运城点对点输送劳动力4批次。全年劳动用工备案企业206家，备案人数14851人，线上备案企业达128户。城镇调查失业率控制在5.5%以下，保持低位运行。充分发挥创业担保贷款政策效应，持续降低创业融资成本，发放创业贷款2笔，金额220万元。开展“大学生就业创业基地”“技能人才培养基地”建设工作，依托山阴县“古城驿镇”，山阴县春苗职业培训学校新建了山阴县“省校合作大学生就业创业基地”和“省校合作技能服务人才培养基地”。发放脱贫劳动力稳岗补贴2015人241.8万元。配合教育局发放大学生实习实训生活补贴138人共13.8万元。

【劳动执法】 2023年，核处人社部转案件2起，分别为中国政府网网民留言索要工程尾款案件与国务院“互联网+督查”转办清洁工工资案件，两起案件均在3日内处置完毕；办结“欠薪线索核处系统”案件133件，为116名农民工追讨工资106.92万元；现场协调处理案件83起，为263名农民工追讨工资279万元；处理宇昊蘑菇厂拖欠工资案件，发放230人380万元工资；处置“12345”政府热线工资类工单395件；移交公安部门“拒不支付劳动报酬罪”案件1起，公安部门已立案；仲裁委共收到劳动人事争议案件185件，仲裁立案裁决38件，调解84件，涉案金额共1454.16万元；不予受理63件。劳动监察结案率100%，拖欠农民工工资结案率100%，劳动人事争议调解成功率69%，劳动人事争议仲裁结案率100%，符合市级人社发展目标要求。

【社会保障】 2023年，城乡养老保险参保人数155028人，完成年度任务157300人的98.56%；工伤保险费参保人数31198人，完成年度任务31100人的100%；机关养老保险参保人数11640人，完成年度任务11549人的100%；失业保险参保人数28783人，完成年度任务22821人的100%；企业养老保险参保人数30626人，完成年度任务29105人的105.23%。社保卡制作完成了31.16万张，有效卡24.45万张，完成年度任务23.41万张的104.4%。电子社保卡累计签发15.34万张，申领电子社保卡人口覆盖率达到65.5%以上。人社政务服务好评率达到96%以上。

民政

【概况】 2023年，山阴县民政局积极践行“民政为民、民政爱民”理念，切实履行基本民生保障、基层社会治理、基本社会服务职责，统筹抓好业务建设、民生实事、高质量发展和疫情防控、安全生产等大事要事，努力推动全县民政工作不断发展。

【社会救助】 2023年，山阴县及时提高保障标准。农村低保标准从6240元/人·年提高至6480元/人·年。农村特困人员基本生活供养标准从每人每月676元提高至每人每月702元。低保家庭中80周岁（含）至99周岁（含）的老年人补贴标准从每人每月50元提高至每人每月70元。困难残疾人生活补贴从每人每月74元提高至每人每月80元。重度残疾人护理补贴从每人每月94元提高至每人每月105元。社会散居养育的孤儿、事实无人抚养儿童基本生活养育标准由每人每月1145元提高至每人每月1170元；机构集中养育的孤儿、事实无人抚养儿童基本生活养育标准由每人每月1720元提高至每人每月1755元。

县民政局全面做好民生实事。2023年为5671户10291人城乡低保户累计发放保障金4754.3万元。为9636人次高龄老人发放补贴资金67.5万元。为175人次失能老人发放生活补贴资金1.8万元。为1155人城乡特困对象累计发放保障金975.3万元，发放护理补贴资金197.6万元。为24686人次困难残疾人发放生活补贴资金182.3万元。为43158人次重度残疾人发放重度残疾人护理补贴资金418.7万元。为557人次低保边缘家庭残疾人发放生活补贴资金4.5万元。为1920人次三、四级智力精神残疾对象发放护理补贴资金9.4万元。

精准落实低收入人口政策救助。围绕因学因病因灾等致贫因素，持续推动救助帮扶工作“关口前移”，充分调动基层力量，将走访、发现需要救助的困难群众列为乡镇、村干部的重要工作内容，以低收入人口、重病重残人员、农村“三留守”、因灾因学等导致生活困难群众家庭为重点，加强入户排查的覆盖面和频次，全面、准确摸清困难群众救助需求和急难愁盼问题，及时落实救助政策。通过“低收入人口动态监测管理系统”共收录各类低收入人口953户1128人。

【养老服务】 2023年，县民政局完善养老服务设施运行。推进社区老年助餐服务暖民心行动，全县3个社区开展老年助餐服务。积极落实县级配套资金，对建成农村老年人日间照料中心进行下拨运营资金。开展养老服务领域风险隐患排查整治行动。对服务质量、服务环境、安全生产等方面进行全面排查整治，关停不符合养老服务机构6家。

加快推进老年人适老化改造工作。为切实提高特殊困难老年人生活自理能力和居家生活质量，按照省市文件要求，印发《山阴县民政局、山阴县财政局、山阴县住房和城乡建设管理局、山阴县残疾人联合会关于转发〈朔州市民政局、朔州市财政局、朔州市住房和城乡建设局、朔州市残疾人联合会关于印发“十四五”期间特殊困难老年人家庭适老化改造行动方案的通知〉的通知》文件，全县共涉及1183户。截至年底，全县12个乡镇完成了534户特殊困难老年人家庭适老化改造，总任务的40%年度任务全面完成。

提升养老服务质量和安全保障。为进一步防范和化解养老服务领域重大风险，规范全县养老机构服务质量建设，提升养老服务水平。按照安全生产专项行动相关要求，为深刻汲取相关安全事故教训，联合应急、住建、自然资源、消防救援等部门，全面开展隐患大排查大整治专项行动，全面排查养老服务机构消防安全、房屋建筑安全、食品安全和燃气安全，实现安全养老、养老安全。

【基层治理】 2023年，县民政局扎实推进村务公开标准化建设工作，指导村（居）规范公开内容和公开程序，并规范档案资料。开展村委会补选工作。在做好摸清缺额职数、明确任职条件、优化村委会组成结构、严格人选上审核把关。完成3个村委会主任补选工作。规范村级挂牌和推进基层减负工作，进一步规范村级组织工作事务和证明事项。

做好村改社区试点工作。紧紧围绕省、市要求，将村改社区工作作为抓党建促基层治理能力提升专项行动工作重点，平稳有序推动村改社区工作按期完成。新泰社区、宝峰社区、惠安社区、河阳新村社区4个社区成立。

稳步推进清廉村居工作。民政局高度深入贯彻落实清廉建设的各项决策部署，扎实推进清廉村居工作。全县208个村（社区）修定完善了村规民约和居民公约。成立了人民调解、治安保卫、公共卫生、妇女和儿童工作、环境和物业管理等下属委员会。积极推进村级清廉文化墙、清廉文化宣传栏、清廉文化长廊、廉政宣传标语等清廉文化元素及清廉文化阵地建设，用清廉书画进村、清廉壁画上墙等方式营造清廉村居浓郁氛围。开展星级文明户、优秀大学生、致富能手、养殖大户、好媳妇、好兄弟、文明家庭、星级文明户等评选创建活动。薛圐圙乡白坊村、合盛堡乡来远村入选第一批清廉村居建设示范单位。

【社会事务】 2023年，县民政局依法依规加强和规范国内公民收养登记、婚姻登记工作，保障当事人的合法权益，全年共办理收养登记5件，婚姻（结/离婚）登记1304对。

依法加强社会组织建设管理。扎实开展“僵尸型”社会组织清理等“六大专项”治理工作，暂未发现有非法社会组织在山阴县活动的情况。对55家社会组织进行了年检，22家列入了异常名录。同时，加强社会组织事中事后监管。规范区划地名和勘界工作。积极配合完成了界线联检工作，加强全县界桩管理维护，定期检查各级界桩管护情况，及时更换界桩。开展国家地名数据库工作，共完成地名信息录入工作。加强乡镇社会工作服务站建设。出台了《山阴县乡镇社会工作服务站项目实施方案》文件，稳步推进乡级社工工作，12个乡镇全部完成了挂牌，实现了全市乡镇社工站建设全覆盖。

加大生活无着流浪乞讨人员救助工作力度。扎实开展“寒冬送温暖”专项救助行动和救助管理服务大提升行动，举办第十个全国救助管理机构和托养机构“开放日”活动，切实保障流浪乞讨人员基本权益，共救助各类流浪乞讨人员120多人次。

【未成年人关爱保护】 2023年，山阴县民政局严格落实孤儿基本生活保障最低养育标准自然增长机制，集中供养孤儿基本生活标准提高至每人每月1755元。1—11月累计为14人集中供养孤儿发放52.299万元。散居孤儿、事实无人抚养儿童基本生活保障标准提高至每人每月1170元。为城乡孤儿346人次发放生活保障资金40.5万元。为1321人次事实无人抚养儿童发放生活保障资金154.6万元。为86名孤儿发放助学金7.2万元。

加强对全县未成年人保障政策宣传，帮助儿童及其监护人准确知晓保障对象范围、补助标准和申请程序等相关政策，广泛开展儿童福利政策宣传。开展“情暖童心 向阳而生”“家教家风主题亲子活动”“播撒爱心 点燃希望”等关爱、捐赠等活动。

【社会组织】 加强监督检查。开展打击非法社会组织和行业协会商会专项整治工作和规范行业协会商会收费检查，强化综合监管，推进“双随机”抽查工作。提升社会组织管理水平。贯彻落实“最多跑一次”要求，实施社会组织网上平台年检工作。全面提升“两个覆盖”质量。积极推动落实党建工作与成立登记、章程核准、年检年报、专项抽查、等级评估、教育培训等环节要求，深化拓展社会组织党组织参与重大决策、活动开展、服务会员等渠道载体，真正把党的领导嵌入社会组织发展全过程各环节。

【项目建设】 2023年，县民政局积极推进县殡仪馆建设项目。该项目总占地面积21939平方米，总建筑面积7107.44平方米，总投资2799.87万元。2022年5月31日，山阴县人民政府专题会议纪要〔2022〕第14号文件研究，因原选址距离村民居住区较近，且处于上风向位置，县民政局会同县自然资源局重新选址。新选定建设地点位于山阴县安荣乡八步堰村。殡仪馆、遗物焚烧处理间主体已封顶，后续进行室内回填土，砌砖。

积极推进山阴县公益性骨灰堂建设项目。该项目总占地面积8061.41平方米，总建筑面积3100平方米，总投资4500万元。公益性骨灰堂完成选址意见，可研，初设批复，办理林地、草地手续。

积极推进山阴县乡村两级公益性公墓建设项目。3月8日，朔州市推进殡葬改革规范殡葬秩序领导小组办公室下发了《关于加快殡葬基础设施建设进度的督办函》，对山阴县乡村两级公益性公墓项目推进滞后予以督办。3月21日，县政府召开了山阴县乡村殡葬基础设施建设工作推进会议，对此项工作进行再安排、再推进。山阴县拟建设乡级公墓9处，涉及9个乡镇；拟建设村级公墓66处，涉及9个乡镇66个村。截至年底，3个乡级公益性公墓、15个村级公益性公墓已建设完成，其他乡镇已全面开展乡村两级公墓位置范围坐标标定工作，年底完成建设任务。

退役军人事务

【概况】 2023年，县退役军人事务局始终坚持以习近平新时代中国特色社会主义思想为指导，深入贯彻落实党的二十大精神、习近平总书记考察调研山西重要讲话重要指示精神和习近平总书记关于退役军人工作重要论述，全面贯彻落实省委十二届六次全会和市委七届五次全会决策部署，深入推进平安山阴、法制山阴建设工作，紧扣工作重点，打造特色亮点，推动服务退役军人工作高质量发展，扎实做好退役军人就业创业、社保接续、权益维护、优待优抚等工作。

【安置就业】 2023年，县退役军人事务局结合县委编办提供的事业单位编制岗位，组织召开退役士兵安置现场选岗会议。在安置选岗的各个环节，在与会人员和符合政府安置条件退役的士兵的监督下，严格操作规程，实现了全程监督、规范运行、阳光操作，遵循了安置对象、安置岗位、安置程序、安置结果公开、公平、公正、透明的原则。2023年，山阴县企业退休共11人，按时足额为军转干发放生活困难补助金和缴纳大病医保，并对企业退休军转干进行了春节、“八一”走访慰问。及时开展适应性培训。3月，退役军人事务局为自主就业退役士兵订购省退役军人培训中心网上培训教材，完成线上适应性培训任务。9月，为自主就业退役士兵订购省退役军人培训中心网上培训教材，开展2023年自主就业退役士兵适应性培训，为退役军人上好返乡就业“第一课”。

【拥军优抚】 2023年，县退役军人事务局落实政策，全县优抚对象1—12月抚恤补助资金足额兑现。新兵入伍的家庭优待金和大学生奖励金按政策全部发放到位。利用“全国常态化联系退役军人信息管理系统”录入联系对象，录入工作持续有序进行。积极开展困难退役军人和其他优抚对象帮扶工作。按照上级政策帮扶优抚对象，发放优抚对象困难帮扶援助资金共计1.2万元，在春节、“八一”走访慰问困难退役军人，并为每人发放1000元慰问金。在每年春节、“八一”走访慰问优抚对象已形成常规制度。

组织党员干部开展迎接“退役军人光荣返乡”活动，暖心迎接退役老兵光荣返乡。积极开展送喜报活动，为“三等功”和“四有”优秀士兵现役家属送喜报，大力营造“一人当兵、全家光荣”的浓厚氛围。优待证发放形成常态化机制。县退役军人事务局同山阴县卫生健康和体育局、山西广武翠微山地文旅有限公司为现役军人和持优待证的优抚对象到山阴广武国际滑雪场游玩免入场门票费，享受优先入场和雪具优先租赁等服务。

【权益维护】 2023年，县退役军人事务局把退役军人权益维护工作作为全局工作重心。同时宣传退役军人相关信息政策。按时发放军休干部离退休费和津贴补贴以及其他补贴费用，协调做好军休干部的医疗保障工作，并按要求定期慰问军休干部。

【烈士褒扬】2023 年，县退役军人事务局继续坚持做好清明祭扫工作，并在全县范围内开展“2023 · 奋进 · 网上祭英烈”活动，方便烈士亲属和社会公众遥寄哀思、“云”祭英烈，山阴县党政军民在双拥基地开展“9 · 30”烈士纪念日活动，向革命烈士敬献花篮，营造致敬英烈、缅怀英烈的浓厚氛围。组织专人对山阴县下立羊泉烈士陵园、老洼沟烈士陵园、刘幸烈士陵园三处烈士纪念设施进行日常维护，减少人为破坏和自然损坏。

【党建引领】2023 年，县退役军人事务局将党的二十大精神纳入学习计划，注重学用结合，组织干部职工及 2023 年度符合政府安置条件的退役军人开展主题党日活动，通过参观双拥基地、重温入党誓词、聆听英雄事迹，进一步强化党性修养，提高政治素养和政治能力。同时，组织开展座谈会及读书交流会，与部分退役军人共同学习党的二十大报告及习近平新时代中国特色社会主义思想。

残疾人事业

【概况】2023 年，山阴县残联认真贯彻落实党的二十大精神和习近平总书记关于残疾人事业的重要论述和重要指示批示精神，按照中国残联、山西省残联八代会以及朔州市残联七代会安排部署，锚定全年重点任务目标，开拓进取、真抓实干、勇毅前行，扎实履行“代表、服务、管理”职能，用心、用情、用力为残疾人办实事、解难题、谋福祉，残疾人的获得感、安全感、幸福感持续提升，残疾人事业获得长足发展。

截至 2023 年 12 月 31 日，全县各类持证残疾人 6883 户 7837 人，占全县总人口比例 3.94%。其中，农村残疾人 6557 人，占残疾人比例 83.67%；城镇残疾人 1280 人，占残疾人比例 16.33%。全县残疾人中，重度残疾人共 4033 人，占持证残疾人总数的 51.46%；三、四级残疾人 3804 人，占持证残疾人总数的 48.54%；残疾儿童（0 ~ 15 岁）146 人。全县共有重点监测残疾人 154 户 187 人。

【巩固脱贫成果】2023 年，县残联不断强化各部门的数据比对和信息共享，健全常态化防返贫监测部门筛查预警机制。对重点监测户残疾人做到帮扶资金和帮扶责任两个“全覆盖”，共为 187 名监测户发放帮扶资金 28.05 万元；完善工作机制，对 187 名监测调整充实了结对帮扶责任人。分类施策精准救助。2023 年助残帮扶项目中，有 3 名监测户享受帮扶项目，2 名监测户享受扶残助学圆梦工程，6 名监测户享受残疾人托养服务项目，19 名监测户享受残疾人康复项目，1 名监测户享受无障碍改造项目，6 名监测户享受 2023 年度残疾人实用技术培训，为 55 名困难残疾人发放救助金 5.15 万元。

【强化技能培训】2023 年，县残联共对 200 余名残疾群众和残疾人家庭开展了残疾人实用技术培训和职业技能培训，根据实际需求，开设手工编织、电子商务、种植养殖等课程，进一步提高残疾人实用技术和职业技能水平，帮助残疾人实现灵活稳定就业。

【拓宽就业渠道】2023 年，县残联推进就业创业基地建设。依托“美丽工坊”培训残疾人 30

名；指导11名残疾人组成善爱益家直播团队，实现了网络直播带货，发展残疾人网红经济，为就业创业基地直播带货助力乡村振兴；依托“美丽工坊”培训残疾人30名，实现了居家灵活就业；协助开展电商直播培训，让20名残疾人掌握了直播技巧、短视频拍摄、剪辑等技能；量身打造了创业小项目——特色卤味小吃，带动8名残疾人就业，每天人均收入200元。开展走访拓岗促就业活动。走访30多家企业，就用人单位安置残疾人就业相关问题和政策进行答疑解惑，引导鼓励企业积极履行社会责任，开拓挖掘更多适合残疾人的就业岗位。扎实做好残疾人家庭入户访视工作。结合全县残疾群众实际，不断创新入户形式、访视内容、服务手段、工作机制，实地走访或电话访问残疾人300人次，准确了解残疾人的基本情况、生活现状与需求，确保残疾人群众温暖过冬，高质量推进全县残疾人事业全面发展，努力提升残疾人群幸福感和满意度。

【增进民生福祉】 2023年，县残联持续推进残疾儿童康复救助工作。为12名0～6岁儿童残疾筛查诊断救助、为47名0～15岁残疾儿童实施抢救性康复救助，对0～15岁接受抢救性康复救助的在训残疾儿童，给予补贴15.5万元。积极实施扶残助学圆梦工程。对符合条件的75名大学生进行资助，共发放助学资金35.5万元；对2023－2024年度符合条件的119名大学生进行摸底上报，发放助学资金53万元。推荐典型“最美残疾人”，为11名最美残疾人发放奖励金1.1万元。认真做好“上门评残”工作，为48名重度肢体残疾人免费上门评残办证。精准实施无障碍改造和托养项目，为25名符合条件残疾人家庭实施无障碍改造，为100名有居家托养服务需求的残疾人提供基本康复和家政服务。实施了52户助残帮扶项目，全面落实帮扶资金31.2万元。研究推动实施四项残疾人民生工程，即残疾人“煤改电”用户专项补贴、残疾人医疗保险资助、残疾人意外伤害保险补贴、残疾儿童康复训练救助。

【扶残助残宣传】 县残联充分利用全国助残日、残疾预防日、残疾人文化周等主题活动，大力宣传残疾人工作和优秀残疾人典型事迹，不断增强全社会扶残助残氛围。2023年，共设立宣传展板36块，张贴或发放“残疾人优惠政策明白卡”8000张，发放宣传手册1.6万册，发放宣传用品用具3000件，发放各类辅助器具1000余件。专题制作了“龙腾盛世写华章、踔厉奋发谱新篇”迎“两节”宣传片。

【党的建设】 县残联持续加强政治理论学习，始终把学习贯彻习近平新时代中国特色社会主义思想和党的二十大精神作为首要政治任务，不断加强思想政治建设。全年主持召开党组会议11次，理论中心组学习12次，组织各类集中学习40次。召开党员大会4次，开展主题党日活动12次。推动主题教育高标准起步、高质量开展。共开展“三会一课”专题学习6次，主题党日活动5次、讲党课2次、专题研讨6次、举办培训班4次；查找问题数3个、为民办实事10件。持续加强党建责任落实。认真履行党建第一责任人职责，严格落实党组承担党风廉政建设的日常工作，履行党风廉政建设的监督责任，推进全面从严治党工作落到实处。全年召开党风廉政建设和反腐败工作会议2次；观看警示教育专题片8次；召开专题警示教育会议5次；制定完善相关制度10余项；开展岗位廉政风险排查，制定防控措施20余条；召开2次以案促改会；开展2次廉政教育党课，举办1次预防职务犯罪培训会；发布廉洁合规倡议书，发送廉洁提醒短信120条。广泛开展法纪教育，组织党员干部学习宪法、民法典等法律法规以及党章等党纪党规。全年召开党风廉政专题学习会议6次，观看党纪法规案例2次。

【队伍建设】县残联以提高残疾人服务质量为中心，通过强化思想教育、加强基层残联组织建设、加强干部队伍奉献意识等一系列举措，不断加强县残联干部队伍建设，为推动全县残疾人事业全面发展提供有力保障。加强残疾人工作者队伍管理。完善残疾人专职委员管理考核办法，依规落实专职委员薪资和补贴待遇。2023年，共为268名专职委员发放补贴资金19.296万元。

山阴县消防救援大队

【概况】2023年，山阴县消防救援大队坚持以习近平新时代中国特色社会主义思想为指导，深入践行总书记授旗训词精神，在县委、县政府的坚强领导下，大队全体指战员始终做到绝对忠诚、绝对纯洁、绝对可靠，围绕“防大火、控小火、遏亡人”，精准开展火灾隐患治理，锻造灭火救援本领，守牢消防安全最后一道防线，圆满完成了以防、灭火为中心的各项工作任务，有效实现“两个稳定”，为提升辖区人民群众安全感幸福感，贡献了消防力量。

【火灾防控】2023年，山阴县消防救援大队共接警436起，其中火警335起，抢险救援81起，社会救助20起，重大节日执勤13次，共出动车辆850辆次，出动人员4452人次，直接经济损失110万元，抢救财产价值1485.67万元，抢救被困人员37人，疏散人员288人，伤亡数为0。同比2022年，火灾起数上升100.59%，直接财产损失上升26.19%。

县安委办印发“三管三必须”和消专委成立文件，6次发文部署全县消防安全专项检查工作，县消安委发送消防工作提示函4次，通报消防安全形势4次，推动行业部门对消防工作履职尽职。教育、民政、住建等8部门印发消防工作职责清单和联合检查文件，开展联合检查13次。先后召集重点单位责任人、管理人召开会议3次，部署开展消防安全自查检查，召集商市场、不放心不托底单位召开约谈会2次，督促137家单位开展自查。指导全县12个乡镇全部成立消防安全委员会，建成消防工作站，指导岱岳镇、玉井镇开展消防执法，积极与司法局对接，对乡镇综合行政执法人员进行消防培训，基层消防治理体系成效初显。大队先后开展今冬明春、消防安全重大风险隐患专项排查整治2023行动、人员密集场所、城镇燃气等领域消防安全专项整治，着力斩断成灾隐患链条。坚持罚、教并举，严格执法与包容审慎并重，着力优化辖区消防安全环境，累计检查单位665家次，督促整改隐患719处，临时查封2家，责令“三停”单位15家，罚款54.95万元，挂牌重大火灾隐患单位3家，销案3家，对2家高层公共建筑开展消防安全风险评估，联合行政审批部门对全县35个住宅小区开展消防安全评估，对11个高层住宅小区火灾隐患提请政府进行挂牌督办。

【岗位练兵】2023年，山阴县消防救援大队根据支队年度训练计划要求，年初召开工作部署会，制定训练计划和目标，每月召开支委会议战议训议安全，总结训练成果，合理规划安排练兵计划。采取理论授课、实操教学等方式，真正将“课堂搬到训练场”，进一步提升专职消防队员业务工作能力和实战操作水平。严格落实每日一学、每周一讲、每月一考等学考机制。结合工作实际，对辖区消火栓开展普查2次，维护保养2次，编制水源档案1份。深入109家重点单位和重点场所开展实地熟悉演练，优化完善应急救援行动预案，完成数字化预案43份。高标准、全要素开展了高层典型灾害事故灭火救援实战演练1次、“考评式”拉动演练1次，全面检验队伍长时间、高强度实战打赢能力。

【消防宣传】 山阴县消防救援大队牢固树立“宣传也是战斗力”的理念，组建专家团队对党政青年干部、乡镇网格员、公安派出所专兼职民警、卫健等部门开展业务培训10次，对全县消防安全重点单位、厂矿企业开展集中消防安全培训和组织灭火疏散演练30次；开展“五进”宣传活动60次，开放消防站24次，开放消防科普教育馆24次，悬挂消防宣传横幅10条，滚动播放Led宣传标语3200条，举办“119消防安全月”启动仪式1次，设立宣传咨询台3次，出动消防宣传志愿者80余人次，印制《居民消防安全告知书》20000份，印制张贴电动车、燃气使用等各类海报8000份，发放各类宣传资料9000份，定制消防宣传礼品5类1000份，培训各行业人员5300人，累计解答消防疑难问题230个，受教育群众达3万人。

【后勤保障】 2023年，山阴县消防救援大队人员经费、业务经费实现了足额保障，为各项工作顺利开展奠定了坚实的基础。总投资1800万元的第二消防救援站建设项目完成主体、门窗玻璃、室内外保温、“三通一暖”、玻璃幕墙等工程建设。结合辖区实际，购置53米云梯消防车一辆，购置液压破拆工具组、空气填充泵、有毒气体探测仪、空气呼吸器、除颤仪等器材100件（套），在队伍装备建设上有了新进展，为更好服务经济发展和保障人民群众安全奠定了坚实的装备基础。完成健身房及一体化俱乐部提档升级，建成消防监管调度中心，更换营房窗户，配齐指战员满意食堂短缺设备设施，努力打造暖心队站，构建“人累心不累”工作环境。

【队伍建设】 2023年，山阴县消防救援大队以习近平新时代中国特色社会主义思想为指导，深入贯彻党的二十大精神，忠实践行习近平总书记重要训词精神，以党建规范化建设为抓手，抓紧抓实学习贯彻习近平新时代中国特特色社会主义主题教育、党的二十大精神学习教育，发挥党组织核心堡垒作用，坚持议抓队站建设、人员套改等大事，积极为指战员办实事、办好事，激励广大指战员强化使命担当，奋勇拼搏争先，党支部凝聚力更强了，党员先锋模范作用更加凸显。大队党支部坚持把贯彻落实习近平总书记重要讲话和重要指示批示精神作为第一议题，全年共落实“第一议题”43次，开展集中学习14次，专题研讨9次，形成专题研讨材料62份。大队党支部始终把自身建设当作第一要务，认真贯彻落实民主集中制，坚持“三重一大”事项集体研究，并落实备案制度，确保重大决策事项不偏航。年内召开支委会26次，研究议题123个，形成决议104项，做到件件有落实，事事有回声；召开党员大会6次，召开组织生活会1次，开展民主评议党员1次，党员集中学习教育4次，谈心谈话32次，开展党日活动47次，向上级党委请示报告重大事项、重大工程12项。大队坚持严的主基调不动摇，始终把从严管党治党作为首责主业，以高度的政治自觉和过硬的政治定力坚定不移全面从严治党。深入开展“三零六涉九无”、条令纲要学习月、保密教育、纪律作风整顿专项整治等活动，组织召开队伍安全形势分析会12次，开展饮酒检测28次、手机检查6次、队容风纪检查12次、建立私家车管理档案1份、开展安全隐患排查工作6次，有效堵塞安全管理漏洞，确保队伍内部安全稳定发展。

乡镇 开发区

玉井镇

【政区概况】 玉井镇位于山阴县西北部山区，西与吴马营乡接壤，经吴马营乡可进入平鲁区，北与马营乡和右玉县接壤，省道虎山线和元元公路贯穿全镇东西两侧，荣乌高速绕境而过，交通条件和区位优势非常明显。玉井镇镇域面积167平方公里，占全县总面积的10.1%，耕地面积9.6万亩，全部为旱地。有18个行政村，即东庄、水头、王老沟、水泉、口前、沈庄窝、玉井、董庄窝、老庄窝、米庄窝、盘道、千井、窝棚沟、史家屯、吴家坪、一堵墙、福玉新村、康家兴村。人口9102户22194人，常住人口为9459人。玉井镇是山阴县山区4个乡镇中面积最大、人口最多的乡镇。主导产业为煤炭产业和小杂粮种植，全镇林地面积10.7万亩，退耕还林面积1.9万亩。种植业主要有莜麦、荞麦、豌豆、马铃薯、胡麻、黑黍、白黍等小杂粮，还有柴胡等药材种植。全镇地形均属山区，平均海拔1400米，境内洪涛山主峰——大贝山海拔1947.5米，是全县的最高点。

玉井镇是全县的煤炭大镇，煤炭产业是主导产业。全镇矿区面积85平方公里，井田面积38平方公里，煤炭资源总储量50亿吨，地质储量11亿吨。煤炭资源整合和兼并重组后，全镇保留11座煤矿，分别是：宝山煤业1座——宝山玉井煤业有限公司，中煤华昱4座——中煤华昱水泉煤业有限公司、南泉湾煤业有限公司、玉皇山煤业有限公司、台东山煤业有限公司，兰花集团2座——口前煤业有限公司、朱和咀煤业有限公司，同煤集团1座——同生千井煤业，中煤顺通1座——北祖煤业有限公司，晋煤集团1座——晋泰煤业有限责任公司，普大集团1座——西宜煤矿。生产的有8座，其他处于关闭停产阶段。

【特色养殖产业】 2023年，玉井镇发展特色养殖产业。投资134万元，完成东庄村2000平方米的标准化养殖圈舍建设，同时实施出入道路硬化、安装鸡鸭大棚保温恒温设施等工程。村集体年收入增加10万元左右，人均增收300元；包村企业华夏煤业帮扶50万元，用于发展产业。

发展杂粮加工产业。投资63万元，由史家屯村党支部书记领办，成立史家屯村玉煌山小杂粮加工有限公司，并注册史家屯玉煌山商标，进行小杂粮精加工、包装、销售。年产销30万元，年收入8万元，解决务工就业20余人。

发展传统种植产业。推广旱地渗水地膜谷子8531亩、荞麦12616亩、糜黍5030亩、玉米9613亩、高粱1761亩、黄黑豆1965亩，豌豆9144亩、马铃薯2897亩、胡麻籽2864亩、黄芥9239亩。

发展艾草种植产业。投资90万元，试点种植五叶艾草450亩。2023年7月成立集生产、开发、研制、销售经营为一体的山西玉艾科技有限公司，注册资金3000万元，占地3000平方米。由乡村振兴局拨付衔接款230万元，已建成900平方米加工厂房和160平方米展览室及办公室。购置艾草打绒机1套、破碎机1套、空压机1套，卷条机1台、切棒机1台、足浴包机1台、打捆机1台。已生产艾灸棒、足浴包、艾绒等艾草加工产品。

【美丽乡村】 2023年，玉井镇以实现绿色“遍”镇为出发点，久久为功持续改善农村人居环境。坚持还绿于民，还美于民。通过持续改善农村人居环境、农村生产生活条件和村容村貌，逐步改变“垃圾靠风刮，污水靠蒸发，家里现代化，屋外脏乱差”的农村旧貌，努力建设画里乡村、留住梦里乡愁。围绕“两湖一中心”，融入红色元素，实施东庄村和美乡村建设。以358

旅旧址为中心，修建环湖路4公里，将东玉湖、西玉湖和358旅旧址连成一线，一并建设990平方米红色党建文化广场。同时对沿线两侧进行绿化，修缮沿线残垣断壁，并将沿线30间窑洞打造成民宿，为下一步发展“庭院经济”打基础、做准备。

重点围绕“一街一路两广场”实施史家屯村和美乡村建设。依托千亩艾草种植基地修建一条2.6公里的艾草观光路，将村内0.8公里的主街道打造成村规民约一条街，新建200平方米清廉文化广场和300平方米村民健身广场，同时翻新村委会大院1800平方米、硬化全村道路12公里，对全村278户窑面统一规划、一体修缮，已完成规划设计。

以“赓续红色血脉、弘扬抗战精神”为主题，实施水头村和美乡村建设。水头村是红色之村，村内有抗日战争战斗遗址、张宗逊抗日指挥所旧址、宋时轮独立六支队旧址、中共晋绥边地委旧址等红色遗存，在和美乡村建设中注重激活红色基因，硬化5条3～4米主街道4.6公里，两侧安装40盏路灯，栽种油松80株，修缮200平方米村民文化活动广场。

【基层建设】 2023年，玉井镇坚持因地制宜，注重标本兼治。把贯彻落实党的二十大精神与深化移风易俗有机融合、一体推进，紧扣学习宣传贯彻二十大精神这一首要政治任务，紧密联系玉井实际，系统安排学习宣传贯彻工作，在全镇营造浓厚氛围，一步一个脚印把党的二十大作出的重大决策部署付之于行动、见之于成效。坚持“农民主体、因地制宜、开放创新、节俭热烈”原则，聚焦农业农村发展成就、农民生产生活巨大变化、当代农村民俗新风等，举办玉井镇2023年农民丰收节，进一步拉动镇村产业发展。充分发挥党建引领作用，把星级文明户评选作为推动全镇基层治理提质增效的有效手段，通过精准“评星”、挂牌“亮星”、动态“调星”持续开展“星级文明户”创评活动，提升村民文明素质和农村文明程度。

【民生福祉】 2023年，玉井镇坚持落实更多惠民政策、实施更多民生工程、办好更多民生实事，让玉井广大群众的获得感成色更足、幸福感更可持续、安全感更有保障。在巩固衔接工作上下功夫。控辍保学保持动态清零，2023年“雨露计划”申请26人，毕业人数8人，其中务工就业1人、参军2人、升学5人，就业率达到100%。贫困大学生资助6人，18个行政村全部配齐村医，基本药品达50余种，家庭医生双签约率达到100%，脱贫户及监测对象2023年度基本医保参保率达到100%，脱贫户和监测对象劳动力外出务工就业一次性交通补贴申报率100%。通过铺设引水管道、修建蓄水池、打造入户井等方式，申请自来水专项资金150万元，实施史家屯村供水入户工程，覆盖90户350人；申请自来水专项资金260万元，实施东庄村供水入户工程，覆盖130户460人；申请自来水专项资金80万元，实施水头村供水入户工程，覆盖160户650人。做好玉井村（南坪街）提档升级工程后期项目，建成步行道、停车位、广场、活动设施等，直接受益群众达500余人，带动新开汽修、饭店、宾馆、超市、夜市等12家店铺，重新装修店铺52家173间房屋，累计带动增加务工就业人员140余人。

【党的建设】 2023年，玉井镇坚持把农村党组织建设成为宣传党的主张、贯彻党的决定、领导基层治理、团结动员群众、推动玉井发展的前沿阵地和坚强战斗堡垒。坚持“一切工作到支部”，抓实抓好村党组织建设。全力打造“标杆式”党建阵地、建好村党组织后备人才梯队、农村党员积分制管理和村党组织书记“擂台比武”等方面持续用力，常态化推动农村党组织生活向规范化、标准化迈进，进一步提升服务大局、服务中心、服务群众的能力。立足实际，全面贯彻落实新时代党的建设总要求和党中央关于管党治党决策部署，以县纪委《全面建设清廉山阴2022年工作要点》为导向，深入实施“五强化五推进”工作法，全力推进清廉村居建设。坚持和发展新时代“枫桥经验”化解矛盾纠纷。始终把安全生产摆在首位，常态化开展全覆盖、无死角安全隐患排查，扎紧织密安全生产责任网。全面提升玉井综合行政执法效能，开展“春季执法大检查”，对南坪街149家九小场所、虎山线17家废品回收站和2家加油站依法依规进行集中整治，进一步规范全镇各类生产经营秩序，为玉井镇发展各项事业营造和谐稳定的社会环境。

马营乡

【概况】 马营乡位于山阴县西北部洪涛山腹地，北与左云、右玉县交界，西与玉井镇为邻，南与北周庄镇、下喇叭乡相连，东与怀仁县接壤。马营河贯穿中部，平均海拔在1560米以上，最高山峰宝峰山，海拔1968.5米，位于陆家窑村、腰寨村与玉井镇南祖村之间。全乡地域面积139平方公里，耕地71425.74亩，林地22000亩（其中退耕还林10710亩）。春夏干旱、秋季短暂、冬季漫长，全年降雨量约450毫米，属温带大陆性气候。主要农作物有土豆、莜麦、豌豆、小杂粮，经济作物主要有胡麻，特色农作物主要有苦荞、藜麦。辖区内自然资源丰富，有煤炭、煤矸石、铝矾石、陶土、铁矿石等十多种矿产资源，品质高，质量好，是朔州市矿产资源的主要产地。其中，煤炭探明储量有14亿吨。辖区内有大型煤矿企业8座，属中煤华昱3座：五家沟煤业、南阳坡煤业、元宝湾煤业；属普大集团1座：芍药花煤业；属中煤顺通1座：辛安煤业；属同煤集团1座：安平煤业；属民营2座：华夏煤业、腰寨煤业。风电1家：偏岭联成风电有限公司；光伏企业1家：华能山阴100MW农光互补光伏有限公司。马营乡所辖13个行政村为：马营、水泉、下石井、观音堂、张家堡、山村、庄窝、魏家沟、青杨岭、戈道、腰寨、后石门、河阳新村。全乡在册5135户12099人，常住3150户7701人，暂住人口1380人。

【巩固脱贫成果，衔接乡村振兴】 2023年，马营乡建立健全防止返贫动态监测帮扶机制，有效利用防返贫监测信息系统，对全乡261户474人脱贫人口、13户31人监测对象常态化开展走访排查、比对筛查、预警核查，做到早发现、早帮扶。全年新识别纳入监测对象9户21人，及时做到“应纳尽纳”。常态化开展农村低收入人口动态监测和救助帮扶，确保“应保尽保、应救尽救”；用好“控辍保学”工作机制，全面落实教育资助政策，享受“雨露计划”6人，做好教育资助，在校就读学生“应助尽助”；加强医疗保障，脱贫人口参保率100%，开展家庭医生签约服务，全乡脱贫人口、监测对象分别签约261户和13户，履约率100%，做到“应保尽保、应助尽助”。加大小额信贷支持，坚持做到“应贷尽贷”，全年发放小额贷款41户212.3万元，为脱贫户生产经营提供有力资金支持；扎实做好稳岗就业，持续加强就业帮扶，开发公益性岗位15个，指导脱贫人口和监测对象就业260人，脱贫劳动力实现动态清零，人均就业增收5000元，实现就业人数和就业收入“双增长”目标；全面落实就业补贴政策，为66人发放交通补贴2.68万元。

2023年，驻河阳新村工作队协助村“两委”加强党的建设，夯实基层党组织；协助村“两委”加强精神文明建设，促进安定团结；协助村“两委”做好社会保障，完善帮扶体系；协助村“两委”做好产业发展规划，壮大农村集体经济；协助村“两委”推动乡村文化阵地发展，推进乡村文明实践工作；协助村“两委”，开展劳动就业培训，提供就业岗位；为小区单元楼道制作楼层标识100套500张；为脱贫户雷占世维修地下室管道；为30名残疾人发放辅助器具；加大对脱贫户在扶“志”和“智”方面的引导，对27名脱贫户进行黍类作物种植技术技能培训，让农民靠自己增收。在助力产业发展方面，帮助村农机合作社发展壮大，培育种植基地，建杂粮种植基地、油料种植基地、中药材种植基地；帮助缝纫机合作社优化升级，提升产品质量，降低损耗；帮助河阳养殖场引进新品种和推进冷链储存窖建设。

【改善人居环境】 2023年，马营乡认真履行属地责任，聚焦生态环境提质增效，坚决打赢“蓝天、碧水、净土”保卫战，扎实推进工矿型美丽乡村建设，以更优生态助力高质量发展。乡村两级干部定期开展“巡河”督察，加大河道污水排放、垃圾倾倒的检查力度，加强源头管控，对马营河河道进行清理，对河道两侧进行修缮和加固，对河道的垃圾进行集中清运，确保汛期河道畅通。在大气污染防治方面，乡村签订责任状，严禁农户在秋冬季农作物进行“秸秆焚烧”；马营村、水泉村通过供热管网入户全覆盖，实现了冬季不使用散煤取暖的目标；其他山区村庄，311户常住农户通过“煤改电”采暖过冬，有效减少冬季大气污染源，冬天的空气质量得到极大的改善，全年没有收到中央省市环保督察群众反馈的任何问题。在巩固“六乱”整治成果方面，开展乡村环境卫生百日攻坚整治行动，出动装载机械15台次、垃圾清理车辆121台次，清理杂草、垃圾28处，1312立方米；整治村庄巷道乱堆乱放31处；拆除废弃墙体等残垣断壁2处40多平方米，整理“蜘蛛网”街道线路3条。环境卫生方面，各村已初步形成常态化管理机制，按照“专人清扫、定点倾倒、定期转运”模式运行，农村面貌得到显著改善。

马营乡学习借鉴浙江“千万工程”，以打造美丽乡村为抓手，继续推进“一心四区、五位一体”马营发展新格局，着力改善农村人居环境，不断探索工矿型生态宜居美丽乡村建设，把马营村、水泉村建设成为县城北部重要的商贸集散重地。按照可行性研究报告，重点在马营村、水泉村、庄窝村推动和美乡村建设，总投资超2000万元，实现“供暖覆盖”“硬化覆盖”“亮化覆盖”“绿化覆盖”“美化覆盖”，马营村、水泉村也被建设成为“宜居宜业”的幸福新家园。

【重点工程项目】 2023年，马营乡将重点工程项目抓在手上，加快落实，储备发展后劲。投资95万元新建的河阳新村祥和养殖场，建成投产。为增加集体经济收入，解决移民搬迁中养殖户的实际困难，马营乡党委、政府研究决定在河阳新村(原偏岭村)西坡，申请荒地7.5亩，作为设施农业用地，建设养殖场1所，建设规模为5010平方米、养殖圈16个。截至年底，已完成水、电等设备配套，可养殖优质种牛犊200头、优质育肥牛150头，年收入达40万～60万元，可实现利润12万～20万元。

争取“以工代赈”项目投资190万元，在河阳新村修建健身文化广场一座。已全部完工，共铺设塑胶面层步道及乒乓球场地1484平方米，铺砌透水砖180平方米；健身广场铺砌50厘米厚芝麻花岗岩板1797平方米，铺砌花岗岩路缘石450米；铺设混凝土路面3462平方米；新建雨水井10座，检查井10座，新建雨水管

250米。组织群众参与广场“以工代赈”务工，劳务报酬实际发放金额42万元，切实发挥以工代赈政策的惠民效应。

完成观音堂林区防火指挥台建设任务。2023年，马营乡实现防火零事故控制目标。严格落实“林长制”，从严要求秋冬季森林防火工作，结合观音堂林区面积大、防火任务重的实际情况，乡村筹资23万元，新建观音堂林区防火指挥台1座，减轻了防火管控压力，强化了森林资源保护。

积极争取“一事一议”财政奖补政策，助力乡村发展。重点安排“马营村、张家堡村、水泉村、山村、庄窝村、戈道村”六个村，投入48万元，通过道路硬化、安装太阳能路灯进行亮化、修筑护坡、植树绿化等项目，进一步改善村内人居环境和基础设施条件。

为增强高质量发展的动能活力，有力有效落实扶持政策，深入开展“市场主体提升年”活动，带着政策为企业提供上门服务，推动市场主体扩数量、提质量、增效益、优结构，新增市场主体158个，超额完成任务，进一步活跃繁荣了马营的乡村集镇市场。通过办理注册事宜，逐步完善便民服务代办点，形成系统的便民服务体系，打造“一般事情就近办、复杂难事帮办代办”的马营便民特色，真正实现服务群众“零距离”。

【基层治理】 马营乡深入开展“清化收”，摸清家底助发展。全面推进“清化收”工作，到年底，债务化解达到“清零”，债权清收占比达到87.19%，其余债权也列出清收计划。通过盘活现有集体资产，摸清农村家底，进一步发展壮大农村集体经济，2023年，全乡13个村集体经济收入697.5万元，全部突破10万元，其中，经营性收入主要来自河阳新村9个集体经济合作社组建的农机合作社、缝纫社等，实现经营收入70.6万元。此外，河阳新村立足山区实际，牵头组建马营乡农产品推广中心，发展特色杂粮种植，优化种植结构，不断丰富杂粮品种，开展电商帮扶行动，搭建网络直播平台，拓宽特色农产品销售渠道，进一步壮大农村集体经济。

加快推动“村改社”，搬迁农户得实惠。经过乡村两级干部的全力以赴，全乡“村改社”的请示报告已得到县政府批复，马营乡将搬迁至县城的三个移民村即原河阳新村、腰寨、后石门村，更名为河阳新村社区、宝峰社区和惠安社区三个社区，让村民变居民，和县城居民享受同等社会福利待遇。

做好初信初访化解和“12345”答复工作，着眼提高化解率，践行新时代“枫桥经验”，推广“炕头+地头”土地矛盾调解工作法。2023年共收到“12345”热线诉求217件，经乡村两级努力，诉求回复率100%，问题化解率90.2%。全年还收到网上信访件31件，已办结30件，其中解决历史遗留信访问题10件。

【民生保障】 2023年，马营乡能够做到按时足额发放农村低保、五保、贫困残疾人生活补贴等资金，确保“应保尽保、应救尽救”。稳步提高政策标准和服务水平，全年发放农村低保补助210.9万元、特困供养资金36.2万元、残疾人“两项补贴”31.2万元，临时救助282人11.1万元，稳住农村低收入人群生活基本盘。全乡困难群体基本养老保险参保率100%、医疗参保率100%，做到“应保尽保、应助尽助”。对马营乡晋能光伏项目获得8.04万元进行收益分配，及时发放到全乡13户监测户和15名公益岗脱贫户手上，其中监测户领取1.85万元，公益岗领取6.19万元，进一步巩固了脱贫成效。

【安全生产】 2023年，马营乡完成158户经营性自建房排查工作，完成1395户农户自建房排查工作，排查出2户危房进行修缮，整改观测户1户，确保全乡住房安全。举办“安全生产活动月”活动，围绕“人人讲安全、个个会应急”主题，开展“五进”宣传活动，组织乡应急连、民兵连进行实地消防安全应急演练，做好消防安全宣传。紧紧围绕安全生产工作要求，制定村级周巡逻排查工作制度，扎实开展“大排查、大整治、大防控”专项行动。

马营乡综合执法工作得到极大提升，配齐相关硬件设备，科学设置“四室一库”，为执法人员统一配备了执法制服、执法设备，满足日常执法需要。执法队还制定了相关执法制度，明确了权力事项，独立开展行政检查32次，行政处罚1次，落实“乡镇吹哨、部门报到”机制3次；全年累计培训13次、开展实训1次，并利用6月安全生产宣传周、“12月4日”宪法宣传日等开展法律知识宣传活动，累计发放宣传资料、宪法书籍300份，让群众进一步了解法治思想、增强法治意识、支持执法工作。

【政治建设】 马营乡党委坚持以习近平新时代中国特色社会主义思想主题教育为契机，围绕“学思想、强党性、重实践、建新功”的主题教育总要求，深入学习党的二十大精神和习近平新时代中国特色社会主义思想，坚持学思用贯通、知信行统一，把习近平新时代中国特色社会主义思想转化为坚定理想、锤炼党性和指导实践、推动工作的强大力量，在以学铸魂、以学增智、以学正风、以学促干方面取得实实在在的成效。乡党委坚持每周学习制度，认真落实“第一议题”制度，组织广大干部在读原著、学原文、悟原理方面下功夫，在“听、看、读、悟、行”中滋养初心、固根铸魂，一体推进理论学习、调查研究、推动发展、检视整改等系列活动，实现有机融合，教育引导党员干部忠诚拥护“两个确立”、坚决做到“两个维护”。在工作中，乡党委领导班子成员能够带头参加机关支部“三会一课”“主题党日”“专题组织生活会”“民主评议党员”等党内政治生活，能够贯彻执行民主集中制，凡是涉及大额资金支出等“三重一大”事项，坚决由乡党政领导班子集体讨论研究决定，真正发挥党委“把方向、管大局、促落实”的作用。

2023年，马营乡接受县委常规巡察，按照“巡乡带村延伸巡”的方式，围绕“政治纪律”等六大纪律及涉嫌职务违法犯罪方面进行巡察，对全乡工作“全面检阅”和对政治思想“全面诊断”。经过梳理，涉及4方面14个问题，存在“干部履职能力不强、财务管理不规范、三资管理不到位”等问题，乡党委意识到筑牢廉洁防线迫在眉睫。乡班子成员主动认领，对照问题细化整改措施，主动作为，相互协调，建立健全工作机制，确保整改到位。在后期深入开展农村集体“清化收”专项行动，巩固清廉村居建设成果，乡纪委加大了监督力度，提高工作效率和工作质量。马营乡持续强化“严”的震慑，不断加大监督检查和问题线索查处力度，严格审查调查，依规依纪依法办案。2023年共办理问题线索23件，立案查处11人，给予4人党内警告处分，6人党内严重警告处分，1人留党察看1年，谈话13人。

吴马营乡

【概况】 吴马营乡隶属于朔州市山阴县，区域面积106.6平方公里。耕地面积53553.4亩，林地面积25523.7亩，其中退耕还林面积10268亩。辖12个行政村，3个自然村，共3376户8473人，常住人口566户976人。位于晋西北黄土高原丘陵地带，元子河流域上游，东接玉井镇，南、西与平鲁区毗邻，北与右玉县接壤，北纬 39°64′43″，东经 112°48′39″，平均海拔高度 1338.40 米。荣乌高速公路和省道元元公路均经过吴马营乡。距离县城 42 公里。村村通水泥路全长 48.7 公里，交通较为便利。属温带大陆性季风气候，多为西北风，年平均气温摄氏 8℃（最高 +39.4℃，最低 –28.4℃），无霜期 115 天；年降雨量在 384.4 毫米左右（最高 582 毫米，最低仅 213 毫米），且集中在 7—9 月，占总降雨量的 65%。地表水缺乏，地下水在 340 米左右。

2023 年作为“十四五”发展的关键之年，吴马营乡以“打造灵秀古城美丽西北门，建设新韵山阴幸福吴马营”为目标，本着“引领、培育、服务”的理念，坚持以发展为第一要务，拓思路、谋出路、探新路，积极主动融入省市县发展大战略大格局，以“特、优”为方向，以农牧融合发展高地建设、特优农产品生产基地建设为契机，按照农业农村现代化发展规划和实施要求，结合实践拓展，进一步深化了“一轴两区三基地”布局内涵，形成了高质量高速度发展态势。

【经济工作】 2023 年，吴马营乡优化农业产业结构。以农牧融合发展高地建设和特优农产品生产基地建设为契机，积极调整优化农业产业结构，在种植业方面，初步形成大宗粮食和特色杂粮两大产业格局。其中，旱地谷子种植面积增加至 1 万亩左右，占比约 1/5，玉米种植面积增加至 2 万多亩，占比约 2/5，基本实现了厚积成势的目标。年内首次推动并完成了玉米品种选优和示范基地建设。在山西有机旱作研究院的支持帮助下，试验已审定新品种 17 个，传统种植品种 3 个，中试品种 36 个。从审定和传统品种中选出优质品种 2~3 个，来年加以扩面推广。年内首次探索形成了以村集体为主体的土地流转新模式，即“农户 + 村集体 + 经营主体”，在壮大村级集体经济的同时，在山区真正实现了适度规模经营。试点村共计完成土地流转 4500 亩，集体营收 15 万元。首次探索实施了“村集体 + 托管经营”的自营种植新模式。试验面积 170 余亩，紧紧依附于经营主体，采取耕、种、防、收全过程委托管理的方式完成种植，旨在发挥集体示范、带动、引领、推广作用，同时进一步增加集体收入。

巩固发展现有产业。年内在原有基础上实施光伏项目 2 个，进一步扩大光伏发电规模。全乡光伏电站总装机规模达 3950.1 千瓦，总投资 3108.2 万元，年发电量约 560 万千瓦时，年收益约 173 万元，是各村集体经济的主要收入来源。培育村集体新型产业。闫家窑村党支部书记带头示范养殖高蛋白蚂蚱项目成效明显，现有养殖大棚 2 个，每个大棚每次养殖产量约 500 公斤。积极延伸产业链条。推进农业服务组织创新和机制创新，年内发展个体养殖大户 2 户，生猪、肉牛、肉羊、鸡等畜禽存栏量均稳中有升。注册特优农产品商标 1 个，名为“窑洞小米”。鼓励农村剩余劳动力外出务工或向第三产业转移，促进农民就业增收。鼓励和引导积累一定资金、掌握一定技能的返乡农民自主创办各种实体，引领群众致富。

【巩固脱贫成果，衔接乡村振兴】 2023 年，吴马营乡按照乡村振兴战略的“产业兴旺、生态宜居、乡风文明、治理有效、生活富裕”总要求，采取聚焦产业振兴抓落实、聚焦主要指标抓落实、聚焦问题整改抓落实、聚焦“三貌”抓落实、聚焦乡情实际抓落实的“五落实”工作法，全面推动巩固拓展脱贫成果同乡村振兴有效衔接。巩固拓展脱贫成果上台阶。全乡资助脱贫户大学新生 5 人 2.5 万元，享受“雨露计划”38 人 11.4 万元，实现资助全覆盖。全乡 687 户 1565 人脱贫人口全部参加基本医保，参保率100%。全乡510户农村低收入群体等六类重点对象以及其他脱贫户住房安全有保障，保障率100%。全乡饮水水量、水质、取水方便程度、供水保证率四项指标均稳定达标，达标率100%。其中，8个村实现了引水入院入户，基本实现让山区人民吃上自来水的目标。全乡有脱贫户687户1565人，其中监测户70户166人，监测户人数占脱贫户人数比重为10.61%，高于全省及全县平均水平，近三年来新识别监测户的村占比达100%，做到应纳尽纳。2023年全乡脱贫人口平均收入接近16000元，无低于10000元以下收入，收入达标率100%。完成545.35万元小额信贷任务，完成率100.06%。全乡脱贫人口乡外务工人数515人，申领稳岗补助61.8万元，县外务工人数326人，申领一次性交通补贴14.88万元，补贴率100%。2023年全乡享受一次性交通补贴人数326人，线上线下数据一致率100%。

有效衔接乡村振兴见实效。吴马营乡严格落实“四个不摘”的要求，注重已脱贫群众生活的不断改善和提升，充分利用资源禀赋，深入挖掘山区优势，带领脱贫户实现稳定收益、长效致富。在充分听取群众意见和建议的基础上，合理统筹乡村基础设施和公共服务布局，通过深入挖掘村落特色文化，以“农耕文化”和“乡愁”为设计主题，坚持文化、生态、民生三条主线，坚持“全域整治、重点突出”的原则，以净化、绿化、美化、文化为着力点，投入600万元打造屯港村和马家河村2个和美乡村建设示范村。争取资金365万元新建光伏电站2座，全乡光伏总装机规模达3950千瓦，年发电收益约200万元，是各村集体经济收入的重要来源之一，也是打造清洁能源输出基地的重要组成部分。完成了西短川村二期引水提升，实施了马家河村饮水提升项目。扩大高蛋白蚂蚱养殖规模，建设养殖大棚2个，每个大棚每次养殖产量约500公斤。同时还争取一事一议项目7个，投资56万元用于修缮完善村庄基础设施。

【环境改善】 2023年，吴马营乡生态环境改善平稳推进。重点打造提升元元路沿线郭家窑、西短川、吴马营、东短川4个村的人居环境和屯港、马家河的美丽乡村建设工程，进一步扩展西短川、闫家窑、大坪等5个村村间道路绿化面积，补植树木1500余株，其中的3个村实施了街巷绿化工程，补植风景树300余株。在郭家窑村与平鲁交会处，集中开展环境整治，沿路补植了云杉、侧柏等景观树500多株。沿街重新粉刷修葺景观墙，全面展示山阴西北大门新风貌。全乡集中开展“三乱”整治专项行动，聚焦交通沿线、村庄街巷、农户庭院、田间地头河道等重点区域，通过多措并举，彻底治理乱搭乱建、乱堆乱放、乱扔乱倒等突出问题。

【民生事业】 2023年，吴马营乡实施农户屋顶加装彩钢。以南屯村为试点，充分发挥党支部引领组织作用，采取村集体组织奖补+农户自建的方式推动完成了整村屋顶彩钢加装建设。并且辐射带动了包家岭村、大坪村和闫家窑村部分农户完成修缮加固。惠及农户77户，投入资金23万元，撬动资金达80万元。至此全乡剩不到30户未加装屋顶彩钢。

实施群众饮水提升工程。全乡共有8个村实现了引水入院入户，解决了山区群众吃水难的问题，让242户群众喝上了自来水。随着引水入院入户的完成，同步促进了“庭院+”经济的发展，为改善群众生产生活条件、高质量发展庭院经济和促进乡村特色产业发展奠定了坚实的基础。

开展农村道路建设管护。新建四好农村路两条，细化明确了责任，安装了责任界牌并明确了管护人员、村级组织和作业队三重管护保障力量，确保道路畅通。同时针对山区道路、桥梁、房屋等薄弱环节重点关注并加强建设。

【平安创建】 2023年，吴马营乡主动创稳行动全面推进。广泛开展普法教育宣传工作，积极利用“12·4”宪法宣传日、“4·15”国家安全日等重要节点，组织司法所、派出所、平安建设办等部门深入农户、文化活动广场等地方进行普法宣传。通过设立展板、悬挂标语、发放宣传资料和设立咨询台现场咨询等方式，广泛开展普法宣传，共计发放宣传资料500份。进一步健全“谁执法谁普法”责任制，开展平安法制创建活动，重点推动网格化服务与治理，坚持依法治乡。乡综治中心排查矛盾纠纷2起，调处2起。

积极开展了安全隐患大排查行动，进一步完善安全生产监管机制，先后召开各类隐患排查部署会议15次，制定印发《地质灾害隐患点防灾预案》和《防汛应急工作预案》，进一步完善《吴马营乡安全生产专项整治三年行动计划》，规范组织实施，抓实重点行业领域隐患排查、专项整治等工作，常态化开展非煤矿山、危化品、食药环、消防、道路交通等领域隐患排查整治，全年共排查出各类隐患7处，均已限期整改完成。坚持24小时领导带班干部值班制度，安全生产隐患、地质灾害隐患排查日报告制度，进一步完善灾害预警预报监测体系，完善应急处置机制落实各项安全生产保障措施，坚决预防和遏制重大安全生产、食品安全事故的发生。在森林防火方面，加强灾害风险排查与防范，进村入户大力宣传防火知识，累计发放防火宣传牌60块，悬挂防火标语80条，防火宣传旗200面，群众防火意识不断增强。重点对非法采砂、采矿进行了全面检查。2023年，全乡不存在非法私挖盗采乱采行为，全年亦未发生一起安全生产事故。

扫黑除恶专项斗争持续走深走实。坚持标准不降、力度不减、工作不断，对已侦破的案件循线深挖、逐一见底，全面梳理、深入开展重点领域重点行业整治，主动防范、发现、打击黑恶犯罪的机制进一步健全。

【社会事业】 2023年，吴马营乡强化公共卫生保障。全面落实好二孩、优生促进工程及“奖优免补”政策，实现人口均衡发展；抓实基本公共卫生服务，积极普及卫生健康知识。提高村级医疗卫生服务能力，保障人民群众身体健康，全面实施健康签约服务，乡卫生院和县医疗集团联合对全乡15个村开展巡下乡义诊、送医送药上门服务；积极开展爱国卫生运动，持续开展农村厕所革命，认真完善并做好后续工作。

繁荣发展文体事业。深入践行社会主义核心价值观，加强公共文化服务体系建设，引导开展健康向上的广场文娱活动，村村建有文化健身广场；同步抓好乡文化站工作，发挥农村书屋作用，办好农民夜校，电影下乡进村每月2场，进一步丰富群众文体生活。

全面落实各项方针政策，教育、健康、社会保障等帮扶优惠政策全面落实，进一步扩大社会保障覆盖面，提高参合率，做到应保尽保。人大、武装、民政、统战、残联、文化卫生等其他各项工作均取得了较好成绩。吴马营敬老院在管理上得到进一步规范，服务水平获得了进一步提高。乡政府积极组织农村实用技术和劳动力转移技能培训，为群众创造了更多的致富增收机会。

【党建工作】 2023年，吴马营乡明确首要政治任务，深入学习贯彻党的二十大精神。按照年初制订的乡党校年度培训计划，全年共组织开展党的创新理论专题培训4次。全乡以支部为单位，10名党政班子成员作为授课人赴各自联络点专题讲解党的二十大精神，实现了在村党员轮训全覆盖。常态化开展干部集中学和自学相结合、线上线下全覆盖、专题研讨、专题调研等活动，坚持用习近平新时代中国特色社会主义思想凝心铸魂，着力弥补干部能力素质的短板和弱项，狠抓干部作风，转变干部风气，推动工作落实。坚持党委管党建、书记抓党建，党委班子成员包抓党建工作机制，严格落实“三会一课”制度，常态化开展主题党日、党群活动日等活动。全面落实村干部集中办公和轮流值班制度，全乡以支部为单位利用每月主题党日活动，常态化开展“我为群众办实事”活动，全乡统筹制定的10件民生实事清单全部完成。完成省委巡视整改反馈问题4条。

优化提升乡级中心站所服务功能和村级组织规范化建设水平。规范建立了综合便民服务中心、党群服务中心、综治中心、警务室和矛盾纠纷调解中心，服务群众功能得到进一步完善；完成屯港等4个村的党群服务中心提档升级，各村标识牌子均规范设置。巩固提升基层党建示范点，加快实施党建示范点创建，完成2023年软弱涣散村党支部整顿工作。完成了农村集体“三资”管理专项整治工作，各村全部规范设立“三务”公开栏，并按月公开相关内容。持续提升党建引领乡村网格治理效能。全乡化设普网12个，2个村级普网下设微网格共5个，网格内化设党员责任区59个，网格党组织实现全覆盖，在村党员全部纳入网格管理。全乡配备网格员12名，网格辅助员48人，64名党员开展联户服务群众，实现在村群众全覆盖。全乡智慧网格平台实现正常运行，信息采集、问题处置、指挥调度等10大功能助力乡村治理能力实现大提升。严格乡村两级干部管理。认真落实党风廉政建设责任制，严格“一岗双责”要求，建立乡村干部廉政档案，强化日常监督，进一步推进党风廉政建设和反腐败工作。

下喇叭乡

【概况】 下喇叭乡位于山阴县的西北山区，紧靠虎山线，交通便捷。辖11个行政村，8个自然村，面积138平方公里，全乡共2889户6752人，常住户531户1003人，耕地面积4.21万亩，农村经济总收入7428万元，农民人均收入8732元，粮食产量320万公斤，农作物总播种面积2.88万亩。乡政府所在地距县城16公里。属典型温带半干旱大陆性季风气候，冬春多风，夏秋多雨，年平均降雨量420毫米，全年日照时间2899.7小时，无霜期120天。全乡养羊8000只、生猪1213头。

【经济发展】 2023年，下喇叭乡党委政府把发展村级集体经济作为硬任务，将其作为年度重要工作来抓，乡党政班子成员多次到村开展实地调研，征求党员干部群众意见，谋划村集体经济发展项目。在巩固莜麦、土豆等小杂粮种植的同时，高度重视山区特色种养产业发展，在党政班子会多次讨论发展“特”“优”小杂粮等种养事宜，积极申报种植项目。2023年，乡党委因地制宜提出实施土地宜机化整理项目，计划在黑龙池村、蓿麻沟村、织女泉村等8个村实施土地宜机化整理7600亩，已完成土地整理2300亩。为进一步扩大下喇叭乡杂粮产业知名度，提高杂粮销量，增加集体经济收入，在口子梁杂粮有限公司新增杂粮体验馆，让广大消费者实地品鉴杂粮美食，同时通过电商直播网络教学杂粮的烹饪方法。在小庄窝木禾生物燃料有限公司实施二期工程项目，新建1600平方米成品料库1座，2100平方米的初加工车间1座，对厂区入厂道路进行了平整绿化，栽种云杉造型树121株。

【基层综合治理】 在推进基层社会治理中，下喇叭乡积极践行新时代“枫桥经验”，以政治强引领、以法治强保障、以德治强教化、以自治强活力、以智治强支撑，建立健全政治、法治、德治、自治、智治“五治”融合基层综合治理体系，打造共建共治共享的社会治理新格局。日常接访做到“五心”（耐心、细心、关心，同理心、平常心），矛盾化解做到“五要”（要当面深入听来访人员的讲述、要多角度了解背后的情况和事情的经过、要研究问题发生时的政策和现如今的政策情况、要乡村两级集体研究化解办法、要找对的人干对的事）。改进原有网格员“吹哨派单”工作法，形成“3—1—0”工作法（3情——派出所接到的非警务警情、网格员排查发现的民情、村民代表上报的舆情。统1——把警情、民情、舆情统一移交乡综治中心处置，乡综治中心根据事件归口交办乡综合行政执法大队、相关科室、对应村委会办理。归0——问题处置进行闭环管理。实现民意诉求平台挂号—归口处置—跟进办理—跟踪回访—平台销号），形成联动高效的闭环工作机制，切实提高了解决问题的效率，将问题吸附在当地、化解在村内、解决在了萌芽状态。

系统推动各村修订村规民约，同时配套完善的村规民约遵守激励奖惩机制，对于违反村规民约的，在“文明家庭”“星级文明户”评选中“一票否决”，对遵守较好的给予物质奖励。为不断抓实村级治理，借鉴金融存兑模式，建立村级“道德银行”。找准德治“小切口”，引导村民做文明人、存“道德币”。下喇叭乡将法制类、德治类、自治类、示范带动类等四大类42条日常的文明道德行为，量化成一定的“道德币”，存入道德银行的个人账户，村民可凭“道德银行”存储的“道德币”兑换日常生活用品。同时，还可作为“道德模范”“文明家庭”“最美村民”“山阴好人”等评优评先的参考依据，让“有德者有得”，给文明人激励。

【和美乡村】 2023年，下喇叭乡在吴儿城、上喇叭、冻牛坡三个村实施和美乡村建设项目，榆树窊村继续推进完善村内背街小巷、改善入村2.6公里连接线景观布置。各村按照2022年人居环境“六乱”整治期间网格化分工，对重点区域、重点问题定期“回头看”，及时处理出现的新问题，持续巩固人居环境整治成效，贯彻乡党委提出“麦壳装入袋，秸秆码放齐，玉米檐下垒，稻谷扎成提”的做法，乡村两级干部和群众共同奋战，共同保卫取得的成果，确保农作物垃圾不进村、不进街、不进户、不进院，牢牢守住人居环境整治成果。

【服务民生】 2023年，下喇叭乡救助临时困难群众351人次，发放临时救助资金169700元，保障了困难群众的基本生活。救助受灾群众58户，发放房屋修缮救灾资金共计11万元。低保户、特困供养户、残疾人两项补贴、高龄补贴等均按时发放到位。春节、中秋节慰问活动期间走访了全乡伤残军人、老复员军人、烈属等共计49人，并为部分退役军人及现役军人家属发放慰问品。

全面落实安全生产责任制，组织派出所、卫生院等相关单位配合，对加油站、矿山、织女泉饭店开展日常执法检查30次。强化隐患治理，坚决遏制重特大事故，运用网格化管理模式，定期开展风险隐患大排查、大起底、大梳理、大整改行动，毫不放松抓好安全生产工作。完善各类突发事件应急预案，切实提高应急处理能力，全年无重大安全事故发生。

汛期以来，成立以党委书记、乡长为指挥长，各相关部门负责人为成员的防汛抗旱领导小组，组织领导全乡的防汛抗旱工作。制定和完善了下喇叭乡2023年防汛应急预案，储备防汛抢险物质。同时加强防汛抗灾宣传，在全乡干部大会多次安排部署防汛工作，利用宣传车、宣传册、微信群、广播大喇叭等多种方式广泛宣传，以增强群众的防灾避险意识。在汛前多次安排包村领导、驻村干部、村“两委”、网格员等对辖区内的河道及地质灾害点进行全方位的安全排查工作。

【文化发展】 2023年，下喇叭乡找准自身特色优势，挖掘历史文化底蕴，传承优秀传统文化，经乡村两级干部群众共同努力，共挖掘整理“正钗沟里传出的红色电波”“洪涛山的保险箱子”“保卫白如冰的黑龙池突围战”“刘华香夫人林波织女泉村被救的故事”“下立羊泉卫生队遇难”等10个红色故事，让人们回首炮火连天、硝烟弥漫的峥嵘岁月，重温战争年代军民一心、团结抗日的感人故事。同时，为进一步传承农耕文化，为农耕老物件寻个“家”，下喇叭乡筹建了农耕文化展馆，展览馆占地约250平方米，陈列了由各村农户自愿捐赠的百余件农耕用具(包括农村老家具)，水车、榴子、石磨、犁、耙、镢等老农耕用具应有尽有，展示着老一辈农民的生产、生活方式，为本土农耕文化的传承奠定了基础。下喇叭乡秉持以挖掘传统文化、创新文化发展、推动文化传播来发展文化，在实践中进行文化创造，不断加快推进文化振兴，为最终实现乡村文化振兴赋能铸魂。

【基层党建】 2023年，下喇叭乡党委“严”抓党建，坚持以增强政治功能和组织力为重点，落实“党委抓牢支部、支部严管党员、党员带动群众”工作机制，推动党委、党支部、党员、群众联动共进，深入推动各领域党建均衡发展、齐头并进，推动基层党组织全面进步、全面过硬。将政治理论教育作为支部建设的必修课，组织各支部制订学习年度、月度计划，持续深入学习贯彻习近平新时代中国特色社会主义思想和党的二十大精神，并坚持把理论学习的具体任务融入日常工作中、细化到党员身上，使理论武装有计划、有步骤、有程序地得到落实。同时，乡党委持续深化“五课法”进村送课行动，一年来，各包村领导开展进村送课活动8批次，累计覆盖党员群众1400余人次。严格按照标准步骤和规定程序落实“三会一课”、组织生活会等基本组织生活制度，确保规定动作一丝不差、关键环节一步不漏，并在活动方式上持续创新，丰富活动载体和形式。牢牢把握意识形态领域主动权，加强思想宣传引导，在强基础、聚合力上实现新突破。在“山阴组工”“朔州组工”“山西新闻网”“山阴政法”“朔州新闻”等媒体上发布新闻报道20余篇，通过“12345”市长热线受理回复群众问题10例，宣传工作取得较好成效。

北周庄镇

【概况】 2023年，北周庄镇党委、政府高举习近平新时代中国特色社会主义思想伟大旗帜，坚决贯彻落实党的二十大和二十届二中全会精神，深入开展学习贯彻习近平新时代中国特色社会主义思想主题教育，紧紧围绕县委打造“灵秀古城”、建设“新韵山阴”的战略目标和镇“培育经济强镇　描画魅力周庄”的发展思路，战胜了一个又一个挑战，打赢了一场又一场胜仗，圆满完成全年目标任务，出色地交出了乡村振兴北周庄答卷。

【党建引领】 2023年，北周庄镇坚持党建引领，以产业发展为驱动，以富民强村为目标，凝聚发展力量，激活发展动能，高质量推进落实好学习贯彻习近平新时代中国特色社会主义主题教育各项重点任务。依托党委理论中心组组织专题学习13次，研讨6次。形成问题清单45个，提出整改措施54条，同时汇总梳理上年度民主生活会、巡视巡察反馈等问题21条，全部整改到位。开展为民办实事、破难题、解民忧50余次，设置27个党员示范岗，承诺践诺50次，志愿服务活动21次。抓好基层党建示范点创建提升工作，精心培育出北周庄村、苑家辛庄村、柏坡村、白家堡村等一批高质量的党建工作示范点。同时打造了北周庄村红白理事会和松蓝化工非公党建“三员管理”换档升级党建示范点。以主题教育为契机，严格落实“讲党课”制度，着力在提升党员政治素质和理论水平上下功夫，营造党员干部主动学习的良好氛围，党委书记带头讲党课3次，示范带动班子成员讲党课10次，村支部书记讲党课18次。做好“抓党建促基层治理能力提升”活动延伸，特别是围绕农村“三资”管理贪腐问题整治工作，圆满完成18个行政村近2000万元债权债务化解工作。围绕各村区域优势和特色产业以及2022年“百企带村”输血成效，初步探索形成了产业发展、党建引领、土地规模经营、抱团发展等多种村集体经济发展类型，使全镇村集体经济多点开花。2023年全镇村集体经济总收入达1057万元，较2022年同期增长35%，其中10个村村集体经济收入达到20万元以上，5个村村集体经济收入超过50万元。

【产业发展】 北周庄镇把产业增收作为推动乡村振兴战略的有力抓手，把发展特色产业作为引导群众增收致富的着力点，持续深化政策引导，积极挖掘、发挥特色产业带头人引领示范作用，全面深入稳步推进产业向多元化、效益化发展，助推乡村振兴。按照“党员带头、群众自愿、因地制宜、因户施策”的原则，全力推动土地流转，引进最新农业科学技术及优良品种，优化种植结构。在白家堡村、郑庄村、北周庄村等3个村流转土地600余亩，开展水果玉米、小黑麦、葵花等作物试验田种植。在山西奥圣生态农业科技研究院院长赵和平教授及团队的指导下，借鉴内蒙古、甘肃改造经济林成功收益的经验，投资70余万元，将苑家辛庄村300亩林地作为经济林项目试点，结合土壤及水果储运现有条件，种植珍珠油杏、梅杏、锦绣海棠等品种，实现经济效益和生态效益有机结合。北周庄镇紧紧抓住产业发展的“牛鼻子”，通过对牛羊养殖产业发展进行分析和梳理，在边坡区村建设养殖农场，扶持规模养殖户15户，同时逐步引导农户参与到粪污资源化回收利用、反哺土地、种植优质饲草料的闭环中来，逐步实现种养循环，实现粪污利用有出口、耕地地力有提升、群众增收有支点、产业发展可持续。以农产品为载体，建立和形成产供销一体化的乡村产业链条。全县最大的杂粮加工企业“玉龙”土特产在北周庄镇，该镇紧紧抓住展销会、农博会、推介会、评奖评优等活动，以及“互联网+”等平台，加大农业品牌展示展销力度，增强品牌影响力，提升品牌美誉度。2023年4月，北周庄镇组织人员赴临汾霍州实地考察了煤泥综合科学利用项目，考察学习回来后积极推进煤泥制成型煤技术，针对工业型煤能量转化率达95%的优势，将煤泥制成型煤，既有利于节约煤炭资源，减少煤泥对环境的污染，又有利于改变选煤厂的产品结构，提高选煤厂的经济效益和社会效益。另外，在白家堡、李家窑、燕庄投资190万元、吸纳社会资金300万元实施煤矸石制肥项目，推动北周庄镇固废高效综合利用。

【民生福祉】 2023年，北周庄镇在美丽乡村建设、农村人居环境整治、民生实事上持续发力。依托网格化管理体系，立足镇情、村情，将人居环境整治工作与美丽乡村建设、乡村振兴等重点工作有机结合，狠抓路域绿化、美化亮化和日常保洁，并把影响村庄环境的污水、改厕、乱堆放、无功能建筑、道路建设等作为项目建设的重要内容，累计出动3000人次，动用机械、车辆680台次，清理垃圾4万余立方米，拆除各村及岱马路沿线违章建筑12处。围绕群众反映强烈的民生需求，结合村庄道路硬化、亮化、绿化、美化、宜居等，确定郑庄、苑家辛庄、燕庄、新岱岳村4个美丽乡村项目实施点，并于10月底全部竣工，推动全镇“颜值”与“气质”有效转变，大幅提升了群众的满意度、获得感，并在全县重点工程观摩中再摘桂冠。

立足民生实事，做好“九大工程”，提升群众幸福感、获得感。自来水入户工程，完成燕庄、新岱岳、上神泉、郑庄、辛留村、北周庄村自来水管铺设15000米，新建200平方米、300平方米蓄水池各1座，新打机井1眼，惠及1700户村民，让老百姓喝上了放心水。完成路灯安装260盏，栽种各类树木3000株，硬化街巷13000平方米，全镇人居环境更为舒适宜居。修复完成路面下排水管洞13处，安装污水储罐3个，铺设污水管道2800米，减少了地下水污染，有效改变了农村污水乱流的现象。累计完成改厕2150座，排查整改问题厕所424座，提升了群众的幸福指数。支持北周庄村组建农机服务队，筹集70万元购买拖拉机、饲草打捆机、翻耕机，充实了全镇农机力量，并以低于市场价20%的价格服务群众，解决了群众“种地难”问题。治理白殿沟存在地质灾害风险且对村民生产生活造成严重影响的30米深沟，平整土地90亩，方便群众出行的同时又扩增了农田。累计为受灾群众争取综治保险理赔30万元，同时对因病支出增加、突发意外等原因导致生活困难的符合条件对象发放临时救助45万元，真正让困难群体感受到了党的关怀与温暖。持续优化营商环境，帮助宏建农牧专业合作社申请补助资金200万元，帮助宸鑫缘煤炭企业补办土地手续，帮助卫龙商砼有限公司拓销商砼500万元，真正助力企业高质量发展。启用镇敬老院，配备营养餐厅、多功能活动室等养老服务设施，可满足辖区老人多样化养老需求，全镇老年人健康保障水平明显提升。

【脱贫巩固】 北周庄镇扎实开展五项重点工作“百日攻坚”春季行动，压紧压实工作责任，聚焦守底线、抓发展、促振兴工作思路，深入开展脱贫劳动力务工就业、加快项目开工建设、防止返贫监测帮扶全面排查、真帮实扶政策宣传、深化乡村振兴示范创建五项重点工作“百日攻坚”春季行动，锚定目标、拿出举措、紧盯任务狠抓落实，持续推动重点工作提质增效、关键指标争先进位，为实现全年目标任务奠定坚实基础。为34名县外务工人员申请一次性交通补贴；为40名脱贫户发放了稳岗补贴；为18名脱贫户申请了特色农业特惠补贴；为9名学生申报了雨露计划资助；为符合条件的31户脱贫户申报了发展庭院经济示范户，并通过走访调查拟为符合条件的6户脱贫户申请小额贷款，助力种植、养殖等产业性收入增加。通过一系列措施激发脱贫户内生动力，全镇脱贫户收入稳中有增。持续开展动态监测和集中排查工作，常态化监测全部农村人口“两不愁三保障”及住房、饮水安全情况，全面掌握收支情况。通过6月一整月的时间进行拉网式大排查，及时将新增的突发严重困难户10户28人纳入重点监测对象，制订帮扶计划精准帮扶。持续监测资产效益，建立健全扶贫资产管理台账。进行了扶贫资产“回头看”工作，全镇扶贫资产共有9个，委托经营的项目经营良好，光伏电站运行良好，不存在闲置、流失、亏损、损毁等问题。持续推进扶贫项目落地惠民，争取上级扶贫专项资金103万元，在王家堡村实施44千瓦屋顶光伏项目，在上神泉村实施安全饮水工程。

【创新基层治理】 北周庄镇坚持和发展好新时代“枫桥经验”，深入践行“浦江经验”，加快推进基层社会治理体系建设，搭建畅通群众表达诉求、参与协商治理平台渠道，拓展“法理情融合”多元解纷新路径，为推动北周庄镇高质量发展夯实稳定基础和平安保障，蹚出了周庄版“枫桥经验”的新路，实现矛盾不上交、平安不出事、服务不缺位。北周庄镇严格落实党政主要领导亲自接访制度，每天安排一名党政班子成员接访，轮流值班。通过畅通群众来信、来访、来电等渠道，耐心倾听群众的意见、建议和诉求，做好信访登记工作，详细记录信访日期、信访人姓名、联系方式、信访诉求等，切实做到不漏登、不错登、不重登。严格落实信访案件的化解举措，深入开展“大走访、大调研、大服务、大解题”活动，深入郑庄、白家堡、王家堡、永静城、白殿沟村，对群众反映强烈的信访事项进行实地调研，并现场协调解决，按照诉求合理的解决问题到位、诉求无理的思想教育到位、生活困难的帮扶救助到位、行为违法的依法处理到位的要求，做到应办尽办、应解尽解，用心用情为信访群众排忧纾困，让信访群众切实感受到党和政府的温暖。用力访民情，做好信访预警工作。对发现的各类矛盾纠纷，能够调处的就地进行调处，不能立即调处的，网格信息员及时汇报，由镇村调解中心帮助协调解决。在2023年全省践行新时代“枫桥经验”深化调解工作提升矛盾纠纷预防化解法治化水平大会上，北周庄镇化解企地矛盾纠纷“商、建、处、创”工作法被评选为全省“枫桥式工作法”先进典型。

【安全生产】 北周庄镇把思想和行动统一到习近平总书记关于安全生产重要指示批示精神上，统一到国家、省、市、县关于安全生产工作的部署要求上，深刻吸取各类事故教训，时刻绷紧安全生产之弦，树牢底线思维和风险意识，盯紧关键环节，细化隐患治理、优化监测预警、硬化物资保障，全面打好隐患排查“主动仗”，筑牢安全生产防护网。结合安全生产月活动，通过悬挂条幅、发放宣传册、现场咨询等形式，向广大群众普及安全知识和应急技能的同时，通过微信群等线上方式向群众推送安全应急技能，提高了群众安全生产意识，营造了“人人讲安全，个个会应急”的浓厚氛围。不定期对企业负责人进行安全知识培训，学习最新文件精神，观看警示教育片，强化企业安全生产主体责任落实。同时，积极开展防火等灾情应急救援演练，通过实战化演练，以“战”代训，检验了应急预案的实效性和可操作性，提升了全镇应急响应及应急处置能力。认真开展安全生产大检查，对企业、加油站、经营性自建房、道路交通、建设施工、消防、地质灾害等全领域多次开展滚动式、拉网式、地毯式安全隐患大排查大整治，发现问题责令相关负责人立即整改，实现隐患清零销号，同时跟踪督促管理到位，坚决避免在“看不到”的角落发生“想不到”的事故，全力推动全镇安全生产形势稳定。

【环境整治】 北周庄镇坚定不移践行生态优先、绿色发展理念，多措并举加强生态保护、环境治理，在党建引领上下真功，在环境治理上出实招，在协同配合上建真章，全力推动环境与经济协调发展、人与自然和谐共生。投资1544

万元完成县级造林工程和晋北高原风沙源生态保护和修复项目，在杨庄、柏坡、张庄、永静城、燕庄、上神泉、下神泉、白殿沟等8村造林共计6247.8亩，植树39万株；深入开展蓝天碧水净土保卫战和利剑斩污行动，结合北周庄镇实际，制定了《山阴县北周庄镇人民政府关于生态环境保护反馈问题的整改方案》，召开4次打击取缔散乱污推进会，进行全面部署、周密安排。按区域组建了4个执法小组，组长由镇部分领导担任，组员分别来自镇安监、环保站、执法队、派出所等部门，并为每个小组配备卡车、挖掘机等清运车辆，对镇域内无手续、违法经营，不符合环保标准要求且拒不整改的非法晾晒煤泥点当场要求其立即停止违法行为，并对负责人进行追责问责，各执法组组长带队对所有非法煤泥晾晒点进行了强制取缔，雇用装载机、拉运车30辆，共没收煤泥1000多吨，彻底取缔了周庄境内所有散乱污企业，并覆土恢复原貌。加大查处秸秆焚烧力度，全镇85%以上的玉米地已全部吸草打捆、回收利用；加强水域治理，修复河道、改善生态，使三水库变为远近闻名的天鹅湖。

【文化发展】 2023年，北周庄镇为推进农村精神文明建设，丰富广大农民群众的精神文化生活，进一步促进农村文化大繁荣大发展，充分发挥乡镇综合文化站和“乡村舞台”的功能和作用。立足新时代文明实践站所，组建理论宣讲志愿服务队20支，始终以深入宣传贯彻习近平新时代中国特色社会主义思想为首要任务，紧握主题主线，紧贴群众心声，把党的声音传到千家万户，使全镇理论宣讲工作呈现出一派生机勃勃的繁荣景象。在传统节日和重大节日，多次举办主题鲜明突出的文艺活动，开展了元宵节文艺会演、建党102周年系列活动、首届七夕民俗文化周、中国农民丰收节文艺会演等活动，让群众在喜闻乐见的文化活动中获得精神滋养，为全镇加快推动经济社会高质量发展增强文化自信。全镇新增评选星级文明户50户，并进行了挂牌表彰。此外，全镇在各类活动中共评选表彰出7名“乡村振兴带头人”、21名“致富带头人”，引导群众感党恩、讲奉献、树新风，以文化人、以风化俗。

合盛堡乡

【概况】 合盛堡乡位于山阴县城东北10公里处，黄花梁脚下、桑干河畔，东临应县、北接怀仁，人杰地灵，民风淳朴，是全县有名的文化之乡，也是山阴经济技术开发区东区所在地。桑干河、木瓜河、民生渠流经境内，大运高速纵贯南北，荣乌高速横贯东西，并交会于该乡，建设中的集大原高铁贯通东西，河阳大道北沿线贯通工业园区，交通便利。全乡区域面积96平方公里，土地面积11.93万亩。全乡辖12个行政村，4个自然村，在册人口5315户12245人，常住人口2798户6057人。

【农业生产】 2023年，合盛堡乡农业生产有序实施，优化农业产业结构，粮食生产稳中有进。完成全乡耕地地力保护补贴工作，粮食播种面积73714亩，总产量达28580.2吨。富硒小米产业发展势头良好，以东双山村为中心，依托省农科院有机旱作晋北工作站，加强有机旱作农业基地为主体的富硒小米产业，走好山水、田园、康养“农旅一体”之路。进一步扩大富硒产业种植面积，加强了产区基础设施建设，加大了富硒产品宣传，带动了周边产业向好发展。大力实施“塞外火山土小杂粮”种植业，持续打造“塞外火山土”品牌。按照“农科院+合作社+农户”的生产经营模式，实现“小杂粮”有机旱作技术推广，省农科院不断加大实验种植面积，建设高标准农产品实验基地，全面开展小杂粮专业、产业合作社发展，实现杂粮种植集约化、组织化、规模化推广发展。山阴小米是山西省山阴县特色优质小米之一，已有近百年的种植历史。当地种植山阴小米不使用化肥、不使用农药，而是依托独特的地理条件优势。2018年在中国公信网举办的中国好小米评选中，有来自国内杂粮主产区山西、陕西、河北、内蒙古等省区的200余家小米生产企业近300种已知品牌小米参选，山阴小米一举夺冠，被誉为中国好小米。这是小杂粮王国山西的荣耀，也是对塞外小米的肯定。

【和美乡村】 2023年，合盛堡乡充分利用县级资金900万元实施和美乡村建设项目，极大改善村民的生产生活条件，提升村民的幸福指数，为乡村振兴奠定坚实基础。杨庄村新建聚乙烯PE100给水管道4715米，配套阀门井13座；改造墙体2210平方米，新建文明户展示栏和群众健身广场各1处，总面积869.2平方米；改造水泥道路1250平方米及边坡修理；安装太阳能路灯48盏，利用旧学校改建农耕文化展览馆301平方米等相关配套工程；来远村改造村学校，新建文创产业园357平方米，推动产业、就业、研学相结合，实现文化振兴与产业振兴相融合；新建乡村卫生室及其配套设施74.9平方米；硬化街心广场1处并完善相关配套工程等；改造道路1770平方米，修筑浆砌石排洪渠263米，80 U型渠400米，过路管涵1处，彻底解决了洪水过街的危害；改造墙体2188平方米等；西双山村改造水泥混凝土路面16325平方米，更换给水管道231米，铺设面包砖人行道路1000平方米、路缘石1000米，改造墙体3547平方米，新建凉棚、木长条凳、道路绿化及相关配套工程等。

【重点工程】 2023年，合盛堡乡征地工作有序开展，朔州神头泉引水工程临时占地涉及该乡七个村，完成占地征地555.86亩，山阴经济技术开发区征用土地689.98亩；农村公路建设得到了进一步加强和改善，使得农民出行更加便利和快捷；积极争取农村道路建设项目，对来远村至西双山村、黄巍村至康庄村、黄巍村至常辛村、康庄村至贺家堡村4条道路进行了重新铺设，共计12公里，投资720万元。农田水利工程建设得到了进一步加强和改善，提高了农田的抗灾能力和灌溉能力。积极做好黄花梁水的文章，利用全省五年时间新增300万亩灌溉面积的政策红利，同桑干河管理局合作，推动实施黄花梁木瓜河五库新增5万亩灌溉面积项目。该项目概算投资8000万元，以民生渠为水源，将木瓜河五库作为民生渠新增灌溉面积调节库，黄花梁坡上5个废弃采石坑作为增压调节池，利用自然高差实现新增高效节水灌溉（滴灌）面积5万亩，该项目已进行了初设，并报省水利厅，做详细规划设计和立项前准备工作。

【平安建设】 2023年，合盛堡乡坚持把安全工作放在民生首要位置，作为各项工作的重中之重来抓。在调解土地矛盾纠纷中，主动介入、预判先行，实践运用“炕头”聊心事、“地头”解难题的“双头”解纷工作法，组建由乡党委书记任组长的工作专班，实行“一周一进”“一月一研”制，上门走访服务群众；对重大矛盾纠纷，实行“一事一策”“跟踪督办”制，深入田间地头解决实际问题，止矛盾于初发，息纷争于将起，走出具有泥土气息的乡村善治之路，总结形成“矛盾调解在群众炕头、问题解决在田间地头”的工作方法，并结合实际，进一步畅通和规范了群众诉求表达、利益协调、权益保障通道，及时把矛盾纠纷化解在基层、化解在萌芽状态，构建起了基层治理新格局，探索形成了一套“枫桥式”的本土工作法，同时被中共中央政法委员会评为全国新时代“枫桥经验”先进典型单位，将继续坚持好、发展好新时代“枫桥经验”，进一步提升矛盾纠纷预防化解法治化水平，努力为建设更高水平的平安中国、法治中国做出新的更大贡献。

【民生服务】 2023年，合盛堡乡以乡便民服务中心为依托，在各村建立便民服务代办点，认真解决群众诉求。加快老年人宜居环境和居家养老服务体系建设，改善特殊困难老年人居住条件，降低老年人在家意外风险，按照每户不超过3500元的补助落实基础类项目改造，对符合条件的特殊困难老年人的家庭生活环境和设施进行适老化改造；对老年人养老保险复核、低保五保复核、优抚发放、残疾辅助器械发放等进行上门服务，对救济申领、计生服务、危房鉴定、残障申请等事项开展乡村代办工作，2023年共办理临时救助、优抚、计生、医保等115类服务群众事项3060多件。

【人武工作】 2023年，合盛堡乡加强村级民兵武装工作基础设施建设、国防阵地文化建设和应急能力建设。乡武装部切实履行基层民兵组织建设任务，完成民兵军事训练任务和征兵组织工作。全年共为部队输送2名高素质兵员，全部为大学毕业生。退役军人优抚工作有序开展，为优抚对象交纳医疗保险22648元，进行业务培训2次，政策法规宣传1次，帮扶困难退役军人3人，慰问立功受奖军人2人，全年走访慰问20余次。

【基层党建】 2023年，合盛堡乡落实“一岗双责”工作要求，提升党组织在各项工作中的核心和领导作用，充分发挥党政班子成员的示范带动作用，努力打造示范党支部。合盛堡乡结合辖区南部六村资源丰富，依托山阴县饲草交易平台大力推动发展畜牧饲草产业。为了进一步增强推动产业发展的凝聚力，按照打造政治功能强、引领作用强、组织力整体提升的工作思路，组建了合盛堡乡畜牧饲草党建联合体。在乡党委的指导下，党建联合体构建以“1+6+N”为核心的运作模式，通过活动联办、队伍联管、发展联姻等，把党建资源和其他相关资源最大限度地激活好用好，推动实现党建联合体在政治、组织、机制、行动、队伍、能力等方面对其他各类组织的示范作用，真正让党的全面领导落到基层、实到支部。

岱岳镇

【概况】 岱岳镇位于山西省朔州市山阴县雁门关外，东西横跨洪涛山与桑干河，是山阴县县城所在地。同太公路、大运公路、合山线、北同蒲铁路贯穿全境。山、川、坡区接合，自然资源丰富，交通便利，区位优势明显，是山阴县经济、文化和商业中心。全镇区域总面积149.35平方公里（224025亩），辖22个行政村、11个社区、5个自然村，户籍数35180户87445人，常住户数37150户102166人。粮食作物主要有玉米、马铃薯和小杂粮等。

2023年，岱岳镇以习近平新时代中国特色社会主义思想为指导，持续深入学习贯彻落实党的二十大和二十届历次全会精神，坚持守底线、抓发展、促振兴，巩固拓展脱贫攻坚成果，扎实推进乡村振兴，落实落细帮扶政策，抓紧抓好重点任务，着力城乡融合发展，大力实施惠民工程，下苦功、出硬招、动真格，较好地完成了年初确定的各项目标任务，乡村振兴稳步推进，社会经济安全发展。

【粮食生产】 岱岳镇坚决扛起保障粮食生产的政治责任，紧盯粮食播种实际情况，全镇耕地应种尽种。2023年，全镇粮食总播种面积44837亩，其中玉米29270亩，谷子、高粱、荞麦等杂粮谷物14994亩，豆类353亩，薯类220亩。秋收玉米13012吨，杂粮谷物3555吨，豆类39吨，薯类162吨，全镇各类粮食共计16768吨。同时在全镇所有行政村、自然村开展撂荒地排查工作，厘清情况，摸清底数，为农业生产工作打下坚实基础。

【产业振兴】 2023年，岱岳镇以“强村、富民、增收”为目标，结合六大产业基地（城北现代农业基地、城东畜禽规模养殖基地、西坡区杂粮基地、城西经济林果基地、城南无公害蔬菜基地和社区商贸加工基地）优势，全力把“资源优势”转化为“经济优势”。

推广万寿菊种植项目。在西坡区郭家窑村、七里沟村采取“村集体带头、合作社经营、村民参与务工”的形式，引进种植色素万寿菊500多亩，亩产鲜菊花2500公斤，以每斤1.4元的收购价与厂家签订购销合同，亩产纯利2500~3500元，探索出又一条致富新路径。

发展兰园油粉食品加工。兰园村集体投资18万元，以入股方式吸纳资金12万元，新建油粉加工厂，通过“支部+民间艺人+村民入股”的形式生产山阴独有民间小吃——油粉，以婚庆、寿宴、饭店、超市供货为主要销售渠道，自2023年7月营业以来，市场销量渐增，日产量达300 ~ 500碗。

西坡区各村集体流转土地合作经营。通过流转孤寡老人、外出务工村民等人员的土地，统一整合以农机合作社的方式经营，2023年甘庄村、郭家窑村、贾家窑村共流转土地370亩，村集体经济增收14.8万元。

麻疃村发展多项产业壮大集体经济，主要通过成立劳务公司、引进众福缘手工加工业、打造户外露营基地等方式，底已净增收12万元，村民实现了不影响务农，又可以在家务工的愿望，日收入60 ~ 70元。

【和美乡村建设】 2023年，岱岳镇坚持党建引领，把和美乡村建设作为乡村振兴战略的抓手，以乡村振兴建设为契机，重点打造麻疃村、七里沟村和王家涧村三个示范村。

在麻疃村，投资380万元全面改造村内主干道，集中修缮小街小巷，对村级活动场所翻新硬化，已完成混凝土路面硬化15000余平方米，沥青路面2740平方米，铺设草坪砖1200平方米，整治残垣断壁1600平方米，同时对原来户家巷内厕所、柴房全部拆除，见缝插绿，栽植各类苗木700余株，加装路灯31盏，实现村内照明死角全覆盖，全面提升农村人居环境。

在王家涧村，和美乡村资金是主要用于“平改楼”项目的可研设计规划和项目评审等前期事项以及拆迁户过渡安置补偿费。截至年底，前期工作已完成，土地性质完成变更，已获得批复。结合和美乡村建设工作，另投入资金160万元，对村内“平改楼”设计未覆盖的五条主要道路进行重新硬化，硬化道路15000平方米，全长2292米。

在七里沟村，投资560余万元进行和美乡村建设，硬化地面35000余平方米，铺设自来水管道1800米、污水管道4000米、雨水管道400米，栽植各类景观树木3700余株，安装路灯67盏，清理垃圾4300余立方米。

【人居环境整治】 2023年，岱岳镇对新大滩村、贾家窑村、夏家窑村、县城北出口、北街社区等区域进行提档升级，持续开展人居环境整治行动，环境“颜值”不断升级。

在新大滩村，持续实施集中供暖民生工程，

在1075户村民集中供暖的基础上，还配合城发集团同步铺设污水管道1.7万米，供水管道3200米，并进行道路硬化工程，路面硬化8.2万平方米，自来水接入200户，125户农厕全部整改合格，全村实现了自来水、污水管网、卫生水厕入户全覆盖。在贾家窑村，投入资金70万元实施污水管网项目，沿村内规划线路，形成网状，向外接污水处理厂（站）主干管，铺设DN200双壁波纹管430米、DN300双壁波纹管1544米、ϕ1000检查井70座、1座玻璃钢化粪池50立方米、恢复路面1800平方米。在夏家窑村，对上下沙河处损坏的山路进行整修，修复道路900米，硬化路面2500平方米，群众出行更加便利。在县城北出口沿线，栽植樟子松1000株，粉刷墙面1万平方米，治理残垣断壁300平方米，清理垃圾500余吨。在北街社区，党群服务中心广场硬化1500平方米，栽植树墙90米，修缮花池3座，并安装电子屏、健身器材、路灯等设施。

【安全生产】 2023年，岱岳镇组织全镇机关、村（社区）干部学习国务院安委会15条硬措施和山阴县58条具体举措。累计开展各类安全生产督导检查331次，检查饭店、宾馆、加油站等300余家，排查整治一般隐患44处。按照要求开展消防安全重大风险隐患专项排查整治2023行动等安全生产相关行动，制定《岱岳镇消防安全重大风险隐患专项排查整治2023行动工作实施方案》，开展检查20次，排查整治“三合一”“多合一”场所20家，并同步开展全镇矿山安全生产大检查百日攻坚行动、重大事故隐患专项排查整治2023行动等安全生产相关行动。

【民生服务】 岱岳镇全体党员干部牢记为人民服务宗旨，高度重视民生服务工作，主动担当作为，用心用情用力做好各项民生服务工作，切实为群众提供方便，全力提升办事群众幸福感、满意度。为群众按时发放2023年1—4月“煤改电”清洁取暖补贴资金4万余元。开展“上门评残”行动，为6位行动不便的居民上门办理残疾证，为50名符合条件的大学生申请“扶残助学”项目资助23.9万元，为7户困难残疾人农户家庭申请“助残帮扶项目”，发放轮椅、凳杖、助听器等各类残疾辅助器具130多件。民政工作方面，新增农保35户57人，城保8户13人，特困供养人员3户3人，事实无人抚养儿童1人，为105人办理重度残疾人护理补贴，为低保户中的41名困难残疾人办理生活补贴，镇临时救助1104人次，发放救助金41.13万元，办理县大额临时救助相关手续206人次，办理县医保局大病救助相关手续160人次。第五次全国经济普查工作方面，成立工作领导小组及办公室，带领全镇17名普查指导员和126名普查员全面开展普查工作，核查个体户9316家，单位2740家，共计12056家，核查完成率100%。岱岳镇注重把学习枫桥经验排查化解基层矛盾纠纷、实施乡村振兴战略建设和美乡村等重点工作与解决群众反映的难点、热点问题统筹起来，紧盯“12345”政务服务热线的按时办结率、群众满意率目标任务，共计处理工单832件，案件办结率100%，群众满意率为98.9%。积极推动“基层治理一见通”“党统直统系统”平台的数据录入和信息完善工作，为基层治理智能化、规范化打好基础。

【巩固脱贫成果】 2023年，岱岳镇为108名外出务工脱贫劳动力发放一次性交通补贴金8.352万元。对农村卫生户厕改造进行“回头看”，摸排问题厕所1322座，建立问题清单，逐座整改。为154名外出务工脱贫劳动力发放稳岗补助金18.48万元。为44人落实公益性岗位，为

13名学生落实“雨露计划”，为87户农户申报庭院经济。2023年度脱贫户特色农业特惠补贴种植杂粮面积1770.52亩，补贴金额44263元，薯类面积97.69亩，补贴金额4884.5元，渗水地膜谷子面积828.01亩，补贴金额33120.4元，共计82267.9元。

【文明健康乡镇建设】 2023年，岱岳镇着力发挥新时代文明实践所作用，建设文明乡镇。9月，岱岳镇以新时代文明实践所为载体，开展移风易俗主题宣传月活动。充分发挥到村工作大学生、网格员等新生力量优势，利用农村广播、宣传栏等形式在全镇深入宣传婚丧事大操大办的危害，累计开展各类宣传300次，600名党员干部带头签订“移风易俗”承诺书，教育引导广大党员干部争做移风易俗的宣传者、推动者，扬新风促和谐。同时开展“时光记忆·幸福留影”活动，夕阳红摄影志愿者团队为中老年夫妻拍摄婚纱照或者全家福，通过摄影纪念活动，让中年夫妇现身说法，影响和教育当代年轻人，使他们树立起正确的婚姻观、人生观，为构建和谐家庭、和谐社会贡献力量。

2023年，岱岳镇持续开展爱国卫生运动，建设健康乡镇。制定《山阴县岱岳镇创建健康镇实施方案》，以郭家窑村、夏家窑村、七里沟村、兰家窑村、贾家窑村、解庄村、北王庄村七个省级卫生村为示范，引导群众培养“文明健康、绿色环保”生活方式，巩固爱国卫生村创建成果，并在4月开展爱国卫生运动月活动，开展环境卫生综合整治6次，清除卫生死角120处，集中开展病媒生物消毒消杀2次，清理生活垃圾1500立方米，建筑垃圾2100立方米。

【基层党建】 岱岳镇坚持把党的政治建设放在首要位置，做到旗帜鲜明讲政治，带头拥护“两个确立”、树牢“四个意识”、坚定“四个自信”、做到“两个维护”，确保县委、县政府各项决策部署落地生根。2023年，岱岳镇着力抓好理论学习。镇党委把学习贯彻党的二十大精神和习近平总书记历次视察山西重要讲话和重要指示批示精神作为主题，严格落实“第一议题”“三会一课”“主题党日”制度，依托理论学习中心组开展学习53次，集中培训5次、领读领学8次，覆盖党员干部1200余人，着力推动习近平新时代中国特色社会主义思想传至基层“神经末梢”。扎实开展主题教育。累计召开6次镇党委（扩大）会议，专题安排主题教育工作，制订学习计划、学习清单，严格落实“书记讲给书记听”，带头讲党课2次，组织党委班子集中研讨5次，办理民生实事要事3件，制作电视教育片1部，全力推动“学思想、强党性、重实践、建新功”总要求落地见效，激发广大党员干部攻坚克难、干事创业的强大动力。常态化推进党员干部教育管理，建立健全“支部书记上讲台”常态机制，充分利用共产党员网、“学习强国”、“三晋先锋”网络媒介，以“屏对屏”代替“面对面”，将党课搬上“指尖”，乡村党校累计开展专题党课150多次，组织党员及时跟进学习党的理念，观看红色电影、《榜样》等系列节目，累计培训党员5000余人次，特别是在主题教育中，通过结对帮扶，帮学助学促学，实现了373名流动党员、80名年老体弱党员的“全覆盖”“无遗漏”。

【党风廉政】 2023年，岱岳镇恪守勤政为民提作风，严格落实党风廉政责任。强化廉政教育，镇党委累计召开12次会议专题学习清廉山阴、清廉机关建设相关内容，组织机关干部、村（社区）支部书记共计110余人参观山阴县纪委监委廉政基地，并观看新编廉政历史剧《王家屏》及相关警示教育片，推动清廉教育走深走实、入脑入心。强化执纪问责，共接收问题线索7件，自查发现4件，逐一进行了线索核实处理，对党员干部进行谈话提醒35人次，党内警告处分14人次，政务警告处分1人，开除党籍处分1人次，促进党员干部作风大转变、履职能力大提升。扎实开展“三个一批”专项整治，麻疃村在“三个一批”专项整治中，强化了支部班子建设，成立劳务公司发展壮大村集体经济，实施了硬化、绿化、亮化工程，打造和美乡村，修缮泄洪设施办好民生实事，建设廉政教育广场、廉政宣传展版，完善村规民约，强化“四议两公开”制度执行，在“三个一批”验收中被省纪委评为“优秀”等次。

薛圐圙乡

【概况】 薛圐圙乡位于山阴县南部，东接古城镇，南连广武镇（后所乡），西邻朔城区，北靠安荣乡，乡政府驻薛圐圙村，距县城15公里。面积127.71平方公里。境内大运高速公路、208国道、古老线纵横交错交通便利。有薛圐圙村、庞家堡村、白坊村、河曲堡村、沙岭村、罗庄村、辛兴铺村、西寺院村、豆庄村、黑圪塔村、西李庄村、大营村、老羊寨村、老羊寨铺村、曹庄村、双寨村16个行政村。

【网格治理】 2023年，薛圐圙乡投资20余万元，重点打造薛圐圙村、河曲堡村和双寨村3个村的综治中心，围绕普通网格与专属网格合构建、党建网格与平安网格合构建、部门网格与综治网格合构建，将林田路井、河流沟壑、地质灾害等风险隐患点以及维稳、矛盾纠纷排查化解、应急管理、食药安全、宗教等社会治理37个相关事项全部纳入网格。全乡网格员化解矛盾纠纷30起，帮助代办服务事项150人，排查安全隐患300条，真正做到了“人在网中走，事在网中办，小事不出网、大事不出村”，确保事项交办不过夜、急特事项不遗漏。

【农村债权债务管理】 2023年，薛圐圙乡深入推进农村“三资”管理，充分发挥农村基层党组织战斗堡垒作用。通过深入摸排农村债权债务管理新问题先后制定了七项制度，保障清退集体与农户之间的各种欠款，清理好村级债权债务往来不清、关系不畅的问题。同时，通过财务清理化债、清收债权化债、结对抵冲销债、协商沟通还债、盘活资产还债、划转债务减债6种途径，将全乡17个村（社区），经自身消化，全部“清零”。

【党风廉政建设】 2023年，薛圐圙乡在持续推进清廉村居建设的同时，将“清廉村居”建设与“千万工程”等重点工作有机融合、一体推进。推出“全民党课”，进一步创新拓展形式和内容，提升村民素质教育的效果和质量，为农村注入生机活力。推出戏剧节目，依托“我们的农村”，开展邻里戏剧会活动，一边观赏戏剧节目，一边聆听“知青精神”，为全村营造出崇廉、倡廉的文化氛围。明确制度打造清廉内核，以规范制度为“突破点”，严格执行“四议两公开”制度、村级监督力量“三员合一”，发挥自我的监督职责。通过全村村民的监督，强化“八小时以外”监督，实现组织监督与群众监督“1+1>2”的“大格局”。同时，实施“清廉薛圐圙”廉洁文化工程等党风廉政宣传教育活动。推行廉政风险排查防控机制，采取自查、自纠，群众组织点评等方式，确保廉政防控无死角。建立干部廉洁档案、年度干部廉政个人信息表，及时掌握干部动向，巩固深化“两委”清廉建设的“后半篇”文章。真正实现干部清正、村务透明、监督有力、群众舒心的目标。

【基层治理】 2023年，薛圐圙乡通过学习借鉴

"千万工程"的先进经验，以"化解矛盾纠纷，助力转型发展"为抓手，积极践行新时代"枫桥经验"，通过打造"枫桥式执法队""枫桥式退役军人事务站""枫桥式青年之家"一站式的多元平台，最大限度将矛盾化解在基层。结合"法律咨询室"，融合打造出普法便利店、普法驿站等村民身边的学法"微阵地"，将"民主法治示范村(社区)"创建同"721工作法"有机结合。同时依托全乡23名矛盾调解员和法律明白人"，深入开展村（社区）人员"识法明理"行动，通过开展乡村"法律明白人"培育工作，进一步构建新时代"谁执法谁普法"的"大普法"工作格局。共开展法律活动50场，集中培训2次，分类培训8次，覆盖人数3000人次。

自编法治宣传小节目"舞出新风尚"，通过大家喜闻乐见的广场舞形式，树立法治风向标，让村民在潜移默化中感受到"法在身边"。由法治小分队表演的快板"我给大家来说法"，用通俗易懂的方式把法律知识、法律声音传播到群众的心坎中，以点带面在全乡巡演30场次，让法治宣传更接地气、深入人心。同时，全面规范提升"一约四会"治理水平，开展"好婆婆""好媳妇""好邻居"创建等活动，强化家风家训建设，弘扬社会新风正气。

通过"乡村振兴 青年建功"行动，依托村(社区)"青年之家""新时代文明实践所"等实体阵地，发挥青年生力军作用、统筹推进青年人才返乡交流常态化和推动学子暑期返乡实习，累计组织动员青年50人，开展活动50次，覆盖人数400人。同时，抓住"3·15""12·4"等重要时间节点，通过流动讲堂形式进支部、进超市、进企业、进农户、进田间地头，面对面向群众讲解法律援助、电信诈骗、平安建设等内容，现场解答群众法治咨询60人次，向村民赠送各类法治宣传资料2000份、发放环保袋300个、宣传挂图500张，法律读本200本。

【集体经济】 2023年，薛圐圙乡围绕"唤醒盐碱地"这一目标，在白坊村建立特色农业观光、采摘园，引进"碱地西红柿"，实现亩产8000斤，累计销售1400箱，获利7.8万元；因地制宜，全力推动罗庄村盐碱地50亩稻花香2号、4号两个耐盐碱水稻种植项目；利用黑圪塔村村南50亩的盐碱地进行冬小麦试种；通过招商引资，回流人才、资金，流转100亩盐碱荒地，在罗庄发展渔业先行区，养殖"南美白对虾"。做强农业加工业，走"基地＋村集体＋农户"的纵向发展之路，以农业项目为主，联动发展加工业，新建"辛兴铺子"瓜子厂，通过走规模化、集约化方式推动瓜子产业发展；走"承包＋村集体"的横向联动模式，如曹庄村"新韵"油业，依托村集体，集中建设胡麻油压榨基地，热榨胡麻籽1.5万公斤，产油4850公斤，实现销售额11.6万元。通过党支部领办合作社为抓手，发挥党支部政治引领作用，发展"经营性"商贸经济，筹办了老羊寨铺领头羊文化用品有限公司，经营各类文化体育用品，以"小切口"引领"大变化"，积极发展壮大村集体经济，推动党建引领乡村振兴提质增效，实现销售额22.25万元。老羊寨村成立农业机械服务部，与白坊村生产资料供销社，强强联合，探索村村联建模式，实现资源共享、优势互补，实现农业生产托管耕、种、防、收、售全链条覆盖。在薛圐圙村成立劳务服务公司，通过组建公司更好汇聚机械资源，进一步优化全乡机械利用率与合作服务市场竞争力，已获利1.5万元。

【民生服务】 2023年，薛圐圙乡聚焦民生"大事"，兜底群众"小事"，以"准实远优"全力推进各项民生实事落地见效，助力重点工程。聚焦"省级卫生乡镇"创建，新建薛圐圙村劳务服务公司，常态化每月组织清理卫生2次；

整改问题厕所392座、新修274座，改善了农村环境和卫生条件；投资246万元将罗庄村的污水管网4014米、检查井179座全部入地，实现全乡污水纳管处理，覆盖率达57.5%；投资9万元对白坊村、老羊寨铺村、罗庄村三村的卫生室进行打造；助力和美乡村建设。因地制宜打造“和美辛兴”辛兴铺、“边塞古村”薛圐圙村、“田园牧歌”庞家堡村3个村，对辖区内10公里农村路进行升级改造，新修4个党建文化公园。争取“一事一议”项目8个，投资67万元新增罗庄、薛圐圙村、双寨等6个村的路灯275盏。实施“三河共治”，一方面强化水利设施，组织人力对罗庄、西寺院、河曲堡3座高灌进行抢修，保水防旱；另一方面疏通河道、灌溉渠道、清淤等；同时，争取资金2600余万元，启动罗庄、辛兴铺、豆庄3个村的高标准农田建设项目。联合红十字会，投资55.8万元，对17个村140户的受损房屋进行修缮。

【巩固脱贫成果，衔接乡村振兴】 2023年，薛圐圙乡驻村工作队始终围绕巩固拓展脱贫攻坚成果、全面推进乡村振兴开展工作，为快速了解村情、户情、民情，工作队以脱贫户、边缘户、监测户、生活困难户等群体为重点，通过实地察看和电话询问等方式，全面开展入户走访工作，累计走访村民900户1300余人。为巩固脱贫攻坚成果上台阶、乡村振兴见实效，有效防范因病致贫返贫风险，不断提高人民群众健康意识，驻白坊村工作队积极协调，携手山阴县现代医院在白坊村委会开展健康义诊活动。参加义诊活动人员共计16人，累计发放健康教育知识宣传资料300份，健康下乡涉及村民150人；驻薛圐圙村工作队帮助有贷款意向村民与邮政储蓄银行进行沟通，发放小额贷款10户50万元用于发展产业，同时，围绕群众利益无小事，想方设法帮助群众解决热点难点问题，投入资金2万元，铺设涵管5处，开挖排水1500米，解决村内涝问题。

【安全生产】 2023年，薛圐圙乡认真落实“党政同责、一岗双责、齐抓共管”制度和主体责任，集中举办安全生产月系列宣传活动，发放宣传资料3000份。深入开展各行业各领域安全生产大检查，全年共组织开展各类安全检查13次。2023年全年乡域范围未发生安全生产事故。

【党建引领】 2023年，薛圐圙乡坚持“党建引领聚合力、共建共享促发展”思路，创新“党建+”的工作方式，以基层党组织为载体，发挥党员能动性，开创“党建带群建、群建促党建”的共建新格局，有效提升基层党组织的向力心和凝聚力。全年共召开乡、村干部集中培训26次，班子成员到村授课51次，全乡党群服务中心提档升级17个，秉持“便民、利民、为民”的服务宗旨，形成“马上就办、办就办好”的便民、代办、服务工作新常态。围绕“文化养心、活动聚心、服务尽心”的工作理念，整合“退休老干部+党组织”“两新组织+党组织”发展力量，充分发挥老干部活动中心的引领作用，打造“乡镇老干部活动中心（老年大学）+社区”的“情暖夕阳”老干部活动服务体系。细化职责任务，优化运行机制，突出先锋导向，促进多方力量的党员履职尽责、发挥作用。

安荣乡

【概况】 安荣乡地处洪涛山腹地、桑干河北，距离县城岱岳6公里，属于典型的城郊型乡镇。全乡辖12个行政村，即安荣村、安良铺村、贺家窑村、西沟村、八步堰村、岳庄村、泥河村、河阳堡村、大洋村、东鄯河村、西鄯河村、下寨村，全乡有5015户12818人，区域面积90

多平方公里。耕地资源42676.09亩，农作物总播面积42464.42亩。境内洪涛山脉储有500多亿吨的优质石灰岩、青钙石资源，其品质享誉周边省份，资源优势明显，还有保存完好的湿地生态系统，自然资源丰富。北同蒲铁路（朔山联络线）、集大原高铁由境内穿过，省道大忻线、国道208线两条公路纵横交错，交通便利。引黄（河）工程北干线、天然气输送管道和特高压交流输电线路途经境内。晋北最大河流桑干河流经境内，有保存完好的湿地生态系统和湿地生态公园，明代宰相王家屏的御修坟墓建于本乡河阳堡村。

2023年，安荣乡坚持以习近平新时代中国特色社会主义思想和党的二十大精神为指导，围绕“夯实基础，改善生态，两翼齐飞，建设宜居宜业富裕和美新安荣”的发展思路，充分发挥安荣城郊型区位优势和桑干河湿地公园人气优势，坚持实施和美乡村建设和发展壮大村集体经济“两步走”，扎实推进产业发展、重点项目建设、环境治理、巩固脱贫攻坚与乡村振兴有效衔接、社会事业发展等各项重点工作，全乡经济保持了良好的发展势头。

【农业经济发展】 2023年，安荣乡12个村充分发挥村级优势，因地制宜，大力发展特色产业，推进农村经济产业化。岳庄村新建6座设施蔬菜大棚；河阳堡村种植南瓜子和甜玉米100余亩，发展林下养殖项目，养殖鸡、鹅1300余只；泥河村依托本地农产品企业新建小杂粮加工车间和特色豆腐坊。贺家窑村引入景泽物流有限公司发展商贸物流业，填补安荣乡物流产业发展空白。

深入推进“一村一品”。重点推进安良铺、四铺、岳庄3个村“绿色蔬菜瓜果”种植基地建设，探索发展冬暖式蔬菜大棚，拓展马佳禾公司新市场，延伸产业链，提升发展效益，精心打造集生态采摘、乡村旅游为一体的综合园区。促进农业向纵深发展。实施岳庄、泥河、河阳堡3个村160万元的集体经济建设项目，年收入达12万元。提升种养殖规模化水平。2023年，全乡粮食播种面积4.3万亩，全乡牛存栏421头，羊存栏1.1万只，猪存栏0.5万头，鸡存栏2.5万只。

【乡村振兴】 2023年，安荣乡坚持乡村振兴，在擦亮乡村治理品牌上出实绩。补齐“短板”，推动基础设施提档升级。通过推动农村基础设施建设，如西沟村实施了全村自来水改造工程；大洋村进行了道路硬化，清理了残垣断壁；东、西鄯河等村新安装了太阳能路灯；四铺村完成了道路硬化。

在安荣村、河阳堡村、泥河村、八步堰和西鄯河5个村实施了和美乡村建设，特别是泥河村和河阳堡村利用其较好的区位优势和地域文化特色，在全乡和美乡村建设和发展壮大村集体经济“两步走”战略中，先试先行、以点带面，为着力把其他村建设成为更高标准、更高水平，宜居宜业宜游的幸福家园，起到了很好的示范带动作用。

结合学习贯彻习近平新时代中国特色社会主义思想主题教育，从严把关选典型、精心组织树典型、宣传引导学典型，在“选树学”上下功夫，充分运用“党课开讲啦”活动载体，以“探寻榜样初心、汲取榜样力量”为主题，选取了大洋村村支部书记为典型榜样，录制支部书记微党课1期，在全乡观看，让党员学习身边榜样。

【社会治理】 2023年，安荣乡召开安全生产会议15次，开展企业安全生产培训6次，应急演练2次；充分利用“4·15”国家安全教育日、“5·12”防灾减灾日等重要时间节点开展安全生产宣传活动，悬挂条幅400条，发放宣传册4600份。按照“网格长＋网格员＋网格辅助员”的精细化管理模式，开展行政综合执法巡查120次，出动执法人员560人次。

坚持每日主动出击巡山、巡路、巡河、巡林，督促非煤矿山、煤站、陶瓷等企业落实环保责任。2023年，乡村两级河长累计巡河286次，进一步引导广大群众牢固树立护河、爱河意识，全民参与河道清淤清垃圾，党员干部带头率先清理河道垃圾80立方米，拉深、拉宽防火隔离带2000亩，修缮防火通道7公里，116名防火员全员24小时上岗。全乡未发生森林火灾事故。安荣乡严肃行政执法案件处罚，查处八步堰非法毁坏林地案件2起，并处罚款115015元，实现了对违法违规行为查处全覆盖。将生态环保、禁烧秸秆、信访等重点工作与治理成效紧密挂钩，在重点项目、征地拆迁矛盾纠纷化解工作中不断完善矛盾纠纷处置机制。全年受理信访诉求82件，接待80人次，解决占地纠纷、环境污染、企地矛盾等近30起，协调信访事项10起，调解成功率达100%。

【发展惠民事业】 2023年，安荣乡实施泥河村、大洋村170万元的229千伏屋顶分布式光伏发电项目，实施贺家窑村、西沟村150万元的自来水饮水工程，1600人受益。发放扶贫小额贷款265万元，开展雨露计划，资助学生27人，资助金额8.1万元。发放脱贫户外出务工一次性交通补贴9.6万元，特色农业特惠补贴共计3.5万元。稳步提高兜底保障水平，巩固脱贫攻坚成果同乡村振兴有效衔接。

认真落实城乡养老保险和医疗保险政策，2023年，征收城乡医疗保险8780人，基本养老保险2605人，补充养老保险740人；狠抓救灾救济、农村低保、临时救助、优抚安置、退役军人事务等工作，发放临时救助资金10.8万元，农村低保资金77.8万元。

立足区位优势，在重点项目建设方面，坚持融城发展战略。推进G336省道改扩建工程完成79亩征拆任务，景泽物流园区、神头泉城市生活供水及朔贸同3个煤站封闭煤棚建设等项目稳步推进。

【党建引领】 2023年，安荣乡坚持党建引领，在提升乡村思想政治工作水平上有突破。聚焦“一条主线”统一思想明方向。以学习宣传贯彻党的二十大精神为主线，深入开展学习习近平新时代中国特色社会主义思想主题教育，党委书记带头讲党课，班子成员深入包点村坚持每周下村宣讲政策，同时，坚持周二例会集中学习，开展理论中心组学习13次，书记讲党课4次，党员干部学习38次，乡村两级共计开展集中学习60次。开展专题学习会8次，乡村治理主题培训2次。坚持把党建放在一切工作的首位，强化各党支部主体责任、支部书记“第一责任”和其他党委班子成员“一岗双责”责任，制定基层党建工作重点任务清单，层层传导压力，逐级压实责任。主持召开党委会21次，党建例会4次，党政联席会32次，深入全乡12个行政村开展专题调研指导8次，破解难题19件。

广武镇

【概况】 2023年，广武镇坚持以党的二十大精神和习近平总书记考察调研山西重要讲话重要指示精神为指引，锚定县委、县政府“双轮驱动”转型发展路径，积极对标对表打造山阴县南部文旅康养度假区主阵地定位，按照预期目标，全方位推动高质量转型发展，实现了全镇经济社会持续健康发展。

【民生福祉】 广武镇持续把增进民生福祉作为

工作的出发点和落脚点，用心用情办好民生实事。发放临时社会救助27.6万元；为143名优抚对象发放补助97.17222万元。投资100万元为12个村实施了文化广场建设、太阳能路灯安装、村内主街道道路两侧硬化等工程。深化“厕所革命”，认真开展问题厕所摸排工作，对发现的923座问题厕所逐一整改，完成销号。

【和美乡村建设】 2023年，广武镇持续开展“和美乡村”建设。总投资982.6万元，实施了苏庄、辛立庄、泉子沟三村“和美乡村”示范村建设以及新广武村208国道两侧沿街立面改造工程。牢固树立绿水青山、就是金山银山的发展理念，严格落实“河长制”“林长制”，积极开展巡河、巡林，大力推进河湖“清四乱”，加大水源地保护力度，积极开展国土绿化行动，生态环境持续改善。

【扶贫巩固衔接】 广武镇严格对照落实防返贫监测帮扶，按照“村不漏户、户不漏人”的原则，对重点人群落实“六必访”“六必查”，做到随时发现随时纳入动态管理，实现了应纳尽纳、应扶尽扶，年内新识别突发严重困难户39户101人，针对性地制定了发展类帮扶措施并付诸落实，防返贫监测帮扶持续深化。聚焦群众增收，落实好脱贫劳动力外出务工稳岗补助，提升脱贫劳动力就业稳定性，全年向上级共申报三批次稳岗补助，符合稳岗补助政策条件人员220人，发放稳岗补助金264000元。将住房安全作为最基础保障工作来推进，特别是聚焦三类户、五保户、低保户等重点群体，邀请住建局对全镇所有村庄的房屋进行了鉴定，有3户房屋存在安全隐患，已全部搬离。开展“雨露计划”资助政策宣传工作，对2023年就读中职、高职（专）、技工学校的在校学生中的80名脱贫户家庭（含监测帮扶对象家庭）子女，按学制每生每年给予3000元补助。对3名脱贫户家庭（包括监测户）子女参加当年普通高考被高校本科（第二批C类除外）录取的大学新生，每生给予一次性补助5000元。以脱贫人口和监测户为重点持续落实家庭医生签约服务，强力推进医疗保障相关措施的落实，医疗保障得到进一步夯实。坚持饮水安全的常态化排查。配合县水利局对24个行政村人蓄饮水水质进行了化验，全部达标。张家庄和后所两个行政村实施了自来水入户工程。2023年度累计发放小额贷款835万元，扶持176户有发展需求的脱贫户持续改善生产、生活条件。全镇24个行政村，脱贫户942户，脱贫人口2301人，全部参保，落实大病保险，2023年享受大病保险5人。

【重点项目推进建设】 广武镇全力保障旧广武历史文化名村建设、月亮湖生态风景区、数字电竞文创园以及一号旅游公路支线道路建设项目的顺利有序进行。2023年，共完成旧广武村、南寺等村116余亩43户征地拆迁任务。全镇新增各类市场主体370家，积极开展好对企业的上门服务工作。多次深入广武国际滑雪场项目、旧广武历史文化名村项目、数字电竞文创园项目等重点工程，了解工程中遇到的困难，协调解决土地征收、房屋拆迁等问题。扎实做好“12345”政务服务热线转办工单受理和处置。一年来，共接到转办工单162件，全部及时回复处置，做到了“件件有回音，桩桩有落实”。

【农业农村发展】 广武镇聚焦粮食安全，坚决扛牢粮食安全政治责任，深入实施“藏粮于地、藏粮于技”战略，坚决遏制耕地“非农化”、严控“非粮化”，持续推进撂荒地治理，全镇农作物总播种面积128514.1亩（其中玉米108037亩、蔬菜2812.8亩）。2023年，发放渗水宽膜3295卷，化肥6144袋。引进山东传建农业有限公司与本地泰宏设施园区开展深度合作，集育苗、种植、冷链仓储、技术培训一体化运作。并以泰宏设施园区为主体联动万峰设施园区等种植口感西红柿200余亩，打造了集种植、采摘、娱乐、露营为一体的农家乐园。按照“一村一产业”“一村一特色”发展模式，结合实际情况发展壮大村级集体经济。盘活资产，投入300万元成立南辛庄三农服务公司，进一步助推村集体发展，带动农民就业增收致富。改造苏庄村集体荒地83亩，将荒地改造为果树园，并成功种植苹果树500余株，梨树300余株以及山楂、西梅等多种树种，积极申报上级财政资金扶持，在苏庄村修建大棚53座，种植生菜、西葫芦等绿色蔬菜。

【基层社会治理】 广武镇始终把安全的底线思维贯穿于工作全领域、全过程、各环节，紧盯道路交通、冬季取暖等重点领域，聚焦重要节假日、极端天气等重点时段，常态化开展排查整治。年内，无较大及以上安全生产事故发生，广大群众的生命财产安全得到有效保障。持续化开展《山西省政法工作条例》、反有组织犯罪法等相关政策宣传，举办禁毒宣传、铁路护路安全、防范电信网络诈骗、平安建设宣传周等活动；认真落实矛盾纠纷“六包一”化解机制，引导群众依法合理表达诉求、解决纠纷，成功调处矛盾纠纷70起。健全完善网格化社会治安防控体系，常态化开展“扫黑除恶”斗争。严格落实“三重一大”集体决策制度，依法接受人大监督，不断提高资金使用效率，优先保民生、保运转、保考核，“三公”经费持续压减。严格落实中央八项规定及其实施细则精神，持之以恒纠治“四风”。强化重点领域、关键岗位廉政风险防控。

【基层党组织建设】 广武镇持续做好党员教育管理。开展农村带头人队伍和党员教育培训482人。用活用好“学习强国”“三晋先锋”两个平台。年内发展党员11名。不断推进党支部标准化规范化建设。为12个村党群服务中心提档升级，购置空调，解决冬季取暖问题；严格落实“三会一课”“主题党日”制度；做好党内关怀，对8名困难党员进行慰问。成立广武国际滑雪场党支部，高标准打造党建阵地、党员活动中心；不断推进人才工作，成立山阴县广武国际滑雪场文旅文创人才工作站，以滑雪场为阵地，开展人才学习交流、业务培训等活动，积极申请朔州市党员教育示范基地。加强公务员平时考核管理，围绕“考什么”“怎么考”“如何推”，强化举措、精准发力，高标准推进公务员平时考核工作。搭建平台，发挥到村工作大学生作用。按照《到村工作大学生管理考核办法》，在学习、工作、绩效考核等方面形成制度化，打造大学生村官之家，为大学生专门提供回镇住宿条件，班子成员与大学生结对，形成“老帮新”“新带老”工作体系，引导大学生勇担当、善作为。

古城镇

【概况】 古城镇位于山阴县县城东南部，距山阴县城15公里。全境为平川，水源丰富，桑干河灌区渠系遍布全境，黄水河由中部穿过。北接合盛堡乡、岱岳镇，南临马营庄乡、广武镇，东与应县接壤，西与安荣乡、薛圐圙乡毗邻。全镇东西长约13公里，南北宽达12公里，面积153平方公里。交通便利，大运高速公路由境内穿过，设有山阴互通口；林荫路、虎山线和新建的北同蒲铁路，都途经该镇。古城镇人民政府下辖21个行政村，分别为古城村、四里庄、王庄、胡疃、上河西、西盐池、快乐村、芦岭、洪济屯、小圪塔、马梁村、杨村、西小河、东小河、东辛庄、北盐池、前射躲、羊圈头、羊圈铺、前皇台、后皇台。5个自然村，分别为南盐池村、中小河村、安居坊村、后射躲村、李珠庄村。

【基层建设】2023年，古城镇召开党风廉政专题会议4次，在“四风”、耕地、乡村振兴等关键领域开展警示教育8次、集体约谈6次，就和美乡村建设、征地等重点项目开展专题廉政提醒3次，依纪依规处分10人，党内警告7人，政务处分2人，开除党籍1人。整顿软弱涣散党支部1个，组织调整村支书2名。吸收发展党员9名，全面消除连续三年以上未发展党员村。强化党员积分管理，对441名农村党员民主评议、打分排序。完善流动党员信息台账，向26名流动党员发放流动党员证，“一人一档”动态管理。以“四下基层解民忧、真抓实干建新功”为主题，班子成员带头承诺践诺，解决为民办实事问题56个，重点关注群众慢性病申报困难问题，在相关单位的大力支持下，为12名群众集中成功申报。打造“党建+服务”模式，镇村党员干部累计服务群众870人次，化解历史遗留问题1个，回应民生诉求8项。

【综治建设】2023年，古城镇坚持和发展新时代“枫桥经验”，聚焦“党建+网格”工作举措，走出“五治融合”，重点突出“德治”的网格治理之路，依托“仁义邻里议事厅”，打造共建共治共享的基层治理新格局。积极完成全省综治现场会古城镇承办任务，镇综治中心荣获全省创新交流先进乡级综治中心殊荣，接待兄弟市县到镇实地观摩8次。

【脱贫攻坚巩固】2023年，古城镇新识别监测户20户59人。发放小额贴息贷款49人230.9万元，稳岗就业补贴67人8.04万元，一次性交通补贴160人11.8万元。新建小圪塔村40千瓦和东辛庄村132千瓦屋顶光伏电站，用于脱贫户公益性岗位工资，不断持续巩固脱贫攻坚成果。

【民生服务】2023年，古城镇投入21.7万元完成54户适老化改造。为706名群众发放临时救助31.7万元，为425名残疾人发放两项补贴49.75万元。主动联系县能源局、朔州华朔公司为群众维修维护“煤改电”取暖设备120台次，入户宣传煤改电政策，确保群众温暖过冬。利用救灾资金，帮助10个村53户群众对房屋进行了重建或修缮。

【乡村振兴】2023年，古城镇21个行政村村集体经济收益均达到10万元。8个村利用“一事一议”奖补资金完善基础设施。完成2022年度古城村、西盐池村、东辛庄村三村和美乡村建设工程。全力推进2023年度申报的西盐池、快乐村、上河西三村和美乡村建设工程。

【行政执法】2023年，古城镇深化乡镇综合行政执法体制改革，累计投入10万元，高标准建立“三室一库”。常态化开展自然资源、安全生产、生态环保、环境卫生等方面执法检查，共开展各类检查96次，紧盯问题抓整改，下达整改通知书10件，均做到案结事了。

【安全发展】2023年，古城镇全面落实安全生产、生态保护“党政同责”，压紧压实政治责任，全年安全生产“零事故”、环境问题“零通报”。利用各类资金，对各村排水设施和隐患点进行改造提升，妥善解决内涝排洪问题，全力保障全镇安稳度过汛期。全力推进国道336改扩建征拆工作，和5村146名农户全部签订补偿协议。

【党建引领】2023年，古城镇严格落实“党委理论中心组”学习制度，集体学习12次，主题教育专题研讨4次，党委会研究部署党建工作10次，班子成员每月走访包村入户2次，累计下村讲党课27次，政策宣讲共82次，有力引导党员深入学习贯彻新时代中国特色社会主义思想。每月召开党建工作例会，安排党建重点任务。每周编发学习指引，提醒指导村党支部开展“三会一课”、主题党日等组织生活。将团建工作纳入镇党委工作要点，组织团员开展志愿实践活动15次，积极引导寒暑假返乡大学生到村团支报道，在秸秆禁烧、反诈宣传等工作中展现青春力量，向村支部有效输送25名后备干部。21名到村工作大学生全部推选为所在村团支部副书记，班子成员亲自帮带、重点培养，通过轮岗锻炼、领题调研、擂台比武等方式磨砺检验。

马营庄乡

【概况】马营庄乡位于山阴县城东南部，东邻应县，南接代县，西毗广武，北连古城。全乡区域面积约105.78平方公里，地势南高北低，南部为馒头山、草垛山坡区，中北部为平川区。全乡年平均降水量500毫米，年平均气温8.3℃，由于地处洪涛山二级阶梯，地下水源十分丰富，光照充足，年日照量为2800多小时，无霜期为130～142天。农业生产条件较好，全乡主导产业为农业种植和畜牧养殖。全乡粮食总产量达4252.2吨，蔬菜种植面积7295亩。奶牛存栏量8556头，年产鲜奶26000吨。肉牛存栏量800头，羊存栏2.7万只左右，生猪2078头。全乡辖17个行政村、6个自然村。

2023年，马营庄乡以习近平新时代中国特色社会主义思想为指导，凝心聚力、实干担当、勇毅前行，为打造“灵秀古城”，建设“新韵山阴”做出贡献，紧紧围绕打造“美丽马营庄、幸福新家园”的目标，为实现马营庄乡经济社会高质量发展而努力奋斗。

【现代农业发展】马营庄乡为了适应现代化农业发展需求，显著提高农民收入，在全乡范围内重点推广渗水地膜旱地谷子，全乡共种植渗水地膜旱地谷子3000亩，帮助农民每亩增收260元。为16个养殖园区逐步转化建立牧场化园区建言献策，通过帮助园区进行土地流转和农民签订合同等方式，整合土地资源，引进高产全株青贮玉米，每个园区平均种植青玉米3000亩。该乡依托良好的自然环境，倡导大力发展优势绿色蔬菜种植，尤其是西安峪白菜、南口前大葱远近闻名，因地制宜根据市场需求在全乡范围内推广种植绿色蔬菜，每亩蔬菜纯收入达1.2万元以上。

【和美乡村建设】马营庄乡改善农村人居环境，推进和美乡村建设。完善基础道路建设，完成了从西安峪到南辛寨、胡峪口到下疃、以及沙家寺到蝴蝶谷的长城一号旅游公路道路硬化工程，全长18公里。新修了马营庄、南口前、故驿、西安峪村四条公路。投资30万元在马营庄村新修防渗渠2000米；投资100万元在云水庄村修建防渗渠2390米；投资100万元在东沙堆村修建防渗渠3000米、新打机井3座；协调上级部门在胡峪口新修进村路1100米，在西安峪村新修进村路1200米，在故驿村新修进村路3000米。推进人居环境整治，共印发了马营庄乡农村人居环境“六乱”整治百日攻坚专项行动倡议书1000份，充分利用广播和微信工作群，大力宣传解读“六乱”整治百日攻坚专项行动的重大意义、总体要求、主要任务和政策措施。出动人工1200人次，装载机160台次，投放小型垃圾桶120个，压缩车经常清运的1辆，公路巡查车1辆，共清理交通沿线积存建筑垃圾和生活垃圾6520吨，整修坑洼路面、隔离带和绿化带56处，消除交通安全隐患42处，整治乱堆乱放、乱搭乱建、乱占乱贴乱画65处，清理路面污水48处，农村人居环境得到明显改善。

【巩固脱贫成果】 马营庄乡巩固脱贫攻坚成果，推动政策落实落细。2023年，全乡享受“雨露计划”的学生39人，累计发放小额贷款109户538.7万元，完成山阴县第五次全国经济普查642户，享受脱贫劳动力外出务工稳岗补助173人。自建房排查4451户，其中经营性自建房排查61户。完成东沙堆打井配套修渠项目，云水庄防渗渠项目，云水庄、南辛寨、西安峪村美丽乡村建设工程，大柴棚手工编织基地，胡峪口冷链物流运输基地，朔州市塞北恒源牧业有限公司奶牛养殖示范基地的建设。

【安全生产】 2023年，马营庄乡建立了网格化排查责任机制，实行乡干部包村、村干部包点，责任到人、到田间地头，逐村、逐沟、逐山头进行全面排查，与各村签订承诺书。同时各村每日要书面报告摸排工作情况，形成乡级问题台账。各村将排查摸底情况分类登记造册，非法勘查开采、无证砂石违法开采矿问题台账，实行清单化管理。全乡范围内共安装11个高清摄像头。加强对非煤矿山、企业园区等重点行业日常监管，积极推动安全隐患排查治理，共检查企业园区30家，排查60次，督促整改一般安全隐患16处，同时，加大安全生产宣传力度，进一步在全乡树立起了“人人懂安全、讲安全”的安全观念，全年未发生一起安全生产事故。

加强食品安全检查。县市场监管局领导在马营庄村进行食品安全检查工作，同时对食品安全工作落实不力的超市进行停业整顿，签订了食品安全责任与任务承诺书，建立了包保干部督导台账，为全乡经济社会发展创造良好的环境。

抓好应急队伍建设。成立由乡机关干部和各村退伍军人组成的30人应急队伍。结合实际，有计划、有重点、有针对性地开展业务学习、教育培训和应急演练，全面提高应急处置能力，更好地保障安全生产。

【环境治理】 2023年，马营庄乡环境质量明显改善，环保意识显著提高。强化烟花爆竹销售和燃放管控。召开党政联席会议和全乡干部大会，宣读《山西省人民政府关于禁止生产、经营、储存、运输和燃放烟花爆竹的通告》，同时要求各村通过村中大喇叭、微信群等途径将通告内容宣传到位，确保禁燃禁放工作顺利开展。将林草防火、秸秆禁烧列入重点工作。由包村领导、包村干部、各村干部、护林防火员、应急队24小时值班值守，全年未发生林草火灾。

【乡村文化建设】 马营庄乡大力倡导精神文明创建活动，全乡群众性文体活动呈现出系列化、多样化、常规化的发展态势。积极举办非遗剪纸进农村系列活动，并且将举办庆祝新中国成立75周年剪纸活动。积极打造马营庄乡综合文化驿站，将马营庄乡丰富的人文历史、自然资源、农文旅融合发展规划以及征集特色收藏文物进行展示。

【基层治理】 马营庄乡自开展抓党建促基层治理能力提升专项行动以来，共计摸排问题合同83份，涉及金额163.2万元，其中存在问题合同9份，涉及金额26.25万元，已整改问题合同

8份，涉及金额25.25万元，协调追回金额6.5万元。各村债权共计564.77万元，各村债务共计804.94万元。马营庄乡在“清化收”工作中确定了“1360”工作法。即：“1”是定期召开专题会议；“3”是通过领导组、督导组、法律服务组确保集体资产“清化收”工作；“6”是通过6种表格排查登记，确保摸清乡村集体资产“家底”；“0”是实现问题合同、债权债务化解清零总目标。坚持因地制宜进行网格合理划分，考虑到便于工作的实际，均成立了微网格党小组，全乡17个行政村共划分全科网格17个，微网格58个。

【行政执法】 马营庄乡积极推进乡镇综合行政执法改革，不断增强综合行政执法能力，为全乡创造安全稳定的环境。马营庄乡及时成立了以乡长为执法队长，党委委员、副乡长、派出所长为副队长的综合行政执法大队，同时以班子成员、机关干部共同执法的四级联动队伍。同时依托行政村合理划分网格单元，组建17名网格员队伍，科学配置网格员力量，统筹网格内党的建设、社会保障、综合治理、应急管理、社会救助等工作，推进网格化服务管理标准化建设，提高网格管理规范化精细化水平，强化对各行政村的日常监督，更好地完善了综合行政执法的队伍建设。积极鼓励全乡机关干部报名参加执法证考试学习，并且全部通过考试，机关干部全部完成了线上学习。每周四为综合行政执法例会，并制定了学习制度，使学习常态化。同时加强普法，化解矛盾。深入推进法律进乡村、进机关、进企业，共开展各类普法宣传活动50次，发放各类宣传资料2000份，受教育干部、群众2500人次。加强人民调解工作，依托专业律师和乡村干部，妥善推进人民调解规范化专业化建设，妥善化解矛盾纠纷60次，服务群众近百人。出台了马营庄乡综合执法队改革实施方案、管理办法、日常工作制度、日常考核办法等。同时全面执行行政执法公示制度、执法全过程记录制度、重大执法决定法制审核制度。承担涉及行政执法过程中发生的行政复议或行政诉讼案件的组织、协调和应诉工作，进一步加强行政执法的规范性。

山阴县经济技术开发区管理委员会

【概况】 山阴经济技术开发区共有各类企业34家，其中规模以上企业18家，以碳基新材料、钙基新材料、现代煤化工、新型建材、新能源等为主导发展产业。

【经济指标】 2023年，全区规上工业增加值完成53.9亿元，同比增长5.6%；工业投资完成9.02亿元，同比增长23.3%；转型项目当年完成投资8.36亿元，占工业投资比重达到92.6%；新增“四上”企业4家，同比增长25%；新增高新技术企业1家，同比增长25%；产出强度达到281.1万元/亩。在全省工业类开发区发展水平考核排名第30位，考核得分为101.17分，等次为“优秀”，进入全省工业类开发区第一方阵。

【项目建设】 山阴开发区坚持把项目建设作为推进高质量发展的“强引擎”“总抓手”，紧盯目标推进度，开发区总规环评、开发区控制性详细规划，均已编制完成，2023年2月1日省生态环境厅已下发关于《山阴经济技术开发区总体规划（2021—2035年）环境影响报告书》的审查意见。开发区控制性详细规划已报山阴县自然资源局，待县自然资源局组织专家评审。

进一步优化空间布局，盘活低效用地，将开发区东区167.75亩国有建设土地根据《山阴县自然资源局关于山阴县东炜泰投资有限公司国有建设用地转让的回复》，2023 年 6 月 19 日启动分割转让程序，将 167.76 亩分割为三宗地，分别转让给山西隆腾再生资源科技有限公司 47.44 亩、山西超牌煅烧高岭土有限公司 65.75 亩、山西金琛新材料有限公司 54.56 亩，2023 年 11 月 7 日已完成转让登记。

【营商环境】 2023 年，山阴县经济技术开发区加快完善园区道路、管网、电力等公共配套服务和能源供应设施，进一步提升园区承载能力，为企业高质量发展提供有力硬件支撑。合盛堡园区景观大道以南路网两横四纵全部完工，纵五路管网全部下地，供暖、供气、供水、绿化亮化等配套工程均已结束。提水泵站已投入使用。污水处理厂已投入使用。东西区连接线建设项目已于 2023 年 10 月开工建设，计划 2024 年 10 月竣工通车。

积极推进行政审批制度改革。严格执行国家市场准入负面清单制度，进一步完善政务服务一体化平台建设，实行“一枚印章管审批”，扎实推进“承诺制 + 标准地 + 全代办”改革，进一步深化“标准地 + 承诺制 + 全代办”改革，优化特色营商环境。严格按照《山西省自然资源厅关于印发山西省“标准地”改革工作指引的通知》文件精神，全部实现了开发区“标准地”供给，9 项全区域评估工作基本完成，全部取得批复；进一步秉承“作风正、能力强、服务好”理念，围绕构建主动型政务服务模式，积极推进全代办改革，强化领办代办服务队伍，健全服务工作机制，为企业提供“自愿委托、无偿服务、一企一员、一企一档”的精准化“保姆式”服务，实行每个项目专人负责，全程跟踪服务，构建起项目从招商到落地的全方位、全生命周期服务体系。山阴开发区内全代办企业 5 家，办理营业执照 14 个、立项备案项目 9 个。进一步深化联动审批。为进一步深化行政审批制度改革，提升审批服务效能，针对开发区审批事项有限、专业人员少及承接赋权能力不足等工作实际，与县审批局建立了相应的联动审批工作机制，并在开发区审批大厅设立“联动审批窗口”，通过电话预约方式，县审批局指配专人赴开发区审批大厅进行业务指导和未赋权事项的审批工作。

【招商引资】 2023 年，山阴开发区紧盯招商引资目标任务，不断盘活存量，扩大增量，高标准实现招商引资“量质双升”，围绕“碳基、钙基、新材料”精准招商。全年共开展招商活动 8 次，对接企业 20 余家，签约项目 2 个，计划总投资 3.5 亿元，并与广东清远经济开发区管理委员会签订跨区域产业协同发展合作备忘录，与山西省人民政府驻上海办事处签订协同发展合作协议。开发区 2023 年共签约项目 11 个，签约投资额 31.33 亿元；开工项目 4 个，计划总投资 2.93 亿元；拟建项目 5 个，计划总投资 282.4 亿元。

主动进行前沿招商。前往京津冀、粤港澳大湾区等国家重大发展战略前沿地带，与地方开发区建立友好合作关系，建立信息、资源共享机制，带动两地友好往来和交流合作。共建产业合作基地和资源深加工基地，共同组织开展招商活动，明确双方主导产业、发展方向和地区资源优势，增强招商的针对性和实效性，确保招商项目按产业分类精准入园，实现产业集群与相关联企业联系更加紧密。

加大小分队精准招商。招商小分队借助园区基础设施、服务功能和要素保障，明确主攻方向、确定重点区域、利用各种平台，主动前往企业聚集地，即使碰壁，也不能错失一个合适的企业，只要企业有意向，就尽一切努力让它留在山阴开发区。同时与山西省驻外办事处加强沟通联系，加大力度宣传开发区招商优惠政策和投资环境。

【科技创新】 山阴开发区持续加强科技创新平台建设，为促进入孵企业迅速成长，向入驻企业提供临时办公、经营场地，形成双创孵化面积560平方米，推动入驻企业进行产、学、研结合，办理项目前期手续事宜，共有2家企业入驻孵化平台，其中有1家企业孵化成形并落地开发区合盛堡园区——山西华建同治固体废物治理有限公司。引进高新技术企业——山西众成达电子科技有限公司，高新技术企业的引进为开发区高质量发展提供新鲜血液和动力。

组织机构及负责人名单

县级机构

中共山阴县委员会

书　记：王世杰
副书记：高瑞龙
　　　　张文平
常　委：杨德文
　　　　田心世
　　　　舒晓海
　　　　牛　森
　　　　常　青（2023 年 11 月离职）
　　　　赵　栋（2023 年 11 月离职）
　　　　贾大维
　　　　夏寒冰
　　　　曹世强
　　　　霍秉明

山阴县十七届人大常委会

主　任：闫祖伟
副主任：郭东申　庞晓辉　闫志民　李晓明

山阴县十七届人大法制委员会

主任委员：庞晓辉
副主任委员：季宗海
委　　员：冉　倩　白永平　程建军

山阴县十七届人大财政经济委员会

主任委员：闫志民
副主任委员：郭自权
委　　员：吕志栋　华　英　高清贵

山阴县十七届人大社会建设委员会

主任委员：李晓明
副主任委员：王丽霞
委　　员：王振宝　付玉峰　李红梅

山阴县人民政府

县　长：高瑞龙
常务副县长：杨德文
副县长：赵　栋（2023 年 9 月离职）
　　　　何兴斌
　　　　翟云丰（2023 年 10 月离职）
　　　　王建平　于介澜
　　　　张建国（2023 年 4 月离职）
　　　　吴占玉（2023 年 4 月任）
党组成员：高瑞龙、杨德文、赵栋（2023 年 9 月离职）、霍秉明、何兴斌、翟云丰（2023 年 10 月离职）、王建平、于介澜、张建国（2023 年 4 月离职）、吴占玉（2023 年 4 月任职）、乔新文、樊晋阳、落军

政协山阴县委员会

党组书记、主席：郭兆文
县委常委、统战部部长、县政协党组副书记：
　　　　夏寒冰
党组成员、副主席：王登峰　李志文
副主席：吉　谦
党组成员、机关党组书记：梁健
副主席、中医医院院长：殷占东

山阴县纪委监委

县委常委、县纪委书记、县监委主任：牛　森

县纪委副书记、县监委副主任：白继龙 王春晖
县纪委常委、监委委员：周世平、温日来
县纪委常委：徐　震　李兴玉
县监委委员：武开元　韩承晓

经济技术开发管理委员会

党工委书记、主任：郭　瑞
党工委委员、副主任：陈计珍　宋　军
党工委委员：孙培峰

乡镇及各系统机构

【乡镇】

玉井镇

党委书记：刘国栋
党委副书记、镇长：何兴雄
党委副书记：郭卫军
党委委员、人大主席：安　玉
党委委员、纪委书记：李兴杰
党委委员、副镇长：刘振平
党委组织委员：袁展平
党委委员、武装部部长：解俊明
副镇长：郭凤鸣　杨志贤　李亚强

马营乡

党委书记：刘应飞
党委副书记、乡长：张文达
党委副书记：王振家
党委委员、人大主席：贺飞飞
党委委员、纪委书记：许　帅
党委委员、武装部部长：解培耿
党委组织委员：杨金爱
党委委员、副乡长：剧世东　王国政
副乡长：苑　元

吴马营乡

党委书记：徐晓圆
党委副书记、乡长：龙海鹰
党委副书记：白志安
人大主席：曹宝文
纪委书记：尹　富
党委委员、武装部部长：闫宏伟
党委组织委员：高永军
党委委员、副乡长：祝步翔
副乡长：孟　升　李逸翔

下喇叭乡

党委书记：孙建龙
党委副书记、乡长：杨春蕾
党委副书记：段天军
党委委员、人大主席：高小军
党委委员、纪检书记：霍鹏翥
党委委员、武装部部长：刘雁军
党委组织委员：王叶军
党委委员、副乡长：解俊杰
副乡长：段　莉　宋鸿飞

北周庄镇

党委书记：张　龙
党委副书记、镇长：陈晓东
人大主席：王　喜
党委委员、副书记：樊慧敏
党委委员、纪委书记：张明成
党委委员、武装部部长：闫富儒
党委委员、组织委员：陈书婷
党委委员、宣传委员副镇长：安丽霞

党委委员、副镇长：闫剑峰
副镇长：武　健
副镇长：杨慧慧
党群服务中心主任：申海军
便民服务中心主任：刘建森
退役军人服务站站长：马晓东

合盛堡乡

党委书记：王建家
党委副书记、乡长：刘　宇
党委副书记：张　宁
党委委员、人大主席：李　艳
党委委员、纪委书记：张晓源
党委委员、武装部部长：赵国军
党委委员、组织委员：郭　举
党委委员、副乡长：刘丽芳　周文峰
副乡长：张丽伟　马　莉

岱岳镇

党委书记：魏玉彪
党委副书记、镇长：李智兴
党委副书记：王冠中
党委委员、人大主席：贺生伟
党委委员、纪委书记：王海霞
党委委员、副镇长：刘　源
党委组织委员：门建石
党委委员、武装部部长：王　慧
副镇长：张科雄　李君枝

安荣乡

党委书记：徐晓圆
党委委员、副书记：王继红　周文官
党委委员：史有权　王桂花
党委委员、纪委书记：赵　延
党委委员、人大主席：马培瑞
乡　长：王继红
党委委员、副乡长：黄慧鲜　王明山
副乡长：焦　阳

薛圐圙乡

党委书记：李　峰
党委副书记、乡长：梅丽红
党委副书记：翟美霞
党委委员、人大主席：梅树元
党委委员、纪委书记：窦果香
党委组织委员：朱秀芳
党委委员、武装部部长：姚建国
党委委员、副乡长：马跃元　赵文官
副乡长：路世明　白继宇

广武镇

党委书记：李永胜
镇长：景建彬（2023 年 10 月调离）
党委副书记：刘志霞
党委委员、人大主席：赵新力
党委委员、纪委书记：崔晓玉
党委委员、武装部部长：尚怀帅
党委组织委员：邢兴宇
副镇长：柳瑞东　闫芳瑜　王进旭

古城镇

县委常委、党委书记：常　青（2023 年 1 月离职）
党委副书记、镇长：尤卫章
党委副书记：郭少华
党委委员、人大主席：高华伟
党委委员、纪委书记：郭维佳（2023 年 9 月

离职）

姚 栋（2023 年 12 月任职）

党委委员、武装部部长：宋 毅

党委委员、组织委员：段景厚

党委委员、宣传委员副镇长：苑文华

党委委员、副镇长：赵青春

副镇长：杨春霞 郝义宁

马营庄乡

党委书记：李 雁

党委副书记、乡长：刘 澎

党委委员、人大主席：王海峰

党委副书记：李雁斌

党委委员、纪检书记：王 福

党委委员、武装部部长：黄 瑞

党委组织委员：王丽丽

党委委员、副乡长：白 洁 李宝发

副乡长：杨武荣 赵健梧

【党群】

中共山阴县委办公室

主 任：郭东申

副主任：辛志元 梁志伟

组织部

县委常委、组织部部长、县委党校校长：

舒晓海

副部长（主持日常工作）：高华兴

副部长、县委编办主任：王景龙

老干部局局长：卢 胜

副部长、县委党建工作领导小组办公室主任、县非公经济和社会组织工委书记：

戎建忠

副部长、县委人才办主任：卢文权

统战部

县委常委、县政协党组副书记、统战部长：

夏寒冰

常务副部长：刘 春

副部长、县工商联党组书记：温雪洁

副部长、民族宗教事务局局长：王昱罂

人民武装部

人武部党委

第一书记：王世杰

书 记：曹世强

人武部机关

部 长：吴 松（2023 年 12 月离职）上校

张广卿（2023 年 12 月任职）上校

政治委员：曹世强 上校

县委巡察办

县委巡察办主任：徐 震

常务副主任：赵晓平

副主任：李彦婷

县委第一巡察组正科级巡察专员：李建忠

县委第一巡察组副科级巡察专员：高 明

县委第二巡察组正科级巡察专员：崔甫生

县委第二巡察组副科级巡察专员：马秉政

县委第三巡察组正科级巡察专员：刘培福

县委第三巡察组副科级巡察专员：李玉英

中共山阴县直属机关工作委员会

书　记：李晓鹏
副书记：夏珍萍

山阴县委机构编制委员会

主　任：王景龙
副主任：张守江　陆书领

机关事务服务中心

主　任：辛志元
党支部书记、副主任：安美丽
副主任：赵继高　李晓宁

共青团山阴县委

书　记：马佳欣
副书记：李永东　苗　霖　王文学（挂职）
　　　　李　伟（兼职）　胡明宇（兼职）

妇女联合会

党组书记、主席：赵晓君

科学技术协会

主　席：丰建国
副主席：牛翠茹　魏志旻　张　凯
李晓明　梁　健

工商联

主　席：丰卫忠
党组书记：温雪洁
党组成员、副主席：刘海章

县委党校

常务副校长：张　连

总工会

党组书记、常务副主席：陈　续
党组成员、副主席：李宝强　杨玉清

档案馆

馆　长：王玉国
副馆长：徐超颖

党史研究室

主　任：牛　跃
副主任：郗晓宇

【政府】

政府办

党组书记、主任：樊晋阳
副主任：任长宏　杨晓东

人力资源和社会保障局

党组书记、局长：落　军
党组成员、副局长：马占功　高永军
党组成员：温登谦
党总支书记：丰利平

审计局

党组书记、局　长：徐殿仁
党组成员、副局长：刘培耀（2023年9月离职）
党组成员：王平家

民政局

党组书记、局长：刘福广
党组成员、副局长：李秦晋

行政审批服务管理局

党组书记、局长：赵育萍
党组成员、县营商环境促进中心主任：时　亨
党组成员、副局长：尉晓芳

医疗保障局

党组书记、局长：王建永
党组成员、副局长：卢彦斌

应急管理局

党组书记、局长：梁日军
党委委员、副局长：班志福　朱英春
赵　兴　杜金刚
党委委员：王永清

信访局

党组书记、局长：夏生军
党组成员、副局长：冯国良

【宣传】

宣传部

县委常委、部长：霍秉明
常务副部长：李德华
副部长：白喜厚　靳　涛

教育局

党组书记、局长：王日东
党组成员、副局长；李永章（2023年8月离职）
祝启海　赵军义
党组成员：李　军（2023年10月任职）

文化和旅游局

党组书记、局长：韩承升
党组成员、副局长：邸明盛　胡文华
党组成员：刘　伟

山阴县文物保护与利用服务中心

主　任：刘　伟
副主任：刘彩霞

卫生健康和体育局

党组书记、局长：吕志宇
党组成员、副局长：赵　平　卢彦斌（兼任县疾病预防控制局专职局长）
党组成员：徐德美

疾病预防控制中心

中心主任：孟昭民
中心副主任：康丽华　孙淑琴

医疗集团人民医院

院　长：李晓明
书　记：高巍山
副院长：高树铭　孟昭民　蒋秀梅
　　　　王建忠　闫　阁　王志武
　　　　张益栋　刘仲斌　蔺雪峰

中医医院

院　长：殷占东
党支部书记：张文亮
副院长：张　勇　樊生凯　樊晓云

广武风景名胜区管理委员会

主　任：武皓月
副主任：林雪峰　李志鹏

融媒体中心

主任：李德华
副主任：郑　文
　　　　李　东　安　刚　贾润悌
总编辑：闫文靖

文学艺术工作者联合会

主　席：郝建平
副主席：李　丽

第一中学校

校　长：王成元
副校长：闫利彬　贺泰云

第二中学校

校　长：牛兴盛
党支部书记：梁　峰
副校长：王进丞
纪检组长：李雁东

第三中学校

校　长：韩守义
七级管理岗位六级职员：张利生
副校长：兰占春　任永军
纪检组长：苏晓荣

第四中学校

校　长：丰晓东
党支部书记：张文友
纪检组长：车慧芳
副校长：张佐虎　张　勇

山阴县第五中学校

校　长：尹晋疆
党支部书记：柴秀宝
副校长：崔　兵

山阴县第一小学校

校　长：赵彩虹
副校长：乔荣香　史立权

山阴县第二小学校

校　长：刘原平
党支部书记：丰　艳
副校长：白双易　张建文

山阴县第三小学校

校　长：冀昌义
党支部书记：马丙官
副校长：梁巧兰　侯晓玲

山阴县第四小学校

校　长：张玉秀
副校长：刘广丽　李　飞

山阴县第五小学校

校　长：李　伟
副校长：郭培峰　王　凯

山阴县第六小学校

校　长：任翠虹
副校长：李桂芬　贾萍艳

山阴县第七小学校

校　长：田向宏
副校长：白　文　朱继成　蒋海清

山阴县第八小学校

校长：陈建文

山阴县第一幼儿园

园　长：韩丕梅
副园长：安　叶

山阴县第二幼儿园

园　长：朱继文

山阴县新洋学校

校　长：杨保军

平泽苑学校

校　长：韩　翠

教师进修学校

校　长：白继斌
副校长：袁展平　季中伟　李卫国

职业教育中心校

校　长：郭宏斌

山阴开放大学

主持工作：苑　平
副站长：郑世勇

【农业】

山阴县农业农村局

党组书记、局长：郭正大

副局长：赵生富　高贵林
　　　　韩永文（2023年10月任）

山阴县林业局

党组书记、局长：祁生利
副局长：兰春叶

水利局

党组书记、局长：朱志斌
副局长：赵凤岐

山阴县自然资源局

党组书记、局长：李胤龙
副局长：郭培有　王永义

乡村振兴局

党组书记、局长：苗　壮
副局长：王明峰

山阴县草牧畜业发展中心

主　任：郑元春
副主任：胡建文
　　　　王俊芬（2023年6月离职）
　　　　张治中(2023年10任职）

山阴农牧场

党委书记、场长：冯成義
党委副书记：王永卿
纪委书记：蒋志平
党委委员、副场长：张汉斌　周文来

现代农业发展服务中心

主　任：李治国
副主任：赵丙祥　宋桂芳

古城乳业

党总支书记、董事长兼总经理：郭　俊
副总经理：马维君　谭曲波
　　　　　乔九富　解　策

【计划】

山阴县发展和改革局

党组书记、局长：叶　青
党组成员、项目推进中心主任：吕斌增
党组成员：赵永胜

住房保障和城乡建设管理局

党组书记、局长：赵晓滨
党组成员、副局长：季玉恒　郭培旺

朔州市生态环境局山阴分局

党组书记、局长：李宝强
党组成员、副局长：吕战文

交通运输局

党组书记、局长：赵　凯
党组成员、副局长：刘建龙

统计局

党组书记、局长：张建斌
副局长：李武君

市场监督管理局

党组书记、局长：武建斌
党组成员、副局长：王运梦　马高荣
执法队专职副队长：何江春

综合检验检测中心

党组书记、主任：崔金厚
副主任：王　梅　李新虎

山阴县桑干河湿地公园管护中心

主　任：胡建华
副主任：张文杰

【经贸】

工业和信息化局

党组书记、局长：朱志勇
党组成员、副局长：赵国栓
党组成员：梁昌文

财政局

党组书记、局长：麻鹏斗
副局长：李永章　王成栋
党组成员：李守新

商务局

局　长：蔚鹏程

山阴县能源局

党组书记、局长：赵永胜
党组成员、副局长：张春山

城镇集体工业联合社

主任：樊晓雨
副主任：张智勇　胡　丛

山阴县城市发展集团有限公司

党委书记、董事长：魏雁明
党委委员：李晋文
党委委员、纪委书记：樊晓隆
监事会主席：杨晓峰
总经理：敖　勇
山阴县智慧城市发展服务中心
主　任：任永吉
副主任：门建石　兰海清

山阴县小微企业发展服务中心

党组书记、主任：丰　哲
党组成员、副主任：杨　威　白兴广

【政法】

政法委

书　记：田心世
常务副书记：白永平
副书记：吴海军　刘跃玲

一级主任科员：庞世勇
二级主任科员：李　尚　刘培忠

人民法院

党组书记、院长：张春山
党组成员、主持日常工作副院长：刘彩霞
党组成员、副院长：王晋宗　何　磊
党组成员、纪检组组长：冯雪梅
审判委员会专职委员：冯子丽

人民检察院

党组书记、检察长：宫子奇
党组副书记、副检察长：蔚　菁
党组成员、副检察长：郭秀荣
党组成员、副检察长：王丽华
党组成员、纪检监察组组长：刘　晔
党组成员、检委会委员：赵叶云
检委会专职委员：张青春

供销合作社联合社

党委书记、主任：崔建新
党委成员、副主任：张云龙　尹少军　兰青梅
党委成员：李清莲　冯丕峰

公安局

政府副县长、党委书记、局长：吴占玉（2023年4月任职）
党委副书记、政委：崔卫平（2023年8月任职）
党委委员、纪检监察组组长：王家增（2023年8月离职）
党委委员、纪检监察组组长：王　灼（2023年12月任职）
副局长：戴　府　吴建新
党委委员：苏振东　田云晋（2023年8月任职）
党委委员、副局长：苏永军　丰　辉

山阴县司法局

党组书记、局长：高　海
党组成员、纪检组组长：马　杰
党组成员、副局长：郭维佳　王永强

山阴县退役军人事务局

局党组书记、局长：王家民
局党组成员、副局长：吴进录

公安局交通管理大队

大队长：田云晋
指导员：武宏章
副大队长：王忠跃　张丙星　肖　勇
工会主席：郭增平

残疾人联合会

党组书记理事长：赵晋虎
党组成员：吕文祥　王大鹏

【条管】

山阴县消防救援大队

党支部书记、教导员：段建伟
党支部副书记、大队长：陈志雄

山阴县税务局

党委书记、局长：胡宝山
党委委员、副局长：张　君　王汉锋　曹来盛
党委委员、纪检组组长：张增全

朔州市技工学校

党总支书记、校长：韩启亮
副校长：张宏斌　蔚志现
党总支副书记：李世伟

银保监局山阴监管组

组　长：雒　文

工商银行山阴县支行

行　长：张志强

农业银行山阴县支行

党委书记、行长：吴海青
党委委员、副行长：崔丽林　李金凤
党委委员、纪委书记：史哲慧

中国银行山阴支行

党支部书记、行长：裴进斗

建设银行山阴支行

党支部书记、行长：陈　玮
副行长：任国强

农业发展银行山阴县支行

行　长：唐尚云（2023年11月离职）
　　　　张利军（2023年11月任职）

山阴农商行

工作组组长：柴　俊
工作组副组长：王元清
纪委书记、监事长：马　军
党委委员、副行长：何世春
　　　　　　　　　李宏波　王永文

山阴太行村镇银行

董事长：张　俊
行　长：田　婷

山西银行山阴支行

行　长：闫海生

国网山阴县供电公司

党总支部副书记、经理：善福平
党总支部书记、副经理：赵鹏里
副经理、纪律委员：王葆华
副经理、工会主席：刘远平
副经理：唐永胜　赵　磊

山阴县联通公司

总经理：温日林
副总经理：杜庆文　李治锌　樊兴宇

中国移动通信集团山西有限公司山阴分公司

经　理：李福平
副经理：李德瑞

中国电信股份有限公司山阴分公司

总经理：薛文利

微波站

站　长：康朝晖
副站长：张　凌　张　宁

山阴县气象局

局　长：徐晋峰
副局长：杨雪峰

中国人寿保险股份有限公司山阴县支公司

经 理：白治军

山阴公路管理段

段　长：邢泽山
书　记：杨连斌
副段长：沈德义　王晓东

岱岳站

站　长：杨海东
支部书记：冯勤伟
副站长：沈宏远

山阴站

站　长：陈廷栋
党支部书记：段振亚
副站长：雷利佳

朔州市中医精神病医院

院　长：李志鹏
副院长：李志东　王日玺　苏　敏　马　骥

山阴新华书店

党支部书记兼经理：胡增丰
副经理：李建宝

烟草专卖局

局长：康雁斌
副局长：韩永康、副局长：齐　琦

中煤华昱公司

董事长：高靖海
党委书记、副董事长：刘兴法
董　事：沈　勇　汪月伟　张建国
　　　　邹　强　王鹏飞
党委副书记、总经理：汪月伟
党委副书记、纪委书记：刘建宇
党委委员、副总经理：丁飞田
党委委员、总会计师：张　林
党委委员、安监局长：张　敏
党委委员、副总经理：胡志韬　祝启章
党委委员、总工程师：付文刚

山西昱光发电有限责任公司

党委书记、总经理：杨立旋

荣誉与先进

集体

省部级

中共山西省委、山西省人民政府、山西省军区授予山阴县“双拥模范县”荣誉称号。

中国民主同盟中央委员会授予巴盟朔州山阴县支部委员会“先进基层组织”。

中华全国工商业联合会授予县工商联2022—2023年度全国“五好”县级工商联。

山阴农商银行荣获“省直文明单位”荣誉称号。

供电公司荣获“省公司先进集体”“2022年中央、省属、市属驻县单位、企业先进集体”称号。

湿地公园被山西省科学技术厅认定为“山阴县桑干河国家湿地公园科普基地”。

合盛堡乡被中共山西省纪委评为第二阶段“三个一批重点村社”优秀等次；被中共中央政法委员会评为全国新时代“枫桥经验”先进典型单位。

县气象局荣获省局大范围雨雪天气过程气象服务优秀集体。

古城乳业三晋牧场纯牛奶荣获“2023年中部六省名牌农产品”荣誉称号。

县消防队被国家消防救援局评为全国消防安全专项整治三年行动工作先进大队；被山西省消防救援总队评为2023年度工作先进大队；被共青团山西省委、山西省少工委评为山西省少先队校外实践教育营地（基地）。

薛圐圙乡荣获2020—2022年度省卫生乡镇。

山西省粮食行业协会授予山阴县“全省放心粮油示范工程”。授予山阴县惠牧源农牧专业合作社联合社“放心粮油‘塞外火山土’牌小米”。

能源局被山西省人力资源和社会保障厅、山西省能源局特授予“山西省煤炭增产保供先进集体”荣誉奖。

山阴县科协被省科协、省科技厅评为“2023年山西省‘全国科技工作者日’优秀活动单位”；被中国科协评为“全国科普示范县”。

县市场监督管理局荣获山西省12315工作先进集体。

检察院荣获2020—2022年度“山西省文明单位”称号。

下喇叭乡获得“全省林长制激励示范乡”荣誉称号。

供销社被山西省供销合作社联合社评为2023年度全省供销合作社系统综合改革先进单位。

中共山西省委宣传思想文化工作领导小组授予山阴县北周庄镇“山西省文明乡镇”称号。

山阴县北周庄镇被中共山西省委政法委员会授予山西省新时代“枫桥经验”先进典型。

山西科技富民万村行新闻采访团《今日乡村》编辑部授予山阴县北周庄镇“山西党建创新二十佳乡镇（街道）”称号。

市级

县卫生健康和体育局荣获朔州市2023年度护士岗位技能竞赛优秀组织奖。

山西省公路局朔州分局授予山阴公路管理段综合办公室2023年度先进班组。

中共朔州市委统一战线工作领导小组办公室授予县委统战部2023年度全市统战信息工作先进单位。

中共朔州市委教育工作领导小组授予山阴县为“教育规范发展模范县”。

中共朔州市委宣传部、中共朔州市教育工作委员会授予县教育局2023年度朔州市第三届用外语讲好朔州故事比赛优秀组织奖。

县教育局在朔州市庆祝第39个教师节活动中荣获优秀组织奖。

县直机关工委荣获2023年度第一届市直机关党建研究优秀成果二等奖。

山阴县城发自来水有限责任公司获评朔州市模范集体。

县交通管理大队被朔州市公安局记“集体三等功”。

县消防队被中共朔州市消防救援支队委员会评为先进消防救援大队。

山阴一小被共青团朔州市委、市教育工委、市教育局、市少工委授予“新时代少先队工作先进学校”称号；在朔州市“中华魂”（毛泽东伟大精神品格）主题教育演讲比赛活动中荣获“优秀组织奖，并被朔州市老年书画家协会评为先进单位；在第五届中华经典诵写讲大赛朔州选拔赛中，获得“先进集体”荣誉称号。

检察院在朔州市人民检察院优秀“小案”评选活动中荣获组织奖。

供销社被朔州市供销合作社联合社评为2023年度全市供销合作社系统综合改革先进单位；2023年度全市供销合作社系统综合业绩考核二等奖。

山阴六小被评为朔州市立德树人模范集体。

县级

县卫生健康和体育局荣获2022年度目标责任考核优秀单位。

县卫生健康和体育局老干部党支部被授予“示范党支部”称号。

山阴县委、县政府授予县公路管理段驻马营庄乡胡峪口村工作队“2021—2022年度驻村帮扶先进工作队”称号。

县委、县政府授予县委统战部2023年度目标责任考核优秀单位。

县委、县政府授予县教育局2023年度目标责任考核优秀单位。

县行政审批局荣获山阴县2023年度目标责任考核优秀单位。

山阴农商银行荣获2023年度全县“学习强国”优秀学习组织荣誉称号。

县税务局被中共山阴县委山阴县人民政府评为2023年度经济高质量发展贡献奖先进集体。

玉井镇获2022年度乡村振兴“先进集体”、2022年度经济高质量发展贡献“先进集体”、2022年度目标责任考核“优秀乡镇”、2023年山西省群众文化活动山阴县乡村体育系列赛事“体育道德风尚奖”“尊师重教先进集体”。

山阴县城市发展集团有限公司被评为山阴县2022年度党的建设先进集体、2022年度经济高质量发展贡献先进集体。

湿地公园被评为2022年度专项工作先进集体。

合盛堡乡被中共山阴县委、县政府评为2022年度党的建设先进集体、2022年度专项工作先进集体、尊师重教先进集体。

中共山阴县委、县政府授予县消防队2022年度维护社会安全稳定“先进集体”、2022年度中央、省属、市属驻县单位、企业“先进集体”。

中共山阴县委、县政府授予发改局2022年度粮食安全责任制考核优秀单位。授予驻安荣乡河阳堡村工作“2021—2022年度驻村帮扶先进工作队”。尊师重教先进集体、2022年度经济高质量发展贡献先进集体。

县委、县政府授予生态环境局2022年度中央、省属、市属驻县单位、企业先进集体。

山阴县科协被山阴县委、县政府评为2022年度专项工作先进集体。

中共山阴县委、县政府授予县妇女联合会2022年度党的建设先进集体。

山阴一小被中共山阴县委、县政府授予义务教育阶段贡献奖。

山阴七小被中共山阴县委、县政府授予义务教育阶段贡献奖。

山阴三中获得义务教育阶段贡献奖、优秀教学工作奖。

下喇叭乡荣获2023年度目标责任考核优秀乡镇及“2023年度乡村振兴和美乡村建设先进集体”称号。

山阴县职业教育中心校被中共山阴县委、县政府授予“先进集体”。

中共山阴县委山阴县人民政府授予山阴县北周庄镇2022年度党的建设先进集体、2022年度专项工作先进集体、2022年度目标责任考核优秀乡镇、2022年度维护社会安全稳定先进集体、2022年度乡村振兴先进集体。

个人

省部级

山阴农商银行李文岐荣获山西省农村信用社联合社精神文明建设委员会业“职道德模范”称号和优秀共产党员。

山阴农商银行李箭在山西省农村信用社联合社组织的山西省农村信用社2023年度“三强一转”专题教育活动统计技能竞赛中荣获个人优秀奖。

山阴农商银行贺雪娟被山西省农村信用社联合社评为山西省农村信用社优秀党务工作者。

山阴农商银行惠芳芳被中共山西农村商业联合银行股份有限公司委员会评为十二届省委任期内省联社党委第一轮巡察“优秀巡察人员”。

山阴农商银行杜栋荣获山西省人力资源和社会保障厅第四届全省职业技能大赛暨第二届全国技能大赛山西选拔赛三等奖（网络安全）。

山阴县消防救援大队教导员段建伟荣获山西省消防救援总队“先进党务工作者”。

县文化馆馆长马建中入选山西省文旅厅2023年度乡村文化和旅游带头人。

山阴县妇联赵晓君主席被全国妇联评为维护妇女儿童权益先进个人；被山西省妇联、山西省人力资源和社会保障局评为山西省妇联系统先进工作者。

山阴五中教师马翠平在“山西省第二届中小学优秀试题评选活动”中，获初中物理二等奖，李万娟获初中化学二等奖，张美林获初中生物学二等奖；马朝霞获“全国中小学精品课程”大型评比活动一等奖。

县市场监督管理局艺鑫在山西省食品安全抽检监测技能大赛中荣获团体二等奖；赵权喜荣获山西省药品监管“办案标兵”；石一超荣获山西省12315工作先进个人。

检察院王丽华被省生态环境厅、省检察院、省公安厅评为2022年度打击危险废物环境违法犯罪和重点排污单位自动监测数据弄虚作假违法犯罪“利剑斩污”专项行动表现突出个人。

下喇叭乡退役军人王永平获评2023年度全省“优秀站长”荣誉称号。

山阴八小语文教师丰丽琴获全省语文创新作业设计一等奖；李慧敏、武晓霞获二等奖。

山阴县职业教育中心校苏蓉被山西省职业院校技能大赛组委会评为山西省第十七届职业院校技能大赛中职教师赛道“智能财税基本技能”三等奖。

市级

经济技术开发区安艳霞在“讲英烈故事，传红色基因”全市英烈讲解员大赛中荣获三等奖。

古城镇古城村党支部书记王新元获评“市级劳动模范”。

财政局冯慧萍被朔州市财政局评为2023年度行政事业性资产报表先进个人。

县交通管理大队候必义、刘广权被朔州市公安局记个人三等功。张丙星、张国荣、杨生录、刘广权、康健被朔州市公安局个人嘉奖。

山阴县消防救援大队教导员段建伟被朔州市消防救援支队评为优秀干部。

山阴县妇联赵晓君主席荣获朔州市“最美巾帼建功者”个人称号。

检察院段博玉在朔州市人民检察院“学习党的二十大，推动检察工作现代化”知识竞赛中荣获“优秀个人”奖，在朔州市人民检察院优秀“小案”评选活动中荣获二等奖，刘萍梅荣获一等奖，董建荣获优秀奖；闫欣在朔州市人民检察院“紧跟核心走 奋勇争一流”主题演讲比赛中荣获三等奖。

下喇叭乡刘雁军在2023朔州市专武干部集训中荣获组织指挥第一名，获朔州市“最美拥军人物”荣誉称号。

山阴八小谷美红、郭智获朔州市“骨干教师”称号。

山阴县职业教育中心校郭宏斌被中共朔州市委教育工作领导小组评为朔州市模范教育工作者；王书慧被评为朔州市模范教师；牛新源被朔州市就业创业服务中心授予第二届职业技能大赛 汽车技术项目三等奖。

县级

县行政审批局党组书记、局长赵育萍被评为山阴县2023年度先进个人。

县卫健体局王爱芳被中共山阴县委员会山阴县人民政府授予2022年度党的建设先进个人。

山阴农商银行石雯丽被农信银资金清算中心有限责任公司评为农信银支付结算及反洗钱知识竞赛“知识达人”。

新洋学校董事长、校长杨保军荣获山阴县“优秀校长”称誉。

经济技术开发区谢升被县委、县政府评为2022年度党的建设先进个人。

山阴县妇联赵晓君主席被县委、县政府评为党的建设先进个人。

山阴八小教师张华泰、郭智、朱丽玲获全县小学数学说课二等奖；张华泰、昝瑾丽获全县小学赛课三等奖。

山阴七小王桂萍、董淑霞、赵晓丽、申国芳、李平、张仙伶、梁玉荣获优秀教师；赵叶荣获师德标兵。

山阴县职业教育中心校温林被中共山阴县委员会、县政府授予“优秀教师荣誉称号”。

山阴六小任翠虹被评为先进工作者、优秀校长、义务教育杰出贡献奖。